D1937119

Meinen lieben Vater
zum Weihnachtsfest 1994 –
Viel Spaß beim Lesen
und Nacheifern!

Dein Wolfgang

Robert Baldock

PABLO CASALS

Robert Baldock

Pablo Casals

Das Leben des legendären Cellovirtuosen

Aus dem Englischen von
Michael Schmidt

verlegt bei Kindler

Originaltitel: Pablo Casals
Originalverlag: Victor Gollancz Ltd., London

Die Deutsche Bibliothek – CIP-Einheitsaufnahme

Baldock, Robert:
Pablo Casals: das Leben des legendären Cellovirtuosen / Robert Baldock. Aus dem Engl. von Michael Schmidt. - München: Kindler, 1994
Einheitssacht.: Pablo Casals < dt. >
ISBN 3-463-40217-3

Die Folie des Schutzumschlags sowie die Einschweißfolie sind PE-Folien und biologisch abbaubar.
Dieses Buch wurde auf chlor- und säurefreiem Papier gedruckt.

Umschlaggestaltung: Graupner & Partner, München
Umschlagfotos: Magnum-Stock / Focus, Hamburg
Umbruch: Ventura Publisher im Verlag
Druck- und Bindearbeiten: Mohndruck, Gütersloh
Printed in Germany
ISBN 3-463-40217-3

2 4 5 3 1

Die Musik muß einem Ideal dienen; sie muß einen Beitrag zu etwas leisten, das größer ist als sie selbst, einen Beitrag zur Menschlichkeit, und dies ist wahrlich der Kern des Vorwurfs, den ich der heutigen Musik mache – ihren Mangel an Menschlichkeit. Ein Musiker ist auch ein Mensch, und wichtiger als seine Musik ist seine Lebensauffassung. Auch kann man beides nicht voneinander trennen.

Pablo Casals

Inhalt

Teil V: Der Superstar

Vorspiel

Wer nach Barcelona fliegt, kann in der hypermodernen Glas- und Marmor-Architektur des internationalen Flughafens – im Olympiajahr bei El Prat de Llobregat als Tor zu Katalonien errichtet – bequem in eine schnittige Doppeldecker-Verbindungsbahn umsteigen. Statt diesen Schnellzug in die Stadt zu nehmen, kann man auch mit der Bahn Richtung Süden fahren, auf der alten Eisenbahnstrecke aus dem 19. Jahrhundert, die immer an der Küste entlangführt und in Valencia endet. Von Llobregat aus kommt man zunächst an Castelldefels, an Sitges vorbei, katalonische Ortsnamen wie Vilanova i la Geltrú oder Cunit ziehen vorüber, bis der Zug nach 70 Kilometern auch an der kleinen Station San Vicens hält.

Nach einem kurzen Spaziergang gelangt man vom Bahnhof zur Küstenstraße. Da ist zuerst das neue Seebad Comarugga, mit seinen modernen Hotels und Appartementhäusern, die für schweizerische und deutsche Touristen errichtet wurden. Danach geht die Straße in die Avinguda Palfuriana über, und man betritt das Dorf San Salvador. Abgesehen von ein paar niedrigen Appartementblocks, stehen die Häuser hier am Meer zumeist schon seit Beginn dieses Jahrhunderts.

Die Casa Museu Pau Casals befindet sich direkt am Strand. Auf alten Fotografien sieht man, daß sie vor fünfzig Jahren relativ isoliert dastand, zurückversetzt und geschützt auf eigenem Grund und Boden. Inzwischen sind alle umliegenden Grundstücke bebaut. Von der Straße aus ist ein Ziegeldach zu sehen, das sich über hohen, dunkelrot getünchten Mauern erhebt. Durch ein schweres schmiedeeisernes Tor fällt der Blick in einen streng im italienischen Stil angelegten Garten – ein Teich, Terrassen, Statuen und Wege, gesäumt von Pinien und Tannen, Pampasgras, Kakteen und roten Kannazeen. Am Haupteinggang bellt ein Hund neben dem Pförtnerhäuschen. Sobald man eintritt, hat man den Touristenrummel hinter sich gelassen.

Im Innern ist die Villa – wie schon der Name andeutet – eine Mischung aus Museum und Privathaus. Die ersten Räume sind voller Schaukästen, in denen Dokumente, Fotografien, Urkunden, Medaillen und Briefe ausgestellt sind. Am Hauptgang befinden sich die Schlafzimmer, eingerichtet mit persönlichem Zierat, einer Waschschüssel, einem alten Klavier. Plötzlich hat man das Gefühl, sich in einem gerade erst verlassenen Haus zu befinden, als ob der Bewohner fluchtartig aufgebrochen sei und alles stehen- und liegengelassen habe. Und genau das ist tatsächlich passiert, auch wenn das Haus inzwischen von anderen Mitgliedern der Familie bewohnt wurde. Als Francos Chefpropagandist, der brutale General Queipo de Lano, im Januar 1939 drohte, ihm beide Arme oben am Ellbogen abzuschneiden, verließ Casals sein Haus. Er war zweiundsechzig. Ehe er wieder zurückkehren konnte, hatten die Faschisten gesiegt, Madrid war gefallen, und die Republik gab es nicht mehr. Pablo Casals sah sein Haus nur noch einmal kurz wieder – als er 1955 zurückkam, um seine langjährige Gefährtin und zweite Frau auf dem Friedhof im benachbarten El Vendrell zu beerdigen.

Dies also ist das Haus, das er baute und im Laufe von dreißig Jahren liebevoll umgestaltete, und noch immer befindet sich darin sein Hab und Gut. Weil er sich weigerte, jemals einen Fuß in Francos Spanien zu setzen, war es für ihn fast vierunddreißig Jahre lang verloren. Siebzehn davon war er keine 300 Kilometer weit weg, in der französisch-katalanischen Stadt Prades, mit dem Auto über die Pyrenäen in fünf Stunden zu erreichen. Aber er hätte genausogut auch am Ende der Welt sein können.

Schockartig wird einem klar, was Exil bedeutet, und man erkennt die innere Stärke von Casals' Entschluß: die gleiche Luft atmen zu können, aber nicht das eigene Heim zu sehen. Bei dieser räumlichen Nähe wäre es doch so leicht gewesen, schwach zu werden und das Zugeständnis zu machen, das Franco brauchte. Aber nicht Casals. Das ist das zentrale Faktum, die Tragödie seines Lebens. Hier beginnt man zu verstehen, mit welchem Menschen man es zu tun hat.

Natürlich ist Casals nicht in Vergessenheit geraten. Es gibt Bücher über sein Leben und Bücher über seine Musik: Ich komme auf rund fünfundsiebzig einzelne Bücher sowie zahlreiche Artikel, die sich ausschließlich mit diesem Mann oder mit seinen Auftritten befassen. Aber in gewisser Hinsicht ist er eben nicht zu fassen, und dabei wird es auch bleiben. Casals hatte keine Zeit, seine Autobiographie zu schreiben, ebenso wie er keine Zeit hatte für eine Gesamtausgabe von Bachs Cellosuiten und sich wahrlich nicht sehr viel Zeit nahm, sie aufzunehmen. Das Leben war dazu da, daß man es lebte, im Augenblick, ebenso wie Bach dazu da war, gespielt zu werden, jedesmal neu und anders. Nichts war erstarrt. Aber er war durchaus kooperativ – andere erzählten die Geschichte seines Lebens nach seinen Erinnerungen, später, als er schon alt war.

Biographische Werke zehren im allgemeinen voneinander: Sie geben die alten Mythen und Entstellungen weiter und verwandeln Anekdoten in wahre Geschichten – in der Rückschau entwirft das Leben seine Bahn neu. Was dabei herauskommt, sind keimfreie, von Verehrung diktierte Rechenschaftsberichte. Aber Casals' Person wird durch Verehrung und Ehrfurcht nur verkleinert. Er war ein leidenschaftlicher Mensch, ein Mann voller Saft und Kraft. Sein starker Charakter, seine Vorlieben und seine Abneigungen, seine Launen und sein Temperament gehörten untrennbar zu seinem Genie. Wir wissen eine ganze Menge über das, was in diesem kolossalen Leben geschah, die Fakten, Handlungen und Aussagen. Relativ wenig aber wissen wir über Empfindungen, Motive und Emotionen. Casals' strenges Taktgefühl stammte noch aus dem 19. Jahrhundert: Gefühle durften nicht zur Schau gestellt werden. Und da er mehrere Leben führte, neigte er dazu, das eine zu vergessen, um dem anderen Qualen zu ersparen. Der Verlust erheblicher Teile seines Archivs – infolge der Zerstörung früher Dokumente im Krieg wie anderer Papiere, die nicht in die Hände der Falangisten oder der Nazis fallen sollten – hat dazu geführt, daß eine Darstellung seiner inneren Geschichte auf Vermutungen angewiesen bleibt. Aber es gibt noch genügend Belege, auf die man sich berufen kann, und dank der Großzügigkeit von Casals' Familie und der Fundació Pau Casals war ich in der Lage, einen guten Teil davon unter die Lupe zu nehmen.

Mit Casals' emotionaler Zurückhaltung war es in dem Augenblick vorbei, als er zu spielen begann. Während er durchaus darauf Einfluß zu nehmen suchte, wie man ihn in den Printmedien darstellte, basierte seine musikalische Darbietung auf dem Prinzip absoluter Redlichkeit, absoluter Wahrheit, absoluter Offenbarung. Der Ursprung des gefühlsstärksten Streichinstrumentalspiels im 20. Jahrhundert – möglicherweise der musikalischen Darbietung schlechthin – ist weithin aus den Fakten seines Lebens bekannt. Zu tieferen Quellen vorzudringen ist eine gefährliche Sache, sowohl für den, der sich darum bemüht, wie für den Menschen, um den es hier geht. Aber Casals hat es nicht nötig, daß man ihn vor ihm selbst in Schutz nimmt: Sein Leben war im Grunde auf eine heroische Weise selbstlos. Dieses Buch will Fakten und Gefühle in einen Zusammenhang bringen, wo dies aufgrund plausibler Schlußfolgerungen möglich ist, in der Absicht, die menschliche Quelle der herrlichsten Töne zu ergründen, die man jemals vom Violoncello vernommen hat.

Es gibt nur wenige Menschen, deren Leben eine so aufregende Zeitspanne umfaßt. Casals kam vor der Erfindung des Autos zur Welt, und er starb, drei Jahre nachdem der erste Mensch den Mond betreten hatte. Als Zweiundzwanzigjähriger hatte er für Queen Victoria gespielt. Als er sechzig Jahre später für John F. Kennedy spielte, lagen noch immer zwölf Jahre seines Lebens vor ihm. Sein Jahrhundert war das Jahrhundert des totalen Kriegs, und Casals war sein Augenzeuge. Er schlug der Zeit ein Schnippchen: Er hatte mehrere Leben. Gegen Ende hin mußte er den Eindruck gehabt haben, daß einige von einem anderen Menschen gelebt worden waren.

Wer über Casals schreibt, steht vor einer Mauer aus Liebe. Es ist keineswegs sentimentale Andacht, sondern eine tiefe und aufrichtige Zuneigung für einen Mann, der auf jedem geistigen Niveau etwas überaus Heiligenhaftes besaß – mit all der damit verbundenen Inspiration wie Blindheit. Daß ich ihn – als erster unter seinen Biographen – nicht gekannt habe, erweist sich zugleich als ein Verlust und als befreiend. Ein Verlust ist es, weil Casals das Leben aller, die ihn kannten, so sehr erhöhte und bereicherte, daß viele diese Beziehung für die wichtigste in ihrem Leben hielten. Aber es hat auch etwas Befreiendes, da seine Gegenwart und sein Charme so übermächtig waren, daß eine objektive Beurteilung unmöglich wäre. Ich hoffe, daß meine Einschätzung ebenso dem gerecht wird, was ich von jenen erfuhr, die Casals geliebt haben, wie dem, was ich selbst herausgefunden habe – daß ich also vielleicht ein Leben so darstelle, wie es gewesen sein könnte, als es gelebt wurde, und nicht so, wie es einem großen Mann vorkam, als er darauf zurückblickte.

Es ist wohl unvermeidlich, daß dies einigen von den Leuten, die mir am meisten geholfen haben, am wenigsten gefallen wird: Eine Untersuchung über einen Menschen, der in der Erinnerung noch so lebendig ist, kommt fast per definitionem einem Verrat gleich. Jeder Mensch hat eine andere Erinnerung. Aus einem Abstand von zwanzig Jahren hat das Leben einen anderen Wert, als es ihn seinerzeit hatte. Wir leben heute in einer anderen Welt, einer Welt, mit der Casals vielleicht nicht sehr gut zurechtgekommen wäre. Unter ihrer Brutalität, von der wir so unglaublich schnell Kenntnis erhalten und deren unmittelbare Augenzeugen wir sind, würde er unendlich gelitten haben. Casals hatte an Moral und Vernunft so strenge Maßstäbe angelegt, daß er seinen Zeitgenossen zuweilen unvernünftig vorkam. Aber die Welt braucht Helden, so sehr sie darunter auch leiden mögen, und sie hat sie heute dringend nötig.

Dieses Buch ist in erster Linie eine Darstellung von Casals' Leben und nicht eine Analyse seiner Musik. Aber die Musik gehörte nun einmal untrennbar zu seinem Leben, und ohne sie kann man ihn nicht verstehen. Leben und Musik waren ihm eins. Was er spielte, und wie er es spielte, spiegelte wider, was er tat und wie er empfand. Glücklicherweise gibt es von Casals zahlreiche Aufnahmen. Eine ganze Menge, wenn nicht gar alle sind erhalten geblieben. Eine umfassende Diskographie der Aufnahmen von Casals, die auf CD erhältlich sind, befindet sich am Ende des Buches – eine Einladung an den Leser, den unvergeßlichen Musiker Casals wieder und neu zu entdecken.

Teil I
Der Student

Die stille Geburt eines Genies

1876–1890

> ... wenn es nicht nach meiner Mutter gegangen wäre, die fest an meine Berufung zum Musiker glaubte, hätte ich durchaus Tischler werden können – kein sehr guter, fürchte ich!
>
> *Pablo Casals*

Es fehlte nicht viel, und Pablo Casals hätte überhaupt nicht gelebt. Das Kind, das Doña Pilar Defilló i Amiguet und ihrem Mann Carlos Casals am Freitag, dem 29. Dezember 1876[1], spätnachmittags geboren wurde, erblickte das Licht der Welt mit der Nabelschnur um den Hals, das Gesicht schon blau angelaufen. Die Hebamme – die Frau des örtlichen Kohlenhändlers – handelte rasch, damit das Kind, ein Junge, nicht erstickte, und dann waren die Augenblicke der Angst vorbei, und das Kind begann normal zu atmen.[2] In der kleinen Tarragoneser Stadt El Vendrell wurden Entbindungen noch im Haus der Eltern vorgenommen, es gab nicht einmal die medizinischen Einrichtungen, die zumindest den Maßstäben der Zeit entsprochen hätten, und Probleme, die bei der Geburt oder kurz danach auftraten, führten unweigerlich zum Tod des Säuglings. Pilar Casals mußte es wissen: Ihr erstes Kind, im Jahr zuvor geboren, war bereits nach wenigen Monaten an Wundstarrkrampf gestorben. Im Laufe der folgenden siebzehn Jahre würde sie noch weitere neun Kinder haben, insgesamt also elf. Nur drei lebten länger als die ersten paar Jahre – die meisten starben bereits wenige Tage nach der Geburt. Diese drei waren alle Jungen, und jeder von ihnen wurde fast 100 Jahre alt. Pablo Casals war der Älteste, und sein Leben war seiner Mutter stets ihr ein und alles.

1876 war El Vendrell ein geschäftiger Marktflecken mit etwa 4000 Einwohnern. Vier Kilometer vom Meer entfernt, liegt das Städtchen an der alten römischen Heerstraße, die sich vom siebzig Kilometer östlich gelegenen Barcelona bis zur Provinzhauptstadt Tarragona erstreckt, etwa dreißig Kilometer westlich von hier. Dieser Küstenstrich weist keinen reichhaltigen Boden auf, aber er eignet sich dank seiner guten Entwässerung vorzüglich für Weinberge, auf denen mehrere Jahrhunderte lang die Weine des Penedès gediehen: ein guter *cava** und der verschnittene *Priorato,* den die Einheimischen in dieser Region als Hauswein bevorzugen. Die Stadt ist auf einem sanft geneigten Hang erbaut, und ihre engen, gewundenen Gassen sind für die Autos, die sie heute verstopfen, genauso ungeeignet, wie sie es vor einem Jahrhundert für die von einem Pferd gezogenen *tartañas* gewesen sein müssen. Brennpunkte des städtischen Lebens sind mehrere Plätze, die von Bäumen umstanden sind, in deren Schatten sich die Einheimischen versammeln, um zu schwatzen, zu trinken oder ihre Marktstände aufzubauen. Am Hauptplatz steht die überraschend geräumige, dunkle und reich verzierte Kirche Santa Anna mit ihrem stämmigen Glockenturm aus der Renaissancezeit. Von diesem Platz zweigt die carrer Santa Anna ab – und gleich rechter Hand befindet sich das Geburtshaus von Casals.

Carrer Santa Anna Nr. 2 ist ein hohes, schmales Haus mit drei Etagen und einer Mansarde. Carlos Casals und seine Frau bezogen nach ihrer Hochzeit am 16. Juli 1874 das Erdgeschoß und den ersten Stock. Er war noch nicht zweiundzwanzig und sie gerade zwanzig, und sie kannten einander erst seit gut einem Jahr. Beide stammten nicht aus dieser Stadt, und jeden hatte es unter völlig verschiedenen Umständen hierher verschlagen. Carlos Casals i Riba war 1852 in Sants geboren, einem Arbeiterviertel von Barcelona. Casals heißt auf katalanisch »kleine Burg« oder »großes Landhaus«, und tatsächlich

*spanischer Sekt (Anm. d. Übers.)

war die Familie acht Generationen lang der relativ einträglichen Tätigkeit der Papierherstellung nachgegangen – jedenfalls wird dieser Beruf auf der Heiratsurkunde von Bernard Casals und Mariangela Elias aus dem Jahre 1693 erstmals erwähnt.[3] Fast 200 Jahre später war die direkte Nachfolge in der Unternehmensführung auf einen anderen Zweig der Familie übergegangen, und während sein älterer Bruder diesem Beruf nachging, hatte man Carlos nahegelegt, seinen natürlichen Neigungen für die Musik und die Technik zu folgen. Er trat als Lehrling in eine Klavierfabrik in Barcelona ein und fuhr in seiner Freizeit fort, Klavier und Orgel zu studieren und bei einer Chorgruppe in der Nachbarschaft zu singen. Irgendwann nach seinem achtzehnten Geburtstag ging er mit einem Freund, einem Friseur namens Peret Simó, nach El Vendrell, wo er auch Arbeit fand – er sollte die Barockorgel der Pfarrkirche reparieren. Als der Organist und Chormeister 1872 starb, wurde Carlos sein Nachfolger.

Casals' Mutter, Pilar Ursula Defilló i Amiguet, stammte aus einer weitaus abenteuerlustigeren Familie. Mit achtzehn hatte sie sehr viel mehr erlebt und war viel weiter herumgekommen als Carlos Casals. Pilar war eines von acht Kindern eines jungen katalanischen Ehepaars, das 1840 von Barcelona in die spanischen Kolonien in der Karibik ausgewandert war und sich zuerst auf Kuba und dann auf Puerto Rico niedergelassen hatte. Pilar war Ende 1853 auf der westlichen Seite der Insel in Mayagüez geboren. Als ihr Vater José Defilló es zu immer mehr Wohlstand und Ansehen brachte, führte die Familie das angenehme Leben, das im 19. Jahrhundert so typisch für die in die Kolonien Ausgewanderten war. Aus nicht ganz durchsichtigen Gründen – vermutlich weil er wegen seiner unverhohlenen Kritik am extrem rigiden spanischen Kolonialregime verfolgt wurde – beging Defilló irgendwann in den sechziger Jahren des vorigen Jahrhunderts Selbstmord, und kurz darauf folgte ihm auch sein ältester Sohn in den Tod. Nach diesen beiden Tragödien kehrte seine Frau Raimunda, eine entschlußfreudige und einfallsreiche Person, mit ihren beiden jüngsten Kindern nach Spanien zurück und kam bei ihrer Schwester in El Vendrell unter. Pilar ging hier zur Schule und begann Klavierunterricht bei dem jungen Organisten von Santa Anna zu nehmen.

Als Pilar Defilló Carlos Casals heiratete, war ihre Mutter Raimunda bereits tot, ihr jüngerer Bruder in die Karibik zurückgekehrt und das väterliche Erbteil praktisch aufgebraucht. In einem Provinznest wie El Vendrell wirkte Pilar gebildet, redegewandt, kultiviert und für ihre nähere Umgebung – auch für ihren Mann – ziemlich großartig. Und bis zu einem gewissen Grade mußte sie sich auch selbst so empfunden haben. Sie war eine beeindruckende Frau, nicht groß, aber elegant und ernsthaft, die ihr langes schwarzes Haar hübsch gelockt trug. Sie gab sich reserviert bis kritisch und schloß nicht leichtherzig Freundschaft mit den jungen Frauen der Stadt. Als sie erst Anfang zwanzig war, schien die Anrede *Doña,* die doch normalerweise sehr viel älteren verheirateten Frauen vorbehalten war, ihr ganz natürlich zuzustehen. Aber als Frau ohne Geld und ohne Blutsverwandte, noch dazu Tausende von Kilometern von ihrer Heimat entfernt, blieb Pilar kaum eine andere Wahl. Sie stellte alle nicht zu realisierenden Ambitionen einstweilen zurück und widmete ihr Leben fortan Carlos und den Babys, die sie im Laufe des folgenden Jahrzehnts gebar – fast jedes Jahr eines. Und als ob sie um die Identität, die sie damit ablegte, trauerte, trug Pilar Defilló ihr ganzes Leben lang nur noch Schwarz.

Pablo Casals' Kindheit verliert sich weitgehend in mythischem Dunkel. Über seine frühen Jahre geben nur wenige und relativ unergiebige dokumentarische Quellen Auskunft: die üblichen Urkunden, Zeugnisse, schulischen Einträge und ein paar belanglose Zeitungsausschnitte. Um so mehr ranken sich um seine Jugend Anekdoten und Histörchen, und Geschichten, die ein Biograph vom andern übernommen hat, gelten inzwischen als nachprüfbar wahr. Casals' Bruder Enrique (Enric in der katalanischen Form) hat seiner 1979 veröffentlichten Sammlung von »unbearbeiteten biographischen Daten«, wie er das nannte, einen Anhang beigegeben, der vor einem Ausschlachten solcher vermeintlichen Tatsachen warnt.[4] Enriques Darstellung von Casals' Jugend ist auffallend kurz, auch wenn er einige der alten Geschichten wiedererzählt und ein paar neue hinzufügt. Viele Aussagen über die frühe Zeit stammen allerdings direkt von Casals selbst, die er aus der Erinnerung sehr viel später gegenüber Interviewern gemacht hat und die von diesen zu Büchern verarbeitet wurden.[5] Diese Berichte sind faszinierend, plausibel und zweifellos im wesentlichen korrekt, aber da niemand ein unvoreingenommener Augenzeuge seiner eigenen frühen, unreifen Jahre ist, sind diese Bilder mit Vorsicht zu genießen.

Casals' Jugend war – außer in romantisch verklärenden Darstellungen – alles andere als eine sorglose Zeit des Glücks und der Geborgenheit. Das Leben war hart für diese Familie. Seine Eltern waren jung, arm und im großen und ganzen auf sich allein gestellt – ihnen fehlte die übliche Sicherheit, die eine weitverzweigte Familie zu geben vermag. Pilar hatte erst vor kurzem ihren Vater, ihre Mutter und einen ihrer Brüder verloren, und ihre übrigen Geschwister waren für sie buchstäblich unerreichbar: Sie sollte sie nie wiedersehen. Carlos stammte aus einer Familie, die in Barcelona und nicht in dieser Stadt zu Hause war, und wenig spricht dafür, daß er von ihr viel zu erwarten hatte. In Casals' »Erinnerungen« werden Großeltern jedenfalls nicht erwähnt und Onkel, Tanten oder Vettern und Cousinen kaum. Erst 1955, mit achtzig, besuchte er zum erstenmal Puerto Rico und begegnete in den mit ihm verwandten Defillós der Familie, die ihm zeitlebens gefehlt hatte. Bei seiner Taufe im Januar 1877 wurde er Pablo genannt, nach Pablo Palau – keinem Verwandten, sondern einem Schüler seines Vaters –, Carlos (nach seinem Vater) und Salvador (nach dem Priester, der die Taufe vornahm). Seine Paten waren Pilars erste Cousine Fidèlia und Palau, aber sonst hatte die kleine Familie niemanden. Der junge Pablo – oder Pau, wie er auf katalanisch hieß – wuchs in enger Bindung an Vater und Mutter auf, und seine kindliche Entwicklung wurde fast ausschließlich von ihnen beeinflußt.

Carlos Casals war ein auffallend gutaussehender Mann, mit schwarzen Augen und einem Vollbart. Er war auch weiterhin ebenso an Physik und Maschinenbau interessiert wie an der Musik, abonnierte wissenschaftliche Zeitschriften und experimentierte jahrelang mit technischen Erfindungen. Doch sein leidenschaftliches Engagement galt der Politik der Republikaner, und sein Held war Francesc Pi i Margall, der Gründer der spanischen demokratischen Partei, der 1873 auch einen Monat lang Präsident der ersten spanischen Republik war. Pi i Margall, ein föderalistischer Republikaner, setzte sich für ein Spanien ein, das eine Union halbunabhängiger Kantone darstellen, weitgehend nach sozialistischen Prinzipien regiert werden und strikte Kontrolle über die Macht der Kirche wie des Militärs ausüben sollte. Allerdings fanden die Republikaner ihre Anhänger vorwiegend in den größeren Städten. Im ländlichen Katalonien stand die konservative Bauernschaft eher hinter den Karlisten, die die Monarchie wiedereinführen und einen bourbonischen Thronprätendenten als neuen Herrscher einsetzen wollten. Als die karlistische Guerilla im März 1874 El Vendrell heimsuchte, hatte sich Carlos Casals einer kleinen Gruppe begeisterter Republikaner angeschlossen, die die Stadt vergeblich zu verteidigen versuchten; er riskierte damit sein Leben für eine hoffnungslose Sache. Am Ende jenes Jahres bekam Spanien wieder eine konstitutionelle Monarchie, der junge Alfonso XII. wurde als König ausgerufen, und das war das Ende der Republik. Als Kind erfuhr Pablo Casals von seinem Vater, daß die Katalanen etwas brauchten, was sie nicht hatten – der Separatismus also lag ihm bereits im Blut, bevor er überhaupt wußte, wovon etwas zu separieren sei.

Carlos genügte es nicht, Kirchenorganist und Leiter des Kirchenchors zu sein: Er gründete und leitete auch einen Männerchor – La Lira – im Städtchen und spielte mit anderen einheimischen Musikern bei Fiestas und anderen weltlichen Festivitäten in El Vendrell und in den Nachbarorten auf. Zur Aufbesserung seines Einkommens gab er in seinem Parterrezimmer in der carrer Santa Anna Privatschülern Unterricht im Klavierspiel und Singen. Von früh an also war das Kind Pablo von Musik umgeben. Zahllose Geschichten kursieren darüber, wie das kleine Kind am aufgeklappten Klavier saß, das Köpfchen daran drückte und die Schwingungen in sich aufnahm, während sein Vater spielte, oder wie es die Solostimmen der Gesangsschüler nachahmte, aber natürlich viel besser intonierte. Mit Sicherheit jedenfalls ließ Pablo schon früh Zeichen einer außergewöhnlichen Begabung erkennen: eine auffallende Sensibilität für Töne und eine nimmermüde Neugier für die Musik. Pablo konnte eher singen als sprechen, und sobald ihm irgendein Musikinstrument in die Hände geriet, entlockte er ihm Tonfolgen, die man durchaus als musikalisch bezeichnen konnte. Carlos gab dem Vierjährigen die ersten Klavierstunden, und im April 1882 durfte Pablo bei den Knaben im Kirchenchor mitsingen. Je mehr der Junge mit dem Rhythmus des gregorianischen Gesangs, mit Psalmen, Hymnen und Chören vertraut war, desto ungeduldiger verlangte er danach, die Orgel zu spielen, und gelegentlich nahm ihn sein Vater auf die Empore mit, wo er auf väterliches Geheiß die Register ziehen oder drücken durfte. Nur eines wurde ihm unmißverständlich klargemacht: Orgelunterricht würde er erst bekommen, wenn seine Füße die Pedale bequem erreichen konnten.

Auch wenn der Vater den Schlüssel zur geheimnisvollen Welt der Musik besaß, bedeutete Pablo die Beziehung zur Mutter doch am meisten – vermutlich war es die wichtigste Beziehung seines Lebens überhaupt.

Bevor er mit sechs Jahren zur Schule kam, waren die beiden unzertrennlich; während Carlos arbeitete, nahm Doña Pilar ihren Sohn oft in das vier Kilometer entfernte Dorf San Salvador am Meer mit, wo sie am Strand spielten oder die alte romanische Einsiedelei, die Ermita, aufsuchten, bei der sie gelegentlich in einem preiswerten Gasthaus übernachteten. Aber die ständigen Schwangerschaften bereiteten Pilar ein Trauma ganz eigener Art. Arturo, ihr drittes Kind, wurde 1879 geboren, als Pablo zwei Jahre alt war, im Jahr darauf kam José, der nur ein paar Tage lebte. Im nächsten Jahr wurde Enrique geboren, aber auch er starb schmerzlich früh (Pilar nannte später ihr jüngstes Kind nach ihm). Die Geburt von Ricardo im Jahre 1883 war besonders schwer. Das Baby starb, und Pilar selbst wurde sehr krank. Dennoch war sie zu Weihnachten erneut schwanger, und Carlos – der als siebtes Kind nach dem ersten benannt wurde – kam 1884 zur Welt. Das Glück darüber, daß er am Leben blieb, zerbrach indes bald danach, als Arturo starb, der mit seinen fast fünf Jahren seinem Bruder ein echter Spielkamerad gewesen war und eine ähnliche bemerkenswert frühe musikalische Begabung gezeigt hatte. Arturo war an Gehirnhautentzündung erkrankt und starb am Dreikönigstag.

Mit jedem Todesfall bedeutete Pablo seiner Mutter mehr, und sie konzentrierte sich noch stärker auf ihn. Von frühester Zeit an wurde ihm das Gefühl vermittelt, der Mittelpunkt der Welt zu sein, in der er lebte – eigentlich hat er nie eine Welt gekannt, in der das nicht der Fall war. Auch wenn ihm Pilar keine physischen Zärtlichkeiten erwies, war sie doch die Quelle all seines Selbstvertrauens. Casals erklärte später:

> Im Verlauf meines Lebens bin ich vielen Leuten begegnet ..., Künstler und Staatsmänner habe ich kennengelernt, Gelehrte und Forscher und Könige, aber niemals jemanden wie meine Mutter. Sie beherrscht die Erinnerung an meine Kindheit und Jugend ganz und gar, und sie ist mir all die Jahre hindurch immer gegenwärtig geblieben. Unter Umständen aller Art, in Zeiten der Bedrängnis ... habe ich mich stets gefragt, was

> meine Mutter in diesem Falle tun würde, und dementsprechend habe ich dann gehandelt.[6]

Pilar hatte eine radikal unabhängige Auffassung vom Leben. Sie hatte gelernt, sich auf niemanden zu verlassen, niemandem verpflichtet zu sein, und das gab sie ihrem Sohn weiter. Seit sie die Folgen der Gewalt schon selbst in früher Jugend erlebt hatte, war sie eine absolute Kriegsgegnerin. Jahre später, als ihr jüngster Sohn zum Militärdienst eingezogen werden sollte, schickte sie ihn lieber außer Landes, nach Argentinien, wo er elf Jahre lang keinen Kontakt mehr zu seiner Familie hatte. In ihrem beinahe rücksichtslosen Selbstvertrauen ging Pilar so weit, daß sie die Ansicht vertrat, der Mensch sei in erster Linie weder dem Gesetz noch der Kirche verantwortlich, sondern nur seinem eigenen Gewissen. Obwohl Casals' Kindheit aufs engste mit der Kirche verbunden war, drängte weder sein Vater noch seine Mutter darauf, daß er einem ritualisierten oder institutionalisierten Glauben anhängen solle. Vielmehr machte er sich das absolute Vertrauen seiner Mutter in die Natur wie in die Schönheit und Schlichtheit der natürlichen Ordnung zu eigen. Er konnte, hieß es, genausowenig wie sie begreifen, daß es in der Natur so etwas wie *Unordnung* gab, noch sich gelassen mit der Möglichkeit des Scheiterns abfinden, wenn sich Vollkommenheit als unerreichbar erwies. Die Folge war, daß das Leben ihn trotz aller Freuden fast zwangsläufig enttäuschen mußte.

Als Pablo alt genug war, die Volksschule in der carrer Montserrat nahe seinem Elternhaus zu besuchen, beherrschte er bereits ein Klavierrepertoire, das die einfacheren Werke von Beethoven, Chopin und Mendelssohn umfaßte, ebenso wie die Präludien und Fugen aus Bachs *Wohltemperiertem Klavier*. Aber er war keineswegs auf dieses Instrument fixiert und verbrachte nicht etwa jede Stunde mit Üben. Vielmehr wollte er offenbar verschiedene Bereiche des musikalischen Ausdrucks erkunden und eine größere Zahl von Instrumenten beherrschen. Als der Junge einmal Dorfbewohner die *gralla* spielen hörte – ein Rohrblattinstrument aus Nordafrika mit einem durchdringend rauhen Klang –, wollte er sie unbedingt auch probieren, und in kurzer Zeit gelang es ihm, sämtliche traditionellen Melodien nachzuspielen, die die Musiker zum besten gegeben hatten. Ein anderes Mal fand er ein *fluviol* – eine primitive Version der Piccoloflöte – im Zimmer seines Vaters und brachte sich selbst das Spielen darauf bei, bis er so gut war, daß er bei den Prozessionen an Festtagen von Heiligen mitspielen konnte. Und als Pablo sieben war, begann er Geigenunterricht bei seinem Vater zu nehmen, der neben seinen übrigen Begabungen auch Saiteninstrumente leidlich zu spielen verstand. Nach einem Jahr hatte Pablo bereits einen Soloauftritt bei einem örtlichen Konzert und bekam seine erste Besprechung in der Lokalpresse.

Irgendwann im Jahre 1885 tauchte in El Vendrell eine Gruppe von umherziehenden Musikern auf und veranstaltete eine Reihe von Straßenkonzerten. Los Tres Bemoles (»Die drei B's«) beherrschten eine bunte Mischung verschiedener »Instrumente«: einen umgedrehten Waschzuber, selbstgebaute Gitarren aus Holzkisten und eine Reihe von Trinkgläsern, die mit einem Löffel angeschlagen wurden. Besonders faszinierte Pablo ein gebogener Besenstiel, der mit einer einzigen Saite bespannt war und im Stehen gezupft oder gestrichen wurde. Zu Hause beschrieb er das Ding seinem Vater, der zusammen mit seinem Freund Peret, dem Friseur, eine rundherum verbesserte Version aus einem getrockneten und ausgehöhlten Flaschenkürbis bastelte. Mit seiner einfachen Schnecke und seinem simplen Griffbrett hatte das Instrument bei aller Primitivität genügend Resonanz, so daß man ihm durchaus melodische Töne entlocken konnte. Nach wenigen Stunden spielte Pablo seinem andächtig lauschenden Vater und seinen Freunden eine Version von Gounods *Ave Maria* vor.[7]

Für einen Jungen mit einem so scharfen musikalischen Gehör – Pablo bemühte sich offenbar bereits darum, seine Kameraden im Chor zu verbessern, wenn sie die richtige Tonlage verfehlten – muß der Umgang mit diesen plumpen und behelfsmäßigen Instrumenten etwas Frustrierendes gehabt haben, ja es war sogar möglich, daß er schaden konnte. Auf jeden Fall zeigt dies, daß Casals in seiner Kindheit zwar sehr viele musikalische Anregungen erhielt, aber doch wenig Gelegenheit hatte, gute Musik zu hören. Immerhin sorgte sein Vater, der ja Berufsmusiker und ein ebenso geschickter und vielseitiger Lehrer war, dafür, daß Musik in Pablos Alltagsleben eine zentrale Rolle spielte. Mit neun Jahren war Pablo mit einer ganzen Reihe von Blas-, Saiten- und Tasteninstrumenten vertraut und beherrschte sie außergewöhnlich gut. Carlos hatte ihm auch die Grundprinzipien der Musiktheorie beigebracht und ermunterte ihn, vom sechsten oder siebten Lebensjahr an, kurze Stücke selbst zu komponieren: Lieder oder Melodien fürs Klavier. Um seinen zehnten Geburtstag herum war Pablo groß genug, um mit dem ersehnten Orgelunterricht zu beginnen, und nach einigen Monaten konnte er bereits für seinen Vater während der Messe einspringen.

Zugleich aber hatte der junge Casals keine Möglichkeit, anderweitig gute Musik zu hören. Vor dem Zeitalter des Radios oder der Tonaufzeichnung hörten die Menschen nur, was ihnen gerade zu Ohren kam, und Pablo kam, über das hinaus, was ihm an Musik von seinem Vater und der Kirche auf der anderen Seite des Platzes geboten wurde, sehr wenig zu Ohren. El Vendrell war gewissermaßen ein musikalisches Vakuum.

Bis zu seinem elften Lebensjahr hörte Pablo weder Orchester- noch Kammermusik und nicht viel mehr als das konventionelle Repertoire, für das Carlos die Noten besaß. Und so war Pablo in keinster Weise auf den Schock vorbereitet, ein kammermusikalisches Trio von Berufsmusikern zu hören, die 1888 aus Barcelona gekommen waren, um im Centro Católico von El Vendrell ein Konzert zu geben. Pablo war wie vom Donner gerührt: Zum erstenmal sah er ein richtiges Cello und hörte, wie es von einem erfahrenen Musiker gespielt wurde – von Josep García, Lehrer an der Escuela Municipal de Musica, der Städtischen Musikschule, in Barcelona. Casals erinnerte sich später noch sehr gut an dieses Ereignis:

> Als dann der erste Ton aufklang, war ich vollends überwältigt; es war, als ob mir die Luft wegbliebe. Dieser Celloklang hatte etwas so Zartes, Schönes, Menschliches, ja, so Menschliches an sich. Nie zuvor hatte ich solch einen schönen Ton vernommen.[8]

Als Pablo nach Hause kam, erklärte er: »Vater, das ist das wundervollste Instrument, das ich je gehört habe, das will ich spielen!«[9] Von da an spielte er seine Geige nur noch wie ein Cello – er hielt sie aufrecht auf den Knien. Irgendwie gelang es Carlos, ein kleines Cello aufzutreiben, und dann begann er seinem Sohn ein paar einführende Stunden zu geben. Fortan wurde das Instrument zum beherrschenden Mittelpunkt in Pablos Leben und blieb es auch für die folgenden fünfundachtzig Jahre.

Als dieses Cello im Haus an der carrer Santa Anna Einzug hielt, änderte sich die Beziehung zwischen Carlos Casals und seiner Frau grundlegend, und damit schien ein Abschnitt im Leben der Familie abgeschlossen. Carlos Casals fand nichts Ungewöhnliches daran, daß sein Sohn hochbegabt sein sollte – schließlich war er ja selbst ein begabter und vielseitiger Musiker, was ihm freilich nichts weiter als eine bescheidene und alles andere als vielversprechende Karriere in El Vendrell eingebracht hatte. Für ihn gab es daher keinen Grund, seinen Sohn darin zu bestärken, ihm nachzueifern, und so kümmerte er sich denn um eine Lehrstelle für Pablo in einer benachbarten Tischlerwerkstatt.

Doña Pilar indes wußte, daß es außerhalb von El Vendrell noch eine andere Welt gab, denn sie hatte sie gesehen. Sie erkannte auch, daß Kinder in den meisten Fällen nur das zu leisten vermögen, was ihnen im engen Rahmen der Erwartungen ihrer Eltern vorgegeben ist – es sei denn, irgendeine Anregung von außen erweist sich als stärker. Pilar wußte, daß es in El Vendrell keine derartige Anregung geben würde und daß sie Pablo von hier fortbringen mußte, damit ihr einziger lebender Sohn die Chance bekäme, einen weiteren Horizont zu erhalten. Vielleicht sah sie darin auch für sich selbst eine Chance, von El Vendrell fortzukommen. Denn die letzten beiden Jahre waren verheerend für sie gewesen. Anfang 1887 war ihr siebter Sohn, der kleine Carlos, mit drei Jahren an einer durch Herzschwäche ausgelösten Diphtherie gestorben.[10] Im Mai hatte sie eine Tochter, Antonia, geboren, die nach sechs Tagen erstickte. Pilar hatte sich kaum von diesem Schock erholt, als ihr Pablo von einem tollwütigen Hund gebissen wurde, was normalerweise den sicheren Tod bedeutete. In seiner Verzweiflung brachte Carlos seinen Sohn eilends nach Barcelona, wo man an einem Krankenhaus Louis Pasteurs Tollwutserum versuchsweise einsetzte. Auf einer Station, die mit Patienten in den verschiedensten Stadien des Deliriums überfüllt war, mußte Pablo eine Reihe von fürchterlichen Injektionen über sich ergehen lassen, mit denen zunehmend stärkere Lösungen des Tollwutvirus in heißer Flüssigkeit verabreicht wurden.

Pablo überlebte, aber seine Mutter hatte genug. Sie bestand darauf, daß er nach Barcelona übersiedeln und ein ernsthaftes Musikstudium bei García an der Städtischen Musikschule beginnen sollte, und sie würde ihn begleiten. Carlos war gegen ein derart verrücktes Vorhaben: Sie konnten sich das Schulgeld nicht leisten – und wo, um Himmels willen, sollten sie wohnen? Pablo bekam diesen heftigen Streit zwischen seinen Eltern mit und wußte, daß es dabei um ihn ging. Aber Pilar ließ sich nicht beirren, und schließlich gab Carlos nach. Er schrieb an die Schule und ersuchte um die Aufnahme seines Sohnes, und Ende August 1888 war es soweit: Seine Frau stieg mit Pablo auf dem nahegelegenen Bahnhof von San Vicens in ein Dritte-Klasse-Abteil ein, und sie begaben sich auf die zweistündige Reise nach Barcelona. Pilar war zum neuntenmal schwanger und wußte, daß sie zur Geburt nach El Vendrell zurückkehren mußte. Aber sie wußte auch, daß zumindest eines ihrer Kinder die Chance auf eine bessere Zukunft hatte.

Doña Pilar und Pablo Casals kamen während der 35 Wochen dauernden Weltausstellung von 1888 in Barcelona an. Wie die gut ein Jahrhundert später stattfindenden Olympischen Spiele war auch die Weltausstellung ein ernsthafter Versuch, der unter wirtschaftlichen Problemen leidenden Stadt ein gewisses Maß an Selbstbewußtsein zu vermitteln. Durch die »Glorreiche Revolution« vom September 1868 war Spanien die bourbonische Monarchie für kurze sechs Jahre losgeworden, wenngleich die erste Republik nicht einmal zwei Jahre Bestand gehabt hatte. Aber selbst nach der Restauration war nichts mehr wie vorher. Besonders die Autonomiebestrebungen der Katalanen wurden in den achtziger Jahren zu einer politischen wie emotionalen Bewegung, und durch den engagierten Einsatz für die Weltausstellung von 1888 suchte Rius i Taulet, der Bürgermeister von Barcelona, Katalanien die Zuversicht und den Geist des »Neuen Spanien« zu vermitteln.[11] Allerdings machte die Stadt gerade eine schwere Rezession durch. Der Boom, den Handel und Industrie in den siebziger Jahren erlebt hatten und der weitgehend auf Krediten und auf der Kapitalzufuhr aus Kuba, Puerto Rico und den anderen spanischen Kolonien beruhte, hatte durch das Wüten der *phylloxera vastatrix,* der Reblaus, ein jähes Ende gefunden. 1887 waren die Weinberge von Penedès gänzlich vernichtet, und die katalanische Weinindustrie lag fast völlig darnieder. Mit den grandiosen Gesten katalanischen Selbstbewußtseins – die Errichtung des sechzig Meter hohen Kolumbusdenkmals am Hafen und die Umgestaltung des Parc de la Ciutadella – suchte man sich also gegen den drohenden Finanzkollaps zu behaupten.

Die Weltausstellung zog etwa eineinhalb Millionen Besucher an und endete mit einem Defizit von sechs Millionen Peseten. Aber der ganze Aufwand, der nötig war, um die Ausstellung rechtzeitig auf die Beine zu stellen und sie am Ende wieder abzubauen, hatte doch Hunderte von Arbeitsplätzen geschaffen und die Auswirkungen der allgemein zunehmenden Arbeitslosigkeit in Barcelona verschleiert. Und am Ende gelang es dieser künstlich hochgeputschten Orgie eines katalanischen Optimismus sogar, das Selbstverständnis der Stadt aufzublasen, auch wenn es zunächst nur schöner Schein gewesen war. Barcelona, dieses Paradies des Bürgertums mit seiner halben Million Einwohner, war geschäftig, aufregend und bunt und stellte für Casals in »mehr als einem Sinne … das Tor zur großen Welt« dar.[12] Seine Ankunft in Barcelona, die in eine Zeit der überzogenen katalanischen Selbsterhöhung fiel, hatte einen starken und nachhaltigen Einfluß auf sein Identitäts- und Zugehörigkeitsgefühl.

Nachdem er in der Städtischen Musikschule erfolgreich vorgespielt hatte, wurde Pablo Casals mit Zwölf einer der jüngsten Studenten. Ursprünglich war vorgesehen, daß er neben den üblichen Schulfächern ein fünfjähriges Studium in Harmonielehre und Kontrapunktik, Komposition, Musiktheorie, Klavier und Cello absolvieren sollte. Anfangs ließ sich Pablo von der Gelehrsamkeit der Professoren und dem gewandten Auftreten seiner Kommilitonen einschüchtern. Er hatte ja bislang keine Gelegenheit gehabt, sich mit anderen jungen Musikern zu vergleichen, aber durch seinen intensiven Fleiß war er am Ende des ersten Jahres Klassenbester und bekam damit die Chance, bei einem Konzert auftreten zu dürfen. Während dieser ganzen fünfjährigen Studienzeit war Josep García sein Cellolehrer. Im Unterschied zu den meisten hochbegabten Cellostudenten, die gleichsam in einer Routine von Ausbildung und einer gewissen Ehrerbietung von einem Lehrer zum andern ziehen, hatte Casals tatsächlich nur einen einzigen Lehrer, eben García. Doch wenige Monate nachdem er mit dem ernsthaften Studium des Instruments begonnen hatte, stellte Pablo die Grundprinzipien der Cellotechnik in Frage: In Wirklichkeit erwarb er sich sein Können im Selbststudium.

In der Musik wie im Leben gab es für Casals kein Gesetz, das er fraglos hinnahm. Das hatte ihm seine Mutter beigebracht. Üblicherweise wurden damals beim Cellospiel beide Arme steif gehalten, die Ellbogen nahe am Körper. Die Schüler mußten sich sogar ein Buch in die Achselhöhle klemmen, damit der den Bogen führende Arm nur ja nicht die vorgeschriebene Position verließ. Casals sah keinen Sinn darin: »... manche Dinge springen eben schon Kindern in die Augen«, erklärte er später.[13] Auch ohne solche unnötigen Einschränkungen für den Spieler war das Cellospielen schon schwer genug. Casals begann also den rechten Arm zu heben und den Ellbogen aufzustellen, wenn er es für angemessen hielt, um den erforderlichen Klang zu erzielen. Auch sah er keinen Vorteil darin, ständig den Bogen in voller Länge zu gebrauchen – das war für ihn verschwendete Kraft, »eine dumme Idee«.[14] Offenbar verlangte die Musik viele Formen, mit dem Bogen zu streichen, und es gab keinen Grund, sie nicht anzuwenden.

Genauso wie er den Bogenarm befreite, bemühte sich Casals auch um ein unverkrampftes Fingerspiel. Generell sollte die linke Hand geschlossen bleiben und sich ganz über das Fingerbrett bewegen, wenn die Musik höhere Töne verlangte. Casals hingegen öffnete die Hand und streckte die Finger aus, so daß er damit die höheren Lagen erreichte, statt ständig die ganze Hand unnötigerweise auf und ab zu bewegen. Ein Jahrhundert später kommen uns diese technischen Neuerungen einfach und selbstverständlich vor. Damals hingegen kamen sie einer Revolution gleich. Sie stellten sich natürlich nicht auf einmal ein, und bei manchen Lehrern wäre es dazu auch überhaupt nicht gekommen. Aber Josep García war ein toleranter Mann: »Ist es auch Wahnsinn, hat es doch Methode.«[15] Wahnsinn hin, Methode her – jedenfalls sah García, daß sein neuer junger Schüler verblüffend rasche Fortschritte machte, und später gab er zu, daß Casals in Barcelona über das Cello eine ganze Menge mehr herausgefunden hatte, als er selbst ihm hatte vermitteln können.

Pilar Casals hatte ihren Sohn bei einem entfernten Verwandten, Benet Boixados, dem Schwager ihrer Cousine Fidèlia, untergebracht. Boixados war ein sanfter und gütiger Mann, der mit seiner Frau in einem der älteren Viertel der Stadt wohnte und dem Jungen die doppelte Qual, von seinen Eltern getrennt zu sein und zur neuen Schule gehen zu müssen, zu erleichtern suchte. Pilar kehrte nach der Geburt ihres neunten Kindes aus El Vendrell zurück – es war ihre zweite Tochter, die auf den Namen Pilar getauft wurde, aber nach einer Woche an Wundstarrkrampf starb. Sie fand auch eine kleine Wohnung nicht weit von Boixados, in der carrer de l'Hospital, einer Querstraße der Ramblas. Aber wie sollte sie sie bezahlen können? Im Frühjahr 1889 bekam Pablo eine Anstellung als Cellist in einem Kaffeehaus-Trio, wofür er vier Peseten am Tag erhielt. Solche Cafés gab es auf einmal überall in der Stadt, Lokale mit einem gewissen Stil, die hauptsächlich von Geschäftsleuten zur Entspannung aufgesucht wurden. Josep Pla, der zeitgenössische Chronist von Barcelona, beschrieb sie als »geräumig mit großen Spiegeln, vielen mit rotem Plüsch bezogenen Bänken ... Orte der Entspannung, Aktienbörsen und Informationszentren ... mit ihrem Niedergang verlosch eine ganze Zivilisation.«[16]

Das Café Tost lag am nördlichen Ende des Passeig de Gràcia, jenseits der Plaça de Catalunya, in Richtung der Industrieviertel. Casals sollte täglich drei Stunden am Abend vor den feinen Gästen spielen, die hier Kaffee, Schokolade oder Likör tranken. Das Ganze war so etwas wie ein Mittelding zwischen einem richtigen Konzertvortrag und der Hintergrundmusik in einer lärmenden Bar, bewegte sich aber oft auf hohem Niveau. Zwischen die eher populären Weisen, die *zarzuelas* und Walzer, streuten Casals und seine Mitspieler auch ernstere Stücke ein. Schließlich gelang es ihnen, Señor Tost, den Besitzer des Cafés, dafür zu gewinnen, daß sie an einem Abend in der Woche nur ein klassisches Programm darboten. Das sprach sich herum, und bald kamen Gäste eigens zu dieser Abendveranstaltung – ja eigentlich wollten sie vor allem *El Niño del Tost,* »den Tost-Wunderknaben« hören. Und an den meisten Abenden saß Doña Pilar bei einem Kaffee still an einem Ecktisch.

Es war schon ein hartes Pensum: tagsüber in der Schule, abends im Café. Aber selbst in den Sommerferien, in denen Casals mit seiner Mutter nach El Vendrell zurückkehrte und sich zeitweise in San Salvador aufhielt, verdiente er sich ein Zubrot, indem er sich einer fahrenden Musikantengruppe anschloß und auf Jahrmärkten und ländlichen Festen in der Region von Tarragona und Gerona aufspielte. Und wenn er wieder in Barcelona war, trat er im Café Tost auf und spielte außerdem bei Hochzeiten und Begräbnissen, was ihm mehr einbrachte als die Abende im Tost. Es war ein anstrengendes Leben, alles andere als glanzvoll, doch dieses regelmäßige Musizieren war natürlich schon nutzbringend, und die Darbietungen von Volksmusik und beliebten Liedern erweiterten Casals' Repertoire und waren die Quelle für viele spätere Kompositionen, zumindest kam ihm dieses ständige Spielenmüssen zugute, als er zehn Jahre später seine Solistenkarriere begann: Der Prozeß des ewigen Repetierens war ihm durchaus vertraut. Aber diese Zeit hatte auch sonst ihr Gutes. Gelegentlich nämlich nahm Señor Tost seinen Schützling zu Konzerten im Teatro Lírico mit, wo sie unter anderem auch den spanischen Geigenvirtuosen Pablo de Sarasate hörten – Casals erinnerte sich daran, daß Sarasate zuweilen falsch gespielt hatte – und den jungen Richard Strauss erlebten, als er seinen *Don Juan* dirigierte.

Kurz nach Beginn seines zweiten Jahres an der Städtischen Musikschule zogen Pablo und seine Mutter in eine Wohnung in der carrer Valencia, die näher am Café Tost lag. Carlos Casals kam von El Vendrell herüber, wann immer er konnte, besonders zu Schulkonzerten und -festen, bei denen sein Sohn stets eine wichtige Rolle spielte. Einmal, im Jahre 1890, er war noch nicht vierzehn, schlenderte Pablo mit seinem Vater in den kleinen Gassen in der Nähe des Hafens herum, und schließlich betraten sie eine kleine Musikalienhandlung in der carrer Ancha, um sich nach neuen Stücken umzuschauen, die Pablo im Café spielen könnte. Als sie einen Stoß Musikalien durchwühlten, stießen sie auf mehrere Beethoven-Sonaten für Klavier und Cello und dann auf eine zerfledderte Grützmacher-Ausgabe der sechs Suiten für Violoncello von Johann Sebastian Bach. Es war die entscheidende musikalische Entdeckung in Casals' Leben. García hatte ihm nie etwas davon gesagt, und er hatte auch niemanden diese Suiten spielen hören. Aber als er die Notenblätter nach Hause brachte und sich die Suiten zu erarbeiten begann, wurde ihm klar, daß dies die Musik war, die seiner Seele am nächsten stand:

> Ich war damals dreizehn Jahre alt, aber die folgenden achtzig Jahre hat sich mein Staunen über diese meine Entdeckung nur

> noch vergrößert. Diese Suiten eröffneten mir eine ganz neue Welt. Ich begann, sie mit unbeschreiblicher Erregung anzuspielen; sie wurden meine Lieblingsstücke.[17]

Casals fand heraus, daß die Bach-Suiten eigentlich nur als akademische, technische Fingerübungen gespielt wurden. Nach Bachs Tod waren sie ein Jahrhundert lang in Vergessenheit geraten, bis Robert Schumann sie für Klavierbegleitung bearbeitet hatte. Cellisten hatten vielleicht einzelne Sätze als Zugabe gespielt – eine Sarabande, ein Menuett oder eine Gigue etwa –, aber eine Suite als Ganzes hatte als zu anspruchsvoll gegolten, als zu langweilig für ein Konzertpublikum. Für Casals hingegen waren es faszinierende und komplizierte Stücke. In den nächsten zwölf Jahren arbeitete er an ihnen ganz für sich allein, übte jeden Tag mehrere Suiten, in voller Länge, mit all ihren Wiederholungen. Um die Jahrhundertwende, als er seine Solistenkarriere begann, nahm er sie in seine Konzertprogramme auf. Aber auch wenn die Suiten Casals' Markenzeichen wurden und er sie bei Hunderten von Gelegenheiten spielte, ging er mit ihnen stets voller Ehrfurcht, Demut – ja ängstlich um. Er lehnte es ab, seine eigene Ausgabe zu veröffentlichen, und nahm die Suiten nur einmal auf Schallplatte auf, und zwar nach heftigem Drängen, in einzelnen Sitzungen zwischen 1936 und 1939. Für Casals gehörte die Musik von Bach gleichsam zu seinem Erbgut. Emotional und intellektuell vereinten sie nichts Geringeres als sein Weltgefühl:

> Bach ist das musikalische Genie par excellence ... dieser Mann, der alles weiß und alles fühlt, kann keine Note niederschreiben, wie unbedeutend sie auch erscheinen mag, ohne daß diese Note Anteil am Unendlichen hätte. Bach hat alle Gefühle zutiefst empfunden und sie in der vollkommensten Form ausgedrückt.[18]

Die Aufführung einer Bach-Suite war für ihn ein Akt der intensiven Selbstenthüllung. Und genau darin lag das Problem. Als Erwachsener hütete Casals sein Privatleben und behielt seine Gefühle für sich. Wenn er hingegen Bach spielte, war ihm, als könnte er nichts verbergen – die Wahrheit strömte einfach aus ihm heraus. Diese Zerrissenheit bereitete ihm große Qual und war zugleich Ausdruck seiner schönsten Musik. Es ist ihm nie gelungen, dieses Dilemma zu lösen: das Dilemma zwischen dem Drang, sich mitzuteilen, und der Angst, sich zu entblößen.

Casals hatte seine ersten öffentlichen Solo-Konzerte in Tarragona im Sommer 1889 und in Barcelona im November 1890 gegeben und dafür hervorragende Besprechungen bekommen.[19] Aber sein eigentliches Debüt in Barcelona erlebte er am 23. Februar 1891, als er im Teatro de Novedades bei einem Benefizkonzert zugunsten von Concepción Palá, einer berühmten alten Schauspielerin, zwei Werke spielte. Vor der Vorstellung war er schrecklich aufgeregt, und Carlos, der bei ihm war, mußte ihn förmlich auf die Bühne treiben. Seine Stücke, darunter auch ein *Allegro Appassionato* von Tusquets, spielte er dann freilich absolut makellos, und die Kritiken in den katalanischen wie in den kastilischen Zeitungen rühmten die Sicherheit seines Spiels.[20] Aber Casals konnte dieses Lampenfiebers nie Herr werden und gestand in den späten sechziger Jahren: »Auftritte sind für mich stets eine Prüfung. Bevor ich aufs Podium gehe, krampft sich mir die Brust zusammen ... Schon der Gedanke an ein öffentliches Auftreten ist für mich immer noch ein Alptraum.«[21]

Im Jahre 1891 gab Casals seine Stelle im Café Tost auf und trat einem Orchester bei, das am Teatro Tívoli für eine Aufführung von *Carmen* probte. Zum erstenmal erfuhr er, wie es war, in einem richtigen Orchester mitzuspielen, und das bei einer Opernaufführung. Zwei Jahre zuvor hatte ihm ein Bekannter im Café Tost die Partituren von *Parsifal, Tristan* und vom *Ring* geliehen, und nun wurde er das Echo von Wagners Stil in Bizets Komposition gewahr. Um die gleiche Zeit fand er auch Arbeit in einem neuen, ultramodernen Café an der Plaça de Catalunya, im La Pajarera, einem runden Glasbau, auf den der Name »Vogelkäfig« gut paßte. Hier schloß er sich einem siebenköpfigen Ensemble an, das neben populären Stücken auch Sätze aus kammermusikalischen Werken von Schumann, Schubert und Mendelssohn spielte. Vor allem aber zahlte man hier gut.

Eines Abends kam ein führender spanischer Musiker ins La Pajarera, um zu hören, was an den Gerüchten über *el nen,* diesen großartigen jungen Cellisten, dran war. Isaac Albéniz war der bekannteste

Pianist des Landes: Als sechsjähriger Wunderknabe war er am Pariser Konservatorium aufgenommen worden, mit acht am Konservatorium von Madrid, und später studierte er bei Liszt in Leipzig und Rom. Damals spielte er in Barcelona gerade Trios mit Enrique Fernández Arbós und Augustín Rubio, und nach Casals' Auftritt im Café traten er und seine Kollegen an Casals heran und schlugen ihm vor, mit ihnen nach London zu gehen, wo sie alle arbeiteten – hier könnte Casals einen Fortgeschrittenenkurs bei Rubio belegen und hätte überhaupt viel bessere Möglichkeiten. Doña Pilar war allerdings strikt dagegen, daß ihr vierzehnjähriger Sohn Spanien verließ, und bestand darauf, daß er sein Studium an der Musikschule von Barcelona beendete. Albéniz war zwar auch Katalane, doch er beschwor sie, daß Casals zumindest dem provinziellen Barcelona den Rücken kehren und zum Studium nach Madrid gehen sollte. Er gab Pilar ein Empfehlungsschreiben an den Grafen de Morphy mit, den Privatsekretär der regierenden Königin María Cristina und einen der einflußreichsten Förderer in der spanischen Musikszene. Drei Jahre später sollte Doña Pilar davon Gebrauch machen.

Förderung und Entdeckung

1890–1899

Jeder macht eine Zeit der Verzweiflung durch. Ich erlebte sie als ganz junger Mensch.

Pablo Casals[1]

Im Frühjahr 1893, vier Monate nach seinem sechzehnten Geburtstag, schloß Casals sein Studium an der Städtischen Musikschule in Barcelona ab, mit höchsten Auszeichnungen in den Fächern Cello, Klavier und Komposition. Nun ging es darum, die weitere Ausbildung des begabten jungen Mannes zu sichern. Auf den Rat seines Lehrers Josep García hin beteiligte sich Casals an einem Wettbewerb um ein vom Rat der Stadt gestiftetes Stipendium, mit dem er die Kosten für ein weiterführendes Studium in Paris hätte bestreiten können.

Zur großen Überraschung seines Lehrers, der örtlichen Musikpresse und natürlich seiner selbst gewann Pablo den ausgesetzten Preis nicht. Das Stipendium wurde einem anderen jungen Cellisten namens Pujal verliehen.[2] Zum erstenmal hatte Casals versagt, und diese schmerzliche Erfahrung löste in ihm Gefühle des Selbstzweifels und der Unsicherheit aus, von denen sich der junge Mann monatelang nicht befreien konnte.

Casals hoher Intelligenz und musikalischer Begabung entsprach eine wachsende Sensibilität für die Welt um ihn herum, und was er sah, gefiel ihm nicht. Elend, Armut und menschliche Erniedrigung waren im Barcelona der frühen neunziger Jahre einfach nicht zu übersehen und ließen ihn den Sinn seines von allem abgeschirmten Studiums der Musik grundsätzlich in Frage stellen:

> Daß soviel Böses auf der Welt sein sollte und warum die Menschen sich all das antaten, konnte ich einfach nicht verstehen, auch nicht, was unter solchen Umständen der Zweck des Lebens sein sollte – der Sinn meiner eigenen Existenz … Nicht länger vermochte ich in meiner Musik aufzugehen. Damals war ich ebensowenig wie heute der Ansicht, daß Musik oder irgendeine andere Kunst schon selbst die Antwort auf diese Frage sei.[3]

Was Casals damals empfand, waren natürlich zum Teil die normalen Ängste des Heranwachsenden. Aber bald wurde klar, daß da mehr dahintersteckte. Wenn er abends von der Musikschule nach Hause kam, ging er zuweilen die carrer de Ferran hinunter, begab sich in die Kirche Sant Jaume und überließ sich – wie er später bekannte – in dieser düsteren Umgebung seiner Verzweiflung, dachte auch über die Möglichkeit des Selbstmords nach. Im Alter fand Casals für seine Depressionen eine eher metaphysische Erklärung: »Die Welt erschien mir unerträglich mit ihrer ungerechten Einrichtung, ihrem entfesselten Egoismus, ihrem Mangel an Liebe.«[4] Aber sehr viel spricht dafür, daß die Ursache für sein Unglücklichsein genaugenommen in seiner engsten Umgebung zu suchen war.

Denn Casals hatte seine Jugend nicht sehr lange genießen dürfen. Mit elf hatte er sein Zuhause und seine Kindheitsfreunde verlassen und eine fast ausschließlich von Erwachsenen bevölkerte Welt betreten, und mit zwölf hatte er aufgrund seiner Anstellung im Café Tost fast keine freie Minute mehr. Stets war er mit seiner zur Selbstverleugnung und ein wenig auch zur Schwermut neigenden Mutter zusammen und mußte tagtäglich mit ansehen, was seine Begabung in seiner Familie angerichtet hatte. Als Casals' drittes Jahr in Barcelona begann, brachte seine Mutter ihr zehntes Kind, Luis, zur Welt. Carlos versuchte bei dieser Gelegenheit seine Frau zum Bleiben zu bewegen, aber Pilar weigerte sich und gab ihren neugeborenen Sohn bei einer Familie in El Vendrell in Pflege, bevor sie, sobald sie konnte, wieder nach Barcelona zurückkehrte. Im Juni 1892, als das elfte Kind kam – ein

Sohn, der wieder Enrique genannt wurde –, gab Carlos seine Stellung in El Vendrell auf und zog zu seiner Frau und seinen drei Söhnen nach Barcelona. Die Familie mietete eine Wohnung in der carrer de Paleyo, unweit von Pablos Arbeitsplatz an der Plaça de Catalunya, und Carlos begann Musikunterricht zu geben. Aber er war auch weiterhin dagegen, daß sein Sohn Musiker wurde, und damit zwang er Pablo praktisch, sich zwischen seinen Eltern zu entscheiden. »Ich empfand das Bedürfnis, das dringende Bedürfnis, den Einklang wiederherzustellen«, erinnerte sich Pablo sechzig Jahre später an diese Situation. »Aber wie sollte ich das machen? ... Mein Vater ... verstand mich nicht ganz; er legte einer Situation keine Bedeutung bei, die hätte tragisch werden können.«[5]

Eigentlich gab es für Pablo Casals nur einen Ausweg: als musikalisches Wunderkind sein ganzes geniales Können vor einer entzückten und dankbaren Welt auszuspielen. Aber auch wenn seine Begabung eindeutig dem eines Wunderkindes entsprach, hatte er doch niemals eine Chance, eines zu sein. Zum einen waren seine musikalischen Interessen zu diffus. Zum andern hatte er mit dem ernsthaften Studium des Cellos zu spät begonnen. Vor allem aber hätte seine Mutter das nie zugelassen. Wäre er dem Vorschlag gefolgt, den ihm Albéniz und seine Kollegen kurz nach seinem vierzehnten Geburtstag gemacht hatten, nämlich mit ihnen nach London zu gehen und einen exklusiven Cellounterricht auf fortgeschrittener Ebene zu absolvieren, dann wäre er fast mit Sicherheit berühmt und öffentlich gefeiert worden – als begabtes Kind mit Matrosenkragen und in Samthosen. Und zweifellos hätte er dadurch eine längere Jugend gehabt. Daß Doña Pilar der anderen Empfehlung von Albéniz – Pablo solle sich in Madrid Anregungen holen und studieren – den Vorzug gab, hat höchstwahrscheinlich den Beginn der Virtuosenkarriere ihres Sohnes um zehn Jahre verzögert, ihm aber zugleich die Gelegenheit gegeben, eine umfassendere musikalische Ausbildung zu absolvieren. Es hatte aber noch eine ganz andere Konsequenz: Als die Familie im Mai 1893 nach Madrid aufbrach – mit dem Empfehlungsschreiben an den Grafen de Morphy als einziger Sicherheit –, hatte der erst sechzehnjährige Pablo von seinem Vater praktisch die volle Verantwortung für Doña Pilar und seine beiden kleinen Brüder übernommen. Verwirrt und verloren kehrte Carlos Casals nach El Vendrell zurück.

Die 800 Kilometer lange Eisenbahnfahrt nach Madrid dauerte eineinhalb Tage. Gleich nach der Ankunft – vermutlich nach vorheriger Anmeldung – begab sich Pilar mit ihren drei Söhnen, dem Gepäck und einem Cello sofort zum Haus des Grafen de Morphy im Vorort Argüelles im Nordwesten der Stadt. Der Graf hieß sie willkommen, bat darum, einige von Pablos Kompositionen sehen zu dürfen, und dann lauschte er seinem Spiel. Er war sofort beeindruckt und lud Casals ein, am nächsten Tag wiederzukommen, und da erklärte er, er habe es arrangiert, daß der Junge vor der Infantin Isabel spielen würde, der älteren Schwester des verstorbenen Alfonso XII. und Schwägerin der Königin. Am darauffolgenden Tag trug Casals einige seiner Kompositionen auf dem Klavier und auf dem Cello in den Gemächern der Infantin im Königspalast vor. Pilar hatte ihren Sohn begleitet und auch Luis und den elf Monate alten Enrique mitgenommen; während des Konzerts beruhigte sie ihr schreiendes Baby, indem sie gelassen ihr Kleid öffnete und ihm die Brust gab.

Eine Woche darauf wurde ein weiteres Konzert im Palast veranstaltet, diesmal vor Königin María Cristina selbst sowie vor einem Publikum, das aus dreißig bedeutenden Repräsentanten des Madrider Musiklebens bestand. Casals spielte ein von ihm komponiertes Streichquartett, mit Enrique Fernández Arbós als erstem Geiger, sowie mehrere kleinere Stücke für Klavier und Cello. Am nächsten Tag unterrichtete der Graf de Morphy Casals, daß die Königin ihm eine monatliche Beihilfe von 250 Peseten gewähren werde, damit sich die Familie eine kleine Wohnung in der calle de San Quintín, unweit der Palastgärten, mieten konnte und ein bescheidenes, aber erträgliches Auskommen hätte. Es war der erste von vielen Gunstbeweisen, die María Cristina Casals im Laufe der nächsten 35 Jahre zukommen ließ, und die spanische Königin war die erste von vielen Monarchen, zu denen er eine persönliche Freundschaft unterhielt.

Der Graf de Morphy – Guillermo Morphy y Férriz de Guzmán – war der Enkel irischer Emigranten namens Murphy, aber in Spanien geboren. Nach einem Studium der Rechtswissenschaften und der Musik wurde er zum Hauslehrer des Infanten Alfonso bestellt, des siebenjährigen Sohnes von Isabel II., begleitete ihn 1868 ins Exil und kehrte mit ihm als königlicher Privatsekretär zurück, als Alfonso 1875 inthronisiert wurde. Als der König zehn Jahre später starb, blieb

Morphy der Privatsekretär seiner zweiten Frau, der habsburgischen Erzherzogin María Cristina, die für ihren minderjährigen Sohn, den künftigen Alfonso XIII., die Regierungsgeschäfte besorgte. Morphy war der geborene Erzieher und Förderer und wurde über zwei Jahre lang Casals' Mentor, Führer und Vorbild. »Der Graf pflegte zu sagen: ›Ich habe zwei Söhne – Alfonso und Pablito.‹«[6]

Durch den Umgang mit dem kultivierten Schöngeist Morphy traten die Lücken in Casals' bescheidener katalanischer Erziehung offen zutage. Morphy sorgte dafür, daß sie durch intensive Unterweisung geschlossen wurden – er selbst unterrichtete ihn in allgemeinbildenden Fächern, in Kunst, Literatur und Sprachen, während die Ausbildung in Kompositionslehre Madrids führendem Kammermusik- und *zarzuela*-Komponisten Tomás Bretón anvertraut wurde. Casals genoß praktisch eine Erziehung, die einem Thronerben angemessen war: eine gehobene Einführung in die Geisteswissenschaften, die umfassende Bekanntschaft mit den wissenschaftlichen und philosophischen Problemen der Zeit, eine privilegierte Vertrautheit mit den Künsten und eine intensive Beschäftigung mit Fremdsprachen. Diese grundlegende schulische Unterweisung kam Casals sehr zugute, als er Jahre später als international geachteter Menschenfreund und als »Monarch des Menschengeistes« galt. Was ihm dabei allerdings fehlte, war der unbeschwerte Umgang mit Jungen seines Alters. Auch in Madrid blieb er so einsam und isoliert wie in Barcelona, bis er auf dem intellektuellen Niveau der Erwachsenen angelangt war, die ihn ständig umgaben. Kinder und Kindheit stellten für Casals sein Leben lang »ein Vakuum in seiner Psyche«[7] dar. Er liebte Kinder, auch wenn er keine eigenen hatte, und konnte sofort und auf ganz natürliche Weise mit ihnen in Kontakt treten. Von den Erwachsenen enttäuscht, setzte er alle Hoffnungen der Welt auf die Unschuld junger Menschen – eine Überbewertung des Kindes, wie sie nur von jemandem ausgehen kann, der selbst nicht lange eines gewesen ist.

Jeden Morgen fand sich Casals im Hause des Grafen de Morphy ein, wo er drei Stunden lang intensiv in verschiedenen Fächern unterrichtet wurde und die riesige Bibliothek des Grafen erkundete. Jeden Abend, wenn er wieder zu Hause bei seiner Familie war, erkundigte sich Pilar danach, was er Neues gelernt hatte – in der Hoffnung, daß der intellektuelle Abstand zwischen ihnen beiden nicht zu groß wurde.

Einmal in der Woche schickte Morphy Casals zu den spanischen Cortes, wo er die Debatten zwischen den führenden Politikern der Zeit, darunter auch Pi i Margall, dem einstigen Helden seines Vaters, verfolgen und darüber seinem Lehrer Bericht erstatten sollte. Jede Woche mußte Casals auf Geheiß seines Lehrers auch in den Prado gehen und ein einzelnes Gemälde sorgfältig studieren sowie seinen Eindruck davon schriftlich formulieren. Diese Übungen schulten Casals' Auge und weckten darüber hinaus in ihm eine Liebe zur französischen und italienischen Malerei des 17. und 18. Jahrhunderts, vor allem aber zu den großen spanischen Meisterwerken von Velásquez, Murillo und Goya. Auf seinen späteren Tourneen durch die Länder der Welt pflegte Casals durch Galerien und Museen zu streifen und entwickelte dabei einen Kunstgeschmack, der genau seine musikalischen Vorlieben widerspiegeln sollte. Seine eigene Sammlung von Zeichnungen und Gemälden enthielt hauptsächlich Werke der katalanischen Maler seiner eigenen Generation – Ramón Casas und Santiago Rusiñol etwa –, auffallend ist jedoch, daß darin die nachimpressionistischen Experimente von katalanischen Landsleuten wie Pablo Picasso, Joan Miró oder Salvador Dalí fehlten.[8] Als Casals selbst viel später von Oskar Kokoschka gemalt wurde, lehnte er die kraftvolle, aber verzerrte Darstellung des Malers wütend ab.

Im September 1893, zu Beginn des Herbstsemesters am königlichen Konservatorium in Madrid – dem Conservatorio e Música i Declamación –, belegte Casals neben den Grundfächern auch noch einen Kammermusikkurs, den der Direktor Jesús de Monasterio leitete. Was Vortragsstil und Interpretation betraf, war Monasterio ein überragender Lehrer, und seine Kurse haben die Entwicklung von Casals' musikalischer Persönlichkeit aufs nachhaltigste beeinflußt. In diesem Stadium war Casals über einen einfachen Unterricht längst hinaus – er hielt nach erfahrenen Musikern Ausschau, vor denen er seine eigenen künstlerischen Prinzipien überprüfen konnte. Bei Monasterio traf er auf eine kongeniale Sensibilität, und dieser Lehrer bestärkte ihn in seinen Überzeugungen, statt sie in Frage zu stellen, besonders seine zunehmende Besessenheit von der Genauigkeit der Intonation und der »musikalischen Artikulation«: »Meine künstlerischen Sorgen und meine persönlichsten Bestrebungen, die mit seinen, durch lange Erfahrung und hohe musikalische Kultur gestärkten

Überzeugungen übereinstimmten, fanden für ihre Entfaltung durch ihn einzigartige Anregung.«[9]

Jesús de Monasterio war selbst ein Geigenwunderkind gewesen und hatte bei François Gevaërt am Brüsseler Konservatorium studiert, ehe er nach Madrid zurückkehrte und Geiger an der Hofkapelle und Professor am Konservatorium wurde. Nun, mit Sechzig, widmete er sich der Musik mit einem geradezu heiligen Ernst, und ihm verdankt Casals seine tiefverwurzelte Abneigung gegen Effekthascherei und überflüssige musikalische Spielereien. Allerdings nahm Casals am Konservatorium keinen Cellounterricht, denn für Monasterio stand fest, daß es in dieser Stadt niemanden gab, von dem er noch irgend etwas hätte lernen können. Casals unterrichtete sich weiterhin selbst, übte stundenlang jeden Tag neben seinen anderen Verpflichtungen. In den beiden Jahren, die er zwischen sechzehn und achtzehn in Madrid verbrachte, erwarb er sich eine intellektuelle Basis und ein geistiges Verständnis der Musik, woran sich sein Leben lang grundsätzlich nichts mehr ändern sollte. Monasterio brachte Casals nicht nur bei, wie er Musik interpretieren, sondern auch wie er über sie denken sollte.

Genauso wie sich Königin María Cristina um seine Erziehung kümmerte, interessierte sie sich auch aufrichtig für Casals persönlich. Mindestens einmal in der Woche pflegte der Junge die Königin in ihren Privatgemächern im riesigen Palacio de Oriente aufzusuchen. Sie erkundigte sich dann nach seiner Familie, nach seiner Arbeit und nach seinen neuesten Kompositionen, und er spielte ihr auf dem Cello vor; zuweilen spielten sie auch Duette – Klavier zu vier Händen –, und zwar generell Mozart. Bei anderen Gelegenheiten unterhielt er den siebenjährigen Alfonso XIII., aber öfter spielten sie dann mit Zinnsoldaten, statt zu musizieren. Dieser unerwartete, erstaunlich intime Umgang mit der königlichen Familie war vermutlich nur deshalb möglich, weil sich Casals davon unbeeindruckt zeigte und sich auch weiterhin nicht beeinflussen ließ. Später bekannte er, daß ihn das ganze Hofleben nicht weiter interessiert hätte:

> Das war eine Welt, von der ich fühlte: Dort gehörst du nicht hin! Und die ich nicht mochte. Der Adel war oft reichlich affektiert, sein Gehabe anmaßend; und die Intrigen hörten bei

Hofe nie auf. Ich war unter einfachen Leuten aufgewachsen und fühlte mich nach wie vor als einer der ihren. Nach Erziehung und Neigung war ich Republikaner.[10]

Das mag ihm durchaus so vorgekommen sein, als er siebzig Jahre später zurückblickte. Seinerzeit war seine Position allerdings durchaus nicht so klar artikuliert. Zutiefst loyal gegenüber den politischen Ansichten, die ihm sein Vater vermittelt hatte, und dank seiner Mutter gefeit gegen Snobismus und affektiertes Gehabe, muß sich der siebzehnjährige Casals eigentlich der absurden Situation bewußt gewesen sein, in der er sich befand. Zwanzig Jahre zuvor hatte Carlos Casals, der leidenschaftliche katalanische Republikaner, in Scharmützeln mit den Streitkräften des karlistischen Thronprätendenten sein Leben riskiert. Nun verbrachte sein Sohn seine Freizeit damit, in den Privatgemächern der regierenden kastilischen Königin zu musizieren und kindliche Spiele mit dem Erben der wieder an die Macht gelangten männlichen Linie der Bourbonen zu treiben. Im Grunde aber handelte es sich dabei um nichts Geringeres als eine wohlüberlegte und ernsthafte Förderung, deren Ziel schon bald deutlich werden sollte.

Ende 1894 war der junge Pablo Casals nach allgemeiner Ansicht der begabteste Musiker in Spanien. Im September war er, zusammen mit den besten Geigern, Pianisten und Sängern unter den Studenten des Konservatoriums, auf eine Konzerttournee durch die Provinzen geschickt worden, bei der sie in Vigo, Bilbao, Santiago de Compostela und anderen großen Städten außerhalb von Madrid auftraten. Unter all diesen jungen Künstlern bekam Casals die besten – und schwärmerischsten – Kritiken. Für die in Santiago erscheinende Zeitung *El Pensamiento* war Casals »ein Cellist von derart hohen Graden, daß man beim Zuhören sein Instrument beäugte, um zu sehen, ob sich darin nicht eine Ansammlung von Geistern aufhielt, die einen derartigen künstlerischen Erguß hervorbrachten«. Der Kritiker von *El Alcance* widmete ihm sogar einen eigenen Absatz: »[Señor Casals] ist eine echte Persönlichkeit ... mit seinen knapp achtzehn Jahren kann er sich selbst zum *Maestro* erklären und wahre Schönheit mit seinem Cello erschaffen.«[11]

Als er wieder in Madrid war, wurde Casals in ein angesehenes neues Kammerensemble aufgenommen, das Monasterio anstelle der von ihm seit dreißig Jahren geleiteten Sociedad de Cuartetos ins Leben gerufen hatte. Das Quartet Francés, wie es nach seinem Leiter und ersten Geiger Julio Francés hieß, begann mit den Proben im Oktober – die gelegentlich im Atelier des Malers Ordóñez stattfanden – und debütierte am 30. November im Madrider Salón Romero.[12] Das Konzert, das an einem besonders eisigen Winterabend stattfand, erhielt acht hymnische Besprechungen in den Zeitungen der Stadt – und verschaffte Casals eine doppelseitige Lungenentzündung. Nach dem zweiten Konzert des Quartetts Anfang Dezember wurde er ins Bett gesteckt, das er – vom Leibarzt der Königin wie von seiner Mutter betreut – bis zu seinem Geburtstag am 29. Dezember hüten mußte, wobei es zuweilen sehr schlecht um seine Gesundheit bestellt war.

Langsam, aber gewissenhaft baute Jesús de Monasterio Casals für eine Karriere als Soloinstrumentalist auf und sorgte dafür, daß er immer wieder Gelegenheit zum Spielen bekam. Der Graf de Morphy allerdings hatte, zusammen mit Königin María Cristina, andere Pläne. Seit Casals nach Madrid gekommen war, hatte sich Morphy auf die kompositorische Begabung des Jungen konzentriert. Diese Gabe hatte ihn beim ersten Zuhören am meisten beeindruckt – und nichts anderes sollte Casals der Königin bei ihren regelmäßigen Begegnungen unter Beweis stellen. Morphys Interesse galt in erster Linie der spanischen Musik. Er selbst hatte eine Kantate, eine Messe und drei Opern komponiert und klassische gelehrte Abhandlungen über die iberische Musik des 16. Jahrhunderts wie über spanische Volkstraditionen geschrieben. Das Hauptanliegen von *El Músico*, wie Morphys Spitzname bei den anderen höheren Madrider Beamten lautete, war es, das Korpus der nationalen spanischen Oper zu erweitern, und in Casals sah er dafür einen idealen Verbündeten. Auf den großen Madrider Bühnen dominierte in den neunziger Jahren die italienische Oper, was eigentlich schon immer der Fall gewesen war. In den übrigen Häusern begeisterte sich die Nation für die *zarzuela,* die spanische Version der leichten Operette. Morphy setzte alles daran, die Hochkultur vom italienischen Joch zu befreien und eine eigenständige spanische große Oper zu schaffen, mit spanischen Themen und spanischer Musik. Seine eigenen frühen Kompositionen waren nicht sehr erfolgreich gewesen, genausowenig wie die Werke seiner Kollegen Tomás Bretón

– Casals' Lehrer – und Felipe Pedrell, eines hervorragenden kastilischen Musikwissenschaftlers. In Casals wurden also hohe Erwartungen gesetzt, und eine Zeitlang hat er sie auch mehr als erfüllt: Im Hinblick auf sein kompositorisches Schaffen gehören die Jahre 1893 bis 1895 zu den fruchtbarsten seines Lebens. Er vollendete etwa ein Dutzend einzelner Stücke, darunter eine Romanze nach einem Gedicht von Heinrich Heine und mehrere Lieder zu traditionellen katalanischen Themen.[13] Königin María Cristina verlieh ihm die Medaille des Ordens von Isabel la Católica und lud zu Beginn des Frühjahrs 1895 den achtzehnjährigen Katalanen ein, als Musiker der Hofkapelle beizutreten.

Aber längst war es Casals ebenso wie den Konzertkritikern klar, daß er genau auf dem Gebiet sein Bestes gab, auf dem ihm Madrid nichts hatte bieten können – beim Cellospiel. Bestärkt von Monasterio und natürlich auch von seiner Mutter, unterrichtete Casals Morphy davon, er wolle sich lieber auf das Cello konzentrieren und dessen Solo- und Kammermusikrepertoire spielen. Diese Entscheidung sorgte für erheblichen Wirbel. Man setzte ihn heftig unter Druck, damit er seine Meinung änderte. Morphy brach sogar gezielt einen Streit mit Monasterio vom Zaun und drohte, Casals' Karriere am Konservatorium zu beenden.[14] Deprimiert von den ständigen, Wochen andauernden Auseinandersetzungen über seine Zukunft, verkündeten Casals und seine Mutter kurzerhand, sie würden Madrid verlassen und wieder nach Barcelona gehen. Als er damit rechnen mußte, seinen Schützling zu verlieren, schlug Morphy einen Kompromiß vor: Casals sollte auf das Brüsseler Konservatorium überwechseln und Komposition bei François Gevaërt, einem Freund und früheren Kollegen des Grafen, studieren. Als Gegenleistung wäre auch weiterhin die finanzielle Unterstützung durch die Königin gesichert. Also gab die Familie Mitte Juli 1895 die Wohnung in der calle de San Quintín auf und bereitete sich auf die Übersiedelung nach Brüssel vor, wobei man den Sommer in San Salvador verbrachte – bei Carlos Casals, der ganz durcheinander war und seine Kinder in den letzten beiden Jahren nur ein einziges Mal gesehen hatte. Am 10. August spielte Casals in Tarragona, und am 1. September gab er ein Konzert in El Vendrell, begleitet von seinem Vater und dem La Lira-Chor; der Erlös kam der örtlichen Wohlfahrt zugute. Einige Tage später brach Doña Pilar erneut mit ihren drei Söhnen auf, diesmal nach Paris und von dort nach Brüssel. Carlos war ganz verzweifelt. »Was hat diese Frau nur im Kopf!« war alles, was er dazu sagen konnte.[15]

Casals' erster Aufenthalt außerhalb Spaniens stand unter keinem guten Stern – es war eines der schrecklichsten Jahre seines Lebens. Der Plan, daß er bei François Gevaërt studieren sollte, war nicht sehr gut durchdacht, und offensichtlich hatte man Gevaërt selbst vorher noch nicht einmal zu Rate gezogen. Als die Familie in Brüssel ankam, brachte Pilar Casals ihre Familie rasch in einer preiswerten Pension unter und begleitete ihren Sohn zum königlichen Conservatoire de Musique et de Déclamation. Gevaërt war in der Tat einer der hervorragendsten Musikwissenschaftler in Europa, und Casals kam mit einem unmißverständlichen Empfehlungsschreiben des Grafen de Morphy. Aber der Professor war inzwischen schon fast siebzig und nicht gewillt, neue Studenten aufzunehmen. Nach einer langen Unterhaltung mit Casals und einer sorgfältigen Prüfung seiner neuesten Kompositionen eröffnete ihm Gevaërt, er habe jedenfalls den Eindruck, ihm kaum noch etwas beibringen zu können. Er riet Casals, nach Paris zu gehen, wo er vom unvergleichlich reichhaltigen und aufregenden Musikleben profitieren würde, das er mit Sicherheit in der französischen Metropole vorfände. Aber da das Brüsseler Konservatorium nun einmal als das führende europäische Zentrum für das Studium der Streichinstrumente galt, verwies Gevaërt Casals an den Cellolehrer Edouard Jacobs. Ihre Begegnung am nächsten Tag ist eine der berühmtesten Geschichten in Casals' Karriere. Sie bestätigt zugleich, daß Casals vier Monate vor seinem neunzehnten Geburtstag genau wußte, was er nicht wollte.

Die Ahnenreihe der Cellolehrer am Brüsseler Konservatorium war überaus beeindruckend. Bei seiner Gründung im Jahre 1831 wurde Joseph Platel, ein Schüler von Jean-Louis Duport, zum ersten Professor bestellt. Sein Nachfolger war einer seiner Schüler, der glänzende Adrien François Servais, den seine Zeitgenossen »Paganini des Cellos« nannten und nach dem wiederum sein Sohn Joseph berufen wurde.[16] Edouard Jacobs, der gleichfalls bei dem großen Servais studiert hatte, wurde erster Celloprofessor im Jahre 1885. Im Laufe seines akademischen Lebens unterrichtete Jacobs viele bedeutende Schüler, unter anderem auch den englischen Cellisten Felix Salmond – aber Casals sollte nicht dazugehören. Er war gerade erst den zweiten Tag in diesem Land, und mit seinem holprigen Französisch war Casals dem gönnerhaften Sarkasmus nicht gewachsen, der offenbar Jacobs' normaler Umgangston war. Casals wurde gebeten, sich in die Celloklasse zu setzen. Nachdem Jacobs ihn während des Unterrichts ignoriert hatte, erkundigte er sich bei Casals – den er als »der kleine Spanier« bezeichnete –, was er denn der Klasse vorzuspielen gedenke:

> Ohne jede Einbildung, ja ohne auch nur darüber nachzudenken, was ich sagen sollte, erwiderte ich: »Was Sie möchten.« Das war ein Fehler; der Professor lächelte sarkastisch und meinte, ich müsse doch ganz bemerkenswert sein! Die Studenten kicherten, der Professor erging sich in weiteren ironischen Bemerkungen, und ich wurde immer verlegener.[17]

Jacobs forderte Casals auf, ein virtuoses Stück vom Säulenheiligen des Konservatoriums zu spielen: *Souvenir de Spa* von Adrien Servais. Casals kannte es und spielte es auf einem Cello vor, das ihm einer der anderen Studenten geliehen hatte. Doch selbst der überhebliche Jacobs erkannte die herausragende Qualität von Casals' Spiel. Er änderte seinen Ton, wollte ihn sofort ins Konservatorium aufnehmen und garantierte ihm schmeichlerisch, daß er den ersten Preis der Schule bekommen würde. Fast sprachlos vor Zorn wies Casals das Angebot zurück und ging. Zwei Tage später befand sich die Familie bereits wieder auf dem Weg zurück nach Paris.

Man wird den Verdacht nicht los, daß das ganze Brüsseler Fiasko weitgehend von Madrid aus inszeniert worden war: Der Graf de Morphy hatte zwar seinen Zugriff auf seinen großartigen Schützling gelockert, aber er hatte ihn nicht losgelassen. Wäre Casals am Konservatorium geblieben und hätte er bei Gevaërt studieren können, dann hätte er sich noch mehr mit Kompositorik befaßt. Als er wieder ging, muß man wohl angenommen haben, er würde die Stellung antreten, die man ihm bei der Hofkapelle freihielt. Morphy hatte nie die Absicht gehabt, Casals in Brüssel einfach Cello studieren zu lassen.

Aber es gab noch eine dritte Möglichkeit, und zu Morphys Überraschung entschied sich Casals für sie. Als er in Paris war, schrieb er an den Grafen und erklärte ihm, es hätte sich herausgestellt, daß er bei Gevaërt nicht studieren könnte. Morphy zog die Leine wieder an und bestand darauf, Casals müsse nach Brüssel zurückkehren, andernfalls werde er sein Stipendium verlieren, wobei sich der Graf insgeheim sicher war, daß Casals letzteres nicht riskieren würde. Doch dieser demonstrierte die ebenso ehrenwerte wie selbstzerstörerische Prinzipienreiterei, die ihn sein ganzes Leben hindurch begleiten sollte, und verzichtete lieber auf das Stipendium. Zum ersten, aber nicht zum letzten Mal gab er zu verstehen, daß er nichts gegen eine Förderung hatte, sofern sie ihm ermöglichte zu tun, was er wollte. Es gab für ihn keine Kompromisse.

Aber der Preis dafür war hoch. Paris war ein rauhes Pflaster für einen jungen Mann, der ohne ein festes Einkommen eine Mutter und zwei kleine Brüder unterstützen wollte. Sie fanden eine sehr primitive Unterkunft in der Nähe der Porte St-Denis, und Pilar ging jeden Tag aus, um sich kleine Näharbeiten zu besorgen. Casals erfuhr, daß die Stelle eines Cellisten im Orchester der Folies-Marigny frei war, einer zweitklassigen Music-hall abseits der Champs-Elysées. Jeder Bewerber sollte bizarrerweise den ersten Satz aus Saint-Saëns' Cellokonzert in a-Moll vorspielen. Casals bekam die Stellung, zu der er sich von seiner Unterkunft aus quer durch die Stadt begeben mußte – zu Fuß und für den Lohn von ganzen vier Franc pro Tag. Aber es war ein strenger Winter, und Casals erkrankte an Ruhr und Dünndarmentzündung, so daß er seine Stellung aufgeben mußte. Carlos schickte seiner Familie etwas Geld aus Spanien, aber ihre Situation war verzweifelt. Eines Tages kam Pilar nach Hause und hatte ihr Haar an einen Perückenmacher verkauft, nur um ein paar zusätzliche Francs mitzubringen.[18]

Seit sieben Jahren schon hatte Doña Pilar ihr Leben ihrem Sohn geweiht, hatte für ihn gesorgt, ihn beschützt und in jeder Phase seiner Karriere unterstützt. In den letzten zwei Jahren, als die beiden kleineren Jungen bei ihnen waren, schienen sie eine fast vollkommene Familieneinheit zu bilden, in der es weitgehend harmonisch zuging. Aber als Casals neunzehn wurde, waren seine Mutter und seine Brüder zu einer Belastung geworden, auch wenn seine tiefe Zuneigung für seine Mutter ihn daran hinderte, sich diese Tatsache einzugestehen. Paris war keineswegs eine uneinnehmbare Festung für den begabtesten

Cellisten in Europa, wie Casals herausfinden sollte, als er dreieinhalb Jahre später wieder in die Stadt kam – allein. Aber in den letzten Monaten des Jahres 1895 war die Last der Verantwortung einfach zu groß für ihn geworden, und die Chancen im Musikleben, von denen Gevaërt gesprochen hatte, wollten sich einfach nicht ergeben. Pilar beschloß, mit ihren Söhnen heimzukehren, und Carlos Casals hatte seine Familie wieder.

So rasch, wie sich Casals Hoffnungen in Paris zerschlagen hatten, gingen sie in Barcelona in Erfüllung. Als er Anfang 1896 wieder dort war – allein, ohne seine Familie –, begann er Celloschüler anzunehmen; eine der frühesten Schülerinnen, die ihre erste Lektion am 2. Januar erhielt, war Franchisca Vidal, die siebzehnjährige Tochter eines reichen einheimischen Möbelherstellers und später eine Schlüsselfigur in Casals' Leben.

Im März trat Casals bei bescheidenen gesellschaftlichen Anlässen auf, und im Mai wurde er an die Städtische Musikschule berufen. Josep García hatte sich überstürzt nach Argentinien abgesetzt, im Anschluß an einen Skandal, in den die Frau eines anderen Mannes verwickelt war, und Casals übernahm die meisten beruflichen Verpflichtungen seines ehemaligen Lehrers, samt seinen Privatschülern und Orchesterengagements. Und zu Beginn der neuen Opernsaison wurde Casals außerdem noch erster Cellist im Orchester des Gran Teatro del Liceu.

Die meiste Zeit verbrachte er mit Unterrichten, wie er dies während seines ganzen Lebens tat. Casals wurde einer der großen Cellolehrer des 20. Jahrhunderts, und das ist vielleicht sein bleibendstes Erbe. Für ihn war das Unterrichten im Laufe von fünfundsiebzig Jahren ein wesentlicher Bestandteil des Lernprozesses: »Natürlich sollte ein Lehrer mehr von der Sache verstehen als sein Schüler, aber für mich ist Lehren gleichbedeutend mit Lernen.«[19] Und während er unterrichtete, entwickelte er seine eigene Technik weiter:

> ... entschlossen, mich durch keinerlei Einschränkungen vergangener Lehrmethoden behindern zu lassen, von der Vergangenheit zu lernen, ohne von ihr gehemmt zu werden. Mein Ziel war, die bestmöglichen Effekte aus dem Cello herauszu-

holen ... Natürlich muß man Technik meistern, aber man darf sich nicht gleichzeitig von ihr versklaven lassen ... Technik ist dann vollkommen, wenn man sie nicht mehr bemerkt.[20]

Das Einkommen, das er aus seiner Unterrichtstätigkeit und seinen Auftritten bezog, ermöglichte es Casals, ein Haus im Zentrum von Barcelona zu mieten und sich vom Militärdienst freizukaufen. Er richtete sich mit seinen Eltern und seinen beiden Brüdern an der Plaça de Catalunya Nr. 6 ein und kam zeitlebens für den Unterhalt seiner Familie auf. Bald war er auch eine prominente Gestalt im Musikleben der Stadt – beispielsweise spielte er im Dezember 1896 bei einem exklusiven Privatkonzert zu Ehren von Camille Saint-Saëns. Casals war dem großen französischen Komponisten erstmals fünf Jahre zuvor begegnet, als man Saint-Saëns, der gerade in Barcelona weilte, ins Café Tost mitnahm, damit er den vierzehnjährigen Wunderknaben hörte. Bei dieser Gelegenheit hatte er das Cellokonzert in a-Moll gespielt, und nun spielte er es auch im Dezember 1896 – und wieder begleitete ihn Saint-Saëns auf dem Klavier. Später spielten sie zusammen mit dem Geiger José Rocabruna das e-Moll-Klaviertrio des Komponisten.

Wenn seine Lehrtätigkeit gerade ruhte, gab Casals mit Freunden Kammerkonzerte in Barcelona und anderswo. Im Frühjahr 1897 war er bereit, den Cello-Part in einem Quartett zu übernehmen, das Mathieu Crickboom zusammengestellt hatte, der belgische Geiger und Schüler von Eugène Ysaÿe, der mittlerweile in Barcelona lebte.[21] Im August gab er mit Crickboom und dem Pianisten und Komponisten Enrique Granados' Triokonzerte im Gran Casino von San Sebastián, dem schicken Seebad in Nordspanien. Für die Lokalzeitungen war Casals »zweifellos der herausragendste spanische Cellist«, auch wenn er so zierlich gebaut war – kaum größer als sein Cello, wie die Rezensenten bemerkten. Mit seinen fast einundzwanzig Jahren hatte Casals seine volle Größe erreicht – bescheidene 1,60 Meter –, und sein Gesicht war nicht mehr so rundlich wie in seiner frühen Jugend. Während seiner Studentenzeit in Barcelona und Madrid hatte er das Haar kurz getragen. Nun ließ er es wachsen, außerdem trug er einen vollen Schnurrbart im Stil der Zeit. Katalanen aus der Mittelklasse waren unter ihrer hochgeschlossenen Kleidung außerordentlich behaart. »Donde hay pel hay alegria«, lautete eine zeitgenössische Redensart: »Wo viel Haar, da ist viel Glück.«[22]

Casals und Granados hatten sich im Jahre 1891 kennengelernt. Granados, gleichfalls ein Katalane, hatte sich nach seiner Pariser Studienzeit in Barcelona niedergelassen. Er war ein großer, eher schüchterner Mann, aber ein hochbegabter Komponist, der sich weitaus besser für die Rolle des Retters der spanischen großen Oper geeignet hätte als Casals. Er war zehn Jahre älter als Casals und wurde sein engster Musikerfreund und so etwas wie ein älterer Bruder. Zwanzig Jahre lang kamen die beiden Männer zusammen und spielten in Spanien, Frankreich und in den USA – bis zu Granados' tragisch frühem Tod im Jahre 1916.

Seinen einundzwanzigsten Geburtstag feierte Casals am 29. Dezember 1897 in Bilbao, wo er sich gerade auf Tournee mit Granados und Crickboom befand. Beruflich schien er alles erreicht zu haben: Er war Professor an der führenden Musikschule von Barcelona, erster Cellist an der städtischen Oper, Mitglied bei mehreren national angesehenen Kammerensembles sowie Solist, der häufig in kleineren und größeren Städten in ganz Spanien auftrat. Er war, wie es eine Zeitung formulierte, »der Stolz der Nation«.[23] Vielen hätte dies genügt. Aber Casals wollte mehr, und er spürte, daß er das Zeug dazu hatte. Es war ihm bewußt, daß sein Leben im Grunde erst so richtig begann. Er hatte Kollegen, Bewunderer und Bekannte in ganz Europa, aber die großen, abrupten Ortswechsel in seinem frühen Leben – zuerst Madrid, dann Paris, schließlich wieder Barcelona – hatten jede Möglichkeit zu dauerhaften engen Freundschaften im Keime erstickt. Pilars ständige Anwesenheit und ihre besitzergreifende Art hatten ihn natürlich eingeschränkt und behindert, zumal in seinen Beziehungen zu Frauen. Als Junge hatte sich Casals in El Vendrell mit Rosina Valls, der Tochter eines Arztes, angefreundet. Weder Rosinas Familie noch Casals' Mutter hatten diese Beziehung unterstützt, und sie ging zu Ende, ehe er 1893 nach Madrid übersiedelte. Das Mädchen, das an einer schweren Tuberkulose litt, starb später im Alter von vierundzwanzig Jahren.[24]

Als Casals volljährig wurde, löste Pilar diskret, aber in aller Form die enge Bindung an sein Leben.[25] Nach gut einem Jahr ging er nach Paris und begann ein ganz neues Leben zu führen. Bald hatte er einen angenehmen, aber belanglosen Flirt mit Andrea Huré, der Schwester des französischen Komponisten Jean Huré.[26] Und kurz danach erlebte er die erste große romantische Liebe seines Lebens.

Aber nicht um der Liebe willen mußte Casals unbedingt fort aus Barcelona. Damals, in den neunziger Jahren, war diese Stadt nicht der richtige Ort für einen jungen Mann, der am Beginn seiner Karriere stand, besonders wenn sein Herz für die Armen schlug, während sein Erfolg doch ganz entschieden in den Händen der Reichen lag. Gesellschaftlich gesehen war Barcelona am Ende des vorigen Jahrhunderts die Stadt der schärfsten Gegensätze in Europa. Das katalanische Wirtschaftswunder verdankte sich der Ausbeutung von Sklavenarbeitern auf kubanischen Zuckerplantagen und billigen Lohnarbeitern in den Tuchwebereien von Barcelona: »Die Ausbeutung der Arbeiterschaft war fast so etwas wie ein Akt des Patriotismus.«[27] Das weckte Ressentiments und führte zu Gewalt. 1891 gab es die ersten anarchistischen Bombenattentate – zu traurigem Ruhm gelangte Santiago Salvador, als er versuchte, das Teatro Liceu während einer Vorstellung von *Wilhelm Tell* in die Luft zu sprengen. Es gelang ihm nur zum Teil, aber vierundzwanzig Besucher kamen dabei ums Leben. Im Juni 1896 warf jemand eine Bombe in eine Prozession, die vom Bischof von Barcelona angeführt wurde, gerade als sie durch die carrer dels Canvis Nous zog. Die Übeltäter wurden gefaßt, im Militärgefängnis von Montjuïc zum Tode verurteilt und mit der Garrotte hingerichtet.

Die Gewalt und die darauffolgende Unterdrückung verschärften die gesellschaftlichen Spannungen. Dafür sorgten auch die Niederlage der spanischen Pazifikflotte im Mai 1898 und der Verlust des karibischen Kolonialreichs der Spanier an die USA. Nach und nach fanden sich versprengte Haufen der ehedem 200 000 Mann starken spanischen Armee in Barcelona ein, was die Zahl der Arbeitslosen noch vergrößerte und die Verzweiflung schürte. Spanien hatte die schlimmste militärische Schlappe in seiner Geschichte einstecken müssen. Und Katalonien hatte seine Kolonialmärkte verloren. Die Sache der Katalanen befand sich auf einem Tiefpunkt, und darum war es an der Zeit, zu gehen.

Zuvor aber hatte Casals das Bedürfnis, seine gestörten Beziehungen zu Madrid wiederherzustellen. Seit jenem Zwischenspiel in Brüssel hatte er nichts mehr vom Grafen de Morphy oder der Königin gehört. Casals nahm sich vor, die Rückreise von San Sebastián im August

1897 in Madrid zu unterbrechen, und teilte dies im voraus Tomás Bretón mit. Das Willkommen, das ihm bereitet wurde, übertraf all seine Erwartungen: Morphy empfing ihn erleichtert und warmherzig, und Königin María Cristina ersuchte ihn, ein Konzert im Palast zu geben, nach dem sie ihm einen Saphir schenkte, den er später in seinen Bogen einlegen ließ. Drei Monate später wurde Casals eingeladen, beim Madrider Sinfonieorchester aufzutreten – man gab das d-Moll-Konzert von Lalo unter Bretón –, und erneut sollte er seiner königlichen Gönnerin vorspielen. Diesmal verlieh sie ihm den Orden Karls III. und stellte ihm die nötigen Mittel zur Verfügung, damit er sich ein kostbares Gagliano-Cello kaufen konnte, sein erstes bedeutendes Instrument.

Als er Anfang Zwanzig war, war Casals der Republikaner mit den besten Verbindungen in Europa. Im September 1898 wurde er nach Holland eingeladen, wo er aus Anlaß der Inthronisation der achtzehnjährigen Königin Wilhelmina spielen sollte. Im Laufe dieses Monats hatte er ein Engagement im portugiesischen Seebad Espinho, und gegen Saisonende erhielt er eine Einladung, in Lissabon vor König Carlos I. und Königin Amélia zu spielen. Als er im November wieder in Barcelona war, teilte Casals seinen Eltern seine Absicht mit, wieder nach Paris zu gehen und dort nach den Möglichkeiten Ausschau zu halten, die ihm François Gevaërt drei Jahre zuvor vergebens in Aussicht gestellt hatte. Die Familie war an der Plaça de Catalunya gut untergebracht, und Carlos, der inzwischen von einem chronischen Asthma heimgesucht war, kümmerte sich um die geschäftlichen Angelegenheiten seines Sohnes. Nach Weihnachten fuhr Casals nach Madrid, um seine Pläne mit dem Grafen de Morphy zu besprechen, der ihm ein Empfehlungsschreiben an Charles Lamoureux mitgab und seinem Schüler alles Gute wünschte. »Noch einmal«, schrieb Casals, »war ich entschlossen, es mit Paris aufzunehmen.«[28]

Teil II
Der Berufsmusiker

Konzerte in aller Welt

1899–1906

Er reist durch ganz Europa, und stets bin ich mit dem Herzen bei ihm.

Pilar Casals i Defilló [1]

Fast sechs Jahre lang besaß Casals keinen ständigen Wohnsitz. Sein Leben spielte sich in Konzertsälen oder Hotels ab, in Zügen, Straßenbahnen oder auf Dampfschiffen. Wie ein Besessener war er unterwegs, übte, gab Konzerte – und verdiente unglaublich viel Geld. In gewisser Hinsicht brauchte er nichts weiter zu tun. Er hatte die Möglichkeiten, die sich ihm zu Hause boten, bis zum äußersten ausgeschöpft. Er hatte die höchste Förderung, die ihm in Spanien zuteil werden konnte, durch den König und die Königin, angenommen und davon profitiert, und nun machte er keinen Gebrauch mehr davon. Er hatte in Barcelona und Madrid studiert, bis man ihm dort nichts mehr beibringen konnte, und er hatte seine Familie gut und sicher untergebracht. Was er nun brauchte, waren Anregungen und neue Erfahrungen, in der Musik wie im Leben, und der Optimismus des neuen Jahrhunderts bot dazu gute Gelegenheit.

In den letzten Tagen des 19. Jahrhunderts wurde Casals dreiundzwanzig. Weder als Kind noch als Jugendlicher war er gezwungen worden, die Rolle des frühreifen Wunderkindes zu spielen, und es gab keine unrealistischen Erwartungen, die enttäuscht werden konnten. Seine musikalische Ausbildung hatte sich allmählich, solide und gründlich vollzogen. Bis zum Jahre 1899 hatte er noch kein größeres Solokonzert außerhalb von Spanien gegeben – ein später Start für einen so außerordentlich begabten Musiker. Aber im Frühsommer 1899 war er bereit, eine Solistenkarriere anzutreten. Seine Technik war makellos, und er beherrschte praktisch das gesamte Solorepertoire für sein Instrument: Er wußte, er würde jede musikalische Prüfung bestehen. Aber Begabung allein war noch keine Garantie für eine Karriere. Dazu gehörten auch gesellschaftliche und berufliche Beziehungen, und die fehlten Casals fast völlig, außerdem eine geradezu rücksichtslose Entschiedenheit, die er bislang noch nicht hatte auf die Probe stellen müssen. Mit Empfehlungsschreiben seines wiedergewonnenen Madrider Förderers, des Grafen de Morphy, machte sich Casals Anfang Mai auf den Weg nach Paris.

Das Paris der Belle Époque war der kulturelle Mittelpunkt Europas, wenn nicht gar der ganzen Welt: Es war der Ort, wie Gertrude Stein bemerkte, die 1903 dorthin kam, »wo sich das 20. Jahrhundert abspielte«.[2] Aber in Paris hatte sich auch das 19. Jahrhundert abgespielt, und die elegante architektonische Struktur, die der Baron Haussmann fünfzig Jahre zuvor errichtet hatte, wurde bereits umgemodelt, damit sie den Anforderungen einer neuen Zeit entsprach. In den beiden Jahrzehnten vor und nach der Jahrhundertwende, die Paris mit der Weltausstellung – einer großartigen Handelsmesse – feierlich beging, erlebte die riesige, auswuchernde Metropole der dritten Republik eine physische Revolution, um die Geburt der modernen Verkehrsmittel, Eisenbahn, Automobil und Omnibus, zu bewältigen, und eine soziale Revolution, um der Massen, die sie benutzten, Herr zu werden. Als Casals 1899 nach Paris kam, wurde die Stadt gerade für den Bau der Métro aufgewühlt und an anderen Stellen zugebaut, um die expandierende Bevölkerung unterzubringen. Und die *époque* war durchaus nicht von Haus aus *belle* – dafür wurde sie erst später im Rückblick gehalten, aus der Elendsperspektive des Weltkriegs und der Wirtschaftskrise.[3] Die kulturelle Vielfalt beschränkte sich hauptsächlich auf die unterhaltenden Künste – es gab jede Menge Musichalls, Kinos, Zirkusse und Jahrmärkte. Die ernste Musik stand in Paris eigentlich relativ im Schatten, verglichen mit Berlin, Wien oder London. Es gab nur ein paar angemessene Konzertsäle: Die Salle Erard und die Salle Pleyel hatten nur drei- oder vierhundert Plätze, die Salle des Agriculteurs sogar noch weniger, so daß sich die Konzerte wie in einem privaten Salon abspielten. Und die Sinfoniekonzerte, die von den drei großen Orchestern – der Société des Concerts du Conservatoire, dem Colonne und dem Lamoureux – gegeben wurden, fanden nur sonntags statt, weil die Musiker an den Wochentagen einer profaneren Tätigkeit nachgingen und in den großen Theatern zu unterhaltsameren Lustbarkeiten aufspielten.[4] Aber als Zentrum, in dem Musiker zu Hause waren, Komponisten arbeiteten und Studenten studierten, konnte es Paris mit jeder Stadt in Europa aufnehmen. Und mit Sicherheit machte es mehr Spaß, hier zu leben.

Casals kam mit einer Einladung der amerikanischen Sopranistin Emma Nevada nach Paris, mit der ihn der Graf de Morphy im Königlichen Palast in Madrid bekannt gemacht hatte. Nevada und ihr englischer Ehemann Dr. Raymond Palmer hießen Casals in ihrem beeindruckenden Haus in der Avenue Wagram willkommen. Da sie gerade nach England aufbrechen wollten, wo Madame Nevada am 20. und am 27. Mai zwei Konzerte in London geben sollte, nahm man Casals gleich auf diesen Ausflug mit. Er war zum erstenmal in diesem Land und sprach nur ein paar Worte Englisch. Dem englischen Publikum war sein Name völlig unbekannt. Aber es vergingen keine drei Monate, da spielte Casals bereits vor der Königin. Die Beziehung zur Nevada erwies sich als sehr wichtig für ihn, denn bei ihrer ersten Vorstellung im Kristallpalast am 20. Mai vermittelte sie Casals sein Londoner Debüt – er spielte das Lalo-Konzert in d-Moll, begleitet vom Orchester des Kristallpalastes unter dem über neunzigjährigen Dirigenten August Manns. Dessen Samstagskonzerte waren seit über vierzig Jahren eine freilich nicht allzu anspruchsvolle Institution im Londoner Musikleben und fanden unter der außergewöhnlichen Kuppel aus Metall und Glas statt, die im Südosten von London für die Weltausstellung von 1851 errichtet worden war.

Der Auftritt im Kristallpalast war ein Achtungserfolg: Es erregte kein Aufsehen – Casals war auf dem Programmzettel nicht groß herausgestellt worden –, hatte aber weitere Einladungen zur Folge. Viel nützlicher waren die gesellschaftlichen Verbindungen, die ihm die Palmers eröffneten. Das Paar hatte das Haus von Lady Low in Kensington für die Londoner Saison gemietet, in der es ein nobles Programm von Partys, Dinners und sportlichen Veranstaltungen gab und die von Ende Mai bis Mitte August dauerte, wenn die Jagdsaison auf dem Lande begann. Eine besondere Einrichtung der Saison war das *At Home*, das Gegenstück zum europäischen Salon, bei dem Gastgeberinnen aus der Oberklasse Gäste zu sich baten und oft Konzerte veranstalteten. Als Schützling der Königin von Spanien und als Günstling anderer europäischer Monarchen war Casals sogleich ein vielgefragter Gast und Vortragskünstler. Derartige Auftritte wurden freilich nur selten honoriert – sie zahlten sich allenfalls durch gesellschaftliche Verbindungen aus, so daß es eher darum ging, was ein Künstler verlor, wenn er eine solche Einladung ablehnte. Casals hatte nichts dagegen, daß man derart über ihn verfügte: Schließlich war er Auftritte vor reichen Gönnern von Spanien her gewöhnt. Und schon in jungen Jahren war er dahintergekommen, daß er auf Frauen von Rang und Namen besonders anziehend wirkte, die im allgemeinen, wenn auch nicht ausnahmslos älter waren als er. Diese Anziehungskraft – zweifellos eine Mischung aus seiner Intelligenz, seinem äußeren Charme und seiner Gabe, andere unterhalten zu können – besaß er sein ganzes Leben lang, wobei seine Gönnerinnen jünger wurden, während er alterte.

Im Juni und Juli gab Casals kleine Konzerte in den Häusern mehrerer Familien der High Society – darunter auch bei den Layards, den Meyers und den Rothschilds.[5] Die allerhöchste gesellschaftliche »Einladung«, nämlich die Aufforderung, vor Ihrer Königlichen Hoheit Queen Victoria zu spielen, verdankte Casals seiner Freundschaft zu drei Frauen: Constance Eliot, Enid Layard und Blanche Ponsonby, den Töchtern des walisischen Stahlmagnaten Sir Josiah Guest. Constance Eliot, die Casals später »meine englische Mutter« nannte, war die Frau des Ehrenwerten Obersten Charles G. C. Eliot, einem Mitglied von Queen Victorias Leibgarde. Edward Ponsonby, der Mann von Constances Schwester Blanche, war der Bruder des Privatsekretärs der Queen.[6] Das besagte Konzert fand am Mittwoch, dem 2. August, in Osborne House auf der Isle of Wight statt, der Lieblingsresidenz der Königin, in der sie die meiste Zeit als Witwe verbrachte und wo sie siebzehn Monate später starb. Casals fuhr in Begleitung des jungen englischen Pianisten Ernest Walker von London aus mit dem Zug, und dann setzten sie mit der Fähre nach Cowes über, wo sie in einem Hotel zu Abend speisten, bevor sie von einer königlichen

Kutsche nach Osborne gebracht wurden. Das Ganze spielte sich in einer ziemlich steifen Atmosphäre ab – ganz anders als die entspannten Konzerte, die Casals vom königlichen Palast in Madrid her gewohnt war. In dem kleinen Saal, in dem das Konzert stattfinden sollte, »herrschte feierliche Stille«[7], und Casals wurde von der Monarchin vor dem Konzert nicht offiziell begrüßt. Später erinnerte sich Casals an die Queen, die damals achtzig Jahre alt war:

> Sie war eine kleine, etwas korpulente Frau mit weichen, runzeligen Wangen und hervorquellenden Augen und trug ein weißes Spitzentuch als Kopfbedeckung, das ihr bis zu den Schultern reichte. Während sie sich mit einem britischen General unterhielt, standen die übrigen Gäste in respektvollem Schweigen herum. Ein indischer Diener in grün-seidener Livree und gelbem Turban schob ihr einen Schemel unter die Füße, und sie hob die kleine, rundliche Hand zum Zeichen, daß das Konzert nun beginnen solle.[8]

Es dauerte nicht lange. Casals spielte Faurés *Elégie,* eine italienische Sonate und das Allegro aus dem Cellokonzert von Saint-Saëns, wobei es absolut ruhig im Saal war. Nach dem Konzert »kamen zwei sechs Fuß große Inder herbei, ergriffen die Queen bei den Armen und halfen ihr langsam, Zoll um Zoll ... aus ihrem Sessel«.[9] Die Queen gratulierte Casals auf französisch und wünschte ihm für seine Karriere viel Erfolg. Den Musikern wurde eine Mahlzeit serviert, die sie allein einnahmen, und bevor sie wieder gingen, bekamen sie noch Geschenke – Casals erhielt ein Paar goldene Manschettenknöpfe. Eine offizielle Verabschiedung fand nicht statt. An diesem Abend schrieb Queen Victoria in ihr Tagebuch:

> Nach dem Dinner spielte ein junger Spanier, ein gewisser Señor Casals, wunderschön Violoncello. Er ist ein sehr bescheidener junger Mann, der von der spanischen Königin eine Ausbildung sowie sein herrliches Instrument erhielt. Er spielt großartig, mit großer Fertigkeit und viel Gefühl.[10]

Nach diesem Londoner Aufenthalt stand Casals in Paris eine der schwierigsten und wichtigsten Begegnungen seiner Karriere bevor. Eine der letzten Wohltaten des Grafen de Morphy, der am 28. August starb, hatte darin bestanden, Casals ein Empfehlungsschreiben an Charles Lamoureux mitzugeben, den wichtigsten Dirigenten in Paris. Lamoureux hatte sein eigenes Orchester und veranstaltete eine berühmte Reihe von wöchentlich stattfindenden Konzerten – wer es in der Musik zu etwas bringen wollte, kam nicht an ihm vorbei. Eine Empfehlung allein genügte da noch lange nicht: Entscheidend war vielmehr, ob Lamoureux sie auch akzeptierte. Der ehrwürdige Dirigent, damals fünfundsechzig und vom Rheuma geplagt, war berüchtigt für seine üble Laune. Nachdem er Jahre damit verbracht hatte, Wagner einer Kultur nahezubringen, die alles Preußische ablehnte, war er gerade damit beschäftigt, die erste vollständige konzertante Aufführung von *Tristan und Isolde* in Paris vorzubereiten. Als Casals sein Zimmer betrat, ignorierte Lamoureux ihn und murmelte dann unwirsch etwas über ständige Störungen durch ehrgeizige junge Musiker vor sich hin. Casals war Gönnerschaft gewohnt, doch nicht, gönnerhaft behandelt zu werden. Er erklärte, er wolle nur einen Brief übergeben, der ihm anvertraut worden sei, machte auf dem Absatz kehrt und wollte hinausgehen. Lamoureux rief ihn zurück, las den Brief des Grafen und forderte Casals auf, am nächsten Tag mit seinem Cello wiederzukommen. Beim Vorspielen gab sich Lamoureux genauso desinteressiert, bis Casals die ersten Takte des ersten Satzes von Lalos Konzert spielte. Der Dirigent, ein Freund und Förderer von Edouard Lalo, legte seine Feder beiseite und hörte aufmerksam zu, dann erhob er sich mühsam und mit schmerzverzerrtem Gesicht und blieb stehen, bis Casals den Satz beendet hatte. Mit Tränen in den Augen – so der einzige Zeuge dieses Augenblicks: Charles Chevillard, Lamoureux' Schwiegersohn – umarmte ihn der große Dirigent. »›Mein lieber Junge‹, sagte er, ›Sie gehören zu den wenigen, die auserwählt sind.‹«[11]

Der Beziehung zu Lamoureux verdankte Casals sowohl sein Pariser Debüt als auch eine Anstellung. Der Dirigent bot ihm nicht nur an, das Programm des ersten Konzerts seiner neunzehnten Saison zu ändern und das Lalo-Konzert mit aufzunehmen, sondern war auch mit Casals' Vorschlag einverstanden, unter den Cellisten im Orchester bei der Aufführung des *Tristan* zu sitzen. Das war eine harsche Erfahrung. Lamoureux war berüchtigt für seinen brachialen Umgang mit dem Orchester, das er bis zur gewünschten Klarheit und Präzision tyrannisch schliff und unermüdlich durch Proben jagte, bis er die Ergebnisse bekam, die er haben wollte. Casals senkte ergeben den Kopf, lernte und sah genau zu. Am 28. Oktober wurde der *Tristan* aufgeführt – ein großes Ereignis für Paris. Fünfzehn Tage später, bei der Sonntagsmatiné im Théâtre de la République am 12. November, trat Casals als Solist mit dem Lalo-Konzert auf. Es war das ideale Stück für das Debüt eines Spaniers in Paris. Lalo war zwar Franzose, aber seine Familie stammte aus Spanien. Sein Cellokonzert, das er erst zwanzig Jahre zuvor geschrieben hatte, war rhythmisch und unkompliziert. Das einleitende Vorspiel ist von einer trügerischen Ruhe, und das Cello wird hauptsächlich auf der C-Saite gespielt. Aber schon nach wenigen Takten setzt das sonore und dramatische Allegro maestoso ein, und die kraftvollen Läufe des Cello-Solos werden von heftigen Schlägen der Orchesterbegleitung abgelöst. Hier konnte Casals seinen phantastisch singenden Klang und seine drängende, physisch attackierende Technik ausspielen.[12] Die Kritiker wußten nicht, was sie dazu sagen sollten, und die Besprechungen waren respektvoll, aber ein wenig förmlich: *Le Figaro* bemerkte, »das Publikum geizte nicht mit seinen Bravo-Rufen«. Der Musikkritiker von *Le Temps* war zufällig der Sohn des Komponisten, Pierre Lalo; er rühmte »einen bezaubernden Klang und eine wunderbare Virtuosität«. Aber den stärksten Eindruck machte Casals auf seine französischen Kollegen. Der junge Cellist Joseph Salmon, später einer von Casals' engsten Pariser Freunden, wohnte dem Debüt mit mehreren Kollegen bei, die alle ein wenig verärgert darüber waren, daß man ihnen einen unbekannten Ausländer vorgezogen hatte. Nach der Aufführung waren sie ganz benommen: Das Lalo-Konzert gehörte seit Jahren zu ihrem Repertoire, doch Casals' überaus persönliche Interpretation hatte Facetten des Werks enthüllt, die ihnen völlig neu waren.[13]

Der eigentliche Durchbruch kam am 17. Dezember, als Casals zum zweitenmal mit Lamoureux und seinem Orchester auftrat und diesmal das Cellokonzert von Saint-Saëns spielte. Das Publikum überschüttete ihn mit Ovationen, und auch Lamoureux war sichtlich bewegt. Am 22. Dezember verließ Casals Paris und fuhr via Madrid nach Barcelona, um dort das neue Jahr zu feiern. Es verging einige Zeit, bevor er erfuhr, daß der Dirigent am Tag vor seiner Abreise gestorben war. Im letzten Konzert seines Lebens hatte Lamoureux Casals das Tor zu einer neuen Karriere geöffnet.

Noch nie hatte ein Cellist ein derartiges musikalisches Leben geführt, wie es Casals im Jahre 1900 begann: das des in aller Welt umherreisenden Virtuosen. Aber Casals hat es nie behindert, daß es für etwas, was er tat, kein Beispiel oder Vorbild gab – selbst in diesem frühen Stadium war er bereits ein Neuerer, der sich in seiner Originalität nicht durch anderer Leute Vorurteile über das, was akzeptabel oder auch nur möglich war, einengen ließ. Bislang hatte ihm seine Lebenserfahrung gezeigt, daß es praktisch kein unüberwindliches Hindernis gab. Selbst für die größten Cellovirtuosen des 19. Jahrhunderts waren Soloauftritte nur eine Dreingabe ihrer Karriere gewesen. Die ganz großen zeitgenössischen Geiger und Pianisten, zum Beispiel Joseph Joachim und Jan Paderewski, machten als Solisten Karriere. Aber selbst für die begabtesten Cellisten war es üblich, sich an ein Orchester zu binden, in einem etablierten Trio oder Quartett mitzuspielen oder zu unterrichten – oder alles zusammen zu tun. Der russische Meistercellist Karl Dawydow (1838–1889) etwa gab Konzerte in ganz Europa, aber nur in den Unterbrechungen zwischen seinen Engagements am Leipziger und später am St. Petersburger Konservatorium.[14] Der ungarische Cellist und Komponist David Popper (1843–1913) unternahm Konzertreisen durch Europa und Rußland, aber auch er tat dies nur in den Pausen zwischen seinen Verpflichtungen beim Wiener Opernorchester und an der Königlichen Ungarischen Musikakademie. Die führenden deutschen Cellospieler im 19. Jahrhundert, Julius Klengel (1859–1933) und Hugo Becker (1863–1941), spielten regelmäßig in Orchestern und waren herausragende Lehrer, aber außerhalb ihres Landes nicht sehr oft zu hören.

Die Gründe hierfür liegen auf der Hand. Bis zum Ende des 19. Jahrhunderts war das Cello keineswegs ein beliebtes Solo-Instrument. Das Konzertrepertoire war klein – es gab nicht genug zu spielen, und das Wenige war nur zu einem relativ geringen Teil erstklassig. Außer Haydn und Boccherini schrieben die Komponisten des 18. Jahrhunderts nicht viel speziell fürs Cello. Vivaldi schrieb siebenundzwanzig Konzerte, jedoch in erster Linie Etüden oder Gelegenheitsstücke und keine bedeutsamen Solowerke. Beethoven schrieb fünf großartige Sonaten für Violoncello und Klavier, die ersten echten Duosonaten, in denen der Cellopart genauso wichtig ist wie der Klavierpart, drei Variationen, fünf Trios und ein Tripelkonzert – aber kein einziges Cellokonzert. Mozart hinterließ kein abgeschlossenes Cellowerk. In der Romantik entstanden viele Konzerte, aber nur wenige waren so herausragend wie Schumanns lyrisches Konzert in a-Moll – 1850, also relativ spät entstanden –, Camille Saint-Saëns' erstes Cellokonzert, ebenfalls in a-Moll (1873) und Anton Dvořáks zweites Cellokonzert in h-Moll, das 1895 entstand, als Casals neunzehn war und beinahe schon als Berufscellist etabliert.[15] Mendelssohn, Chopin, Brahms, Grieg und Strauss schrieben alle Solostücke oder Kammermusik fürs Cello, Brahms sogar ein Doppelkonzert für Cello und Geige, aber keiner ein Konzert für Cello solo. Vor 1900 nahm man das Cello als Soloinstrument nicht ernst. Damit konnte man einfach keine Konzertsäle füllen, geschweige denn eine Solistenkarriere aufbauen.

Casals verließ diese ausgefahrenen Gleise. Im nachhinein erscheint seine Karriere als konsequente Entwicklung zum Erfolg. Aber als er damit begann, gab es keine Gewißheiten oder gar Garantien. Es war schlicht ein Risiko, das ein großes Maß an Selbstvertrauen voraussetzte. Für einen dreiundzwanzigjährigen Cellisten, der im Januar 1900 wieder nach Paris zurückkehrte, wäre es ein leichterer Weg gewesen, weiterhin im Orchestre Lamoureux zu spielen oder sich noch bei einem anderen Orchester zu bewerben und seine Einkünfte durch Privatunterricht aufzubessern. Aber das widersprach Casals' Temperament, wie sich zeigen sollte. Er ging nicht zu einem Orchester – er gründete es. Er unterrichtete nur sehr spärlich und zögerlich, bis er im Exil nach 1940 kaum eine andere Möglichkeit hatte. Und es gab zwar von ihm einige der legendärsten Kammermusikauftritte des 20. Jahrhunderts, aber nie gehörte er einem festen und ständig auftretenden Kammerensemble an. Andere Cellisten aus Casals' Generation und der darauffolgenden, wie Emanuel Feuermann, Guilhermina Suggia, Paul Grummer und Gregor Piatigorsky, wurden international bekannte Solisten – aber sie schlossen sich dem Beispiel an, das Casals gegeben hatte. Kein Cellist vor ihm hatte den Klang des Cellos einem Massenpublikum so wirkungsvoll nahegebracht – kein Cellist nach ihm hatte dies noch nötig. Seit den Anfängen seiner Karriere war Casals ein

Solist, als Musiker wie in der Tat auch als Persönlichkeit, und zwar in einem Maße, als wäre er dazu geboren. Er akzeptierte keine Grenzen oder Beschränkungen, und damit war er zumindest in dieser Hinsicht zutiefst modern. »In Wirklichkeit«, hat Marcel Dupré einmal gesagt, »existiert das Cello erst seit ihm.« Es war allerdings keine Blitzkarriere, und Casals hatte es auch nicht sofort leicht im Leben.

Trotz der Anerkennung, die ihm sein Debüt einbrachte, hatte er einen harten und einsamen Winter vor sich. Anfang 1900 kehrte er nach Paris zurück und nahm sich ein Zimmer in einem billigen, kalten Hotel am Montmartre. Schon nach drei Tagen war er krank. Aber es dauerte nicht lange, da nahte Rettung, in Gestalt einer der vielen Wohltäterinnen, die sich in entscheidenden Augenblicken einfanden, um ihm das Leben zu erleichtern. Mrs. Betina (Abel) Ram war eine wohlhabende englische Witwe und Amateurpianistin, die in Paris lebte. Zusammen mit anderen begabten jungen Musikern hatte auch Casals auf mehreren ihrer musikalischen Soireen im vergangenen Herbst gespielt. In diesem Frühjahr nun lebte Casals mehrere Monate in Mrs. Rams Haus, ehe er in eine solide Pension in der Rue Léon Cognet umzog. Das war genau, was er brauchte: eine ruhige, angenehme Basis, von der aus er seine Karriere starten konnte. Der junge Casals war äußerst diszipliniert. Jeden Tag las er Partituren und übte drei oder vier Stunden lang. Und er war auch ein überaus ordentlicher Mensch, der sich sorgfältig in einzelnen Notizbüchern die Namen und Details seiner musikalischen und gesellschaftlichen Kontakte in Spanien, in England und Frankreich, in Belgien sowie in Deutschland, Österreich und Rußland notierte.[16] Doch noch war die Reihe der Engagements bescheiden – mehrere Konzerte in der Salle Pleyel und anderswo –, und Casals mußte seine Einkünfte aufstocken, indem er im Café Suez spielte.[17] Außer einer angenehmen Unterkunft bot ihm das Haus der Witwe Ram noch etwas Entscheidendes: den Zugang zu einem sehr nützlichen Netz sozialer und beruflicher Beziehungen. Denn im Paris der Belle Époque gab es praktisch unbegrenzte Möglichkeiten für künstlerische Begegnungen und eine allgemeine kulturelle Bildung. Casals wurde für die Opfer und die Isolierung seiner Kindheit und Jugend entschädigt. Er ging ins Theater, sah Sarah Bernhardt, Eleonora Duse und Isadora Duncan. Er begegnete erneut Camille Saint-Saëns und wurde mit Arnold Schönberg bekannt gemacht, und bei einem Konzert in der Salle Erard lernte er den großen Paderewski kennen. Unter den Menschen, denen Casals zufällig begegnete, befanden sich viele, die später sehr bedeutend sein würden, etwa der vierundzwanzigjährige Maurice Ravel, der damals am Pariser Konservatorium bei Gabriel Fauré Komposition studierte. Durch Emma Nevada wurde Casals bei Mathilde Marchesi eingeführt, der Doyenne der Gesangslehrerinnen, die als junge Frau in Deutschland mit Brahms, Verdi, Wagner und Rossini befreundet gewesen war. Madame Marchesi erwies sich als einflußreiche Förderin von Casals' Interessen, indem sie ihn – als einzigen Instrumentalisten – einlud, beim Konzert anläßlich ihres goldenen Jubiläums als Gesangslehrerin mitzuspielen. Zu den anderen vornehmen Salons, in denen Casals ein regelmäßiger Gast wurde, gehörte auch der von Aline Ménard-Dorian, der führenden Gastgeberin der politischen Linken in Paris. Hier begegnete er bedeutenden Politikern und Staatsmännern wie Georges Clemenceau, Aristide Briand und Léon Blum, Malern und Schriftstellern wie Degas, Eugène Carrière, Romain Rolland und Marcel Proust sowie dem Philosophen Henri Bergson.[18]

Es ist nicht besonders überraschend, daß Casals nach seinem spektakulären Debüt in Paris ein gesuchter Gast bei den musikalischen gesellschaftlichen Ereignissen gewesen war oder mit den führenden Musikern seiner Zeit bekannt wurde. Bemerkenswert ist allerdings, daß er sich – als junger Mann von dreiundzwanzig Jahren und gerade erst nach Paris gekommen – bereits so ernst nahm und sich zielstrebig darum bemühte, die Bekanntschaft bedeutender Intellektueller und Mitglieder der Gesellschaft zu machen. Casals' eigene Berichte über sein Leben zu jener Zeit befassen sich eingehend mit den berühmten Persönlichkeiten, denen er begegnete, und den großen Themen, mit denen er in Berührung kam. So erinnerte er sich beispielsweise daran, wie er im Hause Ménard-Dorian Oberst Georges Picquart begegnete, einer Schlüsselfigur in der Dreyfus-Affäre, deren detaillierte Darstellung der gegen Dreyfus gerichteten Kampagne Casals vor Augen führte, wie sehr der Antisemitismus in Frankreich verbreitet war und welche Folgen er haben würde.[19] Er schrieb auch über den Eindruck, den die Diskussionen mit Bergson über die entscheidende Rolle der Intuition im künstlerischen Schaffensprozeß auf ihn gemacht hatten; Casals' grundlegende Überzeugung, die für ihn sein ganzes Leben von

Bedeutung sein sollte, nämlich daß der musikalische Instinkt an erster Stelle stehe, und zwar vor Intelligenz wie Beherrschung der Technik, empfing von Bergson eine Art höherer philosophischer Bestätigung.[20] Es lag nicht einfach nur daran, daß ihm diese intellektuellen Begegnungen in der Rückschau gegenüber den eher konventionellen Vergnügungen und Alltagsbeschäftigungen als Höhepunkte seines Lebens erschienen. Vieles spricht tatsächlich dafür, daß Casals bereits mit Anfang Zwanzig das Leben ernst nahm, sich mit ernsthaften und intelligenten Menschen anfreundete und sich ganz erwachsen gab. Es war, als erwache er aus einer langen Phase eines zerebralen Schlummers mit dem sicheren Gefühl, eine ganze Menge nachholen zu müssen. Casals wollte unbedingt, mit aller Intensität und Entschiedenheit, erwachsen werden.

In erster Linie ging es ihm natürlich darum, zu musizieren, und so hielt Casals Ausschau nach Musikern, die dafür in Frage kamen. Bei einer von Mrs. Rams Zusammenkünften hatte er den Pianisten Harold Bauer kennengelernt. Bauer stammte aus einer musikalischen jüdischen Familie aus Hampstead bei London und war drei Jahre älter als Casals. Er zeichnete sich durch Unternehmungslust, Begeisterungsfähigkeit und eine unangestrengte Begabung aus. Nachdem er ursprünglich eine Karriere als Geiger angestrebt hatte, traf Bauer mit neunzehn Jahren und auf den Rat von Paderewski hin die radikale Entscheidung, zum Klavier, seinem zweiten Instrument, überzuwechseln: Schon bald unternahm er internationale Konzerttourneen und hatte sich – wie zuvor auf der Geige – ein gewaltiges Klavierrepertoire zugelegt. Im Sommer gab er mit Casals ein paar bescheidene Konzerte in Paris. Zwischen ihren jeweiligen Engagements wurden sie gute Freunde und verbrachten ihre Zeit miteinander, spielten Tennis und erarbeiteten sich die großen Werke für Klavier und Cello. Im August gingen sie auf eine kurze Konzerttournee nach Spanien. Einen Monat später, nachdem Bauer seine Verpflichtungen als Solist in der Schweiz erfüllt hatte, kamen die beiden wieder zusammen und gaben einige gemeinsame Konzerte in Holland. Und im November, als Casals einige Soloengagements in England hatte und Bauer eine Konzerttournee durch die USA unternahm, beschlossen sie, künftig regelmäßig zusammen zu spielen. Diese »Regelmäßigkeit« hielt vierzehn Jahre an, bis zum Kriegsausbruch 1914.

Als Casals und Bauer von ihren jeweiligen Tourneen Anfang 1901 wieder zurück waren, gaben sie eine Reihe von gemeinsamen Konzerten in Paris, ehe sie wieder nach Holland gingen. Im Herbst waren sie erneut in Spanien und schlossen ihre Tournee am 26. Oktober mit einem Konzert am Teatro de la Comedia in Madrid ab. Zwei Wochen später verließ Casals Cherbourg auf dem Ozeandampfer *St Paul* und brach zu seinem ersten Besuch in die USA auf. Damals war Nordamerika keineswegs ein vornehmes oder bedeutendes Reiseziel, und für einen Künstler, der noch nicht in Berlin, Wien, Rom oder St. Petersburg aufgetreten war, mag diese Entscheidung überraschend gewesen sein. Aber auch wenn Amerika nicht als ausgesprochen führendes kulturelles Zentrum galt, hatte es doch die Einbildungskraft der Franzosen lebhaft angeregt. Ende 1899 war Buffalo Bill mit seiner Wildwest-Show nach Neuilly gekommen, und fortan waren die Franzosen von den amerikanischen Stummfilmen in den ersten Jahren des neuen Jahrhunderts fasziniert. Der Zirkus Barnum and Bailey, »die größte Show der Welt«, gastierte ab November 1901 für fünf Monate in Paris.[21]

Die treibende Kraft war wieder einmal Emma Nevada: Sie hatte Casals eingeladen, sie auf ihrer Amerika-Tournee als »assistierender Instrumentalkünstler« zu begleiten, zusammen mit seinem Freund, dem Pianisten Léon Moreau, sowie dem Flötisten Daniel Marquarre. Und als er auch noch von Bauer ermutigt wurde, dessen Besuch in den Vereinigten Staaten im Vorjahr zwar kein künstlerisch bedeutsames Ereignis, aber finanziell ein Erfolg gewesen war, nahm Casals diese Einladung an.[22] Nach einer stürmischen und langwierigen Ozeanüberquerung traf Nevada mit ihren Begleitern, zu denen auch noch ihr Mann Raymond Palmer sowie ihr Sekretär Raymond Duncan, ein Bruder der Tänzerin Isadora Duncan, gehörten, am 16. November in New York ein. Zwischen diesem Datum und dem 4. Juni 1902, als er Amerika wieder verließ, trug Casals einundsechzig verschiedene Tourneestationen in sein Konzerttagebuch ein. Und als er Anfang August 1902 nach Barcelona kam, war er fast zehn Monate fort gewesen.

Die Tournee sollte in erster Linie Emma Nevada herausstellen, und Casals sowie die anderen »assistierenden Künstler« waren eindeutig zu Statisten bestimmt. Die Nevada war 1859 unter dem Namen Emma Wixom in der kalifornischen Bergarbeiterstadt Alpha bei Nevada City geboren. Sie hatte ihren Bühnennamen von Mathilde Marchesi bekommen, genauso wie sich ihre Mitschülerin Helen Mitchell Armstrong aus der australischen Stadt Melbourne später Nellie Melba nannte. Die Nevada brillierte in den glänzenden Koloraturrollen der großen Oper des 19. Jahrhunderts, und ihre größten Triumphe feierte sie in Europa, wo sie sich die meiste Zeit während ihrer Karriere aufhielt. Ihre Tourneen nach Amerika waren eine sentimentale Show – das Mädchen aus Nevada, das es zu etwas gebracht hatte! –, und natürlich ließ sie sich keine Gelegenheit entgehen, sich derart emotional ins Rampenlicht zu rücken. Casals war nicht so recht in seinem Element – angeblich hat er sich überhaupt nicht für Nevadas Stimme oder Gesangsstil interessiert. Außerdem soll er mit ihr während der Tournee eine Affäre gehabt haben. Aber das sind Geschichten, für die es keinen sicheren Beweis gibt. Die Pariser Jahre zwischen 1899 und 1906 waren tatsächlich die einzige Zeit in Casals' Leben, in der er keine engeren Kontakte zu Frauen hatte.

Die Rolle des künstlerischen Begleiters bestand darin, das Publikum zu unterhalten, während die Sängerin sich zwischen den Abschnitten ihres Programms ausruhte. Auf gar keinen Fall durfte er ihr die Schau stehlen. Moreau und Marquarre trugen zwar das gelegentliche Solostück vor, wurden aber auf dem Programmzettel in erster Linie als Begleiter der Nevada geführt, wobei Marquarre die obligate Flöte zu solchen Publikumshits wie der »Glöckchenmarie« aus Delibes' *Lakmé* und der Wahnsinnsarie aus *Lucia di Lammermoor* spielte. Gelegentlich traten auch einheimische Künstler bei mehreren Vorstellungen mit auf, aber Casals war der einzige regelmäßig spielende Solist, der diesen Part zweifellos deshalb übernehmen durfte, weil er kein ausgesprochener Publikumsliebling war. Auf Pressefotos aus dieser Zeit blickt er sehr ernst, ja streng – nie gibt es auch nur die Spur eines Lächelns. Einige Jahre später bemerkte das *Chicago Journal*, er sehe weder wie ein Spanier noch wie ein Musiker aus, sondern »seine Züge, seine Kleidung und sein Benehmen erinnern stark an einen englischen Rechtsanwalt«.[23] Mit seiner bescheidenen Körpergröße und seiner beginnenden Glatze entsprach der junge Casals nicht der Vorstellung, die die Amerikaner von einem europäischen Virtuosen hatten – die Erinnerung an Paderewskis dramatische Tourneen Mitte der neunziger Jahre war noch ganz lebendig. Bei einer späteren

Tournee meinte ein Impresario sogar, mit einer wallenden Perücke könne er vielleicht ganze Säle füllen. Aber Casals war nie ein Podiums-Exhibitionist – er wollte lieber durch seinen Klang und nicht durch seine äußere Erscheinung wirken. Und das funktionierte durchaus. Denn da war etwas an Casals, wie sein Biograph H. L. Kirk bemerkte, was »die damaligen Journalisten zu romantischen Superlativen greifen ließ, wenn sie die Tatsache zu erklären suchten, daß ein so unprätentiöser Mann eine so großartige Kunst hervorbrachte«.[24]

Die Amerika-Tournee startete am 25. November 1901 in Worcester, Massachusetts, und ging dann von Rhode Island durch die Staaten New York, Pennsylvania, Maryland und Virginia Richtung Süden nach Florida, Louisiana und bis ins Farmland im amerikanischen Südwesten. Von den gelegentlichen Gastauftritten einheimischer Künstler abgesehen, lebte das Programm von gnadenlosen Wiederholungen. In der ersten Hälfte des Konzerts spielte Casals die *Elégie* von Fauré und Saint-Saëns' *Allegro Appassionato,* in der zweiten eine Locatelli-Sonate und eventuell noch eine Zugabe, oftmals Poppers Cello-Bearbeitung von Chopins e-Moll-Nocturne. Auf dieser beschwerlichen Reise quer durch Amerika machte Casals eine wichtige Erfahrung: Die schiere physische Anstrengung des Reisens ließ keine Energie mehr übrig für ein variables und experimentierfreudiges Tourneeprogramm – das war auch schon aufgrund der fehlenden Gelegenheit zum Üben gar nicht möglich. Im Laufe der nächsten vierzig Jahre wiederholte Casals seine Konzerte und Programme Abend für Abend, auf der ganzen Welt.

Die Konzerte waren nicht immer gut besucht, aber die Reiseroute – sie spielten auch in kleinen Städten, in Schulsälen – vermittelte Casals einen guten Eindruck von der gewaltigen Größe und Vielfalt des Landes. Er war ganz überwältigt: »... für mich, den Vierundzwanzigjährigen, wurde Amerika zu einem Emanzipationserlebnis«.[25] Und das sollte sich, viele Jahre später, in einer sehr viel beständigeren Weise bewahrheiten. Damals aber war Casals, wie viele europäische Besucher vor und nach ihm, von der »Neuheit« des Landes und von seiner Offenheit fasziniert. Auch wenn es außerhalb der großen Städte kulturell nicht sehr niveauvoll zuging, war Casals doch beeindruckt, wie viele Schulen, Bibliotheken und Theater es hier gab und wie man die eigenen Chancen wahrnahm, ohne sich dabei von einem Klassenbewußtsein beeinträchtigen zu lassen. Er verglich die »Neue Welt« mit einer Sinfonie, die »während der Proben allmählich Kontur gewinnt, [so] war hier eine Nation im Entstehen begriffen«. Am meisten faszinierte ihn der Pioniergeist der Menschen: »Es gab nichts, was sie sich nicht zugetraut hätten. Jeder von ihnen war seines Glückes Schmied.«[26] Neben den Konzerten und der Reisetätigkeit blieb ihm noch Zeit, sich umzusehen. Léon Moreau war voller Abenteuerlust, und die beiden jungen Männer steckten ihre Nase in alles, was sie interessierte. Sie fuhren in ein Kohlebergwerk in Wilkes-Barre, Pennsylvania, spielten Poker mit Cowboys in Texas und wanderten durch die Wüste von New Mexico. Ihre kleine Truppe trat in El Paso am 4. Februar 1902 auf und reiste dann weiter durch Arizona bis nach Südkalifornien, wo sie am 11. Februar in Los Angeles ein Konzert gaben. Dann ging es nach Norden, und Anfang März trafen sie in San Francisco ein. Dort war die Nevada so beliebt, daß sie eine Reihe von erfolgreichen Konzerten absolvierten. Am Samstag, dem 8. März, traten sie in der Metropolitan Hall, Ecke Fifth und Market Street, auf, und Casals spielte Boellmanns *Variations Symphoniques,* seine übliche Locatelli-Sonate und als Zugabe das Bach-Gounodsche *Ave Maria.* Diesmal stahl sein Auftritt der Sängerin die Schau, und der *San Francisco Chronicle* räumte ein, es stehe »jenseits allen Zweifels« fest, daß »an erster Stelle Pablo Casals gerühmt« werden müsse.[27] Wenn sich Emma Nevada dadurch pikiert gefühlt hätte, dann nur vorübergehend, denn eine Woche später hatte Casals einen Unfall, der ihn vom Rest der Tournee ausschloß. Am Sonntag, dem 16. März, bestieg er mit Freunden den Mount Tamalpais, von dem aus man einen herrlichen Blick über die San Francisco Bay hat. Beim Abstieg traf ein herabstürzender Felsbrocken seine linke Hand und zerschmetterte sie. Als er seine übel zugerichtete Hand sah, war Casals' erster Gedanke, wie er sich später erinnerte: »Gott sei Dank, ich werde nicht mehr Violoncello spielen!«[28] In Wahrheit war Casals vermutlich um Haaresbreite einem sehr viel schwereren Unglück oder gar dem Tod entronnen.

Im Grunde hätte diese Verletzung durchaus Casals' solistische Karriere beenden können. Mit einer dauerhaft beschädigten linken Hand hätte er vielleicht nur noch dirigieren und komponieren können – eine für ihn durchaus nicht unerfreuliche Aussicht –, aber um die fürs Cellospiel so unerläßliche Fingerfertigkeit wäre es dann geschehen gewesen. Seine momentane Euphorie schlug bald in Deprimiertheit um, als ihn der ortsansässige Arzt Dr. Oscar Mayer auf die Möglichkeit hinwies, daß Nerven und Knochen beschädigt sein könnten. Es gab eine Pressekonferenz, und als man in Paris von dem Unglück erfuhr, traf man Anstalten, einen europäischen Spezialisten nach Kalifornien zu schicken. Wie sich herausstellte, konnte das Schlimmste verhindert werden, und dank einer geschickten Einrichtung der Knochen, durch Ruhigstellung und eine anschließende regelmäßige Massagetherapie konnte das Malheur bald behoben werden. Die Tourneetruppe setzte ihre Reise fort, während Casals für zwei Monate als Gast im Hause von Sarah Solomons Stein und ihrem Mann Michael, dem Direktor der Cable-Car-Gesellschaft, untergebracht wurde. Die Steins hatten in Europa gelebt und waren eine kosmopolitische Familie, und Casals verbrachte seine Zeit als Rekonvaleszent in der angenehmen Gesellschaft neuer junger Freunde – Amerikaner, Spanier und Franzosen. Michael Steins jüngere Schwester Gertrude beendete damals gerade ihr Medizinstudium an der Johns Hopkins University und hatte bei William James am Radcliffe College Psychologie studiert. Casals sollte Gertrude und ihren Bruder Leo später in Paris kennenlernen, aber wir wissen nicht, ob sie sich bereits in Kalifornien begegnet sind. Jedenfalls gab diese Zwangspause Casals Gelegenheit, ein wenig zu komponieren, wozu er seit den ersten Monaten in Paris im Jahre 1899 keine Zeit mehr gehabt hatte. Zu einem Text von Matthew Arnold schrieb er ein Lied mit dem bezeichnenden Titel *Absence*. Das erwies sich als ein seltenes Vergnügen, denn er würde erst wieder nach einem Vierteljahrhundert Zeit und Gelegenheit zum Komponieren haben. Allerdings währte diese Zeit der Entspannung nur kurz, denn Anfang Mai wurde der Gips an seiner Hand entfernt; Casals war in der Lage, ein bescheidenes nicht öffentliches Konzert zu geben, ehe er mit der Eisenbahn nach New York fuhr, um dort das Schiff zu besteigen, auf dem er via London wieder nach Paris gelangte. Als Casals am 3. August in Barcelona eintraf, war von seiner Verletzung nichts weiter als eine Narbe zurückgeblieben. Nach einem kurzen Ferienaufenthalt mit seiner Familie in San Salvador fuhr er nach Portugal zu einem Konzert in Porto mit dem Geiger und Pianisten Bernardo Valentin Moreira de Sá, den Casals 1898 bei seinem ersten Auftritt im Kasino von Espinho kennengelernt hatte. Moreira de Sá war ein energischer Mann und ein begeisterter Musiker. Casals mochte ihn und nahm seine Einladung an, mit ihm im nächsten Sommer auf eine sechswöchige Tournee nach Brasilien zu gehen. Inzwischen absolvierten er und Bauer ihre Konzertengagements in Spanien und Holland während der letzten Monate des Jahres 1902. In Madrid erhielten sie eine Einladung in den Königlichen Palast, wo sie vor Königin María Cristina und der Infantin Isabel spielen sollten. Zu Weihnachten waren sie wieder in Paris.

Im Jahre 1902 verbrachte Casals insgesamt nur etwa vier Wochen in Paris. 1903 würde er jeden Monat in einem anderen Land sein. Damit war das Muster seiner ruhelosen Existenz vorgegeben. Diese unablässige Reisetätigkeit stellte beträchtliche physische Anforderungen: In den ersten Jahren des neuen Jahrhunderts, bevor es Autos oder Flugzeuge gab, hieß das für ihn, Nacht für Nacht in Eisenbahnzügen zu verbringen, in einem Schlafwagen schlecht zu schlafen und Gepäck und den schweren Cellokoffer ständig mit sich herumzuschleppen. Selbst der dynamischste moderne reisende Virtuose schneidet im Vergleich zu Casals besser ab. Auch für ihn war das nicht gerade eine »ideale Lebensweise«:

> Koffer ein- und auspacken habe ich nie gemocht, und selbst bei einem jungen Manne voller Energie und Tatendrang hinterläßt die Aufregung eines solchen Reiselebens ihre Spuren. Da bringt man hier eine Nacht zu und dort ein Wochenende; nach den Konzerten hetzt man los, um noch den Zug zu erwischen, die durchschwitzte Kleidung zu wechseln, ist keine Zeit; dann wieder fährt man eine Nacht durch, kaum angekommen, hat man schon wieder Probe. All das ermüdet und läßt einen unbefriedigt ... Wie erfolgreich auch meine Konzertreisen verliefen, ich war immer glücklich, wenn sie vorüber waren und ich nach Paris zurückkehren konnte ...[29]

Körperlich war Casals ungewöhnlich stark. Er war zwar klein und kompakt, aber stämmig gebaut und verfügte dank regelmäßiger gymnastischer Übungen über ein immenses Stehvermögen. Seit seiner Kindheit war er ein ausgezeichneter Schwimmer. Von der Terrasse des kleinen Ferienhauses, das die Familie in San Salvador gemietet hatte, gelangte man direkt auf einen Strand, der sich in gerader Linie mehrere Kilometer weit bis nach Calafel im Norden und Comarruga im Süden erstreckte. Casals schwamm lieber, statt nur zu baden, lief jeden Tag mehrere Kilometer und ritt bei Sonnenuntergang mit seinem Pferd über den Strand. Seine Begeisterung fürs Tennisspiel erwuchs aus seinem hochentwickelten kämpferischen Instinkt. Casals machte kein Hehl daraus, daß er bei allen Spielen und Sportarten gewinnen wollte, und er war ein relativ schlechter Verlierer. Zu allen königlichen Palästen und Herrschaftshäusern, die er als Student frequentiert hatte, gehörte auch ein Tennisplatz, und zu den ersten Luxusdingen, die er sich gönnte, gehörte auch ein richtiger Tennisplatz, den er auf seinem Grundstück in San Salvador im Jahre 1915 anlegen ließ.[30] In diesem Sommer nahm er am Espluga de Francoli-Turnier teil, einem größeren katalanischen Wettbewerb, bei dem er im Einzel wie im gemischten Doppel bis ins Semifinale kam.[31] Später lud er mehrere spanische Meister zu sich ein und spielte mit ihnen, darunter Eduard Flaquer, Carles Sindreu und die große Tennisspielerin Panchita Subirana. Wie beim Tennis gehört auch zum Spielen von Saiteninstrumenten ein gutes Gleichgewichtsgefühl sowie eine entsprechende Muskelkoordination. Dank der Stärke und der Körperbeherrschung, die er sich durch ernsthafte sportliche Betätigung erworben hatte – ganz gleich, ob dies bewußt geschehen war oder nicht –, verfügte Casals über Muskelentspannungstechniken, die entscheidend dazu beitrugen, daß er so lange musizieren konnte.[32]

So ermüdend diese Konzertreisen auch waren – sie waren einfach unerläßlich. Casals hatte nun einmal das Leben eines Solisten gewählt und mußte spielen, wo er ein Engagement bekam. Und wenn er mit seinem Cello an Orten auftrat, wo man es noch nie zuvor als Solo-Konzertinstrument gehört hatte, mußte er gelegentlich auch mit wenig Publikum und desinteressierten Kritikern rechnen. Aber dafür wurde er durchaus auch reichlich entschädigt. Im Alter von dreißig Jahren war Casals durch ganz Europa – einschließlich Rußland – sowie durch Nord- und Südamerika gereist: Er war eine wahrhaft internationale Persönlichkeit. Er hatte auf der gesamten Nordhalbkugel Freundschaften und berufliche Kontakte geschlossen und sieben Sprachen gelernt. Und weil es nun einmal seinem Instrument gemäß war, reiste er im allgemeinen mit einem Begleiter, selten allein. Seine ehrgeizige erste Reise nach Südamerika unternahm er beispielsweise in Begleitung von Bauer und Moreira de Sá. Das Trio verließ Lissabon am 3. Mai 1903, und achtzehn Tage später legte ihr Schiff in Rio de Janeiro an. Sie gaben elf Konzerte in fünf Städten, ehe sie im August wieder zurückkehrten. Auch wenn die Seereise von den insgesamt zehn Tourneewochen allein vier Wochen beanspruchte und sie die übrige Zeit in deprimierenden, von Kakerlaken wimmelnden Hotels verbringen mußten, genoß Casals diese Reise und verpflichtete sich, im nächsten Jahr wiederzukommen. Was diese frühen Tourneen so erträglich machte, war die Gesellschaft von Harold Bauer. Sie kamen unterwegs gut miteinander aus, liebten die gleichen Sportarten und Vergnügungen und schätzten einander wegen ihres Humors. Vor allem aber konnten sie sich in musikalischer Hinsicht völlig aufeinander verlassen. Wie Casals hatte auch Bauer eine weitherzige Auffassung von der richtigen Interpretation und fühlte sich keineswegs daran gebunden, die exakten Intentionen des Komponisten umzusetzen, selbst wenn sie klipp und klar feststanden. In seinen Memoiren verweist er auf »die Nutzlosigkeit blinder Texttreue«.[33] Bei den Proben verständigten Casals und er sich auf eine Gesamtkonzeption eines Werkes, ließen aber Details der Interpretation offen, so daß bei der Aufführung jeder auf die jeweilige Stimmung und das Temperament des anderen reagieren konnte; und da sie die gleichen Werke auf Reisen viele hundert Male wiederholten, schlich sich dank dieser Technik keine schale Routine ein.[34] Die mentale Abstimmung zwischen den beiden Männern war so fein, daß sie sich für die Gesellschaft der Salons einen »telepathischen« Trick ausdachten, bei dem der eine eine Karte erraten würde, die dem andern versteckt gezeigt wurde – und zwar mit Hilfe einer verabredeten Komposition, die in einem vorher vereinbarten Tempo gespielt wurde.[35]

Nach ihrer Rückkehr aus Südamerika gaben Casals und Bauer Konzerte in Frankreich, Spanien, der Schweiz und in Holland, ehe sie am zweiten Weihnachtsfeiertag eine Tournee durch die USA antraten. Diese erste amerikanische Solo-Konzertreise dauerte bis Anfang Mai 1904 und beschränkte sich weitgehend auf Engagements an der Ostküste. Die Eröffnungsveranstaltung fand am 12. Januar in New York statt, und Casals spielte das D-Dur-Konzert von Haydn mit dem American Symphony Orchestra unter Sam Franko am New Lyceum

Theatre. Drei Tage später, am 15. Januar, trat Casals als einer von drei Solisten auf, die von Mrs. Theodore Roosevelt, der Frau des Präsidenten, ins Weiße Haus eingeladen worden waren. Da die Erinnerung an den Spanisch-Amerikanischen Krieg noch so frisch war, stellte es mit Sicherheit ein diplomatisches Kabinettstück dar – möglicherweise von der spanischen Botschaft eingefädelt –, daß ein siebenundzwanzigjähriger katalanischer Cellist überhaupt eingeladen wurde; in einem Standardwerk über die Geschichte der Musik und des Mäzenatentums im Weißen Haus wird dieses Konzert als »historisch« höchst bedeutsam eingestuft.[36] Bei der Auswahl der Musiker, die bei den Musikabenden im Weißen Haus auftreten sollten – einer ständigen Einrichtung seit Roosevelts Amtseinführung im Jahre 1901 –, waren die Klavierbauer Steinway and Sons beratend tätig. Der Abend war zwar von steifer protokollarischer Förmlichkeit geprägt, aber der Präsident, dessen Interesse für Musik wohl ziemlich begrenzt war, wirkte ganz freundlich. Casals spielte ein leichtes Programm: eine Boccherini-Sonate und *Le Cygne* von Saint-Saëns. Die 400 Gäste im östlichen Saal des Weißen Hauses repräsentierten die gesellschaftliche Elite von Washington. Die Bekanntschaft, die Casals mit den führenden Familien von Amerika – etwa den Smiths, Coolidges und Roosevelts – machte, war gleichsam ein Pendant zu dem bemerkenswerten Zugang, den er zur europäischen Aristokratie hatte, und ähnlich nützliche Verbindungen in späteren Jahren waren die Folge: An entscheidenden Punkten seines Lebens wurde er durch amerikanische Initiativen und amerikanisches Geld gerettet. Einige dieser Verbindungen waren indes wichtiger als andere, und eine davon wurde bereits auf der Tournee von 1904 vorweggenommen, als Casals am 8. März die C-Dur-Suite von Bach bei einem Konzert in der Mendelssohn Hall in New York spielte. An diesem Abend trat auch eine Künstlerin auf, die vierundzwanzigjährige Sopranistin Susan Metcalfe, eine junge Dame aus der feinen Gesellschaft von New Jersey. Casals und Metcalfe begegneten einander fast zehn Jahre später wieder, und zwar in Berlin, und kurz darauf heirateten sie.

Dieses Jahrzehnt allerdings war für Casals überaus ereignisreich. Am Tag nachdem er Susan Metcalfe kennengelernt hatte, trat Casals zum erstenmal in der Carnegie Hall auf und spielte unter der Leitung von Richard Strauss das Cellosolo in dessen Tondichtung *Don Qui-*

xote. Die nordamerikanische Tournee dauerte bis zum 5. Mai, und dann ließen sich Casals und Bauer direkt nach Rio de Janeiro einschiffen, wo eine dreimonatige Konzertreise begann, die sie durch Brasilien, Argentinien und Uruguay führte. Diese Tournee lohnte sich zwar in finanzieller Hinsicht, aber für die beiden Musiker war sie kein unvergeßliches Erlebnis. Ohne Moreira de Sá war Rio nur halb so lustig, und Buenos Aires und Montevideo enttäuschten Casals, weil das Konzertpublikum zwar hochelegant war, aber sich für die Musik herzlich wenig interessierte. Casals reagierte stets sensibel auf die Stimmung und die Art der Menschen, die ihn hören wollten. Am liebsten war ihm ein gemischtes Publikum, aus Arm und Reich, Jung und Alt, das sich für die dargebotene Musik wirklich begeistern konnte. Konzerte, die ausgesprochen gesellschaftliche Ereignisse waren, mochte er ganz und gar nicht. Als ihn eine lokale englischsprachige Zeitschrift bat, einen Artikel über seine Eindrücke in Buenos Aires zu schreiben, gab ihm Casals den Titel »Conservatropolis« und ließ sich über die Oberflächlichkeit des Musiklebens der Stadt aus. Er wurde nie wieder nach Argentinien eingeladen.

Nach einer sechzehntägigen Überfahrt gingen Casals und Bauer am 3. September in Lissabon an Land. Sie waren fast neun Monate lang unterwegs gewesen, und Casals wollte gleich nach San Salvador weiterfahren, um für eine Weile mit seiner Familie zusammenzusein. Doch wie so oft, wenn Casals durch ein anderes Land reiste, wurde auch diesmal seine Anwesenheit in Lissabon bekannt – eine Einladung von Königin Amélia, im Palacio dos Necesidades zu spielen, hielt ihn und Bauer noch zwei Wochen länger fest. Am 22. September traf Casals in Madrid ein und fuhr nach Barcelona und El Vendrell weiter. Mitte Oktober war er wieder in Paris, aber nur für kurze Zeit: Er und Bauer hatten Engagements in der Schweiz, in Spanien, Holland und Belgien. Zu Weihnachten war er in Amsterdam, als Gast des holländischen Komponisten Julius Röntgen, der damals ein enger Freund von ihm war, und am 29. Dezember, seinem achtundzwanzigsten Geburtstag, kehrte er nach Paris zurück, um das neue Jahr zu begrüßen.

Hinter ihm lag ein ebenso anregendes wie erschöpfendes Jahr, und Casals war sich darüber im klaren, daß er mehr Stabilität in seinem Leben brauchte, einen Ort, an dem er seine wachsende Sammlung von

Büchern, Noten, Gemälden und seine Möbel unterbringen konnte – ein eigenes Heim. Zu Beginn des Jahres 1905 mietete er ein bescheidenes Haus mit zwei Schlafzimmern in einer kleinen Seitenstraße der Rue Molitor im Pariser Bezirk Auteuil. Die Villa Molitor war und ist kein einzelnes Wohnhaus, sondern besteht aus einer Gruppe von fünfundzwanzig kleinen Häusern; Casals nahm das Haus Nummer 20, zu dem ein kleiner Garten gehörte und das sich am Ende der Straße befand. Der Bezirk Auteuil, der im 16. Arrondissement im Südwesten von Paris liegt, war damals noch ein unauffälliges, ruhiges Wohnviertel, von dem aus man gut ins Stadtzentrum gelangte. Seit dem 18. Jahrhundert waren Auteuil und der Nachbarvorort Passy bei Literaten beliebt – Voltaire, Diderot, Chateaubriand, Balzac hatten hier gelebt. Im nahegelegenen St.-Cloud befanden sich Tennisplätze, auf denen Casals gern spielte, und weiter nach Norden lag der Bois de Boulogne. Diese Gegend war im Grunde ganz praktisch, aber gesellschaftlich nicht sehr angesehen. Das Haus erstreckte sich über drei Ebenen: Ein Eßzimmer und ein Wohnzimmer lagen im Erdgeschoß, die Schlafzimmer und das Bad darüber im ersten Stock, und im Keller befand sich die Küche. Dies war für die nächsten achteinhalb Jahre Casals' Lebensbasis.

Die Miete in der Villa Molitor betrug 325 Francs im Quartal, eine Summe, die sich Casals ohne weiteres leisten konnte.[37] In dieser Phase seiner Karriere brachte ihm ein einziges Konzert meist über 500 Francs ein, weniger vielleicht, als die führenden Music-hall-Sänger seinerzeit verdienten – Yvette Gilbert verlangte 1000 Francs pro Vorstellung –, aber gleichwohl eine beachtliche Summe.[38] Für ein Konzert im belgischen Ostende am 20. Juli 1906 beispielsweise bekam Casals 700 Francs. Im März 1908 erhielt er für drei Konzerte mit dem Lamoureux-Orchester, einschließlich der Proben, insgesamt 8566 Francs.[39] Im Laufe der Jahre, in denen Casals in der Villa Molitor zu Hause war, gab er zwischen 150 und 200 Konzerte pro Jahr. (Zum Vergleich: Gut achtzig Jahre später hatte der zeitgenössische Virtuose Yo-Yo Ma etwa hundert Auftritte im Jahr – wenn er dafür auch sehr viel weiter reisen mußte.[40]) Casals' Gesamteinnahmen waren beachtlich – nach heutigem Wert betrugen sie etwa 400000 DM jährlich. Und dabei war er noch keine Dreißig. Von seinem ersten Jahr als Berufsmusiker an wollte Casals sich nie unter Wert verkaufen. Er kannte den Wert des

Geldes, auch wenn er damit nicht gern umging oder darüber sprach. Und er kannte seinen eigenen Wert. Und bald kam er dahinter, daß ein Impresario oder Konzertmanager im allgemeinen eher neugierig und beeindruckt war, wenn er eine zu hohe Gage forderte, als daß er das Engagement verlor. Bis zum Jahre 1913 hatte Casals keinen allein international tätigen Agenten, sondern beschäftigte eine Reihe von Managern vor Ort in verschiedenen Ländern. Als er während seiner Amerika-Tournee 1904 herausfand, daß sein New Yorker Repräsentant einen Teil seiner Gagen veruntreute, ließ Casals den Mann in sein Hotel kommen, sagte ihm sein Vergehen auf den Kopf zu und warf ihn so schwungvoll hinaus, daß die Drehtür des Hotels zu Bruch ging.[41] Casals war bei dieser Gelegenheit wie auch später noch oft in seinem Leben gar nicht in erster Linie daran interessiert, sein Geld wiederzubekommen, sondern dem andern eine moralische Lektion zu erteilen. Genauso hoch wie seine Gagen waren allerdings auch seine Ausgaben. Er mußte nicht nur für die Reise- und Hotelkosten während einer Tournee aufkommen, sondern unterstützte in der ganzen Pariser Zeit seine Eltern und seine Brüder mit erheblichen Summen. 1905 lebte Doña Pilar mit dem damals vierzehnjährigen Luis und dem zwölfjährigen Enrique hauptsächlich in Barcelona. Carlos litt seit einiger Zeit an chronischem Asthma, und Casals hatte ihm ein Haus in Bonastre gekauft, einem Bergdorf nordöstlich von Barcelona, wo Pilar und die Brüder ihn von Zeit zu Zeit besuchten. Carlos starb im Juni 1908, mit Fünfundfünfzig vorzeitig gealtert. Seit mehreren Jahren hatten er und sein Sohn einander nur selten gesehen. Als er starb, befand sich Casals gerade in Basel und spielte bei einer Aufführung von Bachs *Johannes-Passion* mit. Später hat Casals erklärt, er habe während der Vorstellung eine schreckliche Vorahnung vom Tod seines Vaters gehabt – der offenbar im selben Moment gestorben sei. Er sei sofort nach El Vendrell gefahren und dort nur wenige Stunden nach der Beerdigung eingetroffen.[42]

Als Casals im März 1904 sein Debüt an der Carnegie Hall gegeben hatte, war ein weiterer Pariser Musiker gerade dabei, in New York seine erste Amerika-Tournee zu starten. Der französische Geiger Jacques Thibaud gehörte seit Ende 1902 zu einem Kreis junger Musiker um Casals, zusammen mit den Pianisten Alfred Cortot und Alberto Casella, dem Cellisten Joseph Salmon sowie den Komponisten

Jean Huré und Florent Schmitt. Ende 1904 kamen Mitglieder dieser Gruppe in ihren Häusern zwanglos zusammen, um Kammermusik zu spielen, dazu gesellten sich andere Musiker wie etwa Ferruccio Busoni, Eugène Ysaÿe, Fritz Kreisler, sobald ihre solistischen Verpflichtungen sie nach Paris brachten. Aus diesem privaten Musizieren ging das berühmteste Kammertrio des 20. Jahrhunderts hervor: Casals, Cortot und Thibaud. Irgendwann Ende 1905 oder Anfang 1906, nach einem besonders anregenden Musikabend, schlug Cortot seinen beiden Kollegen vor, sie könnten doch – sofern es ihre Zeit erlaubte – genausogut wie zu ihrem Vergnügen auch öffentlich musizieren. Im Sommer und Anfang Herbst probten sie, wann immer es sich einrichten ließ, und am 18. Dezember 1906 gaben sie in Lille ihr erstes Konzert.[43]

Zu diesem Trio schlossen sie sich, wie Casals es formulierte, aus »Freude an der Freundschaft und an der Musik«[44] zusammen: Die drei Musiker waren etwa gleich alt, und jeder von ihnen war längst ein erfolgreicher Solist. Weder beruflich noch finanziell waren sie gezwungen, miteinander zu spielen; sie taten es einfach, weil es ihnen Spaß machte. Sie richteten es so ein, daß sie etwa einen Monat pro Jahr Konzerte geben konnten, normalerweise im Mai oder Juni, wobei sie die Proben mit ihren jeweiligen Engagements abstimmten. Der Pianist Cortot war von Geburt Schweizer, ein Jahr jünger als Casals und ein Mann mit großer Energie und intellektueller Stärke. Anfangs hatte er den Ehrgeiz gehabt, Dirigent zu werden, und nachdem er 1896 am Pariser Konservatorium den ersten Preis gewonnen hatte, hatte ihm die Firma Pleyel einen Aufenthalt in Bayreuth finanziert. Er blieb dort für mehrere Saisons als musikalischer Assistent, und im Mai 1902 dirigierte er mit Vierundzwanzig die Pariser Erstaufführung der *Götterdämmerung.*[45] Auch Jacques Thibaud war Absolvent des Pariser Konservatoriums. Als er mit Achtzehn im Café Rouge spielte, war er von dem Dirigenten Edouard Colonne »entdeckt« worden, der ihm sein öffentliches Debüt vermittelte, woraufhin er vierundfünfzig Engagements als Solist in dieser einen Saison bekam. Die »Heilige Trinität«, wie das Trio Cortot-Thibaud-Casals genannt wurde, war eine herausragende und temperamentvolle Verbindung, und Casals war entschlossen, den Erfolg herauszufordern. Auch wenn Kammermusik damals für die Konzertsäle kaum ein lohnendes Geschäft war, subventionierte er das Trio aus eigenen Mitteln, bis es berühmt und überaus begehrt war. Es dauerte nicht lange, und schon hatten die Musiker bis zu zwanzig Engagements im Monat, und das Trio konnte es sich sogar leisten, Einladungen auszuschlagen, wenn es weniger als 4500 Francs pro Konzert angeboten bekam.[46] Bis 1933 spielten Cortot, Thibaud und Casals regelmäßig miteinander, und zwar nicht nur als Trio, sondern auch in anderen kammermusikalischen und orchestralen Kombinationen. Ihre größten Erfolge hatten sie in den späten zwanziger Jahren, auf internationalen Konzertreisen und mit bahnbrechenden kammermusikalischen Schallplattenaufnahmen, die zum Teil heute noch – wie etwa Beethovens »Erzherzogs-Trio« und Schuberts Trio Nr. 1 in B-Dur – Klassiker des Repertoires sind.[47] Gerade weil das Trio nur zeitweise und nicht ständig auftrat, blieb es beisammen. Die drei Männer hatten ganz unterschiedliche Temperamente, und die daraus resultierende schöpferische Spannung trug mit Sicherheit dazu bei, daß ihre Auftritte so herausragend waren.

1905 hatte Casals besonders viel zu tun. Sein Reiseplan sagt alles. Bevor er am 18. Januar Engagements in England und Schottland antrat, hatte er Konzerte in Berlin und Brüssel gegeben.[48] Am 25. Januar war er wieder in Paris, von wo er am 3. Februar nach Frankfurt fuhr. Im März fanden Konzerte in der Schweiz und in Italien statt, am 28. ging es weiter nach London. Im April war er in Holland, Anfang Juni wieder in London. Im Juli konnte er ein paar Wochen zu Hause in Paris verbringen, bevor er in seinen gewohnten Sommerurlaub nach San Salvador fuhr. Am 22. Oktober ging es erneut nach London, und von da kehrte er rechtzeitig nach Paris zurück, um am 27. nach Barcelona reisen zu können. Anfang November hatte er Engagements in der Schweiz, bevor er via Berlin nach St. Petersburg fuhr, wo sein erster Aufenthalt in Rußland mit einem Konzert am Samstag, dem 18. November, begann. Von Rußland reiste er via Wilna und Warschau nach London, dann weiter nach Paris. Im Dezember kam er seinen Schweizer Verpflichtungen nach, ehe er nach Holland fuhr, wo er im Januar 1906 zehn Konzerte zusammen mit Julius Röntgen gab. Was für eine aberwitzige Existenz! Und allmählich wurde klar, daß Casals nicht zur Ruhe kommen konnte, es einfach nicht aushielt, an einem Ort länger als ein paar Tage zu sein. Er brauchte unbedingt einen Grund, um zu Hause zu bleiben. Im Jahre 1906 fand er einen.

Paris

1906–1910

> Die Schwierigkeit beim Cellospielen besteht darin, daß man wissen muß, wie man von einer Note zur nächsten gelangt.
>
> *Pablo Casals* [1]

Guilhermina Suggia war zehn, als sie Casals zum erstenmal begegnete, und er war einundzwanzig. Der Sommer 1898 ging zu Ende, und Casals hatte ein Engagement in Espinho, dem eleganten Seebad mit seinem Spielkasino, 24 Kilometer südlich von Porto. Casals sollte abends in einem Septett mitspielen, und Guilhermina fuhr auf Anraten ihres Lehrers – ihres Vaters Augusto – jede Woche mit dem Zug von ihrem Heimatdorf Matosinhos nach Espinho, um das Konzert mitzuerleben. Während der Saison hörte Casals das kleine Mädchen spielen, so wie er sich viele begabte Kinder anhörte, und immerhin war er so beeindruckt von ihr, daß er ihr eine Reihe von Stegreiflektionen gab. Mit Sicherheit hatte Casals ein echtes Talent entdeckt, und offenbar sah er Guilhermina wieder, als er in Porto im März des darauffolgenden Jahres auftrat. Suggia war nicht irgendein frühreifes Schulmädchen, das Cello spielte – sie war im Begriff, eine der bedeutendsten Cellistinnen Portugals zu werden, und war bereits eine ausgeprägte Persönlichkeit. Ihr Debüt in Porto hatte sie bereits mit Sieben im Mai 1896 im Palácio de Cristal gegeben.[2] Mit Zwölf – also zwei Jahre nach ihrer ersten Begegnung mit Casals – wurde sie Erste Cellistin im

Städtischen Sinfonieorchester von Porto. Mit Dreizehn wurde sie Mitglied in einem der bedeutendsten europäischen Kammerensembles, dem Bernardo Moreira de Sá-Quartett, mit dem sie über fünfzig öffentliche Konzerte gab, ehe sie Anfang 1902 ein persönliches Stipendium des portugiesischen Königspaares Carlos und Amélia bekam und in Leipzig bei Julius Klengel zu studieren begann.

Guilhermina und ihre Schwester Virgínia, eine Pianistin, wurden von ihren portugiesisch-italienischen Eltern abgöttisch geliebt und wuchsen überaus behütet auf. Von Kindesbeinen an begehrte Guilhermina gegen jede Bevormundung und Strenge auf: Bei den Unterrichtsstunden mit ihrem Vater ging es hoch her, und sie hatte sich einen übertriebenen Vortragsstil angewöhnt, der sich mit einem extravaganten Geschmack in puncto Kleidung verband, der ihr Leben lang typisch für sie war. Auf Augustus Johns überaus lebendigem – und genauem – Porträt der Suggia, das er 1923 in London malte und das heute in der Tate Gallery hängt, ist sie als ebenso aufregende wie hochmütige Frau in einer luxuriösen, geranienroten Robe dargestellt. Die Suggia war zweifellos eine auffallende Gestalt: schlank, schwarzhaarig, mit einer olivfarbenen Haut und graziös. Wenn sie spielte, saß sie ganz aufrecht da und reckte das Kinn vor, so daß ihre große Nase dramatisch vorsprang. Augustus Johns Gemälde ließ keinen Zweifel daran, daß das Cello für Frauen alles andere als ein elegantes Instrument war.[3] Die Suggia selbst bezweifelte, ob eine Frau überhaupt als Cellovirtuosin Karriere machen könnte.

So war es ganz typisch, daß der Suggia das königliche Stipendium, das sie für das Studium bei Klengel bekommen hatte, bald wieder aberkannt wurde – zur Strafe dafür, daß sie für ihren Auftritt mit dem Gewandhaus-Orchester am 26. Februar 1902 eine Gage angenommen hatte.[4] Trotz dieses »Fehltritts« blieb sie in Leipzig, trat dem Orchester bei und studierte weiterhin bei Klengel. 1905 gab sie ihr solistisches Debüt im Gewandhaus, unter der Stabführung von Arthur Nikisch. Daran schloß sich eine Konzerttournee durch Europa an, die sie nach Paris, Budapest, London, Warschau und Karlsbad führte; in einem zeitgenössischen Bericht über ihre Darbietung des Dvořáks-Konzerts heißt es, »nicht nur ihre Technik war beachtlich, sondern auch ihr Klang war von einer männlichen Kraft, wie man ihn nur selten von einer Cellistin zu hören bekommt«.[5] In Karlsbad lernte sie den großartigen Cellisten und Komponisten David Popper kennen und als guten Freund schätzen, aber zweifellos hat Julius Klengel dafür gesorgt, daß Casals ihr bei seinen Besuchen in Leipzig wieder begegnete. Klengel war zwar fünfundzwanzig Jahre älter als Casals, aber ein großer Befürworter des jungen Mannes und seines sich immer mehr entwickelnden Stils. Er teilte Casals' leidenschaftliche Liebe zu den Bach-Suiten – seit den achtziger Jahren brachte er sie seinen Studenten bei – und verteidigte Casals' Interpretation gegen die harsche Kritik seines Frankfurter Kollegen Hugo Becker.[6] Irgendwann im Jahre 1906 kam die Suggia nach Paris, und nach dem Tod ihres Vaters lebte sie offenbar in bescheidenen Verhältnissen. Wieder spielte sie Casals vor, und er war bereit, sie als Schülerin zu nehmen. Aber er tat noch mehr: Er nahm sich ihrer an. Anfang 1907 bemerkten Freunde, die die Villa Molitor aufsuchten, daß Casals und Suggia zusammenlebten.

Guilhermina Suggia kommt in den gesammelten autobiographischen Aussagen von Casals nicht vor. In den von José Maria Corredor in den fünfziger Jahren aufgezeichneten *Gesprächen mit Casals* wird sie nur einmal erwähnt, aber nicht von Casals, sondern von seinem Gesprächspartner.[7] In *Licht und Schatten auf einem langen Weg,* Casals' »Erinnerungen, aufgezeichnet von Albert E. Kahn«, taucht sie überhaupt nicht auf. Für diese Nichterwähnung gibt es wohl mehrere Gründe. Casals war das Produkt eines viktorianischen Feingefühls und entschieden der Meinung, daß persönliche Angelegenheiten niemanden etwas angingen. Er ist auf wiederholte Aufforderungen, seine eigene wahre Autobiographie zu schreiben, nie eingegangen und hat Leuten wie Corredor und Kahn, durch die er eine Fassung seiner Lebensgeschichte erzählen ließ, beträchtliche Diskretion abverlangt. Spätere Biographen wie Juan Alavedra und H. L. Kirk wurden aufgefordert, einige intime Passagen wieder herauszunehmen, als Casals ihre Manuskripte gelesen hatte; das führte dazu, daß Kirks Buch unverdientermaßen kritisiert wurde, wobei einer der Rezensenten bemerkte, Kirk habe sich »die Voreingenommenheiten des von ihm Porträtierten zu eigen gemacht«.[8] Casals hielt sich, wenn das Gespräch auf die Suggia kam, vor allem natürlich deshalb zurück, weil er sich und anderen die qualvolle – oder beschämende – Erinnerung an das ersparen wollte, was er »das schrecklichste Unglück in meinem Leben« nannte.[9] Wie sich herausstellen sollte, war Casals im hohen Alter imstande, ganze Abschnitte seiner Vergangenheit aus dem Gedächtnis zu streichen, während er sich zur gleichen Zeit an glücklichere Umstände mit erstaunlicher Genauigkeit erinnern konnte.

Es ist gar nicht so schwer, für den Helden einer Biographie Verständnis zu haben, der bei der Darstellung seines Lebens nur die Glücksmomente und Erfolge gelten lassen möchte. Und es gibt viele Kritiker, die – wie Casals, wenn auch aus anderen Gründen – der Ansicht sind, daß die privaten Erlebnisse und Erfahrungen eines schöpferischen Künstlers für das Verständnis seiner Kunst völlig belanglos sind. Jeder Biograph, der sich mit Casals' persönlichen Beziehungen befaßt, begibt sich nun einmal in Bereiche, über die sich Casals lieber nicht auslassen wollte, und daher sollte diese Neugier auch gerechtfertigt sein. Einerseits hat sie einfach etwas mit dem Bemühen um Genauigkeit zu tun. Aber andererseits beruht sie auf der Erkenntnis, daß derartige Beziehungen von zentraler Bedeutung für Casals' Leben und seine Musik waren. Er war gewiß ein starker, aber auch ein höchst sensibler Mann, und zwar in physischer wie emotionaler Hinsicht. Er war zutiefst betroffen von Extremen – ganz gleich, ob es sich dabei um Temperaturen oder Stimmungen handelte – und überaus empfänglich für enge Beziehungen. Die Kreativität eines Künstlers ist untrennbar verbunden mit seinem Charakter, seiner Sensibilität und der Art und Weise, wie er das Leben sieht, und man kann Casals als Musiker nur dann verstehen, wenn man sich bemüht zu begreifen, wie er die Welt sah.

Es wäre viel leichter, sich genauer mit diesen persönlichen Dingen zu befassen, wenn es dafür umfassende Zeugnisse gäbe. Soweit es die Beziehung zwischen Casals und Guilhermina Suggia betrifft, sind sie nur spärlich. Das Casals-Archiv ist im großen und ganzen reichhaltig bestückt und in gutem Zustand, aber von den Dokumenten, die die Pariser Jahre betreffen und während der USA-Aufenthalte von Casals im Ersten Weltkrieg in Frankreich ausgelagert waren, ist nur ein kleiner Teil erhalten geblieben.[10] Und es ist fast nichts über Casals' frühe Beziehungen zu Frauen überliefert, obwohl es doch eindrucksvolle Briefwechsel mit anderen nahestehenden Musikerfreunden gibt. Auch von Suggia sind nur ein paar einzelne Briefe erhalten, denn sie hat testamentarisch verfügt, daß ihre Korrespondenz mit Casals vernichtet werden sollte.[11] Die Hinweise darauf, daß es eine enge Beziehung zwischen ihnen gegeben hat, stammen weitgehend von dritter Seite und müssen mit entsprechender Vorsicht behandelt werden. Die ganze Wahrheit läßt sich wohl nicht mehr herausfinden. Wir wissen nur eines: Die Suggia spielte eine wichtige Rolle dabei, daß Casals sich in Paris wohl fühlte, daß in sein Leben eine gewisse Häuslichkeit einkehrte und daß er die Villa Molitor als sein Zuhause betrachten konnte.

Auf den ersten Blick schien alles gegen eine derartige Beziehung zu sprechen. Man hätte sich keine gegensätzlicheren Persönlichkeiten vorstellen können. Die Suggia war ein Vulkan, launenhaft und leichtlebig. Casals war ordnungsliebend, diszipliniert und ernsthaft. Gemeinsam war ihnen die leidenschaftliche Liebe zur Musik, zum Cello und schon bald auch zueinander. Im März 1907 richtete Casals in seinen Briefen an Freunde auch Grüße von »Mademoiselle Suggia« aus. Ein knappes Jahr später, am 7. Februar 1908, kündigt der Programmzettel von Casals' Pariser Debüt als Dirigent, in der Salle Gaveau, als Solistin »Madame P. Casals-Suggia« an.[12] Am 18. Februar schrieb die Suggia – laut ihrem portugiesischen Biographen – aus Rom an Freundinnen in Porto: »Ich glaube, meine Freunde wissen inzwischen, daß ich im April heiraten werde, aber zu ihrem Bedauern nicht in Oporto. Ich werde in Paris heiraten.«[13]

Casals und Suggia hielten sich zwar tatsächlich im April 1908 in Paris auf, aber es gibt keinen eindeutigen Beweis, daß sie damals wirklich geheiratet haben. Auch deutet nichts darauf hin, daß sich Casals von irgend jemandem scheiden ließ, bevor er sechs Jahre später Susan Metcalfe heiraten konnte. Angeblich soll Casals der Suggia einen Antrag gemacht haben, aber sie habe ihre berufliche Unabhängigkeit nicht aufgeben wollen und ihn hingehalten. Und die Tatsache, daß zwei berühmte, der Öffentlichkeit bekannte Persönlichkeiten – beide aus streng katholischen Ländern – offen und auf unbegrenzte Zeit zusammenlebten, hätte noch im ersten Jahrzehnt des 20. Jahrhunderts Aufsehen, wenn nicht gar öffentliches Ärgernis erregt. Wahrscheinlich haben Casals und Suggia nicht geheiratet, aber andere in dem Glauben gelassen, sie hätten es bereits getan – und sei es auch nur um ihrer Mütter willen: In Briefen vom Sommer 1913 haben liebe nahe Freunde sie ganz selbstverständlich als Mann und Frau angesprochen. Wie auch immer, es spielte im Grunde keine Rolle. Fast sieben

Jahre lang waren sie eng miteinander verbunden, in musikalischer wie in persönlicher Hinsicht, und anfangs ging es gut – am Ende aber mußten beide einen hohen Preis dafür zahlen.

Casals und Suggia gingen auf Tournee und gaben Konzerte, jeder für sich wie gemeinsam, aber Casals hielt sich in Paris öfter und länger auf als bisher. Im Haus des begabtesten Musikerpaares von Paris kamen alle möglichen interessanten und intelligenten Gäste zusammen. Regelmäßig fanden sich die jungen Freunde der frühen Pariser Jahre: Cortot, Thibaud und Bauer ein, um miteinander zu reden oder Kammermusik zu spielen, zusammen mit einigen Bekannten aus der Gesellschaft. Bald gesellten sich auch ältere Musiker oder ausländische Künstler dazu, die gerade in Paris weilten, und dann gab es außergewöhnliche Musikabende. Im späten Frühjahr oder im Frühsommer, gegen Ende der Konzertsaison, kamen Künstler auf der Heimreise von ihren Tourneen in der Villa Molitor oder – wenn man mehr Platz brauchte – in Thibauds Haus zusammen, und an diesen Abenden nahm das Musizieren kein Ende. Diran Alexanian, später der führende Celloprofessor von Paris, schaute vorbei, vielleicht auch die Geiger Fritz Kreisler oder Georges Enesco, die Pianisten Ferruccio Busoni und Raoul Pugno oder der Bratschist Pierre Monteux. An den Sommerwochenenden besuchte die »Diebesbande«, wie sie sich selbst nannten, zusammen mit ihren Frauen den großen belgischen Virtuosen Eugène Ysaÿe in seinem gemieteten Landhaus La Chanterelle an den Ufern der Maas bei Namur. Dort gingen sie spazieren, spielten Tennis, angelten und musizierten jeden Abend, manchmal bis in den frühen Morgen hinein.[14] In La Chanterelle wie in der Villa Molitor spielten Künstler miteinander, die sich als Gruppe kein Konzertveranstalter hätte leisten können: Quartette beispielsweise mit Kreisler, Thibaud, Casals und Ysaÿe – und der übernahm bei diesen Gelegenheiten gern die Bratsche, obwohl er einer der großartigsten Geiger seiner Zeit war. Dann konnten sie, wie sich Casals später erinnerte, »aus purer Freude an der Musik spielen, ohne an Konzertprogramme denken zu müssen oder an Fahrpläne, Impresarios, Kartenverkauf, Zuhörer, Musikkritiker. Da gab es nur uns selber und die Musik.«[15]

Zwischen den Konzertreisen konnte Casals unterrichten, auch wenn diese notwendigerweise unregelmäßigen Stunden nicht jedermanns Sache waren. Außer Suggia gab es nur zwei Schüler, die über längere Zeit mit ihm zusammenarbeiteten. 1903 kam Charles Kiesgen nach seinem Militärdienst zu ihm und blieb bis 1909, bis er seine Hoffnungen auf eine Solistenlaufbahn wegen eines Herzleidens begraben mußte. Er heiratete eine Enkelin von Charles Lamoureux – Casals war bei der Hochzeit am 29. Juni 1909 dabei – und begann statt dessen als Theater- und Musikagent Karriere zu machen. Kiesgen betreute Casals von 1913 bis 1937 und arbeitete trotz seines frühen Leidens noch immer, als er bereits neunzig und Casals fünfundneunzig war.[16] Der zweite langjährige Schüler war Gaspar Cassadó, nach Casals der prominenteste spanische Cellist des frühen 20. Jahrhunderts. Cassadós Herkunft glich der seines Lehrers – vielleicht allzusehr. Er wurde 1897 in Barcelona geboren und begann Unterricht bei seinem Vater zu nehmen, einem Organisten und Chormeister. Er machte phänomenale Fortschritte und gewann mit neun Jahren ein Stipendium vom Magistrat der Stadt Barcelona für ein Studium in Paris. Die sechs entscheidenden Jahre, die Cassadó von 1906 bis 1912 bei Casals studierte, ließen aus ihm einen vollendeten Komponisten wie einen herausragenden Cellisten werden. Allerdings machte er nicht sogleich Karriere als Solist: In gewisser Hinsicht war Europa nicht groß genug für drei Cellovirtuosen, besonders wenn einer von ihnen Casals und eine von ihnen Suggia hieß.[17] Während des Kriegs ging Cassadó wieder nach Spanien, und nach 1918 trat er hauptsächlich in Südamerika auf und dann in Italien, wo er sich schließlich niederließ. Er gab zwar im faschistischen Italien keine Konzerte mehr, lebte aber weiterhin in Florenz, was ihm Casals nie ganz verzieh.

Aber die meiste Zeit war Casals in diesen Jahren doch unterwegs und gab Konzerte, es ging nicht anders, denn schließlich bezog er davon sein Einkommen. Er stand für Konzertreisen zwischen Mitte September und Ende April zur Verfügung, und nur zu Weihnachten gab es eine kurze Unterbrechung – ja oft nicht einmal dann. Es lag ihm daran, im Mai und im Juni in Paris zu bleiben, denn da gab er Konzerte, probte, unterrichtete und plante seine bevorstehenden Reisen. Im Sommer waren zwei Monate für Besuche bei der Familie in Barcelona reserviert und für einen Urlaub in San Salvador. Hier war er mit guten Freunden zusammen und empfing ganze Heerscharen katalanischer Honoratioren, die ihm die Honneurs machen wollten. Es war unvermeidlich, daß er sich dann zu einigen Konzerten am Ort überreden ließ und an ländlichen Festen und Festivals teilnahm. Und Ende August gab es dann Konzertengagements in Madrid oder San Sebastián, ehe er in der zweiten Septemberwoche wieder nach Paris zurückkehrte. In den Jahren, in denen er mit Guilhermina Suggia zusammen war, blieb das Grundschema seiner Reisetätigkeit gleich, aber im Detail änderte sich doch eine ganze Menge. Da gab es nicht mehr die großen Tourneen, bei denen er zwischen drei und sechs Monaten unterwegs war. Zwischen 1905 und 1913 ging Casals weder in die USA noch nach Südamerika. Regelmäßig gastierte er in Holland, Belgien, Deutschland und in der Schweiz, und all diese Länder konnte er mit dem Nachtzug von Paris aus erreichen. Auch nach England war es nicht weit, und Casals konnte bequem ein paar Konzerte in London, dann noch eins in Liverpool geben und am nächsten Abend wieder in Paris sein. Weniger günstig lag Italien – nach Rom, ja sogar nach Mailand dauerte die Reise länger als einen Tag –, und in Casals' Konzerttagebuch für diese Jahre befinden sich nur ganz wenige Einträge von Auftritten in Italien. Also waren Casals und Suggia selten länger als ein paar Tage voneinander getrennt, schlimmstenfalls waren es zwei Wochen. Stand eine längere Abwesenheit von Paris bevor, fuhr Suggia mit ihm, sofern sie selbst keine Engagements hatte. Im November 1905 gab Casals sein erstes Konzert in St. Petersburg, und in den nächsten acht Jahren fuhr er im Winter jedes Jahr hauptsächlich nach Rußland. Auf seiner vierten Reise begleitete ihn Suggia, und dann spielten sie in Moskau zusammen Emanuel Moórs Konzert für zwei Cellos.

Der Zufall wollte es, daß Casals ausgerechnet in der Zeit erstmals nach Rußland kam, als sich das Land in einer akuten politischen Krise befand. Die Revolution, die im Jahre 1917 ihren Höhepunkt erreichte, hatte im Grunde längst begonnen: Nach Lenins Worten fand 1905 »die Generalprobe« statt.[18] Die Regierung von Zar Nikolaus II., unter der das Land verarmt, entmutigt und von zunehmenden revolutionären Aktionen bedroht war, wurde im Mai 1905 durch die Niederlage gegen die Japaner nach einem törichten und nicht zu gewinnenden Krieg erschüttert. Dieser Schmach ging der »Blutige Sonntag« vom 22. Januar 1905 voraus, als die Truppen des Zaren vor seinem Winterpalast auf eine riesige, aber im Grunde friedliche Demonstration unter Führung des jungen idealistischen Priesters Gapon das

Feuer eröffneten. Mehrere hundert Menschen kamen dabei ums Leben. Diese beiden Ereignisse lösten eine Welle von Streiks und Demonstrationen im ganzen Reich aus, dazu kam es noch zu Unruhen unter den demoralisierten Heeres- und Marineverbänden – die erste und berühmteste Meuterei fand auf dem Panzerkreuzer *Potemkin* statt. Im September wurden die Streiks immer gezielter, und der größte ereignete sich Ende Oktober, als das gesamte Eisenbahnnetz des Zarenreichs zusammenbrach.

Und genau zu diesem Zeitpunkt kam Casals nach Rußland. Nachdem er Anfang November noch mehrere Konzerte in Berlin gegeben hatte, begab er sich auf die dreißigstündige Eisenbahnreise nach St. Petersburg, von wo aus es dann zu einem Engagement in Moskau weitergehen sollte. Kurz nach der litauischen Grenze wurde der Zug in Wilna angehalten, und die Passagiere mußten ihn mitsamt ihrem Gepäck verlassen, so daß auf dem Bahnsteig bald ein chaotisches Durcheinander herrschte. Während er noch mit dem Gedanken an die Rückreise ins 1500 Kilometer entfernte Paris spielte, wurde Casals von einem seiner Mitreisenden erkannt, einem russischen General, der ihn gerade bei einem seiner Berliner Konzerte erlebt hatte. Er lud Casals ein, ihn in einem Sonderzug zu begleiten, der hohe Beamte nach St. Petersburg bringen würde – nach Moskau würde kein Zug mehr verkehren. Als sie in der nächtlichen Hauptstadt eintrafen, nahm Casals, dessen Zeitplan längst völlig durcheinandergeraten war und dessen Gepäck sich noch in Wilna befand, Kontakt zu Aleksandr Siloti auf, dem bedeutenden russischen Dirigenten und Pianisten, der ihn schon lange dazu bewogen hatte, diese Konzertreise nach Rußland zu unternehmen. Ein glücklicher Zufall kam ihm nun zugute. Siloti wartete nämlich verzweifelt auf Eugène Ysaÿe, der im Rahmen seiner Konzertreihe mit dem Orchester des Marientheaters das Violinkonzert von Glasunow spielen sollte, aber wegen des Eisenbahnerstreiks in Warschau hängengeblieben war. Nun bat Siloti Casals, für Ysaÿe als Gast einzuspringen.

Casals' erster Auftritt in Rußland fand also am Samstag, dem 18. November,[19] im Haus des Adelsklubs in St. Petersburg statt, einem stattlichen Konzertsaal am Newskij Prospekt. Unter den 2000 Zuhörern befanden sich auch die Komponisten Nikolaj Rimskij-Korsakow, Aleksandr Glasunow und Anatol Ljadow – deren Werke auf dem

Programm standen – sowie eine Reihe prominenter Persönlichkeiten aus der Musikszene der Stadt. Allerdings geriet das Ereignis teilweise zur Farce. Das festlich gekleidete, erlauchte Publikum saß verstört im Kerzenlicht da – die Stromversorgung war an diesem Abend wieder einmal ausgefallen –, als anstelle des berühmten belgischen Geigers ein junger und unbekannter spanischer Cellist angekündigt wurde. Und als Siloti eine kleine, kahlköpfige, geduckte Gestalt in einem Straßenanzug auf die Bühne geleitete, brach man in ungeduldiges Gelächter aus. Casals allerdings schien sich nichts daraus zu machen, daß er keinen Frack anhatte und daß er so unfreundlich empfangen wurde. Schon nach den ersten Takten des a-Moll-Konzerts von Saint-Saëns hatte er das Publikum in Bann geschlagen, so wie ihm das bereits beim Orchester während der morgendlichen Probe gelungen war. Am Ende des ersten Satzes waren die Zuhörer aufgesprungen und spendeten ihm frenetischen Beifall. Diesem Konzert wohnte auch Andrej Borisiak bei, später ein führender russischer Cellist, der damals noch am Konservatorium von St. Petersburg studierte. Er schilderte den Eindruck, den Casals auf ihn machte:

> Statt Ysaÿe, den wir erwarteten, betrat ein unbekannter Cellist die Bühne, ein kleiner Mann mit einem kindlichen Lächeln. Aber dann nahm sein Gesicht einen Ausdruck von starker Konzentration an, der sogleich die Aufmerksamkeit des Publikums fesselte. Die Interpretation, die er dann zum besten gab, war so überzeugend, daß man bei jeder Phrase denken mußte: »Ja, wirklich, genauso muß das gespielt werden!«[20]

Daß dieses Konzert überhaupt stattfinden konnte, war ganz erstaunlich. In St. Petersburg herrschte nicht einfach ein Zustand der Unordnung, sondern die reinste Anarchie – politisch ging es hier drunter und drüber. Als Siloti und Casals nach einem Konzert in ihrer Kutsche heimfuhren, vernahmen sie Schüsse und den Lärm schwerer Unruhen, und zu Silotis Entsetzen wollte sich Casals das Ganze näher ansehen. Als Demonstranten an ihnen vorbeirannten, vernahmen sie die Parole: »Es lebe die Republik des Zaren!«[21] Der Zar selbst hatte sich auf den Peterhof, seinen Palast vor den Toren der Stadt, zurückgezogen und am 30. Oktober ein Kaiserliches Manifest erlassen, in dem er eine grundlegende Umwandlung des politischen Systems versprach, das seit Peter dem Großen im wesentlichen unverändert bestand. In der Stadt versuchte der Petersburger Sowjet der Arbeiterdeputierten, unter Führung des jungen Leon Trotzkij, das wirtschaftliche Leben der Metropole lahmzulegen. Es waren, wenn auch nur kurz, »Tage der Freiheit«, von denen zumindest Rimskij-Korsakow ein wenig profitierte. Zu Beginn des Jahres hatte er gegen den »Blutigen Sonntag« protestiert und war daraufhin von seinem Posten als Direktor des St. Petersburger Konservatoriums entbunden worden, und seine Kompositionen wurden verboten. Bei dem Konzert am 18. November nun wurde sein symphonisches Werk nach dem Revolutionslied »Dubinuška« (»Dummkopf«) uraufgeführt. Aber am 16. Dezember war alles vorbei, die Armee und die Polizei ließen ihre Truppen aufmarschieren und schlugen den Arbeitersowjet nieder. In den ersten Monaten des Jahres 1906 wurde eine eingeschränkte Form der Volksvertretung einberufen, aber das zunehmend ohnmächtige Parlament (die Duma) wurde bald von immer rücksichtsloser vorgehenden Premierministern beherrscht.

Am 22. November konnte Casals erneut ein Konzert geben, bei dem er – begleitet von Siloti – Werke von Bach und Léon Boellmann spielte. Ein Kritiker schrieb bündig und begeistert: »großer Ton, reiner Klang, schöne Phrasierung und ein herrliches Temperament – dieser Künstler vereint all dies in sich. Ganz erstaunlich!«[22] Am darauffolgenden Tag verließ Casals St. Petersburg und fuhr über Wilna und Warschau nach London. Diese Tournee war alles andere als nach Plan verlaufen. Aber für Casals war es eine ganz belebende Erfahrung gewesen, und so ging er im nächsten Jahr und alle weiteren Jahre bis 1913 wieder nach Rußland. Sogar im heraufdämmernden Niedergang waren Moskau und St. Petersburg noch immer Zentren gesellschaftlichen Glanzes und einer hochentwickelten Kultur, in denen es ein dankbares Publikum und ein beeindruckendes soziales Gefüge gab. Die musikalischen Leistungen der Konservatorien und Orchester im zaristischen Rußland repräsentierten höchstes europäisches Niveau, und das Publikum bekundete dafür auch ein beachtliches Interesse. Vier russische Städte unterhielten ein ständiges Opernensemble und zogen damit die führenden Solisten Europas an. Gaststars wie Ysaÿe und bald auch Casals traten wiederholt in Konzertsälen auf, in denen

Tausende von Zuhörern saßen. Die Deutsche Grammophongesellschaft hatte ein eigenes Preßwerk errichtet, nur um die Nachfrage der Russen nach Schallplatten befriedigen zu können.[23]

Die Kreise, in denen sich Casals bewegte, hielten ihn freilich davon ab, mit dem Prozeß der politischen Veränderungen in Rußland wirklich in Berührung zu kommen. Seine Gastgeber waren wohlhabende liberale Intellektuelle, die die Erschütterungen der Welt, in der sie lebten, kaum mitbekamen. Sie erlebten die Jahre zwischen den beiden Revolutionen auf eine trügerische Weise als höchst angenehm. Adam Ulam hat einmal angemerkt, daß »Rußland weder zuvor noch danach jemals so nahe daran war, eine offene Gesellschaft zu sein, und noch nie so viel Freiheit und Stabilität erlebte wie in den Jahren zwischen 1907 und 1914«.[24] Aleksandr Siloti entstammte dem russischen Landadel und hatte eine Tochter des Kunstsammlers und Galeriebesitzers Tretjakow geheiratet. In ihrer Wohnung an der Newa begegnete Casals der künstlerischen Elite des Landes. Siloti selbst hatte bei Tschaikowsky und Nikolaj Rubinstein studiert und wurde mit Zwanzig ein Lieblingsschüler von Liszt, mit dem er nach Casals' Ansicht eine verblüffende Ähnlichkeit hatte – »selbst die Warze in seinem Gesicht fehlte nicht«.[25] Er machte Casals mit den großen russischen Musikerpersönlichkeiten bekannt: Rimskij-Korsakow, Glasunow (der später ein Cellokonzert für ihn schrieb), César Cui und Michail Glinka. In Moskau begegnete Casals dem ungewöhnlich begabten Aleksandr Skrjabin, und während seiner Tournee im Jahre 1909 knüpfte er Kontakt mit Sergej Rachmaninow und arbeitete in der Folgezeit viele Jahre mit ihm zusammen, und zwar nicht nur in Rußland. Am Rande des Kreises um Siloti machte Casals auch die Bekanntschaft mit der neuen Generation russischer Musiker, darunter auch mit Strawinsky und dem jungen Prokofjew.

Casals' russische Konzertreisen nahmen jeweils zwei bis drei Wochen im Dezember oder Januar in Anspruch. Er konzentrierte sich hauptsächlich auf Moskau und St. Petersburg, gab aber gelegentlich auch zusätzlich Konzerte in Kiew, Riga, Lodz oder Lwow.[26] Bei seinem Moskauer Debüt im Jahre 1906 spielte er das Dvořák-Konzert unter dem Dirigenten Emil Mlynarskij.[27] Nach und nach und mit viel Gespür ergänzte er sein reguläres Repertoire um einige russische Werke, etwa Glasunows *Melodie* oder *Serenade Espagnole* oder – bei Solokonzerten – eine Rachmaninow-Sonate oder ein Stück von Michail Gnesin. Während seiner Tournee von 1912/13 gab Casals unter der Leitung von Rachmaninow das Zweite Cellokonzert von Karl Dawidow, einem Zeitgenossen von Tschaikowsky, der in Rußland allgemein als König des Cellos galt – bevor Casals kam.

Auch wenn Casals von den Unannehmlichkeiten und Härten des Lebens in Rußland abgeschirmt war, nahm er sie doch durchaus wahr. Später erinnerte er sich, wie er jedesmal glaubte ersticken zu müssen, wenn er die russische Grenze passierte – er fühlte sich geradezu »in ein Gefängnis versetzt«: »Die Regierenden griffen offensichtlich mit eiserner Faust durch, das sah man auf Schritt und Tritt. Besorgnis, Verdacht, Furcht herrschten überall. Jedem wurde nachspioniert.«[28] Er erlebte auch die haarsträubende Ungleichheit der Menschen. Als er eines Abends nach einem Konzert den Palast eines Fürsten verließ, hatte sich ihm eine doppelte Reihe von Dienern vor die Füße geworfen. »Treten Sie über sie hinweg«, bemerkte sein Gastgeber, »dazu sind sie schließlich da.«[29] Casals' letzter Auftritt in Rußland fand am 14. Dezember 1913 statt. Für Dezember 1914 war bereits eine weitere Tournee angesetzt, aber dann kam der Krieg dazwischen. Und nach 1917 hatte Casals keine Lust mehr, wiederzukommen. Er war sich durchaus bewußt, wie skandalös korrupt das alte System war und daß eine Veränderung unweigerlich kommen mußte. Aber als dann die Revolution stattfand, waren ihre Auswirkungen auf seine russischen Freunde und Bekannten schlimmer, als er es ertragen konnte. Silotis Vermögen wurde beschlagnahmt, und zwei Jahre lang mußte die Familie ihr geräumiges Haus mit einer Gruppe führender Revolutionäre teilen. 1919 gelang ihnen mit Hilfe des britischen Geheimdienstes die Flucht nach Belgien. Casals begab sich sofort zu ihnen, unterstützte sie finanziell und erkundigte sich nach einer Beschäftigungsmöglichkeit für Siloti im Westen. 1922 wurde Siloti in den Lehrkörper der New Yorker Juilliard School of Music aufgenommen, wo er bis 1944 unterrichtete. Das Geld, das Casals ihm geliehen hatte, wurde von einer seiner Töchter in den späten dreißiger Jahren zurückerstattet, als Casals selbst ins Exil gehen mußte. Und nie hat er die Sowjetunion betreten. Er bewunderte durchaus einzelne Aspekte des sowjetischen Systems, aber für ihn hatte die persönliche Loyalität gegenüber seinen Freunden Vorrang. »Kein Zweck heiligt je solche Mittel!«[30]

Auch wenn er in all diesen Jahren so viel herumgekommen war und Hunderte von Konzerten gegeben hatte, gab es doch eine beachtliche Lücke in Casals' Konzerttagebuch: Wien. Bis zu einem gewissen Grade war das Zufall, eine Frage der Zeit- und Reisepläne. Aber als Virtuose auf dem Höhepunkt seiner Karriere hätte er sich Wien eigentlich nicht entgehen lassen dürfen; also muß es dafür noch eine andere Erklärung gegeben haben. Sein ganzes Leben lang hat Casals für die Musik ein Höchstmaß an Verehrung empfunden. Das Lampenfieber, das er vor jeder Vorstellung hatte, rührte nicht von einer Angst vor der möglichen Reaktion des Publikums her, sondern resultierte aus der Furcht, er würde nicht sein Bestes geben können und damit – jedenfalls nach seinen eigenen Maßstäben – der Musik Schande bereiten. Wien war die Stadt der großen Komponisten, »schlechthin der Tempel der Musik«, »die Stadt, zu der ich mich musikalisch am meisten hingezogen fühlte«. In seiner Anbetung der Musik lag ein Anflug von Aberglaube, ja Geisterglaube, der vielleicht etwas mit Casals' katalanischem Katholizismus zu tun hatte. Einige seiner kostbarsten Besitztümer waren Reliquien: Beethovens Geburtsurkunde, eine Abschrift der Anweisung zum Geigenspiel, die Leopold Mozart für seinen Sohn geschrieben hatte, eine Locke von Mendelssohn. Ein Stein aus dem Zimmer, in dem Beethoven gestorben war, wird noch heute in der Villa Casals in San Salvador deutlich sichtbar ausgestellt. Diese Stücke hatten für Casals eine große emotionale und symbolische Bedeutung, und das galt auch für Wien. Anfang 1910, im Alter von dreiunddreißig Jahren, nahm er schließlich ein Engagement dort an.[31] Die Aussicht darauf machte ihn fast krank: »Nie zuvor hatte ich ein solches Gefühl von Beklemmung vor einem Konzert gehabt, ich irrte durch die Straßen, mein Herz schlug wild. Jeden Augenblick war ich darauf gefaßt, Mozart oder Schubert zu begegnen, war ich gewärtig, daß plötzlich Beethoven vor mir stünde und mich schweigend und unendlich traurig anblickte, wie er mir all die Jahre in meinen Träumen erschienen war.«[32]

Sein Debüt fand im Großen Saal des Wiener Musikvereins statt. Der Verdacht drängt sich auf, daß er ganz bewußt das Werk eines lebenden Komponisten gewählt hatte, Emanuel Moórs Cellokonzert in cis-Moll, und Franz Schalk und die Wiener Philharmoniker dazu überredet hatte, diese offenbar unkonventionelle Wahl zu akzeptieren.

Pablo Casals als Fünfjähriger.

Casals' Vater Carlos (am Harmonium) mit Musikerkollegen in El Vendrell.

Casals im Alter von etwa zwanzig Jahren.

Pablo Casals (sitzend) mit Enrique Granados (Zweiter von rechts) und Freunden in Paris.

Das Crickboom-Quartett (Mathieu Crickboom und Josep Rocabruna, Geigen; Rafael Gálvez, Bratsche; Pablo Casals), 1897.

Casals und Guilhermina Suggia in Paris, um 1908.

Ein Pressefoto, New York 1914.

In Northlands, Mai 1911. Von links nach rechts: Robert Trevelyan, Donald Francis Tovey, Elizabeth Trevelyan, Jelly D'Aranyi, Sophie Weisse, Casals, Adila Fachiri (vorn), Julius Röntgen, Amorie Röntgen.

Casals auf seinem Tennisplatz in San Salvador, um 1912.

Die Villa Casals am Strand von San Salvador, um 1915

Albert Schweitzer, Casals und Donald Tovey, Edinburgh, November 1934.

Alfred Cortot, Casals, Gabriel Fauré und Jacques Thibaud, Paris 1922.

Casals und Frasquita Capdevila, auf dem Balkon der Villa Colette, Prades, um 1947.

»El Cant dels Ocells«, Casals' Haus in Prades, 1949–1957.

Prades: Casals bei der Probe mit Isaac Stern, Alexander Schneider und dem Festspielorchester, 1952.

Aber dennoch bekam er wieder Lampenfieber. Der Einsatz des Soloinstrumentes erfolgt bei diesem Konzert abrupt, und dabei entglitt Casals der Bogen und flog bis in die neunte Reihe. Als er aufgehoben und von Reihe zu Reihe von den erschrockenen und schweigenden Zuhörern zurückgereicht wurde, gewann Casals seine Fassung wieder und begann das Konzert noch einmal zu spielen, diesmal ohne weitere Zwischenfälle. Der junge Artur Rubinstein befand sich im Publikum und berichtete: »Die Komposition war entsprechend unbedeutend, doch spielte Casals sie mit seinem unnachahmlichen Ton so hingebungsvoll, daß ihm keiner widerstehen konnte.«[33] Ein paar Tage später fand ein zweites Konzert statt, unter Bruno Walter, und von nun an steuerte Casals Wien regelmäßig an und erlebte hier einige seiner historisch bedeutsamsten Auftritte. Zwei Jahre später, am 4. März 1912, gaben er und Ysaÿe nach allgemeiner Ansicht ihre bedeutendste Darbietung des Doppelkonzerts von Brahms. Möglicherweise befand er sich zu dieser Zeit auf dem Höhepunkt seiner Tourneekarriere. Um so mehr muß man es bedauern, daß die Entwicklung des Phonographen damit nicht Schritt halten konnte. Als Casals im Laufe des Jahres wieder in Wien war, spielte er das D-Dur-Konzert von Haydn und Boccherinis B-Dur-Konzert. Diese Aufführung elektrisierte einen zehnjährigen österreichischen Cellisten im Publikum geradezu. Emanuel Feuermann hatte zwar bereits schon andere große Cellisten wie Popper und Klengel gehört, aber nach Casals' Spiel war sich der junge »Munio« absolut sicher, daß er als Solist Karriere machen wollte.[34]

Als er Anfang Dreißig war, also etwa von Ende 1906 an, war sich Casals darüber im klaren, daß sich seine Stellung und sein Status allmählich, aber unübersehbar geändert hatten. In den sechs Jahren seit seinem Pariser Debüt war er eine herausragende Erscheinung im Musikleben geworden – er empfing nicht mehr die Gaben von Gönnern und Förderern, sondern verteilte sie selbst. In dieser Position fühlte er sich absolut wohl, und es ist aufschlußreich, wie er damit umging. Nachdem er jahrelang immer wieder die gleichen Paradestücke für Cello gespielt hatte, war Casals ebensosehr daran interessiert, Komponisten zu entdecken, die sein Konzertrepertoire bereichern konnten, wie sie sich zu ihm hingezogen fühlten. Im Laufe der nächsten Jahre kam er insbesondere mit drei Komponisten – Emanuel

Moór, Julius Röntgen und Donald Francis Tovey – zusammen, förderte sie und zog sie weitgehend anderen Tonsetzern vor, und alle drei schrieben Cellokonzerte für ihn und waren ihm ihr Leben lang ergeben. Aber keines ihrer Werke wird heute noch regelmäßig aufgeführt.

Emanuel Moór war der dynamischste, hartnäckigste und schwierigste in diesem Trio. Als Kind jüdischer Eltern 1863 in Ungarn geboren, war er am Klavier ein Wunderknabe, studierte in Budapest, Prag und Wien sowie bei Franz Liszt in Eisenstadt. Mit Zweiundzwanzig reiste Moór in die USA, begleitet von seinem Vater, der eine Stellung als Kantor einer New Yorker Gemeinde antrat. Hier in New York lernte er Anita Burke, die Tochter einer wohlhabenden irisch-amerikanischen Familie kennen, heiratete sie im Februar 1888 in London und wurde britischer Staatsbürger. Unterstützt von seiner Frau, begann Moór zu komponieren – Instrumentalwerke, Konzerte und Opern –, und seine Werke wurden zu Beginn des 20. Jahrhunderts in Deutschland und Österreich aufgeführt. Casals wurde mit Moór im März 1905 durch den russischen Cellisten Anatol Brandukow bekannt gemacht, während er sich auf einer Konzertreise in Lausanne befand. Fasziniert von Moórs leidenschaftlicher Intensität, lud Casals den Komponisten ein, ihn in Paris zu besuchen und einige seiner Stücke mitzubringen. Kurz danach traf Moór in der Villa Molitor ein, mit einem ganzen Koffer voller Noten, setzte sich ans Klavier und spielte sein Erstes Cellokonzert (op. 61), das er kurz zuvor für die junge französische Cellistin Marguerite Caponsacchi geschrieben hatte.[35] Moórs Musik war stimmungsvoll und lyrisch, aber sorgfältig durchkomponiert, und Casals war sogleich beeindruckt. Unbedachterweise erklärte er – wie seinerzeit Lamoureux ihm gegenüber –, daß Moór ein »Genie« sei, und obwohl der Ungar zwölf Jahre älter als Casals war, war er ihm fortan leidenschaftlich ergeben.[36]

Während seiner Karriere stieß er die Bewunderer seiner offenkundigen musikalischen Begabung immer wieder vor den Kopf, und zwar durch sein unbeherrschtes, rüpelhaftes Benehmen. Casals erinnerte sich später, nie habe er »einen Menschen mit einer größeren Fähigkeit kennengelernt, andere Leute zu vergrämen und sich Feinde zu machen. Er war kurz angebunden, ohne jede Geduld und entsetzlich starrsinnig.«[37] Immer wieder brachten ihn Moórs Ausbrüche in große Verlegenheit: Moórs mächtiges *sotto voce* wurde oft als strategisches Mittel zwischen den ruhigen Sätzen in Konzerten rivalisierender Komponisten eingesetzt. Sogar in Casals' eigenem Haus fiel Moór über andere Gäste her und verhöhnte sie, unter anderem einmal auch den ungarischen Pianisten und Bach-Transskribenten Theodor Szántó. Einige Jahre später begleitete Moór Casals bei einem Besuch im Haus des englischen Pianisten Leonard Borwick, einem Schüler und Günstling von Clara Schumann, mit dem Casals für ein Konzert der Classical Concert Society in London proben wollte. Als Borwick eine Beethoven-Sonate zu spielen begann, bemerkte Casals, wie Moór immer mehr in Erregung geriet, und versuchte ihn zu beruhigen – leider vergebens:

> Wir fingen das nächste Werk zu spielen an, eine Bach-Sonate, als Moór plötzlich mit langen Schritten zum Flügel ging, Borwick an den Schultern packte, ihn vom Klavierstuhl riß und schrie: »Jetzt werde ich Ihnen zeigen, wie man Bach spielt!« Borwick, englischer Gentleman vom Scheitel bis zur Sohle, blieb ganz ruhig und sagte nur: »Vielen Dank, Sir, aber ich spiele eben, so gut ich kann.«[38]

Obwohl Casals großen Wert auf gute Umgangsformen legte, konnten diese Ausbrüche sein Vertrauen in Moórs Fähigkeiten nicht erschüttern. Exzentrizität galt Casals weder als Beweis für künstlerisches Genie noch für dessen Fehlen. Auch die Abneigung anderer Musiker gegenüber Moór konnte ihn nicht davon abhalten, Moórs Kompositionen aufzuführen und zu fördern. Er organisierte und finanzierte sogar persönlich Aufführungen von Moórs Kammermusik, dirigierte einige seiner Werke für großes Orchester und brachte andere Dirigenten wie Nikisch, Willem Mengelberg in Amsterdam und Fritz Steinbach in Köln dazu, Werke von Moór in ihr Programm aufzunehmen. Dadurch machte sich Casals nicht gerade beliebt. Cortot, Thibaud, Kreisler und andere ließen sich von ihm überreden, Moórs Werke zu spielen, aber ohne rechte Begeisterung: »Sie respektierten meine Überzeugung, teilten sie aber nicht.«[39] Casals selbst nahm eine Moór-Sonate in das Programm seiner ersten Rußland-Tournee im November 1905 auf und spielte sie nach seiner Rückkehr auch in Genf, Paris und Lausanne. Doch Moór, der von Hause aus ein ungeduldiger Mensch war, wurde durch jede Aufführung in seinem Ehrgeiz nur noch angestachelt, statt sich einmal damit zufriedenzugeben. Im Dezember hatte er sein Zweites Cellokonzert abgeschlossen und auf das Titelblatt des Notenmanuskripts eine Widmung geschrieben – »meinem lieben Freund Pablo Casals, den ich für sein Bach-Spiel bewundere, ohne das ich dieses Werk nie hätte schreiben können. Lang lebe Casals!!«[40]

Dieses Cellokonzert in cis-Moll wurde am 24. Oktober 1906 in Amsterdam uraufgeführt, und Casals spielte mit dem Concertgebouw Orchester unter Mengelberg. Moór saß im Publikum. Am nächsten Tag spielte Casals es noch einmal, und zwei Tage später erneut in Den Haag. Einen Monat später gab er es in St. Petersburg. Das war nicht bloß ein Akt der Dankbarkeit – dieses Konzert entsprach genau der Art von Musik, die Casals gern spielte. Der Solopart war höchst anspruchsvoll und spektakulär, und in dem ganzen Werk wechselten lyrische Passagen mit stark kontrapunktischen Abschnitten ab. Es gilt als eines der bedeutenderen Werke von Moór, aber seinerzeit bekam es nicht gerade begeisterte Kritiken. Unbeirrt verbrachte Moór den Winter 1906/07 damit, ein Tripelkonzert für Klavier, Violine und Violoncello zu komponieren, das für die Tournee des Trios Casals-Thibaud-Cortot im Herbst 1907 vorgesehen war. Cortot mietete ein Landhaus in der Schweiz, und hier begannen die drei Musiker Trios von Schumann und César Franck sowie das Moór-Konzert zu proben. Schon bald erklärte Cortot den Klavierpart für unspielbar und schlug erhebliche Änderungen vor, die Moór, zu Casals' Überraschung, akzeptierte.[41] Jacques Thibaud hatte an Moórs Werk weniger auszusetzen und spielte im Laufe des Jahres dessen G-Dur-Violinkonzert in Leipzig, Berlin und Genf. Auch Eugène Ysaÿe ließ sich von Casals überreden und spielte das G-Dur-Konzert in Belgien, Frankreich und am 30. November in der Londoner Queen's Hall unter Henry Wood. Im April des darauffolgenden Jahres führte Harold Bauer Moórs Des-Dur-Klavierkonzert zum erstenmal in Amerika auf, zusammen mit dem Boston Symphony Orchestra.

Die Jahre 1907 bis 1909 waren Moórs Glanzzeit. Seine Werke wurden in ganz Europa aufgeführt, und zwar von einigen der bedeutendsten Solisten der Zeit, und jeder neue Solist regte ihn zu einem Schub neuer Kompositionen an. All das war letzten Endes auf Casals zurückzuführen: Kein Komponist hätte eine stärkere oder beständigere Förderung erfahren können. Paradoxerweise leitete gerade Moórs von höchstem Respekt getragenes Werk – ein Konzert für zwei Cellos, das er für Casals und Suggia geschrieben und beiden gewidmet hatte – den Niedergang seiner Karriere ein und verstärkte die wachsende häusliche Mißstimmung zwischen dem Cellistenpaar selbst.

Das Konzert für zwei Cellos und Orchester erlebte seine Uraufführung am 19. Januar in Brüssel, und Casals und Suggia spielten unter der Leitung von Ysaÿe. Zwei Wochen später gaben sie es erneut, beim ersten von drei Pariser Konzerten, für die Casals selbst das Orchestre Lamoureux verpflichtet und die Salle Gaveau gemietet hatte. Für den Pariser Korrespondenten der Zeitschrift *Musical America* waren dies »die bedeutendsten Konzerte des Jahres«.[42] Weniger überschwenglich bemerkte der Kritiker von *Le Monde Musical*, Moórs Kompositionen seien dahingehudelt und nicht zu Ende gearbeitet.[43] Bis zum Ende des Jahres hatten Casals und Suggia das Konzert in Frankreich, Deutschland, in der Schweiz und in Rußland aufgeführt, und am 7. Februar 1909 traten sie damit wieder in Paris auf. Diesmal war die Reaktion weniger höflich, und der Rezensent von *L'Eclair* fragte unverblümt: »Warum, zum Teufel, spielen M und Mme Casals diese Routine-Musik?«[44]

Bis dahin hatten es die französischen Kritiker Casals im allgemeinen nachgesehen, daß er sich so sehr für Moór einsetzte, und sich mehr auf die Aufführungen als auf die Werke selbst konzentriert. In stilistischer Hinsicht besaß Moór keine Wurzeln, und seine Kompositionen schienen sich nicht auf irgendeine äußere musikalische Tradition zu beziehen. Sein Werk war viel zu asketisch und intellektuell, als daß man es als eine Weiterentwicklung der Romantik des 19. Jahrhunderts hätte bezeichnen können, und viel zu formalistisch im Vergleich mit den avantgardistischen Experimenten, mit denen sich seine Landsleute Bartók und Kodály befaßten. Moór war natürlich ein Ausländer, und vielleicht war die zunehmend feindselige Einstellung gegenüber den allzu häufigen Aufführungen seiner Werke in Frankreich darauf zurückzuführen. Angeschlagen, aber keineswegs am Boden zerstört, stürzte er sich nur noch mehr in die Arbeit: Im Laufe des Jahres 1909 komponierte er mindestens fünfzehn größere Stücke. Casals betrachtete mittlerweile die Kritik als Herausforderung. Er machte Moór mit einem neuen Virtuosen bekannt, dem glänzenden jungen polnischen Pianisten Mieczyslaw Horszowski, und veranstaltete am 15. Juni 1909 ein Sonderkonzert von Moórs Werken in der Salle Pleyel, bei dem er ein neues Quartett für vier Cellos zusammen mit Joseph Salmon, André Hekking und Diran Alexanian aufführte.[45] Noch spektakulärer war sein lange hinausgeschobenes Wiener Debüt im Januar 1910, bei dem Casals sich dafür entschied, Moórs Zweites Cellokonzert zu spielen.

Casals' Beziehung zu Moór beruhte auf seiner tiefen Bewunderung für diesen außerordentlich begabten Mann. Moór war überreich mit Talenten gesegnet, er verfügte über eine exzessive schöpferische Energie und zeichnete sich fast in allem aus, was seine Aufmerksamkeit erweckte. Er war nicht nur Pianist und Komponist, sondern auch ein großartiger Maler, ein unersättlicher Leser und Gelehrter – und ein Erfinder. Als er schon über Fünfzig war, erfand er ein Klavier mit zwei Manualen, ein Instrument, das das Spielen rascher Oktavsequenzen – wie sie etwa bei Bach üblich sind – erleichtern sollte und das von den Firmen Aeolian und Pleyel-Wolff gebaut wurde; eine Zeitlang trug man sich auch bei Bechstein und Steinway mit dem Gedanken, es in die eigene Produktion zu übernehmen.[46] Casals war von Moórs intellektueller Energie fasziniert und fand ihn auf einer musikalischen Ebene belebend und anregend. Denn während dieser frühen Jahre, in denen er sich in Paris etablierte, befaßte sich Casals mit Musik nicht nur als Virtuose, sondern auch als Gelehrter. Er beschäftigte sich nicht nur ständig mit den Noten seines Cello-Repertoires, sondern auch mit den Werken für Kammermusik, Orchester und Gesang und nahm sie genau unter die Lupe; er machte sich mit dem Leben der großen Komponisten vertraut, las ihre Briefe und beurteilte ihren Stil und ihre Technik. Für die meisten Virtuosen war das Spielen ein Selbstzweck. Für Casals war es ein Mittel, das Werk eines Komponisten zu verstehen, ein Prozeß, der nie abgeschlossen war. Wenn andere Spieler gegenüber einem Stück ungeduldig waren oder sich infolge ständiger Wiederholung dabei langweilten, was gar nicht so selten vorkam, dann war Casals eher verblüfft und oft auch verärgert. Neben seiner Begabung als reproduzierender Künstler besaß er das Temperament eines Musikwissenschaftlers: Seine oft zitierte Überzeugung, er sei »nur mit der Vollkommenheit zufrieden«, garantierte, daß es immer noch mehr zu tun gab und größere Tiefen erschlossen werden mußten. Er suchte vornehmlich die Gesellschaft von Menschen, die wie er die Musik verehrten und total darin aufgingen und deren schöpferischer Geist seinen eigenen erleuchten, bilden und anregen konnte. Es wurde immer schwieriger, sie zu finden, zumindest unter jenen Persönlichkeiten, die sich zugleich wie ganz normale Menschen verhalten konnten.

Emanuel Moórs besessene Kreativität wurzelte im Selbstzweifel und in einem beschädigten Selbstwertgefühl. Er brauchte Bestätigung, und Casals konnte sie ihm bieten. Diese Freundschaft kam beiden zugute – Moór bekam die Chance, aufgeführt zu werden, und Casals bekam eine Musik, die er aufführen konnte. Aber da war noch etwas anderes im Spiel. Casals' musikalische Beziehungen – ebenso wie seine persönlichen – hatten stets eine Tendenz zur Unterwerfung: Er kam am besten mit jenen Menschen aus, die er unterrichten, fördern oder begünstigen konnte. Künstler, die bereits erfolgreich etabliert waren, oder Menschen mit einem ausgeprägten Selbstbewußtsein, konnten seine Aufmerksamkeit nicht auf sich ziehen. Die Pariser Musikwelt des frühen 20. Jahrhunderts war voller selbstbewußter Persönlichkeiten – und sie war in unterschiedliche Lager gespalten. Auf der einen Seite befanden sich die Bewunderer von Ravel und des sich immer mehr ausbreitenden Stils eines impressionistischen Komponierens, den man mit ihm verband. Auf der anderen gab es die Kritiker, die ihn beschuldigten, er plagiiere Debussy und schlachte die Neuerungen des älteren Komponisten schamlos aus. Wieder andere, allen voran César Franck, huldigten weiterhin dem strengen, disziplinierten Stil der deutschen Tradition.[47] So schien denn Fauré, Ravels Kompositionslehrer, oft allein dazustehen mit seiner Offenheit gegenüber der Entwicklung der Musik. Der Suggia gefiel dieser Kunstkrieg, sie engagierte sich in ihm und schlug sich auf die Seite des Debussy-Lagers. Casals fand daran keinen Gefallen und ging dieser Auseinandersetzung aus dem Weg – im kleinen Kreis äußerte er sich skeptisch und abfällig über die seiner Meinung nach undisziplinierten Experimente der Impressionisten. Er war zwar mit allen wichtigen Kontrahenten bekannt – Saint-Saëns, Debussy, Fauré und Ravel –, aber er hielt doch lieber zu Komponisten, die er beeinflussen konnte. Casals ging in Beziehungen auf, die von Abhängigkeit geprägt waren und eine wohlwollende Pflege von seiner Seite aus erforderten. In seinem ganzen Leben brachte er offenbar unerschöpfliche Wissens- und Energiereserven auf und fühlte sich immer dann am wohlsten, wenn er sie anderen zugute kommen lassen konnte. Seine Beziehung zu dem holländischen Pianisten und Komponisten Julius Röntgen war für ihn genauso wichtig wie die zu Moór, aber viel weniger anstrengend. Von 1903 bis zum Kriegsausbruch im Jahre 1914 hatte Röntgen einen stabilisierenden und stärkenden Einfluß auf Casals' umtriebiges Leben. Röntgens Vater Engelbert war Konzertmeister des Gewandhaus-Orchesters (und ein Vetter des Entdeckers der Röntgenstrahlen), und Julius wurde 1855 in Leipzig geboren. Seit er Zweiundzwanzig war, lebte er in Amsterdam, wo er Professor am dortigen Konservatorium wurde und als Solist auftrat, komponierte und dirigierte. Mit seiner zweiten Frau – mit der er vier Söhne hatte – führte Röntgen am Vondel Park ein sehr gastfreundliches Haus, in dem Casals jedesmal zu Besuch war, wenn er Konzerte in Holland gab. 1905 schrieb Röntgen eine Sonate für Violoncello und Klavier, die er Casals widmete, 1907 eine zweite Sonate und schließlich im Jahre 1909 ein ganzes Cellokonzert. Casals äußerte sich stets wohlwollend über Röntgens Kompositionen, nannte ihn später einen völlig unterschätzten Komponisten und spielte seine Werke in ganz Europa, wenn auch nicht so häufig wie die von Moór. Als Instrumentalist tat sich Röntgen besonders in der Kammermusik hervor – als junger Mann hatte er mit Joachim, Brahms und Clara Schumann gespielt. Durch ihn lernte Casals einige der führenden europäischen Musiker kennen, unter anderem auch den norwegischen Komponisten Edvard Grieg in seinen letzten Lebensjahren. Röntgens Frau Abrahamina des Amorie van der Hoeven war die Schwägerin des englischen Schriftstellers Robert Trevelyan, und durch diese Verbindung wurde Casals mit einer ganzen Generation des englischen Musiklebens bekannt gemacht.

Julius Röntgen war ihm auch in persönlicher Hinsicht ein wertvoller Freund. Casals sprach ihn in seinen Briefen als »mein sehr lieber älterer Bruder« an und teilte ihm, wenn auch nur knapp und zuweilen indirekt, einiges über die Spannungen und Ängste, aber auch über die glücklichen Momente im Laufe seiner Beziehung zu Guilhermina Suggia mit. Die Suggia begleitete Casals, als er die Röntgens während einer Tournee durch die Niederlande im November 1907 besuchte, und spielte mit der Familie, Casals und Bauer im Haus der Röntgens Kammermusik, unter anderem auch ein Quartett von Grieg. Dieser Besuch wurde jäh und ungut abgebrochen: Nach einem Streit verließ die Suggia am 8. Dezember das Haus und ging nach London. Casals setzte seine Konzertreise ziemlich niedergeschlagen fort. Die Beziehung machte inzwischen beiden zu schaffen, und nicht zuletzt auch aufgrund der Anstrengungen seiner schonungslosen und ermüdenden Reisetätigkeit erlebte Casals seine erste ernsthafte Depression, seit er erwachsen war.

Die Probleme, die in den ersten Jahren der Beziehung zwischen Casals und Suggia auftauchten, hatten eher etwas mit dem Alter zu tun als mit ihren unterschiedlichen Temperamenten. Casals war inzwischen über dreißig, etabliert, berühmt und in ganz Europa gefragt. Suggia war neunzehn und mußte sich als Musikerin erst noch einen Namen machen. Als sie nicht mehr nur Casals' Schülerin, sondern auch seine Geliebte war, sah sie sich unvermittelt in eine Erwachsenenwelt versetzt. Casals war nie ein leichtfertiger Mensch gewesen, und inzwischen freundete er sich sehr oft mit Menschen an, die älter als er waren. Suggia mußte nun die Rolle der jüngeren Partnerin übernehmen, und zwar in musikalischer wie gesellschaftlicher Hinsicht, und das fiel ihr nicht gerade leicht. Sie wollte berufliche Chancen bekommen, reisen und als Solistin auftreten. Sie begann eine ernsthaft erfolgreiche Karriere – zu einer Zeit, da portugiesische Frauen nur selten überhaupt Karriere machten. Das konnte Casals nicht akzeptieren, so sehr er ihre Begabung schätzte, genauso wie er sich auch in Zukunft nicht wohl fühlen sollte, wenn ihm nahestehende Frauen Erfolg im Beruf haben wollten, und zwar unabhängig von seinem eigenen Erfolg. Suggia ärgerte sich über seine Eifersucht und revanchierte sich mit Launen, Provokationen und kindischer Mutwilligkeit. Unter diesen Spannungen begannen beider Karrieren zu leiden, und für Casals wurde es schwierig, überhaupt noch aufzutreten. Suggias Mutter Eliza, die bei ihrer Tochter blieb, wenn Casals auf Tournee war, versuchte sie auf plumpe Weise zu beschwichtigen, indem sie Guilhermina klarmachte, daß sie für häusliche Sicherheit, drei Pelzmäntel und einen kleinen Hund doch recht vorteilhaft ihre eigene Selbständigkeit opfern könne.[48]

Es konnte wohl einfach nicht gutgehen, daß zwei so begabte

Cellisten zusammenlebten. Sie mußten beide jeden Tag stundenlang üben, und es war unvermeidlich, daß sie ihre Auftritte, ihre Kritiken und ihre Aufnahme beim Publikum miteinander verglichen. Das Pariser Konzertpublikum bekam Wind von ihrer Rivalität oder malte sie sich lebhaft aus, und der Klatsch wollte es beispielsweise, daß Casals das Cello der Suggia versteckt habe oder daß der eine oder die andere das bessere Vibrato habe. Und zweifellos wurde diese Krise noch durch Moór – jedoch nicht absichtlich – verschärft, der von der Suggia fasziniert war, ihr schmeichelte und sie in seinem Doppelkonzert mit der spektakuläreren Solokadenz beglückte. Das war sicher nichts weiter als eine harmlose Dummheit, aber Casals hatte kein Verständnis dafür. Unerschütterlich allerdings waren Suggias Glaube an Casals' Genie und ihre Bewunderung für seine Musik. Im Hinblick auf die Bach-Suiten erklärte sie, daß sie nur zwei – die in G-Dur und C-Dur – spielen dürfe. Die anderen stünden Casals zu, »bis ihm die Engel den Bogen aus der Hand nehmen«.[49]

Die letzten Wochen des Jahres 1907 und die ersten von 1908 stellten eine Art emotionalen Höhepunkt in der Beziehung dar. Kurz vor Weihnachten mußte Suggia wegen eines kleinen chirurgischen Eingriffs eine Klinik aufsuchen, und Casals war voller Angst. Ihre Beziehung war keine flüchtige Affäre mehr; trotz aller Störungen war sie mit Sicherheit ernsthaft und beständig. Und obwohl es bereits erste Anzeichen gab, daß die beiden nicht zusammenpaßten, begannen sie über die Möglichkeit und die Folgen einer Heirat zu sprechen. Casals war unruhig und zerstreut. Die Spannung mußte ihn geradezu krank gemacht haben. Seit mehreren Monaten konnte er sich nicht auf seine Musik konzentrieren, und er hatte das Gefühl, daß seinem Spiel der Glanz fehlte. Er ging im Januar nach Rußland und unternahm kurze Abstecher nach Holland im Februar und im März nach England. Aber verglichen mit dem vollen Programm der zurückliegenden sechs Jahre war es ein sehr schwaches Frühjahr.

Im Frühsommer schien die Atmosphäre in der Villa Molitor weniger angespannt zu sein: Casals und Suggia hatten offenbar für eine Weile einen Modus vivendi gefunden. Als Julius Röntgen sie im Juni 1908 besuchte und seine neue Cellosonate mitbrachte, lag Casals »im Morgenmantel auf dem Sofa, und Suggia spielte neben ihm Cello ... Danach gingen wir in den Garten, Casals drehte den Springbrunnen auf, Suggia brachte spanischen Wein heraus, die Amseln sangen, [es war] ein wunderbarer Sommernachmittag«.[50] Wie zur Bestätigung dieses Stimmungsaufschwungs hatte Casals im Mai ein neues Cello gekauft. Das Instrument, das ihm die Pariser Händler Caressa & Français, »Luthiers du Conservatoire«, besorgt hatten, war ein Cello von Matteo Gofriller, das in Venedig um 1700 hergestellt worden war, aber die Signatur von Carlo Bergonzi trug, in dessen Werkstatt Gofriller Lehrling gewesen war. Man war damals gerade dabei, die Qualität und den Rang von Gofrillers Handarbeit wiederzuentdecken, denn bis dahin hatte man seine Cellos Bergonzi (wie dieses), Guarnieri oder Stradivari zugeschrieben.[51] Das »Bergonzi-Gofriller«-Cello war im Besitz eines Sammlers in Lille gewesen, einem M. van de Weghe, und am 15. Mai war Casals mit dem Preis von 18000 Francs einverstanden, was etwa seinen Einnahmen für fünf Konzerte entsprach.[52]

Im Laufe seines Lebens besaß Casals eine ganze Reihe von herrlichen Instrumenten, darunter auch das Gagliano, das ihm Königin María Cristina geschenkt hatte, ein Ruggeri, das ihm die amerikanische Philanthropin Isabella Stewart Gardner überlassen hatte, und ein Carlo Tononi, das er 1910 kaufte,[53] aber das Gofriller blieb über sechzig Jahre lang sein Lieblingsinstrument und war ihm im wahrsten Sinne ein lebenslanger Begleiter. Als das Instrument später defekt wurde, ließ Casals den französischen *luthier* Laberte ein Cello mit den gleichen Abmessungen bauen, das er mehr als zwei Jahre lang benützte, bis das Gofriller vollständig restauriert worden war.[54] Es ist schon fast ein Klischee, daß die meisten großen Cellisten unbedingt ein Cello von Stradivari besitzen müssen. Es war typisch für Casals, daß er dies von sich wies. Als ihm einmal das »Piatti«-Stradivari von Robert van Mendelssohn für 150000 Mark angeboten wurde, lehnte er ab, weil er das Gefühl hatte, daß die Persönlichkeit des Instruments seine eigene dominieren würde.[55] Es wäre ihm aber auch einfach zu groß und unbequem gewesen. Bei seiner Größe bevorzugte Casals ein kleineres Cello: Das Gofriller war 74, das Tononi 73,7 Zentimeter hoch.

Im Juli brachen Casals und Suggia nach San Salvador auf. In diesem Jahr gönnte sich Casals eine ausgedehnte Sommerpause – sie waren erst im Oktober wieder in Paris und blieben dann fast den ganzen Herbst zusammen. Casals hatte ein angenehmes Reisepensum, und Suggia begleitete ihn im Oktober in die Schweiz und im Dezember nach Deutschland und Rußland, und in jedem dieser Länder spielten sie Moórs Doppelkonzert. Zu Weihnachten waren sie wieder zu Hause in der Villa Molitor. Da Casals seine alte Stärke und sein Selbstvertrauen wiedergewonnen hatte, legte er sich bei seinem Konzertprogramm von 1909 mächtig ins Zeug. Ende Februar war er in Hamburg und ging Anfang März nach Manchester, wo er das Dvořák-Konzert unter Hans Richter und dem Hallé-Orchester gab. Er kehrte über Brüssel zurück und fuhr dann gleich nach Spanien weiter, wo er bei mehreren Konzerten im Rahmen des Jubiläums der Musikvereinigung von Barcelona auftrat. Auch diesmal begleitete ihn die Suggia und spielte mit ihm Moórs Konzert. Ende des Monats war Casals in Holland und spielte Boccherini und Saint-Saëns mit dem Utrechter Sinfonieorchester. Er explodierte förmlich vor Energie und Spielfreude und wollte unbedingt, daß Röntgen nach Paris kam, damit sie Sonaten spielen und im Juni dann das neue Cellokonzert probieren konnten. In diesen wenigen Monaten befand sich Casals' Leben mit Guilhermina Suggia auf dem Höhepunkt.

Das Verhältnis zu England

1910–1914

> Sie haben absolut recht mit Ihrer Ansicht über den Superioritätskomplex der Engländer, hinsichtlich ihrer selbst und gegenüber »Ausländern«. Sie sind gewiß eine eingebildete Rasse.
>
> *Maurice Eisenberg an Casals, 1932*[1]

Seit dem Konzert, das Casals 1899 für Queen Victoria in Osborne House gegeben hatte, war er etwa ein dutzendmal in England gewesen; allerdings hatte er sich dort noch längst keinen Namen gemacht, und außerdem fühlte er sich auf der Insel nicht besonders wohl. Zwischen dem Herbst 1909 und dem Kriegsausbruch im Jahre 1914 vertieften sich seine Beziehungen zu diesem Land beträchtlich, und er fand englische Freunde, bei denen er sich zum erstenmal richtig entspannen konnte.

Bezeichnenderweise war sein Agent zunächst ein Deutscher. Edward Speyer, ein Amateurmusiker und Sproß einer reichen Frankfurter Bankiersfamilie, hatte 1893 in Hertfordshire achtzig Hektar Land erworben und sich in einen englischen Gentleman verwandelt. Speyers Vater war mit Beethoven und Mozarts ältestem Sohn befreundet gewesen, und er selbst hatte noch Clara Schumann, Max Bruch und Brahms gekannt.[2] In gewisser Hinsicht war Edward Speyer ein Sammler von musikalischen Erlebnissen wie von Musikermanuskripten, und er verwandte sein beachtliches Vermögen darauf, sich beides in ausgiebigem Maße zu verschaffen. Seine Frau Antonia bestellte gelegentlich das London Symphony Orchestra zur Unterhaltung ihrer Gäste auf ihren Landsitz Ridgehurst bei Shenley. Speyer war seit 1856 ein guter Freund von Joachim und gründete 1901 die Joachim Quartet Society, damit der großartige Geiger und sein Quartett jedes Jahr sechs Konzerte in London gaben. Als Joachim 1907 starb, rief Speyer die Classical Concert Society ins Leben, die gleichfalls ausschließlich ihm unterstand. Aber ohne eine Publikumsattraktion wie Joachim war der Gesellschaft nur ein mäßiger Erfolg beschieden. Um ihr einen entsprechenden Ruf in London zu verschaffen, mußte man schon Künstler von internationalem Kaliber aufbieten, die in der Lage waren, einen Konzertsaal zu füllen, und so begann Speyer sie anzuwerben. Er hatte zwar bereits von Casals' »sensationellem Erfolg« vernommen, ihn aber nie selbst erlebt, und darum schickte er ihm nun eine Einladung. Casals' Debüt bei dieser Gesellschaft für klassische Konzerte fand am 20. Oktober 1909 in der Bechstein Hall statt. Er spielte zunächst eine Bach-Suite und anschließend mit der Geigerin Marie Soldat und dem Pianisten Leonard Borwick das Brahms-Trio in c-Moll sowie das Trio in B-Dur von Schubert. Das Publikum war überwältigt. »Casals hatte zum erstenmal bei einem englischen Publikum Gehör gefunden«, behauptete Speyer später unzutreffend.[3] Immerhin war es Casals gelungen, die Gunst eines sich großzügig selbst verwöhnenden musikalischen Gönners zu gewinnen.

Speyers Unterstützung zu akzeptieren bereitete ihm genausowenig Mühe wie früher, als ihm von so vielen Seiten Zuwendung zuteil geworden war. Er mußte nur eine Reihe von Konzerten für Speyers Classical Concert Society geben und regelmäßig in Ridgehurst seine Aufwartung machen. Die Konzerte waren bald nicht mehr so attraktiv und beliebt, und das lag zum einen an Speyers Konservatismus – es durften keine Werke gespielt werden, die nach Brahms entstanden waren –, zum anderen an der Tatsache, daß es in London damals noch so viele andere musikalische Ereignisse gab. Aber Casals genoß die Besuche in Ridgehurst, wo er in Speyers musikalischen Schätzen wühlen, mit anderen Gästen musizieren oder Tennis spielen konnte. Immer wieder wird die kleine Geschichte aus Speyers Memoiren zitiert, wie Casals an einem Sommermorgen auf dem Landsitz eintraf und verkündete: »Erst spielen wir sechs Sätze Tennis und dann die beiden Brahms-Sextette!«[4] Der Höhepunkt von Casals' erstem Besuch in Ridgehurst war die Begegnung mit dem englischen Pianisten und Komponisten Donald Francis Tovey, der damals Speyer bei der Auswahl seiner Konzertprogramme zu beraten suchte. Tovey war fast genauso alt wie Casals und ein ausgeflippt genialer Musiker. Sie stellten schnell fest, daß sie vieles miteinander gemein hatten: den musikalischen Geschmack, den Umgang mit Bach, die profunde Kenntnis des Kammermusikrepertoires. Nach wenigen Tagen schon, vor Casals' Londoner Konzert im Oktober, hatten sie zwei kleine Konzerte gegeben und Toveys *Elegiac Variations* – für Cello und Klavier, in memoriam Robert Hausmann, dem Cellisten des Joachim-Quartetts – uraufgeführt. Joachim war Toveys Jugendidol gewesen. 1894, im Alter von achtzehn Jahren und zu Beginn dreier herrlich verrückter Jahre am Oxforder Balliol College, hatte er mit dem berühmten Geiger musiziert. Sie schlossen sich enger aneinander an, und ein größeres Lob war nicht denkbar, als Joachim einmal gegenüber einem Freund bemerkte, unter allen jungen Musikern, die er kenne, sei Tovey »derjenige, für den sich Brahms am meisten interessiert hätte«.[5] Als Joachim starb, hatte Tovey keinen musikalischen Helden und keinen einflußreichen Gönner mehr. Casals kam dieser Rolle bedenklich nahe.

Donald Tovey war der Sohn eines Religionslehrers in Eton, der die Ausbildung des unübersehbar begabten Jungen einer nahegelegenen Privatschule – Northlands – in Englefield Green anvertraute, die von Sophie Weisse, einer jungen begüterten Deutschen, geleitet wurde. Weisse war zwar selbst keine ausgebildete Musikerin, erkannte aber die erstaunlich frühentwickelten Fähigkeiten ihres Schülers und suchte sie dadurch zu fördern, daß sie ihn in die Obhut der besten Lehrer gab und ihm jede nur denkbare Gelegenheit vermittelte, zu musizieren und Musik zu erleben. Als Tovey zwölf war, gab es für ihn nichts als Klavierübungen, Kompositionsunterricht, Konzert- und Opernbesuche – und praktisch keinen Umgang mit Kindern seines Alters, und all das nahm er gutwillig und duldsam auf sich. Als Jugendlicher war er überaus frühreif: ein technisch brillanter Pianist, der über phänomenal profunde Musikkenntnisse und einen scharfsinnigen musikalischen

Sachverstand verfügte. Schon mit Anfang Zwanzig beherrschte er fünfundsechzig Klavierkonzerte und ein gewaltiges kammermusikalisches und orchestrales Repertoire. Er las ganze Partituren wie Bücher und konnte sie sich fast augenblicklich einprägen, und er beherrschte eine Reihe unglaublicher Tricks, indem er etwa komplizierte Klavierwerke auf Verlangen aus dem Gedächtnis spielte – auch rückwärts. Tovey wurde der herausragendste englische Musikwissenschaftler. Mit seinen akademischen Schriften, die in den dreißiger Jahren in den Bänden *Essays in Musical Analysis* gesammelt wurden, sowie mit seinen Beiträgen für die elfte Ausgabe der *Encyclopaedia Britannica* hat er die englische Musikwissenschaft mitbegründet. Sechzig Jahre später kann man Tovey zwar in Einzelfragen widersprechen, aber nach Einschätzung des Kritikers Andrew Porter »bleibt das, was er über die Entstehung und Bedeutung der westlichen Musik gesagt hat, im Prinzip unanfechtbar«.[6] Trotz oder vermutlich gerade wegen seiner Genialität war Tovey außerstande, mit anderen Menschen ganz normal umzugehen. Er war chaotisch, unpraktisch und unzuverlässig und besaß »die geradezu genialische Gabe, aus seinen Möglichkeiten keinen irdischen Profit zu ziehen«.[7] Großenteils ist Sophie Weisse daran schuld, die seine Seele in Beschlag nahm und sich weigerte, sie je wieder freizugeben, schon gar nicht für die Frauen, die er heiraten wollte. Weisse führte wegen ihres hochbegabten Schülers ein Leben, das man ihr, als Frau und Ausländerin, ihrem Gefühl nach vielleicht vorenthalten hatte. Sie wurde zunehmend verbittert und grausam, als Tovey sich bemühte, mit anderen Menschen in Verbindung zu treten – das ganze Ausmaß dieser schrecklichen Gängelung wird man wohl erst erfahren, wenn eine umfassende Biographie über Tovey vorliegt –, und am Ende verdarb sie das Genie, das sie doch zu fördern gesucht hatte.[8]

Casals war natürlich nicht an Toveys gesellschaftlichem Unvermögen interessiert, sondern an seinem außerordentlich scharfen musikalischen Verstand. Wie Moór spielte Tovey nicht nur Musik, sondern begriff auch ihr Wesen und ihre Struktur – und er konnte komponieren. Sein musikalischer Geschmack war eher Henri Bergsons neuromantischer Philosophie der »schöpferischen Entwicklung« verpflichtet als dem puristischen intellektuellen Dogmatismus und wissenschaftlichen Rationalismus des späten 19. Jahrhunderts, und damit war er ein ausgesprochener Geistesverwandter für Casals.[9] Die beiden Männer genossen es, miteinander zu musizieren, und Casals spielte gern Toveys eigene Kompositionen. Nach dem Erfolg der beiden Konzerte im Oktober 1909 arrangierten sie zwei weitere Konzerte – später wurden daraus drei – für Casals' Besuch in London im folgenden Jahr. Beim ersten Konzert in der Aeolian Hall am 2. Juni 1910 spielten sie Bach, Brahms und Sonaten von Tovey und Röntgen, wobei der Kritiker der *Times* über das Werk von Tovey bemerkte, »selbst den schleppenderen Teilen wurde durch Señor Casals' wunderbares Spiel Leben eingehaucht«. Im Oktober des gleichen Jahres gab Casals ein weiteres Konzert in Speyers Konzertreihe, und diesmal stand Tovey mit ihm gemeinsam auf dem Programmzettel. Die *Times* stellte erneut fest, daß das Cello dominierte – im Gegensatz zu »Mr. Toveys ziemlich müdem Spiel«.[10] Ungeachtet von Toveys großartigen Gaben stand Casals eindeutig im Vordergrund. Und genau das wollten sie auch beide.

Auch wenn die Jahre 1910 und 1911 in eine Phase seiner Karriere fielen, in der Casals besonders viele Konzerte gab, wurden die Reisen nach England doch regelmäßig und an prominenter Stelle in seinem Konzerttagebuch erwähnt.[11] Am meisten zog es ihn wegen Tovey auf die Insel, weil er mit ihm zusammensein und mit ihm spielen konnte. Aber durch Toveys und vor allem durch Speyers Vermittlung bildete sich um Casals bald ein großer Kreis englischer Musikerfreunde, bei denen er sich wirklich wohl fühlen konnte, statt ihnen – wie bei seinen vorherigen Englandaufenthalten – nur verpflichtet sein zu müssen. Anfang Januar 1911 nahm Casals Moór nach London mit, zu einem Konzert der Classical Concert Society, wobei er Speyer dazu überredet hatte, neben Werken von Bach und Beethoven auch eine Cellosonate von Moór spielen zu dürfen. Moór blieb in London, um den Aufführungen von zweien seiner Opern im Savoy Theatre beizuwohnen, während Casals nach Budapest reiste und dort mit Ysaÿe und Pugno gastierte, wonach er wieder nach London zurückkehrte, um am 18. März sein Debüt bei einem Promenade Concert mit Sir Henry Wood zu geben. An diesem Abend stand das Dvořák-Konzert auf dem Programm, und der Dirigent war so umsichtig gewesen, die Orchesterbegleitung während der Solopassagen auf doppelte Streichquartett-Besetzung und zwei Bässe zu reduzieren – aus Angst vor Casals'

Marotte, sich bei Proben »zu den Musikern umzuwenden und sie niederzuzischen, wenn sie es wagten, ein zu starkes Crescendo zu spielen«. Später machte es sich Sir Henry zur Gewohnheit, das Orchester vorzuwarnen: Wie Sie wissen, verlangt er eine absolut leise Orchesterbegleitung – überhaupt keine Farbe. Darum bitte ich die Streicher, möglichst nur auf einem Haar ihres Bogens zu spielen, vielleicht auf zweien – manchmal sogar dreien –, aber nie mehr. Auf diese Weise ersparen Sie uns endlose Unterbrechungen und viele böse Blicke und Zischeleien.[12]

Im Mai gab Casals zwei Konzerte im Rahmen der Konzertreihe der Chelsea Concerts, die Tovey selbst organisiert hatte. Zwischen den Konzerten war er mit Tovey Hausgast in Sophie Weisses Northlands-Schule, und das war fast so etwas wie eine Familienfeier, an der auch Röntgen und seine Frau, ihre Verwandten Robert und Elizabeth Trevelyan sowie die beiden Großnichten von Joachim teilnahmen: Adila Fachiri und Jelly d'Aranyi, auch sie zwei vollendete Geigerinnen. Robert Trevelyan hatte das Libretto zu der Oper *The Bride of Dionysos* geschrieben, um deren Vollendung sich Tovey damals gerade bemühte. Northlands wurde so etwas wie Casals' Standquartier, während er in England auf Konzertreisen war. Er hatte sich dort bereits für kurze Zeit im Mai und im Oktober des vorigen Jahres aufgehalten, und nun nahm er erneut an den informellen, aber hochkarätigen Konzerten teil, die Fräulein Weisse im Musiksaal der Schule arrangierte. An den Abenden, an denen Casals spielte, waren oft mehrere Prinzessinnen aus Windsor Castle anwesend – das Schloß der Königsfamilie lag nur eine zwanzigminütige Kutschfahrt von dort entfernt.[13]

Casals hatte stets klar getrennt zwischen öffentlichen Auftritten, für die er eine Gage erwartete, und privaten Musikveranstaltungen, die er zu seinem Vergnügen gab. Einmal brach er in Brüssel abrupt eine Generalprobe ab, als er erfuhr, daß der Veranstalter für diese Probe ebenso wie für die Aufführung Eintrittskarten verkauft hatte, während er selbst nur eine einmalige Gage bekommen sollte.[14] Zu Beginn seiner Karriere hatte er noch Einladungen zu unbezahlten Privatsoiréen angenommen, sofern er dabei beruflich wichtige Kontakte knüpfen konnte. Später hatte er das nicht mehr nötig. Der Geiger Pablo de Sarasate hat einmal auf eine Einladung zum Dinner in

London, zu der er seine Stradivari mitbringen sollte, geantwortet: »Meine Stradivari speist nicht.«[15] Auch Casals nahm an Hauskonzerten nur teil, wenn er die Gastgeber mochte. Außer in Northlands hielt er sich in den Jahren vor 1914 am liebsten in London bei dem amerikanischen Sänger Paul Draper und seiner Frau Muriel auf. Die Drapers gehörten nicht zur Schickeria, sondern waren junge Musiker, die gern Gäste zu sich baten und eine Menge Freunde hatten. Als sie 1911 von Italien nach London übergesiedelt waren, bewohnten sie zunächst ein Haus in der Holland Street im Stadtteil Kensington und zogen dann nach Chelsea ins Haus Edith Grove Nr. 19, neben dem Brompton Cemetery, wo Muriel Draper ein angrenzendes heruntergekommenes Atelier in »ein geräumiges, sogar schön proportioniertes Studio« verwandelte, mit nackten Ziegelwänden, einem großen Kamin, bequemen Sesseln und einem Bechstein-Konzertflügel.[16] Dort pflegten sich Freunde wie Ysaÿe, Thibaud, Bauer, Cortot, Rubinstein, Albert Sammons, Eugene Goossens und Lionel Tertis einzufinden, um miteinander Kammermusik zu machen – dazu gab es ausgezeichnetes Essen, das man aus dem Savoy kommen ließ – oder sich einfach bei einem späten Nachtmahl nach ihren Konzerten zu entspannen. Casals wurde von einem spanischen Kollegen, dem Cellisten Augustin Rubio, eingeführt, der ein guter Freund von Muriel Draper war und seinerzeit an der Royal Academy of Music unterrichtete. Unter den vielen großartigen Konzerten, an die sich Muriel Draper in ihren Memoiren erinnerte, befanden sich Schuberts Forellenquintett mit Thibaud, Tertis, Rubinstein, Casals und Felix Salmond sowie das Klaviertrio in H-Dur von Brahms mit Thibaud, Casals und Rubinstein.[17] Rubinstein erlebte bei diesen zauberhaften Musikabenden im Haus am Edith Grove – wie er sagte – »das größte musikalische Hochgefühl meines Lebens«.

Rubinstein selbst war durch Vermittlung von Casals nach London gekommen. Als die beiden sich Anfang 1910 in Wien kennengelernt hatten, bot Casals dem jungen Pianisten an, ihn an einer seiner Konzertmatineen in der Queen's Hall im Juni teilnehmen zu lassen. Casals' Ruf sorgte dafür, daß das Konzert ausverkauft war, und die Verbindung ihrer Namen in den Besprechungen verschaffte Rubinstein weitere Kontakte und Engagements in einer Stadt, die berüchtigt war für ihre rüde Einstellung gegenüber unbekannten europäischen

Künstlern. Aber das Konzert führte auch zu einem Mißverständnis, das die beiden Männer nie ganz ausräumten. Rubinstein erwartete nämlich einen – dringend benötigten – Anteil an den Einnahmen aus der Matinee in der Queen's Hall, bekam aber nichts. Um Casals an dieses Versäumnis zu erinnern, erbat sich Rubinstein von ihm ein Darlehen über zehn Pfund, das er auch erhielt. Etliche Monate danach soll Casals Einladungen ausgeschlagen haben, bei denen er mit Rubinstein zusammengekommen wäre – mit der Begründung, daß Freunde, die ihre Schulden nicht bezahlen, »aufhören, Freunde zu sein«. Rubio versuchte schließlich die Wogen zu glätten und brachte die beiden Männer zusammen, aber für Rubinstein war die Faszination füreinander verschwunden: »Wir betrachteten das Leben mit zu verschiedenen Augen.«[18]

Anfang September 1911 luden Casals und Suggia Tovey ein, bei ihnen in San Salvador Urlaub zu machen. Aber vor diesem Besuch brach plötzlich die Cholera in Katalonien aus, und so verabredeten sich die drei statt dessen zu einem Treffen in Paris Anfang Oktober. Die Suggia schrieb einen beruhigenden Brief an Sophie Weisse, daß sie Tovey zwar nicht in der Villa Molitor unterbringen konnten – das Haus sei »toute minuscule« –, aber sie würden sich tagsüber seiner annehmen. Sie berichtete auch, daß »ihr Mann« Konzerte mit Tovey in Barcelona, Wien und Paris während der kommenden Saison plane.[19] Casals förderte Tovey – genauso wie er Moór und Röntgen gefördert hatte – als Pianisten und als Komponisten und forderte seine Freunde auf, das Genie des Engländers zur Kenntnis zu nehmen. Casals' Reiseplan schloß die ursprünglich vorgesehenen Auftritte aus, aber nach zwei weiteren gemeinsamen Auftritten in London im November verabredete er sich mit Tovey für ein Konzert in Budapest im kommenden Februar. Für Tovey kam diese Hilfe sehr gelegen: Nachdem er es sich aufgrund seiner Unbeholfenheit und Unzuverlässigkeit mit mehreren führenden Londoner Konzertveranstaltern verscherzt hatte, holte ihn die Aussicht auf ein Engagement in Europa »aus seiner Verzweiflung«.[20]

1912 erwies sich als ein fürchterliches Jahr in Casals' Leben. Es begann großartig, als er – zusammen mit Ysaÿe – mit dem Doppelkonzert von Brahms Anfang Februar in Moskau und St. Petersburg sowie am 4. März in Wien wahre Triumphe feierte.[21] Sein Auftritt mit

Tovey Mitte Februar in Budapest hatte dort ein zweites Konzert am 2. März zur Folge, bei dem sie zusammen mit Enesco das Beethoven-Tripelkonzert spielten; ferner gab es an diesem Abend noch das Doppelkonzert von Brahms sowie das Cellokonzert von Schumann.[22] Nach weiteren Konzerten in Leipzig und Frankfurt fuhr Casals nach England, wo er am 21. März die Goldmedaille der Philharmonic Society of London erhielt, die zum Gedenken an die Verbindung dieser Gesellschaft mit Beethoven gestiftet und zuvor unter anderem Brahms, Joachim und Anton Rubinstein verliehen worden war. Das war schon eine außerordentliche Ehrung für einen erst fünfunddreißigjährigen Künstler, die zeigte, wie sehr man Casals – keine drei Jahre nach Speyers erster Einladung – in England schätzte.

Aber wie viele Stücke dieses Land auch auf Casals hielt – für ihn selbst war England noch immer eine ausgesprochen fremde Kultur. Das London König Edwards war eine blühende und wohlhabende künstlerische Metropole, die es sich leisten konnte, die besten europäischen Interpreten zu engagieren, und dies auch tat. Casals gönnte sich und den Londonern diese Engagements, indem er sich an den Rat eines spanischen Landsmannes mit langjähriger Erfahrung im Musikleben Londons hielt – seines alten Freundes, des Geigers und Dirigenten Enrique Fernández Arbós –, daß man in einer Stadt, in der es jeden Abend mindestens acht Konzerte gibt, am ehesten Erfolg habe, wenn man die doppelte Gage verlange.[23] Im Oktober 1910 nahm Casals für sieben Konzerte – sechs in England und eines in Belfast – insgesamt 4100 Dollar ein. Für einen einzigen Abend in Englefield Green betrug seine Gage (die sein französischer Agent in amerikanischen Dollars berechnete) 525 Dollar.[24] Bezogen auf die Größe der Veranstaltungsorte, waren diese Gagen hoch, wenn auch nicht gerade auffallend höher als die Honorare, die Casals sonstwo in Europa erhielt. Während der ganzen Saison, also von Oktober 1910 bis Mai 1911, verdiente Casals insgesamt etwas über 45 000 Dollar, eine Summe, die man etwa mit fünfzehn multiplizieren muß, damit sie dem heutigen Gegenwert entspricht.[25]

Was Casals' persönliche Beziehungen zu England betraf, so hatten sie interessanterweise im wesentlichen nichts mit Engländern zu tun. In Ridgehurst und Northlands beispielsweise waren deutsche Emigranten zu Hause, während das Haus am Edith Grove einem amerikanischen Ehepaar gehörte. Die Musiker, die zu ihrem eigenen Vergnügen im Atelier der Drapers spielten, waren weitgehend Europäer – Tertis, Sammons und Goossens bildeten da nur gelegentlich die Ausnahme. Harold Bauer und seine Schwester Gertrude waren Briten in der ersten Generation, genauso wie die meisten guten Freunde, die Casals später noch in England kennenlernte. Seine intensivste Beziehung zu einem Engländer war die zu Donald Tovey, wobei ihn allerdings in erster Linie kaum Toveys Herkunft interessiert haben dürfte.

Zwischen Casals' Lebenshorizont und dem englischen Temperament bestand eine tiefe Kluft, die jeden ernsthaften Versuch der Überwindung unmöglich machte, eine wechselseitige Unzugänglichkeit, die Casals immer wieder an verschiedenen Punkten seines Lebens verwirrte und zu schaffen machte. Es ist wohl so, daß sich Casals niemals wirklich etwas aus den Engländern gemacht hat, weil sich die Engländer – besonders das Musik-Establishment – nie die Mühe machten, ihn zu verstehen. Er bewunderte auch weiterhin, was er für das englische Bekenntnis zur politischen Freiheit hielt, bis er im Anschluß an den Zweiten Weltkrieg auf dessen Grenzen stieß. Er fühlte sich zutiefst verraten und suchte das Land nur noch ein einziges Mal auf: im Oktober 1963, als er dort sein Friedensoratorium *El Pessebre* dirigierte.

Im April und Anfang Mai 1912 kam Casals jeweils wieder nach England, um in zwei von Toveys fünf Chelsea Concertos aufzutreten, ebenso für andere Londoner Engagements im Mai und im Juni. Angesichts dieser häufigen Besuche eröffnete er ein Londoner Bankkonto bei der City and Midland Bank am Charing Cross. Bei mindestens einem dieser Besuche – es waren insgesamt sechs in einem halben Jahr – brachte Casals auch Suggia mit nach London, die er generell als seine Frau vorstellte. Sie trat bei einem der informellen Konzertabende in Northlands auf und gab mit Casals' Freunden Gelegenheitskonzerte im Atelier am Edith Grove. Vor einem der Konzerte in dieser Saison begegnete die zwölfjährige Milly Stanfield Casals zum erstenmal in seiner Garderobe; sie war selbst eine begabte Cellistin, wurde später seine englische Sekretärin und erlebte seine Karriere bis zum Ende seines Lebens aus nächster Nähe mit.[26] Für Guilhermina Suggia war es die letzte Konzertreise mit Casals.

Im September 1912 verbrachte Tovey mit Casals und Suggia die Ferien in San Salvador, die ihm im Jahr zuvor entgangen waren. Casals' Villa, die auf dem im Jahre 1908 erworbenen Grundstück erbaut worden war, stand direkt am Strand von Playa San Salvador. Von der Veranda mit ihren drei großen Rundbögen betrat man den Sand, und dreißig Meter weiter befand sich die saubere, flache See, in der man ausgezeichnet baden konnte. Das weiße Haus mit seinen bemalten Fensterläden ging über zwei Etagen. Die zwei Zimmer im ersten Stock führten auf eine Terrasse hinaus, von der man einen herrlichen Blick aufs Meer hatte. Das Erdgeschoß erstreckte sich noch über den zweigeschossigen Teil hinaus nach hinten und enthielt zwei große Empfangsräume, eine Küche und mehrere Schlafzimmer. Dieses bescheidene Strandhaus bildete das Herzstück des geräumigen Anwesens, das im Laufe der kommenden zwanzig Jahre darum herumgebaut und aus den Einkünften von Casals' zunehmend einträglicheren Konzertreisen finanziert werden sollte. Doña Pilar lebte in diesem Haus und beaufsichtigte bis zu ihrem Tod im Jahre 1931 die anscheinend endlosen Erweiterungsbauten und Verschönerungen – die Gärten, Terrassen, Brunnen und Wege. Luis Casals bewirtschaftete die sechs Hektar Land, die das Grundstück umgaben, und zog später mit seiner Frau Teresina seine eigene kleine Familie groß, unter dem gütigen Schatten des weltberühmten und oft abwesenden Bruders.

1912 allerdings war das Haus ein freundlicher und angenehmer Feriensitz. Neben Tovey gab es noch weitere Hausgäste: Enrique Granados, seine Frau Amparo und der polnische Pianist Mieczyslaw Horszowski. Er und seine Mutter waren Doña Pilar und Enrique Casals 1905 vorgestellt worden, als der dreizehnjährige Wunderknabe ein Konzert in Barcelona gegeben hatte.[27] Er lernte Casals im Februar 1906 in Mailand kennen, wo er auch für ihn spielte, aber sie wurden erst Freunde, als sich Horszowski 1910 in Paris als Student im Alter von siebzehn Jahren niederließ. »Meicio« wurde ein regelmäßiger Gast in der Villa Molitor, und Casals hatte später entscheidenden Anteil daran, daß er seine Konzertkarriere wiederaufnahm, die er wegen eines umfassenden Universitätsstudiums unterbrochen hatte. Horszowski war der archetypische Wunderknabe im Matrosenanzug. Sein Wiener Konzertdebüt, das er mit acht Jahren gegeben hatte, führte zu Konzertreisen durch Europa und Amerika, wo er den bedeutenden Musikern seiner Zeit vorgestellt worden war: Joachim, Ravel, Toscanini. Sein erster Auftritt in der Carnegie Hall hatte 1905 stattgefunden, als er dreizehn Jahre alt gewesen war. Horszowski war genial, aber schüchtern, kurz angebunden, bissig und zuweilen unzugänglich, und er wurde Casals' bester Freund und mit Sicherheit sein langjährigster: Als Casals starb, waren sie einander seit über sechzig Jahren nahegestanden. Sie lebten ihr ureigenes Leben, trafen sich nur sporadisch und korrespondierten unregelmäßig miteinander, waren aber durch eine persönliche wie musikalische Intuition miteinander verbunden, die offenbar mit einer bescheidenen Pflege und ohne lange Diskussionen auskam. Diese Beziehung beruhte auf totalem gegenseitigem Vertrauen und auf dem völligen Fehlen von Liebedienerei oder Ehrerbietung.

Im September 1912 allerdings war Horszowski erst zwanzig und hatte einen gewissen Respekt vor seinen berühmten Gefährten: Auf dem einzigen bekannten Gruppenfoto kauert er knabenhaft verlegen zu Toveys Füßen und wendet sich schüchtern von der Kamera ab, während seine Freunde gelassen um ihn herumstehen. September war der ideale Monat: Die sengende Hochsommerhitze war abgeklungen, aber das Meer war warm und herrlich zum Baden. »Ich übe hier nichts weiter, als die Wogen des Mittelmeers zu teilen«, schrieb Tovey nach Hause – wenngleich nicht jeder seine Begeisterung teilte: »Ich, der ich die Qualen der Verdammten litt, als ich schwimmen lernte, hätte mir in meinen schlimmsten Augenblicken nicht träumen lassen, welche panische Angst Horszowski ausgestanden haben muß, als er seine Füße vom Boden abhob, selbst als ihn zwei Menschen dabei unterstützten! Schließlich ist er ja auf dem Matterhorn gewesen!«[28]

Casals und seine jugendlichen Hausgäste amüsierten sich beim Schwimmen, Wandern, Tennisspielen, oder indem sie verschiedene Kammermusikkombinationen bildeten und dabei das eine oder andere der drei Klaviere im Haus benützten, die alle verstimmt waren. »Trotz der Hitze«, berichtete Tovey Sophie Weisse, »habe ich mich in meinem ganzen Leben nicht so wohl gefühlt.«[29] Tatsächlich stürzte Tovey sich genauso ins Vergnügen, wie er sich auf alles andere stürzte – mit leidenschaftlicher Besessenheit: »Ich laufe auf Hochtouren«, schrieb er seiner Ziehmutter, »ohne das geringste Zeichen von Müdigkeit.«[30] Mehrere intensive Stunden lang arbeitete er jeden Tag an seiner Oper und hielt Robert Trevelyan wiederholt über die Fortschritte auf dem laufenden. Schon bald überreichte er seinen Gastgebern eine peinlich gekünstelte Sonate für zwei Cellos – nach einer katalanischen Volksmelodie –, die sie gleich ausprobieren mußten.[31] Und in seinen Komponierpausen trieb er die anderen zu fürchterlichen Tagesprogrammen und Aktivitäten an. Etwa Mitte September erfuhr Tovey, daß sein Vater ernsthaft erkrankt war (der Reverend Duncan Cookes Tovey starb am 29. September), und diese Nachricht schien ihn noch mehr durcheinanderzubringen. Irgendwie brachte er es dabei fertig, daß sich eine erbitterte Auseinandersetzung zuspitzte, unter der Casals' Beziehung zu Suggia plötzlich und – nach einer halbherzigen Versöhnung – für immer zerbrach. »Malheureusement nous touchons à la fin«, hatte Casals in einem Brief an Sophie Weisse vom 16. September geschrieben.[32] Eigentlich bezog sich diese Bemerkung auf die Sommerferien, die sich für ihn und seine Gäste dem Ende entgegenneigten, aber das hätte genausogut ein abschließender Kommentar über die Freundschaften sein können, die so bald schon in die Brüche gehen sollten.

Was diesen Streit auslöste und wie er verlief, werden wir vermutlich nie erfahren. Er hatte jedenfalls zur Folge, daß die durch widerstreitende Erwartungen verursachten Spannungen zwischen Casals und Suggia, die jahrelang in Schach gehalten worden waren, doch stets kurz vor der Explosion gestanden hatten, unerträglich wurden. Der Katalysator war zweifellos Tovey, ein Mann, dessen überragender Intelligenz eine bemerkenswerte Blindheit gegenüber menschlichen Gefühlen entsprach. Gewiß von den besten Motiven geleitet, suchte er die Spannung zwischen Casals und Suggia abzubauen. Dabei rührte er an eine verletzliche Stelle und löste in Casals eine explosive Eifersucht aus. Die Ferien nahmen ein abruptes Ende. Tovey kehrte verletzt und verwirrt nach England zurück. Guilhermina Suggia ging nach Portugal und fuhr bald darauf nach England weiter. Sie war gerade vierundzwanzig.

Casals selbst war wie geplant ein paar Tage später wieder in England, um eine Konzertreise anzutreten, die zufällig mit einem Auftritt in Northlands am 3. Oktober beginnen sollte. In diesem Herbst hatte er ein dichtgedrängtes Programm von Konzertverpflichtungen zu absolvieren, das seinen Höhepunkt in einer besonders anspruchsvollen Tournee durch Rußland gegen Ende des Jahres fand. Ihm blieb gar nichts anderes übrig, als damit zurechtzukommen. Der Abend in Northlands wurde abgesagt, ebenso mehrere Konzerte für die Classical Concert Society, die er mit Tovey geben sollte. Immerhin absolvierte Casals die übrigen Stationen der englischen Tournee: Birmingham, wo er als Solist im *Don Quixote* von Richard Strauss unter Sir Henry Wood spielte, Chester und Liverpool.

In den meisten veröffentlichten Darstellungen, einschließlich Casals' eigener, wird die Ansicht vertreten, er habe diese schmerzliche Episode hinter sich gebracht, sie nach einem Heilungsprozeß aus dem Gedächtnis getilgt und seine Karriere fortgesetzt. Als Suggia fast vierzig Jahre später starb, soll Casals bemerkt haben, er habe an sie schon seit Jahren nicht mehr gedacht.[33] Tatsächlich war die Trennung von Suggia alles andere als problemlos gewesen. Für kurze Zeit gab es eine wahre Flut von Briefen zwischen beiden Seiten, wobei Weisse, die Trevelyans und Röntgen in das Wechselspiel von Beschuldigungen und Gegenanklagen einbezogen worden waren. Irgendwann im Oktober hatten sich Casals und Suggia miteinander versöhnt und waren wieder in Paris zusammen. Einstige vertrauliche Beziehungen wurden abgebrochen, und Tovey – das war wohl unvermeidlich – wurde zum Schurken des Dramas auserkoren.[34] Da er sich von seinen beiden ehemaligen Freunden gedemütigt und nun auch verraten fühlte, fuhr er Ende Oktober nach Liverpool, wohl in der Hoffnung, sich mit Casals zu treffen. Allerdings verlor Tovey in letzter Minute die Nerven und schickte nur einen ausführlichen Erklärungs- und Entschuldigungsbrief, dessen – französischer – Wortlaut vorher mit Sophie Weisse und Elizabeth Trevelyan abgestimmt worden war. Casals beantwortete diesen Brief mit ein paar kurzen und förmlichen Zeilen – für ihn war der Fall erledigt.[35] Nach einigen Tagen versuchte Robert Trevelyan für Tovey zu vermitteln. Wieder reagierte Casals höflich, aber unmißverständlich abschließend: »Ich brauche nun Frieden, völlige Ruhe und die Möglichkeit, vielleicht zu vergessen.«[36] Die Freundschaft mit Tovey sei zerstört, erklärte er, auch wenn »ein gutes Gefühl« zurückbleibe. Es sollte fast fünfzehn Jahre dauern, bis die beiden Männer wieder Freunde sein konnten.

Die Versöhnung zwischen Casals und Suggia war brüchig, unklug und führte letzten Endes zu nichts. Casals war den ganzen Herbst auf

Reisen, und sie waren nur für ganz kurze Zeit zusammen – gegen Ende des Jahres gingen sie wieder auseinander, und diesmal für immer. Für beide blieb diese Beziehung und die Art und Weise, wie sie endete, ein schweres und permanentes Trauma, das sich auf ihren weiteren Lebensweg noch jahrelang auswirken sollte. Als Casals nach einer anstrengenden Rußlandtournee wieder in Paris war, schickte er Suggia ein Neujahrstelegramm, in dem er aus seiner Einsamkeit und seinem Schmerz kein Hehl machte: »Wenn es Mitternacht schlägt, werde ich allein sein und an Dich von ganzem Herzen denken. Vielleicht wirst Du auch an mich denken.«[37] Dieses Telegramm war, neben ein paar Fotografien, alles, was Suggia von Casals aufbewahrte.

In depressiver Verfassung verbrachte Guilhermina Suggia die folgenden beiden Jahre bei ihrer Schwester in Brive bei Périgord, ehe sie 1914 nach England ging. Wie Milly Stanfield später berichtete, hielten sie dort viele aufgrund ihrer langjährigen Verbindung mit Casals für seine Musikagentin während der Kriegsjahre, in denen er selbst nicht in England war.[38] Nichts deutet allerdings darauf hin, daß Suggia aus Casals' Namen Kapital zu machen wünschte oder gar versuchte, obwohl sie seiner Inspiration klar und deutlich, wenn auch ein wenig bleiern Tribut zollte, und zwar in drei Beiträgen über die Technik des Cellospiels, die 1920 und 1921 in der neugegründeten Zeitschrift *Music and Letters* erschienen:

> Wenn es im 17. Jahrhundert Domenico Gabrieli und seinen Nachfolger Domenico Galli gab, wenn das 18. Jahrhundert Luigi Boccherini und später Romberg, Dotzauer und Duport hervorbrachte – letzterer vielleicht der Berühmteste unter ihnen –, so hat das Ende des 19. Jahrhunderts und der Anfang des 20. Jahrhunderts in Pablo Casals den bedeutendsten Cellisten überhaupt erlebt … und ihm wird es zu verdanken sein, daß das Cello nicht nur neben der Geige bestehen, sondern den Rang des ersten Streichinstruments einnehmen wird.[39]

Nach dem Krieg verlobte sich Suggia mit einem reichen englischen Zeitschriftenverleger, der ihr als Verlobungsgeschenke ein Stradivari-Cello und eine Insel vor der schottischen Küste überließ. Als Suggia die Verbindung wieder löste, gab sie die Insel zurück.[40] 1923 heiratete sie den portugiesischen Röntgenfacharzt Dr. José Carteado Mena, lebte aber weiterhin hauptsächlich in London, und zwar bis 1939. Nach 1917 war sie ein regelmäßiger Gast der Speyers in Ridgehurst, und im Herbst 1919 spielte sie mit Tovey in Northlands. Zweifellos deshalb, weil sie in London lebte, lehnte es Casals ab, während und kurz nach dem Ersten Weltkrieg nach England zu kommen. Als er tatsächlich nach 1920 wieder hier gastierte, besuchte Suggia regelmäßig seine Konzerte. An einem Abend im Jahre 1926, bei einem von Felix Weingartner dirigierten Konzert in der Albert Hall, bekam sie einen ungewohnt auffallenden Platz in der ersten Reihe. Während Casals Haydns D-Dur-Konzert spielte, bekam er einen Krampf in einer Hand und mußte aufhören; er ließ das Orchester weiterspielen und begann das Stück dann noch einmal von vorn. Später behauptete er, er habe Suggia nicht bemerkt.[41]

Casals und Suggia traten jeweils mit dem Hallé-Orchester während derselben drei Saisons in den zwanziger Jahren auf, sollen sich aber nur einmal begegnet sein, nämlich 1923 am Bahnhof St. Pancras. Sie teilten sich ein Abteil mit dem englischen Komponisten Herbert Howells bis Leicester; Casals fuhr bis Manchester weiter. Sie sprachen wenig miteinander, aber Suggia, die an diesem Abend ein Konzert unter Malcolm Sargent geben sollte, vertraute Howells an, sie werde »wie eine Göttin spielen«.[42]

Die Trennung von Suggia hatte auch den Bruch mit einem Teil von Casals' Leben zur Folge, der ihn an sie erinnerte. Das bedeutete das Ende für mehrere wichtige Freundschaften, andere kühlten sich ab. Von den Gästen, die sich im September 1912 in San Salvador aufgehalten hatten, blieb keiner völlig verschont, wenngleich Horszowski noch zu jung war und darum von diesem Aufruhr der Gefühle weniger in Mitleidenschaft gezogen worden war. Jedenfalls dauerte es einige Zeit, bis er bemerkte, daß es eine entscheidende Veränderung gab, denn er richtete seine Karten und höflichen Grußbotschaften weiterhin an »Monsieur et Madame Casals«; erst im Juli 1913 hörte er auf, sich direkt auf Suggia zu beziehen.[43]

Auch wenn Julius Röntgen und Emanuel Moór nicht direkt in die Angelegenheit verwickelt waren, schien Casals doch den ständigen, regelmäßigen Kontakt mit den beiden zumindest zu dieser Zeit nicht ertragen zu können. Röntgen schrieb ihm einen freundlichen Brief, aber Casals war offenbar nicht in der Verfassung, sein Mitgefühl entgegenzunehmen. Da er wußte, daß Röntgen mit Tovey in Verbindung blieb, wollte er es nicht riskieren, ihn wiederzusehen – (Casals:) »ehe ich nicht auf Deiner Seite mehr Verständnis für das, was passiert ist, verspüren sollte oder besser: bis die Zeit und neue Entwicklungen in meinem Leben endlich die Erinnerungen ausgelöscht haben, die nicht aufhören, mich zu martern«[44]. Nach ein paar weiteren kurzen Briefen schrieben sie sich siebzehn Jahre lang nicht mehr – erst 1931, knapp ein Jahr vor Röntgens Tod, nahmen sie ihre Korrespondenz wieder auf.

Die Freundschaft zwischen Casals und Moór hatte die Feindseligkeit der Kritiker und die Gleichgültigkeit der Künstlerkollegen überlebt, aber der Krieg, Moórs Verhalten und der Zusammenbruch von Casals' Privatleben waren einfach zuviel für sie. Moórs Doppelkonzert, vielleicht sein erfolgreichstes Werk, konnte nie wieder von dem Duo gespielt werden, für das es eigentlich geschrieben worden war. Und seine Suite in e-Moll für zwei Cellos, die er Casals und Suggia gemeinsam gewidmet hatte, wurde nie aufgeführt. Für einen Mann, dessen Begeisterung fürs Komponieren eine direkte Reaktion auf den Stimulus von Aufführungen zu sein schien, war dies ein vernichtender Schlag. Nach 1912 schrieb Moór nur noch ein Cellostück, eine Ballade in e-Moll für Cello und Orchester. Und nach 1914 schrieb er fast überhaupt nichts mehr. Der Krieg nahm ihm jede Möglichkeit, in Deutschland und Österreich aufgeführt zu werden, wo er zuvor noch so starke Unterstützung erfahren hatte, während in Frankreich und Belgien überhaupt keine Konzerte mehr gegeben wurden. In ihrer Verzweiflung zogen sich Moór und seine Frau in die Schweiz zurück, wo sich ihre Gemüter noch mehr verdüsterten, als im April 1916 ihr Stiefsohn und Neffe Laurence Burke fiel. Moórs letzte bedeutende Komposition war ein Requiem zu seinem Gedenken.

Casals und Moór begegneten sich seitdem nur noch selten, obwohl Casals Moórs Musik wild entschlossen die Treue hielt und oft seine Lieder vortrug – zusammen mit Susan Metcalfe – sowie seine *Improvisations for Orchestra* während der ersten Saison des Orquestra Pau Casals im November 1920. Jahre später überredete er Bernard Greenhouse und das Beaux Arts Trio, Moórs Tripel-Konzert aufzuführen – allerdings wider besseres Wissen, und dann auch nur einmal, in Milwaukee.[45] Als Moórs rastloser Geist sich auf die miteinander im Widerstreit liegenden Beschäftigungen mit der Malerei und seinen Erfindungen verlegte, suchte Casals ihn wieder für die Musik zurückzugewinnen. »Ich denke an Dich, mehr als Dir klar ist«, schrieb er ihm 1920, »composez, composez!«[46] Zu spät: Moór kam von der Entwicklung seines Duplex-Coupler Pianofortes nicht mehr los. Wie nicht anders zu erwarten, war Tovey von dem Klavier mit der doppelten Tastatur fasziniert, er kaufte sich einen Prototyp des Instruments und demonstrierte dessen Möglichkeiten, indem er furchtbar schwere Duette mit sich selbst darauf spielte.[47]

Emanuel Moórs zweite Frau war eine Engländerin, und er verbrachte die letzten Jahre seines Lebens in England. Auch Röntgen kam aufgrund seiner Verwandtschaft mit den Trevelyans regelmäßig hierher und stand mit Tovey wie mit Suggia in enger Verbindung. Teilweise aus diesem Grund mied Casals die Insel. Als der Krieg begann, hatte er noch daran gedacht, sich in London niederzulassen, und im November 1914 ließ er seine Möbel und anderes sperrige Hab und Gut in einem Lagerhaus in Redcliffe Mews deponieren, gleich neben dem Haus der Drapers am Edith Grove.[48] Aber dann zerschlug sich alles. Für die Freunde, die ihm während seiner Pariser Zeit so nahegestanden hatten, war Casals praktisch ein Jahrzehnt lang verloren, und nur die Freundschaft mit Tovey wurde einigermaßen wiederhergestellt. Casals zahlte einen hohen Preis dafür: Er gab seine engsten musikalischen Beziehungen auf und verzichtete auf den anregenden Zustrom neuer Kompositionen. Die wahren Opfer aber waren Röntgen, Moór und Tovey: Sie verloren ihren nachdrücklichsten und einflußreichsten Fürsprecher, und infolgedessen ging es mit ihrer Karriere bergab, oder sie änderte deutlich ihre Richtung. Sie starben alle, ohne eine Schallplattenaufnahme auch nur eines ihrer Werke mit Casals als Interpreten zu hinterlassen, und keiner von ihnen wurde später noch häufiger gespielt. Selbst Toveys Cellokonzert, das Ergebnis seiner erneuerten Freundschaft mit Casals in den dreißiger Jahren, kam als Aufnahme erst zweiundfünfzig Jahre nach seinem Tod wieder in den Handel.[49] Für Casals war das alles andere als eine Überraschung: »Nur die Mittelmäßigen sind ungeduldig«, hat er einmal gesagt. »Die Großen können warten.«[50]

1913 ist ein Jahr, über das Casals' Biographen nichts zu berichten wissen. Nach dem Spätherbst 1912 enthält sein Konzerttagebuch keine Eintragungen mehr, und seine regelmäßige Korrespondenz ist verstummt. Zum Frühjahrsbeginn 1913 war er in Paris, und um ihn aufzuheitern, schrieben Cortot und Thibaud, die sich gerade auf einer Tournee durch die Provinz befanden, fröhliche Briefe aus kleinen Hotels in entlegenen Orten.[51] Im Juli gab er die Villa Molitor auf, brachte seine Papiere und sein übriges Hab und Gut in einem örtlichen Lagerhaus unter und verbrachte den Sommer in San Salvador. Im Herbst besuchte er zum letztenmal das Land, das er in einem Brief an Enrique Granados als »das traurige Land, welches Rußland heißt« bezeichnete.[52] Es wurde eine sehr anstrengende Tournee, und das letzte Konzert, unter der Leitung von Rachmaninow, fand am 14. Dezember in Moskau statt. Als ob er seinen frühen Abschied von diesem Land gebührend feiern wollte, spielte Casals drei vollständige Cellokonzerte – das von Dvořák, das a-Moll-Konzert von Saint-Saëns und Davidows Zweites Cellokonzert.[53] Anfang 1914 war Casals in London und gab die letzte Reihe seiner englischen Konzerte vor dem Krieg; Mitte Februar fuhr er nach Bukarest und trat dort sowie in Budapest mehrmals auf. Aber seine Welt schien zusammengebrochen zu sein. Er hatte sein Haus aufgegeben, seine Freunde und seinen gewohnten Arbeitsrhythmus. Nichts stimmte mehr, und er litt erbärmlich darunter. Im März ließ er sich nach New York einschiffen. Es war sein erster Besuch dort seit zehn Jahren, und diesmal kam er in einem Zustand dorthin, den man nur als panisch bezeichnen kann.

Im amerikanischen Exil

1914–1918

> Mr. Casals fühlt eigentlich mit dem Kopf und denkt mit dem Herzen; und ist er damit nicht eher ein Mann der Tat als jemand, der eine Stadt erobert?
>
> *Olin Downes, März 1915* [1]

Casals war noch keine zehn Tage in New York, da heiratete er die amerikanische Sopranistin Susan Scott Metcalfe. Die Heirat war ein gewaltiger Schock für seine Familie und seine Freunde – vielleicht waren Casals und Metcalfe selbst ein wenig davon überrascht. Auf keinen Fall hatten sie sie von langer Hand vorbereitet. Die Trauung wurde am 4. April vor einem riesigen offenen Kamin im Saal des staatlichen Obersten Gerichtshofs von New Rochelle von Martin Keogh vollzogen. Es war Keoghs erste Trauung, und der Trauschein wurde anschließend zur Genehmigung an das spanische Konsulat in New York geschickt. Bei der Zeremonie waren nur ein paar von Metcalfes Verwandten zugegen, und es gab nur einen bescheidenen Empfang. Das frischgetraute Paar verbrachte kurze Flitterwochen in Washington und ging fast unmittelbar darauf nach Europa.

Die New Yorker Zeitungen berichteten am 5. April über das Ereignis, aber die meisten Freunde und Kollegen von Casals erhielten eine elegant geprägte Hochzeitsanzeige, die gleich nach der Trauung verschickt wurde. Auf der Anzeige standen die jeweiligen Adressen:

Villa Casals, San Salvador, Spanien, und 105 Neptune Avenue, New Rochelle, ein New Yorker Vorort nördlich von Manhattan, sowie parallel angeordnet die Anzeigen der Mütter von Braut und Bräutigam. Die elegante Typographie und die Stärke der Karte waren das einzig Konventionelle an diesem Vorgang. Allen, die Casals in den ersten siebenunddreißig Jahren seines Lebens gekannt hatten, schien das Ganze überhaupt nicht zu ihm zu passen, und die Verbindung als solche kam ihnen völlig unwahrscheinlich vor.

Susan Metcalfe war eines von vier Kindern eines Amerikaners und einer Schweizerin aus dem Tessin. Frank J. Metcalfe, Sohn eines wohlhabenden New Yorker Arztes, hatte seine eigene Praxis in den sechziger Jahren des vorigen Jahrhunderts in Florenz eingerichtet und in Italien geheiratet und eine Familie gegründet. Nach seinem Tod war die Familie nach New York gegangen, wo Susan 1897, etwa im Alter von achtzehn Jahren, ihr Debüt als Mezzosopran gab.[2] Im März 1904 war sie gemeinsam mit Casals in der New Yorker Mendelssohn Hall aufgetreten, und vielleicht hatten sie sich bereits früher, während Casals' erstem Aufenthalt in Amerika, kennengelernt. Susan Metcalfe war gewiß eine ernsthafte Sängerin, aber sie war doch finanziell so gesichert, daß sie nicht häufiger aufzutreten brauchte, als sie wollte. Bis 1908 gab sie jedes Jahr in New York zwei oder drei Solokonzerte und trat hin und wieder außerhalb der Stadt bei kleineren Veranstaltungen auf. Nach 1905 sang sie auch in Europa, und 1908 feierte sie ihr Londoner Debüt in der Bechstein Hall. Casals konnte ihr begegnet sein, als sie an einem der Abende von Speyers Classical Concert Society in London auf der Bühne stand, oder durchaus auch in Amsterdam, wo sie begleitet vom Concergebouw Orchestra gastierte, aber dazu gibt es keine eindeutigen Hinweise. Wir wissen nur, daß sie sich Ende 1913 in Berlin getroffen hatten, als Metcalfe nach einem Konzert von Casals hinter die Bühne kam.

Casals und Metcalfe waren dreiundvierzig Jahre lang miteinander verheiratet, obwohl sie nach 1928 voneinander getrennt lebten. Ihrer beider Leben – und bis zu einem gewissen Ausmaß auch ihrer beider Karrieren – waren zwar über fünfzehn Jahre lang eng miteinander verbunden, aber Metcalfe wird in den von Albert E. Kahn aufgezeichneten Erinnerungen nur einmal erwähnt und in dem 1954 veröffentlichten Band seiner autobiographischen »Gespräche« mit José Maria

Corredor überhaupt nicht. Weitgehend auf Casals' Wunsch hin gingen frühe Biographien auf diese Ehe nur ganz diskret nebenbei ein: Lillian Littlehales, eigentlich eine Freundin von Susan Metcalfe, erwähnte sie ganz beiläufig in ihrem Bericht über Casals' Leben, den sie 1929 veröffentlichte und der noch einmal 1948 erschien.[3] Es war wieder einmal eine Beziehung, an die sich Casals nicht gern erinnern wollte. Ungeachtet all der Jahre, in denen »Susie« in seinen Briefen erwähnt wurde und bei seinen Konzerten mit auftrat, stellt er schlicht fest: »Doch paßten wir nicht recht zusammen, und unsere Beziehung währte nicht lange ... Wir waren nicht glücklich miteinander.«[4]

Nichts gibt Mutmaßungen so reichlich Nahrung wie Zurückhaltung, zumal im Hinblick auf eine gescheiterte Ehe, und die Beziehung zwischen Casals und Susan Metcalfe hat alle möglichen Spekulationen ausgelöst. Unbestreitbar ist die Tatsache, daß es eine unbedachte, übereilte Verbindung war. Als Casals Susan Metcalfe Ende 1913 in Berlin begegnete, war er allein, deprimiert und ohne die Helfer und Freunde seiner frühen Jahre. Die beiden plauderten miteinander und ergingen sich in Erinnerungen, und sie heiterte ihn auf. Er erbot sich, ihr einige spanische Lieder für ihr Repertoire zu arrangieren, und am Ende dieses ersten Abends – so Juan Alavedra, Casals' katalanischer Freund, Kollege und Biograph – waren sie sich einig, daß sie heiraten wollten.[5] Die wenigen Freunde, die Casals in seine Pläne einweihte, versuchten es ihm auszureden. Das würde, da waren sich alle sicher, eine *malaurança* sein – ein Unglück und ein Mißgeschick. Casals hörte nicht auf sie. In seiner gedrückten Stimmung ließ er sich auf diese über 10 000 Kilometer lange Hin- und Rückreise nach New York ein, nur um Metcalfe abzuholen, sie zu heiraten und mit ihr wieder heimzukehren. Keiner von beiden konnte sich wohl ernsthafte Gedanken über die Folgen gemacht haben, und ihr übereiltes Handeln bereitete ihnen furchtbare Qualen, die ihr Leben zerstörten und sein eigenes schwer beeinträchtigten.

Oberflächlich betrachtet, hatte jeder von ihnen etwas, was durchaus anziehend auf den anderen gewirkt haben mochte. Susan Metcalfe war eine vornehme und kultivierte Frau, zwar in Italien geboren und mit Europa vertraut, aber mit einer unerschütterlichen familiären Basis und weitverzweigten privaten wie musikalischen Verbindungen in der Gesellschaft an der amerikanischen Ostküste. Sie war zweifelsohne attraktiv, zierlich, dunkelhäutig und zart wie ein Vögelchen, wenn auch ein wenig kühl und reserviert in ihrer Art. Als Sängerin fühlte sie sich in Casals' beruflicher Welt wie zu Hause, und als Amerikanerin genoß sie den Vorzug, absolut nichts mit dem Leben zu tun zu haben, das er hinter sich bringen wollte. 1914 war Susan Metcalfe fünfunddreißig, zwei Jahre jünger als Casals, und sie war unverheiratet. Wenn sie schon in der New Yorker Gesellschaft nicht den richtigen Mann gefunden hatte, so mußte sie sich als Frau eines europäischen Virtuosen von Weltrang erst recht nicht verstecken.

Und zunächst ging ja auch alles gut. Ende April 1914 traf Casals mit seiner neuen Frau in Europa ein, und sogleich fuhren sie nach Italien weiter, wo Casals für eine Konzerttournee verpflichtet war. Sie hatten sich vorgenommen, sich in London häuslich einzurichten und Casals' Möbel und seine sonstige Habe aus Paris kommen zu lassen. Ende Mai waren sie bereits in England, und Casals war bester Dinge. »Ich fange wirklich ein neues Leben an«, schrieb er an Röntgen. »Dieses Glück, das über mich gekommen ist, hat mir dabei geholfen, alle Spuren vergangener Leiden zu tilgen, und es hat mir die Ruhe gegeben, so viele wichtige Dinge in meinem Leben in Ordnung zu bringen.«[6] Aber diese heitere Gelassenheit war nur von kurzer Dauer. Der Krieg begann, und damit engte sich der Spielraum der Möglichkeiten ein. Als die Deutschen erst Belgien und dann Frankreich angriffen, hörten die musikalischen Veranstaltungen in ganz Europa nach und nach auf, und es schien doch sehr zweifelhaft, ob ein ständiges Winterquartier in London auch das richtige war. Nach einem Aufenthalt in San Salvador während der Monate September und Oktober – wobei Susan Metcalfe Casals' Heim und Familie zum erstenmal kennenlernte –, schifften sich die Casals Mitte November erneut nach New York ein. An Bord der RMS *Adriatic* schrieb Casals an Röntgen, sie wollten den Winter in Amerika verbringen – die geplante Januar-Tournee durch Rußland war natürlich nicht mehr möglich – und nach Möglichkeit im März des kommenden Jahres zurückkehren: »Wir sind so bedrückt, daß wir weder denken noch etwas tun können ... Gebe Gott, daß wir Dich bald wiedersehen und dieses Grauen ein Ende nehmen möge.«[7]

Bei Kriegsausbruch hatte sich Spanien neutral verhalten, und theoretisch gesehen war die Situation für Casals leichter als für viele seiner Freunde und Kollegen in Deutschland, Frankreich und England. Aber er konnte nirgendwo musizieren, und so sah Casals keinen Sinn darin, weiterhin in Europa zu bleiben, während das Leben der Menschen, die ihm am meisten bedeuteten, beeinträchtigt und ruiniert wurde. Schließlich hatte er ja auch eine Amerikanerin zur Frau, und so schien es nur logisch, in ihrer Heimat auszuharren, bis der Krieg in ein paar Monaten vorbei war und das Leben sich wieder normalisierte, wie viele meinten. Tatsächlich suchten viele führende europäische Künstler in Nordamerika Zuflucht – in gewisser Hinsicht wurde das Musikleben des Vorkriegs-Paris gleichsam komplett nach New York verfrachtet. Ende 1914 kam Fritz Kreisler, nachdem er zum österreichischen Militärdienst eingezogen und an der russischen Front verwundet worden war. Thibaud war eine Zeitlang als Militärkraftfahrer in Frankreich eingesetzt, aber schon bald gelangte er in die USA, zusammen mit Harold Bauer, Jan Paderewski und sehr viel später auch Eugène Ysaÿe. Für andere, die wie Adolf Busch und Bruno Walter hinter der deutschen Front festsaßen, gab es kein Entkommen.

Zweifellos war Casals furchtbar verstört und zutiefst deprimiert darüber, daß der Krieg sich nicht nur über Monate, sondern über Jahre hinzog und kein Ende nehmen wollte. Als in Paris bekannt wurde, daß der Krieg erklärt war, sah er mit Entsetzen die Wogen der kritiklosen nationalen Begeisterung hochbranden: »Militärkapellen spielten, alle Fenster waren beflaggt, bombastische Reden über Ruhm und Patriotismus erklangen. Welch makabre Maskerade!«[8] Und angesichts dieses Aufruhrs und von so viel menschlichem Elend fühlte er sich dazu gedrängt, sich noch intensiver und entschlossener seiner Musik zu widmen – vielleicht ist es in Zeiten, in denen Bosheit und Häßlichkeit Trumpf sind, noch wichtiger als sonst, all das zu pflegen, was den Menschen adelt:

> Während des Krieges waren manche so blindwütig in ihrem Haß, daß sie auch die deutsche Musik zu unterdrücken suchten. Ich aber hielt es für notwendiger denn je, die Werke von Bach, Beethoven und Mozart zu spielen …[9]

Aber man muß der Gerechtigkeit halber auch feststellen, daß der Krieg im Hinblick auf Casals' Lebensumstände zufällig gerade um diese Zeit stattfand. Er hatte entschieden mit seiner Vergangenheit gebrochen, und indem er Susan Metcalfe heiratete, stellte er besonders hohe Ansprüche an ein neues Land, neue Tätigkeiten, neue Freunde und an ein neues Leben. Der Erste Weltkrieg fiel mit einer Zäsur in seinem Leben zusammen – er hatte sie nicht geschaffen. Mehr als die Hälfte der folgenden fünf Jahre bot Amerika Casals eine musikalische wie eine persönliche Zuflucht.

Als er im Dezember 1914 wieder in New York war, stürzte sich Casals auf ein umfangreiches Konzertprogramm. Seine neue Agentur, das Metropolitan Musical Bureau, hatte für die drei Monate bis März 1915 etwa fünfzig Engagements zusammenbekommen. Es war nun schon fast zehn Jahre her, seit man Casals in den USA gehört hatte, und darum mußte er seinen Namen und seinen Ruf erst neu etablieren. Und das tat er denn auch so geschwind wie selbstbewußt. Bei einem Sonntagabendkonzert am 13. Dezember eröffnete er seine Saison mit einer aufregenden Aufführung des Cellokonzerts von Saint-Saëns und Bruchs *Kol Nidrei* an der Met, mit dem Opernorchester unter dem holländischen Dirigenten Richard Hageman. Im Februar ging er nach Boston, wo er zum letztenmal 1901 gespielt hatte, und gab zunächst ein Konzert mit Harold Bauer und dann das Lalo-Konzert mit dem Boston Symphony Orchestra unter Karl Muck. Das doch sonst so selbstbewußte und kenntnisreiche Bostoner Publikum kannte weder den Solisten noch das Konzert besonders gut, und eine ganze Sitzreihe wurde von den Musikkritikern der Stadt – darunter auch einigen der angesehensten Rezensenten in Amerika – eingenommen, die sich diese Aufführung nicht entgehen lassen wollten. Das Konzert war ein Riesenerfolg, und Casals wurde immer wieder auf die Bühne geholt. Henry T. Parker von der Zeitschrift *Transcript* verglich das Konzert mit den besten Auftritten von Paderewski und Kreisler in Boston, während Louis C. Elson vom *Globe* »einen wunderbaren Klang, eine Technik, die alles hinter sich läßt, was wir je gehört haben, und eine absolut reine Intonation« rühmte. Olin Downes, der blitzgescheite neunundzwanzigjährige Musikkritiker der *Boston Post,* rühmte an der Aufführung die »Aufhebung und Überwindung technischer Schwierigkeiten sowie die herausragende Balance von Kopf, Hand und Herz, die nur die ganz Großen unter den bedeutenden Künstlern auszeichnet«.[10]

Zwischen den Bostoner Konzerten und der Abreise nach Europa am 29. Mai gab Casals eine Reihe anstrengender Vorstellungen in New York und außerhalb – Abend-, Morgen- und Matinee-Veranstaltungen, in großen wie in kleineren Sälen. Langfristig gesehen noch wichtiger war seine Bereitschaft, während dieser Saison Aufnahmen für die Columbia Graphophone Company zu machen. 1915 waren die USA in der Welt führend, was die Grammophon-Technik betraf, und zwischen den drei großen Schallplattenfirmen entbrannte ein heftiger und immer wieder von Prozessen begleiteter Wettstreit. Dieser Konkurrenzkampf war verständlich angesichts der gewaltigen potentiellen Einkünfte: In jenem Jahr machte die Columbia einen Gewinn von zwei Millionen Dollar bei einem Umsatz von vierzehn Millionen, während die Victor Talking Machine Company einen gewaltigen Überschuß von vierzehn Millionen Dollar auf die Aktiva von einundzwanzig Millionen Dollar aufwies und dabei allein über ein liquides Bankkapital von sieben Millionen Dollar verfügte. Diese beiden Unternehmen handelten mit flachen Schallplatten, während die Thomas A. Edison Inc. noch immer auf die Zylinder setzte, welche sie in den neunziger Jahren eingeführt hatte, und damit nur einen Umsatz von neun Millionen Dollar machte.[11]

Die führende Marktposition der Victor Company beruhte weitgehend auf dem außerordentlichen Erfolg ihrer Red-Seal-Reihe von Aufnahmen berühmter Künstler. Das Unternehmen der Brüder Fred und Will Gaisberg hatte sich schon früh Exklusivverträge mit einem ganzen Schwarm führender europäischer Opernsänger gesichert und diese Künstler einem breiten Publikum nahegebracht, noch bevor sie überhaupt in den USA selbst aufgetreten waren.[12] Das herausragendste Beispiel war Enrico Caruso, den Fred Gaisberg 1901 in Mailand aufgenommen hatte: Als man anschließend bei der New Yorker Metropolitan Opera seine Stimme vernommen hatte, engagierte man den Italiener für die kommende Saison. Carusos langjährige Bindung an die Firma Victor brachte dem Unternehmen in den folgenden Jahren Millionen ein, und das führte zu einem geradezu verzweifelten Gerangel unter der Konkurrenz, denn alle wollten natürlich andere bedeutende Interpreten verpflichten. Casals wurde am 15. Januar 1915 in das New Yorker Aufnahmestudio der Columbia geholt, und so war er bis zu seinem Lebensende – ja eigentlich noch darüber hinaus

– in den USA an die Firma Columbia, ihre Tochtergesellschaften und ihre Nachfolgeunternehmen gebunden.[13]

Derartige Aufnahmen nach dem alten akustischen Verfahren waren keineswegs einfach oder schnell. Dabei mußte sich der Interpret vor einem großen, langgestreckten Trichter postieren, und seine Position mußte zunächst ständig korrigiert werden, um die Balance und Lautstärke zu regulieren. Am ersten Tag im Studio nahm Casals Elgars *Salut d'Amour*, das Largo »Ombra mai fù« aus Händels Oper *Xerxes*, eine Cellobearbeitung von Anton Rubinsteins *Melodie in F-Dur* (op. 3, Nr. 1) sowie den zweiten Satz (Adagio) von Tartinis Cellokonzert in d-Moll auf. Bei jedem Stück wurde er von einem kleinen Orchester begleitet – ein deutlicher Hinweis darauf, wie wichtig den Leuten von Columbia ihr neuer Solist war. Denn während die zeitgenössische Aufnahmetechnik mit dem Phonographen bei einer einzelnen Stimme oder einem Soloinstrument gut funktionierte, waren Ensemble- oder Orchesteraufnahmen technisch überaus problematisch. Je mehr Instrumente eingesetzt wurden, desto mehr wurde die Lautstärke jedes einzelnen zurückgenommen, und damit machte sich das Rauschen deutlicher bemerkbar.[14]

Casals bekam noch einmal ein Orchester, als er drei Tage später wieder ins Studio kam, um Bruchs *Kol Nidrei* aufzunehmen, aber danach war das nur noch selten der Fall. Bis zu den frühen zwanziger Jahren brachte eine Klavierbegleitung ein außergewöhnlich gutes Ergebnis. Am 24. und 27. Januar nahm Casals mit dem Pianisten Charles A. Baker Poppers Spanischen Tanz Nr. 2, das Stück »Der Schwan« aus Saint-Saëns' *Der Karneval der Tiere* sowie eine Romanze von Campagnoli auf.[15] Im März, April und Anfang Mai nahm Casals weitere Stücke auf, unter anderem Prélude, Sarabande und Bourrée aus Bachs Suite Nr. 3 in C-Dur. Im Laufe von acht Tagen waren es insgesamt siebzehn Stücke, und nur eine einzige Aufnahme, die der *Variations Symphoniques*, wurde als ungeeignet nicht freigegeben.

Casals' Aufnahmen aus dem Jahre 1915 wurden – auf neun separaten Schallplatten – zum erstenmal zwischen April 1915 und April 1916 herausgebracht. Achtunddreißig Jahre später wurden sie noch einmal auf Langspielplatten gepreßt und zusätzlich zu den Aufnahmen der Prades-Festspiele von 1953 angeboten. Diese frühen Aufnahmen zeichnen sich durch ein forsches Selbstbewußtsein des

Interpreten aus: Casals war immerhin schon achtunddreißig und ein altgedienter, weltweit bekannter Solist. Das Repertoire war relativ oberflächlich: Das Publikum wollte kurze romantische Stücke, die mit viel Gefühl vorgetragen wurden. Im April 1916 hielt sich Casals noch einmal vier Tage im New Yorker Studio der Columbia auf, wo er vierzehn weitere Stücke aufnahm, unter anderem Bachs *Air auf der G-Saite,* Schumanns *Abendlied* und Goltermanns Kantilene aus dem Cellokonzert in a-Moll (op. 14), die alle mit üppigen *portamenti* und *glissandi* gespielt wurden. Zwischen 1915 und 1924 nahm er über fünfzig verschiedene kürzere Stücke für die Columbia auf, wofür er über dreißig Tage im Studio verbrachte. Casals gab hier gewissermaßen sein Programm aus dem Café Tost zum besten, und erst 1926 gelang es Fred Gaisberg, der damals bei der Plattenfirma His Master's Voice arbeitete, ihn dazu zu bewegen, bedeutendere Stücke aus dem Cellorepertoire aufzunehmen. Casals begnügte sich damit, Aufnahmen zu machen, wenn er darum gebeten wurde, aber er hatte nie den Ehrgeiz, eine Schallplattenkarriere anzustreben. Für ihn war das etwas Marginales – weit weniger wichtig als Live-Auftritte –, und erst mit fünfzig machte er, zusammen mit Cortot und Thibaud, seine ersten ernsthaften, langen Aufnahmen. Allerdings ist es eine Ironie des Schicksals, daß Casals' weltweiter Ruhm (und gewiß auch sein Einkommen) langfristig gesehen eher auf seinen Studioaufnahmen beruhte und eher dem riesigen Markt, den sie bedienten, zu verdanken war als seinen Bühnenauftritten.

Bis dahin hatte Casals den Krieg einigermaßen gut überstanden. In New York wurde der Konflikt in Europa als weit entfernte Tragödie empfunden. In San Salvador schien er schon näher zu sein, aber noch keine unmittelbare Bedrohung darzustellen. Anfang 1916 allerdings nahm der Krieg plötzlich und gewaltsam Gestalt an in Casals' Leben. Nachdem er mit Susan den Sommer und Herbst 1915 in Spanien verbracht hatte, waren sie Mitte Dezember erneut in Amerika. Casals nahm seine Konzerttätigkeit wieder auf, wobei ihn die Anwesenheit seiner Freunde Enrique und Amparo Granados in New York beglückte. 1914 hatte Granados von der Pariser Oper den Auftrag erhalten, eine Reihe seiner Klavierkompositionen, zu denen ihn sechs Bilder von Goya inspiriert hatten, für eine Oper zu bearbeiten. Als der Krieg ausgebrochen war, übernahm die Metropolitan Opera das Projekt, und die *Goyescas* sollten in New York am 28. Januar 1916 uraufgeführt werden. Granados sprach kaum Englisch und hatte keine Ahnung von der amerikanischen Theaterpraxis; Casals lotste ihn durch die Proben, die Presseinterviews und den ganzen Rummel, der die Premiere der ersten Oper begleitete, die in New York auf spanisch gesungen wurde. Das Ereignis war ein berauschender Erfolg, und Granados wurde eingeladen, für Präsident Woodrow Wilson am 9. März im Weißen Haus zu spielen. Zwei Tage danach schiffte er sich mit seiner Frau nach England ein, von wo sie weiter nach Spanien fahren wollten. Als sie am 24. März den Ärmelkanal von Folkestone nach Dieppe überqueren wollten, wurde ihr Schiff, die *Sussex,* von einem deutschen U-Boot versenkt. Im Alter von achtundvierzig Jahren, kurz vor seinem internationalen Durchbruch, starb Granados. Mit seinem Tod war, wie es Casals formulierte, »der reinste musikalische Ausdruck der spanischen Seele« dahingegangen.[16]

Casals war Pate eines der sechs Waisenkinder von Granados und veranstaltete ein Gedächtniskonzert zu ihren Gunsten, das die beachtliche Summe von 11 000 Dollar einspielte.[17] Dieser Konzertabend am 7. Mai in der Met gilt heute als legendäres Ereignis. Im Mittelpunkt stand eine Aufführung von Beethovens »Erzherzogs-Trio« durch Paderewski, Kreisler und Casals, und dabei sahen sich Casals und Paderewski zum letztenmal. Jeder von ihnen spielte auch solistische Werke und begleitete die Sänger John McCormack, María Barrientos und Julia Culp. Das Konzert schloß mit dem Trauermarsch aus Chopins b-Moll-Sonate. Alle Lichter im Saal wurden gelöscht – bis auf eine einzige Kerze, die auf dem Flügel flackerte, als Paderewski spielte.[18]

Nach dem Schock von Granados' Tod sowie der Nachricht, daß Emanuel Moórs Neffe im Juli gefallen war, verschob Casals die Abreise für seine inzwischen gewohnte Sommerreise nach Europa bis August. Als er sich via London an Bord der *Touraine* einschiffte, war Susan Metcalfe Casals nicht bei ihm. Unter dem schwachen Vorwand, sich auf ihre bevorstehende Konzertsaison vorbereiten zu müssen, blieb sie den Sommer über im Landhaus der Metcalfes in Stockbridge, in den Berkshires von Massachusetts, und verbrachte den Herbst in New York. Casals war fünf Monate lang weg und kehrte erst im Januar 1917 zurück. Bis dahin waren sie kaum voneinander getrennt gewesen. Ein klares Anzeichen also, daß irgend etwas in ihrer Beziehung nicht mehr stimmte.

Susan Metcalfe war keineswegs eine Künstlerin ersten Ranges, auch wenn ihr Gesang sehr gewählt und ihr Vortrag makellos war. In den ersten beiden Jahren ihrer Ehe hatte Casals sie nach Kräften unterstützt, indem er mit ihr gemeinsam in öffentlichen Konzerten auftrat und sie auf dem Cello oder bei privaten Hausmusikabenden bei New Yorker Freunden auf dem Klavier begleitete. Er erweiterte ihr Repertoire, unter anderem um ein Dutzend Lieder von Moór, und gab ihr zweifellos nützliche Hinweise für ihren Interpretations- und Vortragsstil. Es schien eigentlich gut zu funktionieren. Zu Beginn ihrer Karriere hatten Metcalfes Kritiker ihre »schlanke« Stimme gelobt, aber die Techniken mißbilligt, mit denen sie sie zu erweitern suchte. Der *New York Telegraph* hatte 1907 festgestellt, daß »ihre ein wenig wuchtige und überforcierte Stimme bemerkenswert gut ist, ihre Technik hingegen bemerkenswert schlecht. Sie opfert alles auf dem Altar einer einzigen guten Note«.[19] Fast zehn Jahre später, bei einem Konzert am 8. Januar 1916 in der Aeolian Hall, dirigierte Casals das New York Symphony Orchestra, und seine Frau sang Arien von Händel und Mozart. Dieses Engagement hätte Metcalfe allein nicht bekommen. Diesmal berichtete die *New York Times*, daß »Mrs. Casals mit einer reiferen und vollendeteren Kunst singt«, und der Rezensent rühmte ihre verbesserte Intonation und ihre sicherere Beherrschung aller Register.[20]

Im Mittelpunkt ihrer Verbindung stand natürlich Casals' eigene Karriere, obwohl es sich immer mehr herausstellte, daß Susan nicht ganz begriff, was das bedeutete. Zunächst bot sie ihm eine gesellschaftliche Basis in New York und wichtige Verbindungen in der Musikszene. Wann und wie oft das Paar zwischen den einzelnen Wohnsitzen pendelte – von ihrer New Yorker Wohnung an der East 96th Street nach Stockbridge, San Salvador oder dem Haus der Casals in der Diagonal 440 in Barcelona –, wurde vom *New Yorker Social Register* getreulich festgehalten, und zwar unter dem Namenseintrag von Susans Mutter. Und durch Susan kam die Verbindung zwischen Casals und der amerikanischen Philanthropin und Musikmäzenatin Elizabeth Sprague Coolidge zustande, deren finanzielle Unterstützung und künstlerische Anregung eine wichtige Rolle bei seinen Amerika-Tourneen zu Beginn der zwanziger Jahre spielten und die ihm bis zu ihrem Tod im Jahre 1953 eine gute Freundin und Wohltäterin blieb.[21]

Aber was Susan ganz und gar nicht gefiel, waren die langen Sommer, die sie in Spanien verbrachten: Zwischen der New Yorker Upper East Side oder den schicken Berkshires und einem Fischernest in der Nähe von Barcelona lagen Welten. Auch wenn die Metcalfes eine ungewöhnlich kosmopolitische Familie waren und Susan fließend Italienisch sprach, machte ihr das den Sprung ins ländliche Katalonien nicht gerade leichter. Sie hatte Probleme mit dem Klima in San Salvador, und da sie kein Katalanisch sprach, hatte sie auch keine Möglichkeit, sich direkt mit ihrer dominierenden Schwiegermutter und den anderen Familienangehörigen von Casals zu unterhalten. Tovey hatte während seines Besuches im September 1912 geschrieben:

> Dieser Ort und das Haus [sind] ganz einfach, schlicht und anrührend ... Diese lieben Menschen ... verstehen kaum Französisch. Madame mère Casals ist eine sehr stille kleine alte Dame, zwischen deren Sonnenbrillengläsern, die ihr Gesicht fast ganz bedecken, Pablos Nase hervorstößt; Luis, der Bruder ... ist ein sehr netter Junge und macht sich bei allen praktischen Angelegenheiten überaus nützlich. Aber meist spielt sich die Unterhaltung auf katalanisch ab.[22]

Zwei Sommer später mußte die Vorstellung als neue Frau des verehrten Sohnes von Katalonien für Susan Metcalfe so etwas wie ein Kulturschock gewesen sein. Sie kam zwar im darauffolgenden Jahr wieder und verbrachte – von 1916 abgesehen – all die Jahre bis 1929 zum beträchtlichen Teil in Spanien, aber sie fühlte sich in Casals' Heimat nie richtig wohl und war infolgedessen bei seiner Familie und seinen katalanischen Freunden auch nie beliebt. Enrique Casals brachte es in seinen Erinnerungen an den Bruder so großmütig wie genau auf den Punkt: »Wie Casals schätzte auch Susan ihre Familie und ihr Land über alles. Und während Casals in Katalonien bei seiner Mutter und seinen Brüdern sein wollte, wollte sie bei den Ihren sein.«[23] Daß sich seine Frau und seine Familie in jeder Hinsicht nichts zu sagen hatten, war eigentlich vorauszusehen gewesen – nur nicht für Casals. Er litt unter dieser Kluft psychisch wie physisch, und seine Leiden wurden erst gelindert, als sie sich über ein Jahrzehnt später trennten. In den Jahren davor deutete alles darauf hin, daß Casals und Metcalfe einander wirklich zugetan waren und sich gegenseitig achteten, aber dieses Einvernehmen wurde durch ihren gegensätzlichen Background und die Unvereinbarkeit ihrer Erwartungen zerstört.

Als Casals im Januar 1917 wieder in New York war, stürzte er sich auf ein anspruchsvolles Konzertprogramm: »Inmitten des kriegerischen Wahnsinns verdanke ich es doch wohl vor allem meiner Musik, daß ich nicht verrückt wurde.«[24] Aber wie schon zehn Jahre zuvor in Europa schien es ihn nun geradezu nach einem fürchterlich anstrengenden Tourneeprogramm zu drängen, das ihn weit weg von zu Hause zu strapaziösen Reisen nötigte, auf denen er jede Nacht in Hotels verbrachte. Und wie früher stand er dabei kurz vor dem physischen und psychischen Zusammenbruch. Wieder deutete alles darauf hin, daß er unglücklich war, diesmal vor Frustration angesichts eines Krieges, der ihn weiterhin von seiner Familie und von der Karriere abschnitt, die er in Europa gemacht hatte, eines Krieges, der kein Ende zu nehmen schien. Es war schon vier Jahre her, seit er letztmals mit Cortot und Thibaud aufgetreten war, und über drei Jahre, seit er anderswo in Europa als in Spanien auf Tournee gegangen war. Und nachdem er seit 1914 die meiste Zeit des Jahres in den USA verbracht hatte, war dies auch längst kein Abenteuer mehr.

Im Spätsommer 1917 fuhr Casals wieder nach San Salvador, trat in der Schweiz auf und gab zwei Konzerte in Madrid, ehe er im Dezember wieder nach New York zurückkehrte.[25] Anfang 1918 ging er mit seinem alten Freund Harold Bauer als Solist mit den New Yorker Philharmonikern auf Tournee. Als die USA 1918 offiziell in den Krieg eintraten, gab Casals bereitwillig Benefizkonzerte zugunsten des Roten Kreuzes und anderer Wohlfahrtsorganisationen und gründete mit Bauer, Kreisler und John McCormack in New York die Beethoven Association, womit sie sich gezielt gegen die zunehmend lauter werdenden Rufe nach einem Boykott deutscher Musik wandten. Im späten Frühjahr 1918 gingen Casals und Susan noch einmal nach Europa, um den Sommer in San Salvador zu verbringen, und als sie wieder zurückkehrten, war der Krieg vorbei – am Tag des Waffenstillstands, dem 11. November 1918, liefen sie in den Hafen von New York ein.

Teil III
Der Held

Barcelona

1919–1931

Wenn ich bisher schon glücklich war, das Cello kratzen zu dürfen, stelle Dir vor, wie glücklich ich sein werde, wenn mir das größte aller Instrumente zur Verfügung stehen wird – das Orchester!

Pablo Casals[1]

Der Krieg hatte Casals Gelegenheit gegeben, der Vergangenheit zu entfliehen. Als er vorbei war, wollte Casals das Leben nicht wiederaufnehmen, das hinter ihm lag. Zwanzig Jahre lang war er nun schon unterwegs gewesen und hatte bis zur Erschöpfung gespielt – allein in den vergangenen fünf Jahren hatte er den Atlantik elfmal überquert, zusätzlich zu den regelmäßigen Konzertreisen innerhalb von Amerika. Mit Zweiundvierzig brauchte er mehr Stabilität und ein ständiges Zuhause. Mit Paris verbanden ihn zu viele Erinnerungen: Es »war Teil einer Vergangenheit, die, wie ich wußte, für immer dahin war«.[2] Auch London weckte in ihm unangenehme Assoziationen. Also beschloß Casals, nach Spanien zurückzukehren und in Barcelona einen eigenen Hausstand zu gründen.

Aber zunächst mußte er noch seine verbleibenden amerikanischen Engagements erfüllen. Anfang Januar 1919 fuhr er mit Susan Metcalfe nach Mexiko, ein Land, das ihm sehr viel später einmal eine Menge bedeuten würde. Beide sollten während eines vierwöchigen Aufenthalts eine Reihe von Konzerten geben. Das erste dieser vierzehn Konzerte fand am 10. Januar in Mexico City statt, mit dem Städtischen Sinfonieorchester unter der Leitung von José Rocabruna, der zweiter Geiger beim Crickboom Quartett gewesen war, als Casals fünfundzwanzig Jahre zuvor dazugestoßen war. In Mexiko gab es gerade politische Unruhen, aber Casals fühlte sich so sicher, daß er sich von seiner Neugier besiegen ließ und einen Ausflug in die Wälder der Sierra Leone unternahm, der nicht ungefährlich war. Er wurde dann auch von Zapatas Guerilleros angehalten und zurückgeschickt. Zufällig weilte zur gleichen Zeit die berühmte Tänzerin Anna Pawlowa in Mexico City. Während einer Aufführung von *Der sterbende Schwan* im Teatro Arbeu im Februar begab sich Casals hinter die Bühne und übernahm nach vorheriger Absprache mit dem ersten Cellisten den Solopart in Saint-Saëns' berühmter Begleitmusik – zur entzückten Überraschung der Pawlowa und des Impresario Diaghilew.[3] Als er wieder in New York war, gab Casals seine letzten Konzerte in dieser Saison – unter anderem auch eine Aufführung von Rachmaninows Cellosonate unter der Leitung des Komponisten, am 14. April im Bohemian Club –, ehe er sich nach Europa einschiffte.[4]

Das Barcelona, in das Casals 1919 kam, unterschied sich erheblich von der Stadt, in der er zwanzig Jahre zuvor noch gelebt hatte. Es war größer, reicher geworden, es lebten viel mehr Menschen hier, und die Politik der Stadt war unberechenbarer geworden. Vor allem aber hatte sich hier eine ganz neue Kunst und Kultur entfalten können: Katalonien hatte in den letzten Jahren des 19. Jahrhunderts den *modernisme* entdeckt, den kulturellen Ausdruck einer neuen, nationalen katalanischen Renaissance. Zunächst manifestierte sie sich überwiegend in der Literatur und in der Kunst. Aber die Krise, in die der spanische Staat im Anschluß an die Niederlage gegen die USA im Jahre 1898 geraten war, sowie der demütigende Verlust seines Weltreichs – zu einer Zeit, da die übrigen großen europäischen Staaten gerade ein neues errichten wollten – ermöglichten es der geschäftstüchtigen Mittelschicht von Barcelona, sich dem *modernisme* zu öffnen, ohne sich lächerlich zu machen. Dieser *modernisme* umfaßte, wie es Manuel Vázquez Montalbán formulierte, »nicht nur Architektur, Bildhauerei und Malerei, sondern bezeichnete eine bestimmte Sicht auf das Leben und die Geschichte, die im Grunde bürgerlich und durch und durch katalanisch war«.[5] Die wohlhabende Mittelschicht von Barcelona engagierte sich besonders für die modernistische Baukunst, so daß sich das architektonische Antlitz der Stadt innerhalb von gut zwanzig Jahren unübersehbar veränderte. Natürlich war der *modernisme* nicht plötzlich hereingebrochen, während Casals nicht hingeschaut hatte – vielmehr waren einige seiner frühen Vertreter wie die Maler Ramón Casas und Santiago Rusinyol Casals' Freunde gewesen, für die er sich eingesetzt hatte. Aber der *modernisme* manifestierte sich doch am augenfälligsten gerade in den Jahren zwischen 1900 und 1912, und das war genau die Zeit, in der Casals ganz besonders intensiv seiner musikalischen Reisetätigkeit in aller Welt nachging. Nun konnte er in Barcelona die überragenden neuen Werke der drei bedeutendsten Architekten des katalanischen *modernisme* bewundern: das Hospital de Sant Pau von Lluís Domènech i Montaner, die Casa Amatller von Josep Puig i Cadafalch und die atemberaubenden Meisterwerke von Antonio Gaudí – den Palau Güell, die Casa Milà und vor allem den hochaufragenden, aber noch unvollendeten Templo de la Sagrada Familia. Das Charakteristischste an diesen beachtlichen modernistischen Bauten war ihre massive, schwere und rationale Struktur, über die eine exzessive neogotische Ornamentierung, mit starken arabischen Einflüssen, gebreitet zu sein schien. Rein optisch war es eine geistreiche Parodie auf die übertriebene Hinwendung zum Mittelalter, aber in emotionaler Hinsicht drückte sich darin das Bekenntnis zu den historischen Wurzeln von Katalonien sowie ein unverkennbarer kultureller Separatismus aus.[6] Die katalanische modernistische Architektur hob sich unübersehbar vom Baustil in Granada oder Sevilla ab, und genauso war es auch gemeint.

1919 hatte der Stil des *modernisme* seinen Höhepunkt bereits hinter sich. Gaudí beispielsweise fühlte sich längst nicht mehr dieser Tradition verpflichtet. Aber ihre besondere Dynamik, ihr Elan waren ebenso noch spürbar wie ihr nationalistisches Anliegen, und das konnte Casals nicht entgehen. Er war ja unmittelbar davon umgeben. Nur wenige Meter von seinem Haus entfernt befand sich an der Diagonal, der Hauptstraße von Barcelona, Puig i Cadafalchs Casa Terrades, »das Haus der Punkte«, ein üppig verziertes hochgotisches Gebäude, dessen einen Giebel der Architekt mit einer Inschrift versehen hatte: »Schutzheiliger Kataloniens, gib uns unsere Freiheit zurück.«[7] Aber den entscheidenden architektonischen Eindruck machte auf Casals der Palau de la Música Catalana, der Palast der katalanischen Musik. Dieser Wagnerianische Konzertsaal, bei dem neben Gaudís Casa Milà der katalanische *modernisme* seine schwelgerischsten Triumphe feierte, war von Domènech für den Orfeó Català erbaut und 1908 vollendet worden. Der Orfeó war eine Chorgesellschaft, die 1891 von Lluís Millet und Amadeu Vives, zwei Musikern Anfang Zwanzig, gegründet worden war und das Werk des großen Erneuerers der katalanischen Musik in den sechziger Jahren, Josep Anselmo Clavé, weiterführen sollte. Millet und Vives wollten mit Hilfe des traditionellen Liedguts und der Volksmusik die arbeitende Bevölkerung zur klassischen Musik hinführen. Der Orfeó hatte ein ausgesprochen sozialistisches Programm, und alles Elitäre und Herablassende war hier verpönt. Wie die meisten sozialistischen »Bildungsprogramme« war jedoch auch dieses zumindest teilweise sowohl elitär wie herablassend. Und Domènechs Palau, dieses Auftragswerk des Orfeó, war seine heroischste und am meisten einschüchternde Manifestation. Das also war der Konzertsaal, in dem Casals einen Großteil der nächsten siebzehn Jahre verbringen sollte.

Robert Hughes schreibt über dieses Denkmal für Clavé und seine Bemühungen um die katalanische Kultur: »Der *Palau de la Música Catalana* steckt voller Allegorien, innen und außen, wie ein Buch, in dem die Ideale und Werte des Katalanismus geschrieben stehen.«[8] Auf konzentrierte Weise kommen hier die Grundzüge einer wiederbelebten Hochgotik zum Ausdruck: Höhe, Farbe, übertriebene und zugleich didaktische Verzierungen und vor allem Kaskaden von Licht. Mit Hilfe riesiger bunter Glasflächen hatte Domènech »im Grunde ein von Tageslicht erfülltes Glasgehäuse« geschaffen. In diesem großartigen Raum, unterhalb des spektakulären Proszeniums des Palaus, dirigierte Casals als Vierzig- und Fünfzigjähriger also seine bedeutendsten Aufführungen, und hier erlebte er den Teil seiner Laufbahn, den er später als den »fruchtbarsten meines ganzen Lebens« ansah.[9] Die Symbolik mag etwas dick aufgetragen wirken, trifft es aber genau: Casals war zwei Jahrzehnte lang fortgewesen, und nun kehrte er zurück, um das Erbe des ganzen Spektrums des katalanischen kulturellen Nationalismus anzutreten und vielleicht sogar eine führende Rolle als Verwalter dieses Erbes zu spielen – und zwar in dem Augenblick, da der *modernisme* gerade seinen Niedergang erlebte. Ende der zwanziger Jahre hieß es, der Palau solle abgerissen werden, und die Einheimischen hatten ihn in Palau de la Quincalleria Catalana umbenannt – Palast des katalanischen Schrotts. Aber Casals liebte das Bauwerk. (1971 wurde es endlich zu Recht zum nationalen Denkmal erklärt.) Selbst wenn ihm der Begriff *modernisme* fremd war, blieb Casals sein Leben lang den Grundwerten dieser Bewegung der Jahrhundertwende verpflichtet – und entfernte sich nicht allzu weit davon. Seine Interpretation der Werke von Bach oder Beethoven beispielsweise beruhte auf einer fast puritanischen Beherrschung formaler Strukturen, angereichert durch einen Sinn für Verzierungen, der direkt auf dieses kulturelle Erbe zurückging. »Freiheit und Ordnung ... Phantasie und Ordnung« – damit umschrieb er sehr oft seine Ziele, im Leben wie in der Musik. Es war die katalanische Weltsicht in nuce.

Wie viele große Cellisten litt auch Casals zuweilen unter den begrenzten Möglichkeiten seines Instruments: »Das Cellospiel allein«, bekannte er ein wenig überraschend in seinen Erinnerungen, »konnte mich nie ganz befriedigen.«[10] Das lag zum Teil schlicht am beschränkten Repertoire für das Cello als Soloinstrument, zum Teil an der schieren immer wiederkehrenden körperlichen Anstrengung eines Soloauftritts. Nachdem er im Anschluß an eine zwanzigjährige internationale Karriere wieder in Barcelona Fuß gefaßt hatte, begann Casals nach einem zusätzlichen musikalischen Betätigungsfeld Ausschau zu halten. Anfangs wollte er die beiden bereits bestehenden Orchester in Barcelona unterstützen – das staatlich subventionierte Städtische Orchester und das Orchester der Oper, des Gran Teatre del Liceu –, damit sich zumindest ein hauptberuflich tätiges Sinfonieorchester bilden konnte, wie es die katalanische Hauptstadt verdiente. Zu seiner naiven Überraschung erwies sich das musikalische Establishment der Stadt als abweisend und feindselig, wobei besonders Lluís Millet vom Orfeó Català abblockte: Es gebe nicht genügend Talente, hieß es, auch das Publikum verlange gar nicht so sehr nach guter Musik, und eine neue Initiative würde nur den bereits existierenden Institutionen schaden.

Casals sah in dieser Abfuhr eine Herausforderung und setzte alles in Bewegung, um das Orquestra Pau Casals zu gründen. Er erkundigte sich beim Musikerverband, wie hoch die Einkünfte der Musiker in den bestehenden Orchestern waren, und erklärte sich bereit, sie zu verdoppeln. Mit Hilfe von Domènec Forns, einem Professor am Konservatorium von Barcelona, machte er die besten Streicher, Blech- und Holzbläser der Stadt ausfindig und engagierte sie für zwei Saisons von sechs Wochen pro Jahr.[11] Da sechsundsechzig seiner Musiker vom Orchester des Liceu kamen, stimmte Casals seine Programme auf die Frühjahrs- und Herbstsaison der Oper entsprechend ab. Die übrigen zweiundzwanzig Musiker wurden bei einem öffentlichen Vorspielen in der Musikakademie ermittelt, die Enrique Casals in der Rambla de Cataluna eröffnet hatte. Die meisten Mitglieder des neuen Orchesters waren Berufsmusiker; nur ein paar hatten keine Orchestererfahrung. Alle wurden auf der Grundlage von Casals' Einschätzung ihrer musikalischen Fähigkeiten eingestellt. Und nahezu jeder von ihnen war Katalane. Enrique sollte der Orchesterleiter sein, unterstützt von Enrique Ainaud, einem Jugendfreund von Casals, als Konzertmeister. Ein anderer Freund, Bonaventura Dini, wurde erster Cellist, sein siebzehnjähriger Neffe gehörte zu den zweiten Geigern. Schwierigkeiten gab es nur bei der Besetzung der Blechbläser, und zwei der vier Hornisten des Orchesters mußten aus Paris importiert werden, zumindest für die ersten paar Saisons. Aber Ende 1919 war die Auswahl abgeschlossen, und Casals brach zu seiner ersten Nachkriegstournee in Amerika auf – er hatte fest vor, nach der Rückkehr im kommenden Frühjahr mit seinem neuen Orchester erstmals zu proben.

Allerdings gab es ein viel dringlicheres Problem: Geld. Casals hatte erwartet, daß sein Ruhm in Verbindung mit der allgemeinen Begeisterung für ein ausgesprochen katalanisches Projekt beträchtliche finanzielle Mittel lockermachen würde. Aber das geschah nicht. Von seiner eigenen Familie und einigen guten Freunden abgesehen, unterstützten ihn nur wenige. Die einheimische Aristokratie und die wohlhabendsten Vertreter der Geschäftswelt von Barcelona wurden durch eine kritische Presse und die feindselige Einstellung der konkurrierenden Musikinstitutionen abgeschreckt. In gewisser Hinsicht hatte Casals den Hunger der Stadt nach Kultur tatsächlich überschätzt: Barcelona war eben nicht Paris, London oder Wien. Die Nachfrage mußte erst geschaffen werden – man konnte sie nicht einfach voraussetzen. Casals benannte das Orchester ganz bewußt nach der katalanischen Form seines Namens – Orquestra *Pau* Casals – und berief ein Direktorium, das die Verwaltung beaufsichtigen sollte. Sein Freund Joaquim Pena i Costa wurde der Generalsekretär des Orchesters, Felip Capdevila i Donato sein Schatzmeister; Capdevilas Frau Franchisca, eine Cellolehrerin, wurde die organisatorische Seele des Unternehmens. Um die nötigen Mittel zusammenzubekommen, veranstaltete das Direktorium eine Kampagne zur Gewinnung von »Abonnements-Mitgliedern«, wobei man besonders an einer Gruppe von »Protegés« interessiert war – dem *patronat* –, die bereit waren, zur Sicherung der Kosten des Orchesters den doppelten Beitrag zu bezahlen. Casals war ein wohlhabender Mann und hatte daran gedacht, etwas Geld in sein Orchester zu stecken. Aber er hatte nicht damit gerechnet, daß er es voll und ganz subventionieren mußte. Als das Orchester Erfolg hatte, bekam es vom Stadtrat einen kleinen jährlichen Zuschuß. Aber in den ersten acht Jahren, in denen das Orquestra Pau Casals bestand, mußte Casals selbst am Ende jeder Saison das Defizit ausgleichen. Es belief sich auf etwa 500 000 Peseten pro Jahr – insgesamt betrugen seine Gesamtinvestitionen also umgerechnet fast eine halbe Million Dollar.

Im Frühjahr 1920 hielt sich Casals ausschließlich in Amerika auf, wobei er auch eine anstrengende Tournee von einundvierzig Konzerten absolvierte und acht Tage – zwischen dem 21. April und dem 5. Mai – für Aufnahmen im New Yorker Studio der Columbia verbrachte.[12] Als er wieder in Barcelona war, begann er sogleich mit der ersten sechswöchigen Saison, in der er mit dem Orchester probte und Konzerte gab. Aber am Abend der ersten Probe Anfang Juni brach Casals vor Erschöpfung und nervlicher Anspannung zusammen. Die ganze Enttäuschung über die Reaktion der Stadt gegenüber seinen Plänen zur Gründung eines Orchesters, dazu der monatelange Streß, der mit der Organisation verbunden war – all das führte zu einer Iritis (*Uveitis anterior*, wie der medizinische Fachausdruck lautete), einer Netzhautentzündung an beiden Augen. Die damalige Behandlungsmethode, bei der unter anderem wiederholt Milch injiziert wurde, führte sicherlich dazu, daß diese Entzündung chronisch wurde; eine Folge davon waren zweifellos die rasenden Kopfschmerzen, unter denen Casals noch viele Jahre danach litt. Erst nach vier Monaten konnte er wieder mit dem Dirigieren beginnen. In der Zwischenzeit fanden sich die Musiker – eine kostspielige, aber ehrenwerte Geste – regelmäßig zu den Probenzeiten ein: am Nachmittag um 14.30 Uhr und abends um 21.45 Uhr, wobei sie einzeln übten, über Musik diskutierten oder sich im Höchstfall an den vorbereitenden Proben unter der Leitung von Enrique beteiligten. Erst Anfang Oktober, nach den Sommerferien, fühlte sich Casals stark genug, wieder selbst zu dirigieren. Bei der ersten richtigen Probe ließ er das Orchester den vertrauten »Walkürenritt« aus Wagners *Walküre* in einem Durchgang spielen – um den Musikern zu zeigen, wie gut sie das Werk kannten – und ging unmittelbar im Anschluß daran Takt für Takt mit ihnen gewissenhaft durch – um ihnen zu zeigen, daß ihnen das Stück eben doch noch nicht richtig bekannt war.

Das Eröffnungskonzert des Orchesters fand am 13. Oktober in Domènechs Palau de la Música Catalana statt. Das Publikum in dem großen, aber nicht vollbesetzten Saal – Casals behauptete später, seine Gegner hätten ihn zu boykottieren versucht[13] – erlebte eine von Bachs Orchestersuiten in D-Dur, Beethovens Siebte Sinfonie, Ravels Ballettsuite *Ma mère l'oye* und Liszts Sinfonische Dichtung *Ideale*. Die Noten für diese Stücke hatte Casals alle von Hans Richters Witwe nach dem Tod des berühmten Dirigenten erworben.[14] Bei den folgenden vier Konzerten der Saison führte das Orchester Werke von Beethoven, Mozart, Mendelssohn, Schubert und Strauss auf, dazu noch Emanuel Moórs Improvisationen für Orchester sowie zwei *sardanas* von Juli Garreta, dem autodidaktischen katalanischen Komponisten, dessen Kompositionen neben denen von Granados, Albéniz und de Falla Casals mit großem Stolz spielen ließ.[15] Eines der frühen Konzerte wurde in Zusammenarbeit mit der Associació de Musica »Da Camera« de Barcelona veranstaltet, einer Kammermusikvereinigung, für die Casals früher schon gespielt hatte. Der Orfeó Gracienc, ein Chor aus der benachbarten Vorstadt de Gracia, erklärte sich bald bereit, mit dem Orchester aufzutreten, während der Orfeó Català weiterhin jede Zusammenarbeit verweigerte. Es dauerte schon sehr lange, bis die Stadt, die Casals meinte ehren zu müssen, dieses Orchester wirklich annahm. Die Tatsache, daß er die ganze Last der Verantwortung für das Orchester allein tragen mußte, hatte natürlich auch ihr Gutes: Casals konnte es so leiten, wie er wollte. Er konnte die Werke aufführen, die er mochte, die Komponisten fördern, die er bevorzugte, und die Solisten engagieren, die er schätzte. Und er konnte mit seinen Musikern so gründlich und so oft proben, wie er es wünschte. Casals stellte hohe Anforderungen an die musikalische Darbietung wie an die

Disziplin. Die Proben begannen pünktlich, und jedes Orchestermitglied hatte zu erscheinen – es gab keine Ersatzleute, nicht einmal für die ersten Musiker. Und selbst diejenigen, die bei einem bestimmten Werk nicht mitwirkten – ziemlich oft beispielsweise der Harfenist oder der Kontrafagottist –, waren bei allen Proben zugegen und saßen nötigenfalls in der ersten Reihe im Saal. Und schon bald merkten die Musiker des Orquestra Pau Casals – wie die der Orchester in Prades, Puerto Rico und Marlboro nach ihnen –, daß Proben für Casals nicht einfach eine Vorbereitung auf eine öffentliche Aufführung darstellten. Sie boten vielmehr Gelegenheit zur kollektiven Erkundung bedeutender Werke der Musik, zum Verständnis ihrer »inneren Bedeutung« und zur Suche nach den zufriedenstellendsten Mitteln, sie darzubieten: »›Betrachten Sie es bitte als großes Privileg‹, sagte ich den Musikern, ›daß wir Meisterwerke zu tönendem Leben erwecken dürfen. Aber wir haben alle auch eine große Verantwortung. Uns obliegt es, diese Meisterwerke mit äußerster Integrität zu interpretieren.‹«[16]

Schon vor 1920 hatte Casals die Gelegenheit wahrgenommen, in verschiedenen Ländern Orchester zu dirigieren, wenngleich er keinesfalls ein erfahrener Dirigent war. Im Gegensatz zu heute war es damals weniger üblich, daß Solisten den Sprung aufs Dirigentenpodium vollzogen, und im Zeitalter der legendären Maestros des späten 19. und frühen 20. Jahrhunderts wurde das eher als Vermessenheit betrachtet. Für Casals hatte das allerdings nichts mit Vermessenheit zu tun. Ihn interessierte ausschließlich die Aufführung von Musik, und ein Orchester war genauso wie das Cello ein Instrument, mit dem man sie aufführen konnte. In Casals' Wunsch zu dirigieren verbarg sich keine narzißtische Eitelkeit – dahinter steckte vielmehr die Gewißheit, daß er genau wußte, wie er das anfangen sollte. Auch wenn er immer wieder begeisterte Kommentare über das »kooperative« Wesen des Orchesterspiels abgab, war er keineswegs ein Verfechter der Ideologie der kollektiven musikalischen Interpretation. Casals hatte das Orchester künstlerisch absolut im Griff, und seine Musiker begriffen schnell, wie unklug es war, einen anderen Kurs durchdrücken zu wollen. Und auch wenn er kein Dirigent war, der sich als affektierter Star genierte, war es doch stets ziemlich klar, wie es einer seiner Musiker einmal formuliert hat, »wann sich ein Gewitter zusammenbraute«.[17]

Während seines ganzen Lebens fühlte sich Casals als Dirigent wohler – und war auch deutlich erfolgreicher –, wenn er die einzelnen Orchestermusiker persönlich kannte, mit ihnen zusammenlebte, sich um sie kümmerte und sich an ihre musikalische Persönlichkeit gewöhnte. Dagegen war er deutlich weniger gut, wenn er ein Orchester erst zwei Tage vor einer Aufführung kennengelernt und gerade drei Stunden vor dem Konzert geprobt hatte. Das entging natürlich auch den Kritikern nicht. In Barcelona waren die Besprechungen fast durchweg sehr gut, während im Ausland weit weniger Einmütigkeit herrschte. Bei Casals' offiziellem Debüt als Dirigent in New York, das er am 7. April 1922 in der Carnegie Hall mit einer Aufführung von Beethovens »Pastorale« und Brahms' Erster Sinfonie gab, lobte der Rezensent der *New York Times,* daß »er eifrig führte, mit überzeugender Kraft, einem deutlich nach oben gerichteten Schlag und einer farbigen Nuancierung«.[18] Drei Jahre später dirigierte er zum erstenmal in London: Brahms' *Tragische Ouvertüre* und Schuberts »Unvollendete«, mit dem London Symphony Orchestra in der Queen's Hall. Der Kritiker der *Times* meinte, »er ist ein großartiger Dirigent, weil er ein großartiger Künstler ist: unter ihm ziseliert das Orchester jede Phrase wie mit dem Bogen auf den Saiten ... Er geht so sehr in seiner Aufgabe auf, daß er die Augen schließt und den Kopf abwendet, wenn er Cello spielt, aber sich angespannt duckt und ernst durch seine Brille späht, wenn er dirigiert, und genau das verleiht ihm eine souveräne Autorität.«[19]

Ernest Newman hingegen, der Kritiker der *Sunday Times,* empfand Casals' Technik als Behinderung wie als Hilfe für die Musiker: »Er ist so sehr darum bemüht, sie dahin zu bringen, daß sie genauso phrasieren, wie er es wünscht, daß er sie übertrieben akzentuieren und damit den Rhythmus brechen läßt ... Es gelingt ihm einfach nicht, ein Orchester mit der gleichen Leichtigkeit und Flexibilität spielen zu lassen, die den Reiz seines Cellospiels ausmachen.«[20] Ein Jahr später war Casals erneut in London. Diesmal konnte sich Newman für den neuen Dirigenten mehr erwärmen, wenngleich er anmerkte, daß »[Casals] nicht gerade eine ideale Haltung aufweist, wenn er dirigiert, und wenn man ihn beobachtet, wird der Eindruck, den man beim Zuhören bekommt, doch ein wenig beeinträchtigt durch seine linkischen Bewegungen«.[21]

Auch wenn Casals schließlich die Kritiker auf seiner Seite hatte, gelang ihm das nicht immer bei den Musikern. Nach einer intensiven Probenarbeit wußten die Musiker in seinem eigenen Orchester immerhin seinen unkonventionellen und zuweilen unberechenbaren Dirigierstil zu deuten. Musiker in Orchestern hingegen, die mit ihm nicht vertraut waren, hatten ihre liebe Mühe damit. Bernard Shore war der Erste Geiger des BBC Symphony Orchestra, als Casals in den dreißiger Jahren als Gast mehrere denkwürdige Konzerte dirigierte. Shore schrieb, daß »es für das Orchester oft unmöglich ist zu begreifen, was [Casals] von ihm verlangt, und zuweilen wünscht man sich sehnlichst, daß er es auf dem Cello vorspielen könnte ... Es ist eben doch mehr dazu erforderlich, als daß er selbst in der Musik aufgeht.«[22] Andere Interpreten waren weniger verständnisvoll. Als ein Wiener Musiker einmal nach dem Programm eines angekündigten Konzerts gefragt wurde, erwiderte er: »Ich habe keine Ahnung, was Casals dirigieren wird. *Wir* werden jedenfalls die ›Pastorale‹ spielen.«[23]

Im Mai 1923 nahm der junge britische Dirigent Adrian Boult Casals und sein Orchester genau unter die Lupe. Er war nach Barcelona eingeladen worden, um am 26. Mai mit dem Orchester zwei englische Werke aufzuführen: Holsts *Perfect Fool Ballet* und Butterworths *Folk Song Idyll.* Boult hatte drei Wochen lang Gelegenheit, Casals bei seinen Proben zu erleben und sich seine Technik anzueignen, und berichtete darüber anschließend in der Zeitschrift *Music and Letters.*[24] Am meisten beeindruckten ihn die vielen Proben an sich. Für zwei der drei Konzerte, bei denen er dabei war, gab es insgesamt neun Sitzungen, die jeweils zweieinhalb Stunden dauerten. Für das dritte Konzert wurden sogar elf Proben anberaumt, wobei allein zehn Stunden für ein einziges Werk verwendet wurden, Schuberts D-Dur-Symphonie. Theoretisch, merkte Boult an, könnte dies »Aufführungen von einer höchst ungewöhnlichen Perfektion und Schwerfälligkeit« ergeben. In der Praxis allerdings wurden die Proben für ihn zu faszinierenden Lektionen, denn »der Lehrer Casals ist genauso bedeutend wie der Musiker Casals«.

Boult bemerkte, daß Casals die Werke zyklisch probte. Nach einem kompletten Durchgang wurde jedes neue Stück anschließend Takt für Takt sorgfältig analysiert. Sobald dieser Prozeß bei einem Werk beendet war, ging Casals zum Rest des Programms über. Nach einer Unterbrechung wurde der gesamte Zyklus wiederholt. Wenn es auch nur das geringste Problem gab oder es an Präzision fehlte, brach Casals ab und probte zwei oder drei Takte nur mit einem einzigen Instrument. »Interessanterweise«, berichtete Boult, »liegt es wohl am spanischen Temperament, daß das ganze übrige Orchester bei einer derartigen Unterbrechung absolut ruhig dasitzt, ohne daß auch nur ein einziger einen heimlichen Zug aus einer Zigarette macht.« Es wurde über Probleme der Bogenführung, des Fingersatzes, der Intonation, des Rhythmus und Klangs diskutiert, und zwar ausschließlich im Zusammenhang mit dem Werk, das man gerade probte. Da gab es nichts, was auf irgendeine willkürliche Vorschrift zurückgeführt wurde – jedes Detail stand in enger Beziehung zu dem Werk als Ganzem:

> Alles wurde genau erklärt, und jedes Orchestermitglied sollte nachvollziehen können, in welcher unlösbaren Beziehung die betreffende Passage zum augenblicklichen Ausdruck wie zum Stil des gesamten Werkes stand. In dieser Hinsicht war Casals das genaue Gegenteil von Nikisch, der bei der Probe alles übertrieb ... damit diese Details aufgrund des rascheren Tempos und der größeren Spannung während der Aufführung richtig saßen.

Für Boult war der Fall klar: Casals war ein guter Dirigent, weil er ein guter Lehrer war, und er war ein guter Lehrer, weil er jede einzelne Note – und ihre Beziehung zum Ganzen – mit der pingeligen Genauigkeit eines Mathematikers behandelte. Wer Mitglied in einem Orchester war, das Casals dirigierte, war stets zugleich Teilnehmer an einem gründlichen Kurs über musikalisches Können.

Das Orquestra Pau Casals gab jedes Jahr zwei Reihen von je zehn Konzerten: eine im Frühjahr und eine im Herbst. In den sechzehn Jahren, in denen es bestand, waren das fast 370 Aufführungen. Nur wenige Orchester können auf eine derart beständige und ununterbrochene Zusammenarbeit mit einem einzigen Dirigenten verweisen, und noch weniger haben – von Gastdirigenten einmal abgesehen – keinen anderen Dirigenten als ihren ersten erlebt. Aber der Klang dieses bemerkenswerten musikalischen Gebildes ist heute fast gänzlich verloren. Von allen Aufführungen wurden nur zwei oder vielleicht auch drei auf Schallplatten aufgenommen und herausgegeben. Barcelona war viel zu weit vom Zentrum der frühen Phonographenindustrie entfernt, und erst nachdem Fred Gaisberg von 1926 bis 1928 in London Klaviertrios mit Cortot, Thibaud und Casals aufgenommen hatte, war es für die Firma HMV (die 1931 mit der Columbia zur EMI fusionierte) möglich oder gar reizvoll, die entsprechenden Geräte nach Spanien zu transportieren. 1932 wurde das Orchester aufgenommen, als es Beethovens Erste und Vierte Sinfonie sowie die Ouvertüre zu dem Festspiel *Die Ruinen von Athen* spielte, wobei die Schallplatten nur in Europa herauskamen, aber nicht in den USA. Die großartigste, noch heute erhaltene Aufnahme von Casals und seinem Orchester wurde jedoch bereits drei Jahre zuvor gemacht, nämlich am 10. und 11. Juni 1929, als Alfred Cortot dirigierte und Casals und Thibaud das Doppelkonzert von Brahms in a-Moll, für Violine, Violoncello und Orchester (op. 102) gaben.[25] Der Klang des Orchesters bei dieser Aufnahme ist enttäuschend hohl und dünn, was wohl mit Sicherheit an der primitiven Technik lag, mit der man bei den frühen Ensembleaufnahmen die Mikrophone bewegte. Sie ist auch in den Passagen beeinträchtigt, in denen der atemberaubende Klang von Thibauds Solovioline und Casals' Cello hörbar wird. Das ist die früheste Aufnahme eines Orchesterkonzerts, die wir von Casals haben. Da war er bereits zweiundfünfzig Jahre alt.

Die Programme des Orquestra Pau Casals spiegelten natürlich sehr stark die Vorlieben seines Dirigenten wider. Aber Casals' persönlicher Geschmack war viel umfassender, als man es sich oft vorstellt. In seinen letzten Lebensjahren wurde Casals das Opfer von Musikjournalisten, die ihn gern mit dem »heiklen« Thema der Musik des 20. Jahrhunderts nervten. Casals machten diese verbalen Sparringskämpfe Spaß, und er bezog dabei oft eine bewußt provokante und extreme Position.[26] Aber er war alles andere als ein musikalischer Reaktionär, der ganz der Romantik seiner Jugend verhaftet blieb. Er hatte nicht einmal etwas gegen Experimente mit der Atonalität, sofern sie mit großer Meisterschaft verbunden war, um einen bestimmten Eindruck zu erzeugen.[27] Allerdings war er nicht begeistert über die ausschließliche Verwendung eines atonalen Systems, und natürlich war er nicht der einzige, der diese Auffassung vertrat. Für Casals hatte »Musik, die nicht expressiv war, keine Daseinsberechtigung«, und er wollte sie auch nicht spielen. In stilistischer Hinsicht wählte er das aus, was er gern aus dem Werk eines Komponisten spielte: Es gab keinen Komponisten, von dem er alles spielte oder den er total ablehnte. Er führte das frühe Werk von Schönberg und Strawinsky auf und bewunderte es, aber nicht ihre späteren Arbeiten. Das war für ihn eine Frage von Sinn und Unsinn:

> Es gibt Augenblicke, da kann auch ich sehen, daß diese Musiker Großartiges sogar in ihrem Unsinn leisten. Aber ich werde einfach den Verdacht nicht los, daß diese Männer und ihre Anhänger sind, was sie sind, weil sie Angst haben, für altmodisch gehalten zu werden.[28]

Doch das Werk der modernen europäischen Komponisten des 20. Jahrhunderts war genauso in Casals' Programmen von Barcelona vertreten wie im Repertoire jedes anderen großen zeitgenössischen Sinfonieorchesters. Gewiß bildeten die großen klassischen und romantischen Werke das Rückgrat jeder Aufführung, aber im Programm war stets auch der Name des einen oder anderen lebenden Künstlers der Zeit zu finden. Außer den bekanntesten katalanischen Komponisten wie Garreta, Granados, Albéniz, Millet, Cassadó, Enric Morera und Roberto Gerhard präsentierte und dirigierte Casals regelmäßig Werke von Béla Bartók, Richard Strauss, Gustav Mahler, Darius Milhaud, Zoltán Kodály, Prokofjew, Webern, Honegger ebenso wie von Schönberg und Strawinsky. Alban Berg war nicht vertreten, aber auch die Komponisten aus Casals' Jugendzeit: Ravel, Debussy oder gar Fauré wurden nicht sehr oft gespielt. Denn Casals lehnte sie ab, weil sie keine Männer mit Prinzipien waren. Er konnte es Fauré oder Ravel nie verzeihen, daß sie die Musik von Brahms früher einmal ganz beiläufig und geringschätzig abtaten. Vor allem aber hat er es nie verwunden, daß er sich bei einer berühmten Auseinandersetzung in Paris kurz vor dem Ersten Weltkrieg von Debussy verraten glaubte. Bei einem Benefiz-Konzert für das Colonne-Orchester sollte Casals das Dvořák-Konzert unter dem Dirigenten Gabriel Pierné spielen. Pierné, ein Anhänger der neuen französischen Musik, erging sich kurz vor der Aufführung in abschätzigen Bemerkungen über die Qualität des Konzerts, und Casals weigerte sich, unter ihm zu spielen. Debussy stand dabei, lehnte es aber ab, Casals beizupflichten. Die Aufführung fand nicht statt, und Casals wurde wegen Vertragsbruchs vor Gericht zitiert und mußte schließlich eine saftige Konventionalstrafe zahlen. Musik, beharrte Casals wieder einmal, war eine Frage der moralischen Prinzipien – man durfte sich ihr »nur kompromißlos in voller Hingebung nähern« und konnte »sie nicht an- oder abstellen wie einen Wasserhahn«.[29] Es war eine rigide und vermutlich weltferne Einstellung in einer Welt, die zu Kompromissen neigte, aber er stand dazu. Und Debussy fand nie wieder Gnade vor seinen Augen.

Während Casals im Hinblick auf das, was sein Orchester spielte, auf seine Besitzrechte pochte, beharrte er nicht übermäßig eifersüchtig auf seinem Recht, es auch zu dirigieren: In den siebzehn Jahren seines Bestehens wurde es von fast 60 Gastdirigenten geleitet. Die Wahl fiel auf eine höchst interessante Reihe von Persönlichkeiten – sowohl Instrumentalisten wie Cortot, Arbós, Fritz Busch, Tovey und Ysaÿe als auch Dirigenten wie Monteux, Weingartner, Kussewitzky, Ansermet und Klemperer. Besonders gern bat Casals Komponisten, ihr eigenes Werk zu dirigieren, und Schönberg, Strawinsky, de Falla, Richard Strauss, Vincent d'Indy und andere erfüllten ihm diese Bitte. Die meisten Gastdirigenten waren persönliche Freunde oder Musiker, die Casals aus irgendeinem Grund sehr schätzte. Keiner war ein Unbekannter für ihn. Und keiner wurde nur deshalb ausgewählt, weil er gerade besonders beliebt war.

Seinem ganz persönlichen Geschmack frönte Casals auch bei der Auswahl von Gastsolisten, von denen jedes Jahr vielleicht sieben oder acht auftraten.[30] In Abstimmung mit dem Organisationskomitee des Orchesters bevorzugte er spanische Künstler, teilweise natürlich aus Kostengründen. Ausländische Gäste waren fast immer alte Freunde, wie die Geiger Ysaÿe, Kreisler und Thibaud oder die Pianisten Cortot, Horszowski und Wanda Landowska. Es gab auch Künstler im Ausland, die sich selbst bewarben, aber nur selten wurde einer von ihnen auch akzeptiert.[31] Die Cellisten, die den Mut besaßen, unter Casals Konzerte zu geben, waren ausnahmslos seine Schüler oder bis zu einem gewissen Grade seine Jünger: Diran Alexanian, Cassadó, Maurice Eisenberg, Pierre Fournier oder Gregor Piatigorsky. Alle spielten sie unter den schwierigen akustischen Bedingungen von Casals' geliebtem Palau de la Música Catalana, dessen Glaswände den Straßenlärm »wie Trommelfelle« verstärkten. Josep Pla, Barcelonas großartiger Chronist des frühen 20. Jahrhunderts, hat beschrieben, wie sich das auf ein ansonsten »fesselndes« Konzert von Casals und Kreisler auswirkte:

> Die erste Sonate wurde immer wieder unterbrochen: zunächst durch das Glockengeläut einer nahegelegenen Kirche; dann durch einen Lieferwagen, der langsam die Straße entlangfuhr ... als ob er unmittelbar durch den Saal zu rollen schien; dann vernahm man aus der nächsten Etage, wie ein Hausmädchen beim Abwasch falsch sang ... und schließlich hörte man einen Hahn mehrmals krähen ... Der letzte Teil des Konzerts ging völlig unter im Hin und Her, im Gehupe und Getute, im Bremsenquietschen und krachenden Einlegen der Gänge von zahllosen Autos, diesen protzigen, aber sehr primitiven und lärmenden Apparaten, die langsam um den Palau rollten und deren Chauffeure sich bereit machten, ihre Besitzer abzuholen.[32]

Das Orquestra Pau Casals war ein höchst persönliches Gebilde. Casals war nicht eitel, aber er war sich seines musikalischen Privilegs doch sehr bewußt, und da er über die nötigen Mittel verfügte, sah er nicht ein, warum er darauf verzichten sollte. Mit den Konzerten des Orchesters wollte er keineswegs sein Genie feiern, sondern vielmehr sein Glück. Seine eigenen Stücke führte er nur ganz selten auf, nämlich nur zweimal. Im Mai 1929 dirigierte er die Uraufführung seiner Sardana für ein Doppeloktett von Cellos – damals für dreiunddreißig Instrumente arrangiert –, ein Werk, das am Beispiel des katalanischen Nationaltanzes die klangliche Bandbreite und Vielseitigkeit des Cellos demonstrierte. Und 1935 wurde eine Gruppe seiner Lieder von der katalanischen Sopranistin Concepció Badia vorgetragen. Casals trat auch nicht oft als Solocellist auf, zum ersten Mal überhaupt erst 1927. Diese Zurückhaltung übte er allerdings nicht so sehr aus Bescheidenheit, sondern aus kommerziellen Gründen. Das Publikum von Barcelona wollte natürlich am liebsten Casals Cello spielen hören. Aber solange sein Orchester sich nicht selbst trug, enthielt er seinen Landsleuten diesen Genuß vor.

Seine größte Sternstunde erlebte das Orchester vielleicht 1927, als Eugène Ysaÿe in zwei Konzerten anläßlich des 100. Todestages von Beethoven auftrat. Ysaÿe befand sich in erbärmlicher körperlicher Verfassung, Rheuma und Diabetes hatten ihn geschwächt. Sein letztes Solokonzert war ein Desaster gewesen, und er hatte alle Auftritte abgesagt und dirigierte nur noch. Casals hatte ihn im Jahr davor in Brüssel besucht und ihn dazu überredet, seine Zurückhaltung aufzugeben und das Violinkonzert von Beethoven in Barcelona zu spielen. Ysaÿe hatte es seit vierzehn Jahren nicht mehr gespielt. Aber er willigte ein: »Nun, vielleicht geschieht ein Wunder.« Einige Wochen später berichtete sein Sohn Antoine, wie sehr sich Ysaÿe damit abquäle, zu üben und sein altes Können wiederzuerlangen.[33] Niemand wußte, ob ihm das auch wirklich gelingen würde. Casals begann sich Sorgen zu machen, daß er vielleicht an einer schrecklichen Demütigung schuld sein könnte. Am 19. April dirigierte Ysaÿe Beethovens »Eroica« und das Tripelkonzert, mit Cortot, Thibaud und Casals als Solisten. Vier Tage danach trat er wieder im Palau auf, um das Violinkonzert zu spielen. Casals war fast so nervös wie der zitternde Ysaÿe, aber er trotzte ihm eine Aufführung ab, in der immer wieder sein einstiges großartiges Können aufblitzte. Das Publikum brach in begeisterte Ovationen aus, und anschließend kniete Ysaÿe im Künstlerzimmer vor Casals nieder, ergriff seine Hand und rief unter Tränen immer wieder: »Auferstanden! Auferstanden!«[34]

Der Erfolg, der sich für sein Orchester langsam, aber sicher einstellte, ermöglichte es Casals, die Verwirklichung eines anderen ehrgeizigen Vorhabens in Angriff zu nehmen: eine regelmäßige Reihe von preiswerten Konzerten für Arbeiter. Während seines ganzen Lebens erwies Casals den Armen ein echtes und ungekünsteltes Mitgefühl. Weder sein Vater noch seine Mutter hatten genaugenommen der Arbeiterklasse angehört, aber sie hatten erfahren, was es hieß, arm zu sein. Casals' musikalisches Genie hatte ihm rasch zu Reichtum und gesellschaftlichem Ansehen verholfen; schon in jungen Jahren hatte er zu jeder Gesellschaftsschicht Zugang, vom Monarchen bis zum einfachen Arbeiter, und so wurde er, wie es Alfred Cortot einmal formuliert hat, »eine merkwürdige Mischung aus Grandseigneur und Bauer«.[35] Auch wenn Casals sein Geld liebte und ungeniert von seinen Möglichkeiten Gebrauch machte, gab er doch auch eine Menge für andere aus, aber stets für Vorhaben, die ihm entweder selber in den Sinn gekommen waren oder die er im Griff haben konnte.

Casals wußte durchaus, daß sich die arbeitende Bevölkerung seine Konzerte einfach nicht leisten konnte: Selbst der preiswerteste Platz kostete fast die Hälfte des Wochenlohns eines Fabrikarbeiters. Er glaubte aber auch, daß gute Musik ihrem trostlosen Leben guttun würde. Die Lebensbedingungen der Armen von Barcelona waren ganz sicher grauenhaft. Seit Februar 1919 waren durch eine Reihe von Streiks und Demonstrationen sowie durch das rücksichtslos brutale Durchgreifen von Fabrikbesitzern und Polizei gegenüber den Arbeitern Recht und Ordnung in der Stadt praktisch zusammengebrochen, und häufig kam es auf offener Straße zu Morden, die herumstreunende Banden von *pistoleros* für ihre wechselnden Auftraggeber verübten.[36] Der relative innere Frieden, den die Diktatur unter Primo de Rivera herbeigeführt hatte, der im September 1923 von den in sich zerstrittenen Cortes und einer schwachen Monarchie die Macht in Spanien übernommen hatte, war bald durch extreme Restriktionen gegenüber ganz Katalonien zunichte gemacht.

Casals' Vorbild war der visionäre Josep Anselmo Clavé, dessen Chorvereinigungen in der Mitte des 19. Jahrhunderts die Darbietung des traditionellen katalanischen Liedguts wiederbelebt hatten. Casals machte dem Ateneu Politecnicum, einer Abendschule und Kulturgesellschaft für Arbeiter, den Vorschlag, jährlich eine Reihe von Orchesterkonzerten ausschließlich für die Unterbezahlten und Arbeitslosen zu veranstalten. Ein Probekonzert im Teatro Olimpico vor einem begeisterten Publikum von 2000 Arbeitern und Gewerkschaftern zerstreute jeden Verdacht, hier handle es sich entweder um ein gönnerhaftes Wohlfahrtsunternehmen oder um geschickte Werbung für das Orchester. Die Associació Obrera de Concerts (Arbeiter-Konzertvereinigung), deren Mitglieder einen geringen Jahresbeitrag entrichteten, wurde 1926 ins Leben gerufen, und im Mai gab es das erste Konzert. Während eines Jahrzehnts führte Casals jährlich an sechs Sonntagen sein Publikum durch das gesamte klassische und romantische Repertoire, wobei man sich die Solisten und Dirigenten ausborgte, die während der Hauptsaison des Orchesters auftraten, und auch mit so überraschenden Ereignissen aufwartete wie einem Konzert, das ausschließlich mit Werken von Schönberg bestritten und vom Komponisten selbst dirigiert wurde. Die Vereinigung wuchs von anfangs 2500 auf unglaubliche 300 000 Mitglieder und hatte Ableger in ganz Katalonien, ein eigenes Amateurorchester sowie eine in hoher Auflage verbreitete Zeitschrift, *Fruicions*. Das war, wie Casals erklärte, die musikalische Erneuerung, die ihn mehr als alles andere mit Stolz erfüllte.

Während Casals in den zwanziger Jahren seine Soloauftritte innerhalb von Spanien einschränkte, gastierte er andernorts um so öfter. Dazu sah er sich allein schon deshalb gezwungen, um seine immens angewachsenen Haushaltskosten zu tragen. Casals unterhielt inzwischen zwei ansehnliche Häuser – in Barcelona und San Salvador – ebenso wie sein Orchester, und rund hundert Musiker und andere Angestellte hingen von ihm ab, wenn auch vielleicht nicht mit ihrem ganzen Einkommen, so doch zumindest mit einem Großteil. Seine Beliebtheit in England hatte gerade ihren Höhepunkt erreicht, und so unternahm er hier in jeder Saison zwischen 1921 und 1930 eine Tournee, wobei er hauptsächlich mit dem Hallé-Orchester in Manchester sowie mit den Londoner Philharmonikern, dem London Symphony und dem Royal Philharmonic Orchestra in der Hauptstadt auftrat. Er spielte vorwiegend unter Weingartner, Bruno Walter, Sir Thomas Beecham und Malcolm Sargent, aber 1927 begegnete er einem neuen Dirigenten: John Barbirolli, der für Beecham bei einer Aufführung mit dem London Symphony Orchestra im Dezember einsprang. Barbirolli, der selbst Cellist war, hatte Casals zum erstenmal 1911 bei einem Jugendkonzert der Royal Academy erlebt. Nun, im Alter von achtundzwanzig Jahren, sah er der Aufführung von Haydns D-Dur-Konzert, bei der er kurzfristig als Dirigent des weltberühmtesten Cellisten eingesetzt wurde, mit höchst gemischten Gefühlen entgegen. Während der Probe muckte das Orchester auf, bis Casals die Musiker – und den jungen Dirigenten – mit den Worten beruhigte: »Gentlemen, hören Sie auf ihn. Er kennt sich wirklich aus!«[37] Beim Konzert wurde das Werk »begeistert und lebhaft« aufgeführt, und der Kritiker der *Times* bemerkte, daß »Mr. Casals es stellvertretend zu dirigieren versuchte«.[38] Im selben Jahr gab es ein gelungeneres Konzert, bei dem Casals und Kreisler das Doppelkonzert von Brahms spielten, wobei Kreisler von der Schönheit von Casals' Eröffnungssolo so überwältigt war, daß er völlig seinen Einsatz verpaßte.

Auch nach dem Krieg wurde Casals in England gut bezahlt. Er lehnte einzelne Konzerte ab, bei denen die Gage unter 100 Pfund lag, und ganze Tourneen, wenn es dabei zu wenig Konzerte gab, mit denen er seine Ausgaben wieder einspielen konnte. Laut Auskunft seiner Londoner Agentur Ibbs and Tillett bekam Casals in den zwanziger Jahren genausoviel wie der Pianist Solomon in den fünfziger Jahren.[39] Aber auf Dauer gesehen waren seine Einkünfte aus Konzerten wie aus Aufnahmen doch eher in Nordamerika gesichert, und die Tourneen, die er hier jeden Winter unternahm, wurden immer länger, anstrengender und einträglicher. 1922 beispielsweise begann Casals seine Tournee am 2. Januar mit einem Konzert in New York und beendete sie am 11. April in Peoria, Illinois. Dazwischen hatte er sechsunddreißig Engagements, die ihn von Montreal bis nach New Orleans führten, wobei er 1000 Dollar für jede Aufführung in New York und 800 Dollar außerhalb davon verdiente.[40] Vier Jahre später kündigte seine New Yorker Agentur, das Metropolitan Musical Bureau, seine Konzertreise von 1926 mit einem Handzettel an, mit der Überschrift: »Der weltberühmteste Cellist – kein Cellist spielt wie er, keiner führt den Bogen wie er!« Während diese Tournee eher bescheiden war, was ihre Länge betraf – wobei Casals großenteils von Harold Bauer begleitet wurde –, war sie doch einer der größten Werbeerfolge. Casals' Konzert am 17. Januar 1926 in der New Yorker Town Hall an der 43rd Street war ausverkauft, und die 1800 Zuhörer waren das zahlenmäßig größte Publikum, das der Saal bei einem Konzert je erlebt hatte. Die Einnahmen betrugen 2792 Dollar, von denen Casals – abzüglich der Werbekosten und Provisionen – 1826 Dollar erhielt. Von dieser Tournee ist ein ausführlicher Reiseplan erhalten:[41]

1. Dezember	10.00 Probe mit Boston Symphony
1. Januar	14.20 Konzertmatinée
2.	20.15 Abendkonzert [Gesamthonorar: 1000 $]
6.	10.00 Probe mit New York Symphony, Carnegie Hall
	20.15 Scranton, Pennsylvania, Konzert in der Town Hall mit Edouard Gendron (Klavier) [800 $]

7.	14.30 Matinée, Carnegie Hall, mit NY Symphony
8.	20.15 Abendvorstellung, Carnegie Hall [1000 $]
11.	20.15 Konzert mit Harold Bauer, Memorial Hall, Joplin, Missouri [800 $]
13.	20.15 Konzert mit Paul Kochanski, Women's Club Auditorium, Louisville, Kentucky [800 $]
15.	20.15 Konzert mit Harold Bauer, New Lyceum Theater, Minneapolis, Minnesota [700 $]
17.	15.00 Konzert, New York Town Hall
18.	11.00 New York Waldorf Astoria (Bagby Musicale) [800 $]
21.	16.30 Washington, D. C., National Theater [800 $]
22.	20.30 Philadelphia, Witherspoon Hall [800 $]
24.	15.30 Boston, Symphony Hall [50 % der Bruttoeinnahmen]
25.	19.30 Athens, Ohio, Männerturnhalle [700 $]
31.	15.00 Konzert mit Harold Bauer, Indianapolis, Marat Theater [800 $]
4. Februar	10.00 Probe, Detroit Symphony 20.30 Abendvorstellung, Detroit Orchestral Hall
5.	20.30 Zweite Vorstellung in Detroit [1000 $ ges.]
7.	15.30 Konzert mit Harold Bauer, Studebaker Theater, Chicago [1300 $ für beide]
8.	20.15 Konzert mit Harold Bauer, City Auditorium, Lincoln, Nebraska [800 $]
11.	20.15 Winnipeg, Kanada: Women's Musical Club [800 $]
18.	10.00 Probe mit Chicago Symphony Orchestra
19.	14.15 Matinée, Orchestra Hall, Chicago
20.	20.15 Abendvorstellung, Orchestra Hall, Chicago [1000 $]
22.	20.15 New York Town Hall
25.	20.30 Konzert mit Jacques Thibaud, His Majesty's Theater, Montreal, Kanada [900 $ für beide]

Nach seinem letzten Konzert in Kanada schiffte sich Casals sogleich nach Europa ein und trat eine Tournee mit acht Konzerten durch

Österreich an, auf der er zwischen dem 12. und dem 27. März 9200 Dollar einnahm.[42] In zweieinhalb Monaten also hatte er knapp 30 000 Dollar verdient – das war halb soviel, wie er jährlich seinem Orchester zuschoß.

Die Dauer von Casals' Aufenthalten in Amerika hatte natürlich eine ganze Menge mit dem Zustand seiner Beziehung zu Susan Metcalfe zu tun. In seinem eigenen Archiv finden sich nur wenige Hinweise auf seine Frau: Sie wird nur gelegentlich in Briefen und anderen erhaltenen Dokumenten erwähnt und taucht nie auf den Familienfotos auf, die im Sommer in San Salvador gemacht wurden. Wir wissen aber aus ihrer eigenen Korrespondenz in anderen Briefsammlungen sowie von den Programmen ihrer Konzertauftritte her, daß sie und Casals einen Großteil des Jahres zusammen waren – bis zum Frühjahr 1928. Einige der Musiker konnten sich noch daran erinnern, wie Metcalfe bei allen Konzerten des Orquestra Pau Casals anwesend war und den meisten Proben beiwohnte: »Sie war eine reizende Dame, *une grande dame,* eine Frau, die eines Musikerfürsten würdig war.«[43] Und Gäste in Casals' Haus an der Diagonal Nr. 440 vernahmen häufig, wie das Ehepaar bei privaten Soiréen einträchtig miteinander musizierte.

Casals förderte auch weiterhin die Sängerkarriere seiner Frau, wie er es bereits während des Kriegs in New York getan hatte. Als sie im späten Frühjahr 1919 wieder in Barcelona waren, fungierte er bei einem seiner ersten Auftritte als ihr Begleiter. Bei einem Konzert, das am 22. Juni unter der Schirmherrschaft der Associació de Musica »Da Camera« im Palau stattfand, wurde Metcalfes Name auf dem Programmzettel deutlich über seinem herausgestellt. Sie trat auch dreimal als Solistin mit dem Orquestra Pau Casals auf, wobei sie im Oktober 1923 Arien aus Händels *Acis und Galatea* sang, im November 1924 die Sopranpartie in Mahlers Vierter Sinfonie übernahm und während der Centenarfeier im April 1927 sechs Beethoven-Lieder vortrug. Konzertimpresarios traten gelegentlich an Susan Metcalfe heran, um auf diese Weise an Casals selbst heranzukommen: Im Oktober 1920 beispielsweise bot die holländische Concertdirectie Scheveningen dem Paar 8000 Gulden, wenn es eine Reihe von sechs gemeinsamen Konzerten in Holland gäbe.[44] Zuweilen funktionierte diese Methode auch: Als Casals im Dezember 1926 in London war, um das London Symphony Orchestra zu dirigieren, kam ein Engagement für Susan

Metcalfe in der Wigmore Hall zustande. Bei dieser Gelegenheit bekam sie die besseren Besprechungen, und der Kritiker des Daily Telegraph bezeichnete ihren Liederabend als »einen der gelungensten der Saison«.[45]

Außerhalb ihres engen Freundeskreises bekamen nur wenige Menschen mit, daß die Ehe gerade in die Brüche ging. Susan Metcalfe konnte sich nie mit dem Leben in Spanien abfinden: Enrique Casals notierte, daß sie nur ein einziges Mal in Barcelona oder San Salvador glücklich war, nämlich als ihr Neffe Louis Metcalfe Kobbé zu Besuch da war.[46] Gegen Ende 1920, nachdem das Ehepaar Casals sich zum erstenmal ein ganzes Jahr in Spanien aufgehalten hatte und die Eröffnungssaison des Orchesters vorbei war, kehrte Metcalfe nach New York zurück – allein. Der Schock über ihre Abreise stürzte Casals in eine schwere Depression und löste die Krankheit wieder aus, die ihn das ganze Jahr über heimgesucht hatte. Er fühlte sich außerstande, zu arbeiten oder Cello zu spielen, und stornierte in letzter Minute die geplante dreimonatige Wintertournee durch Nordamerika, womit er auf Einkünfte von über 50000 Dollar aus dreiundvierzig Konzerten verzichtete.[47] »Meine Frau hat mich während meiner Krankheit verlassen«, schrieb er an Harold Bauer, »unter dem Vorwand, sie könne nicht mit meiner Familie zusammenleben. Was ihrer Abreise vorausging und ihr folgte, würde wahrhaftig hundert Seiten füllen, und wenn ich daran denke, werde ich wieder krank.«[48] Bauer und Jacques Thibaud hätten diese Tournee eigentlich mit Casals gemeinsam absolvieren sollen, und durch diese plötzliche Änderung wurden ihre eigenen Pläne über den Haufen geworfen.

Im darauffolgenden Frühjahr kehrte Susan Metcalfe nach Spanien zurück, und die Krise war vorübergehend beigelegt. Aber sie begann darauf zu drängen, daß sie sich für längere Zeiträume in den USA aufhielten, und man erörterte sogar die Idee – die aber von Casals verworfen wurde –, ob er nicht für immer dorthin gehen oder einen regulären Halbjahresvertrag als Dirigent bei einem amerikanischen Orchester annehmen sollte. Metcalfe ließ insbesondere ihre Beziehung zu Elizabeth Sprague Coolidge spielen, um Casals dauerhafter an das amerikanische Musikleben zu binden. Elizabeth Sprague Coolidge war eine der großzügigsten und feinsinnigsten Mäzenatinnen der Musikszene in Amerika: Alexander Schneider hat einmal erklärt, sie habe mehr für die Künste getan, »als irgend jemand seit Jefferson«.[49] Die jung verwitwete Frau widmete ihr Leben und die Hälfte ihres gewaltigen Jahreseinkommens – das sie von ihrem Vater geerbt hatte, dem Gründer der größten Großhandelsgeschäfte der Welt – der Förderung der Kammermusik auf der ganzen Welt, insbesondere aber in den USA. Sie rief 1918 die Berkshire Festivals – in Pittsfield, Massachusetts – ins Leben, inspirierte zeitgenössische Komponisten und gab neue Werke bei ihnen in Auftrag und legte mit der Elizabeth Sprague Coolidge Foundation an der Library of Congress in Washington, D. C., den Grundstein zur finanziellen Unterstützung und Anregung von Kammermusik für alle Zeiten.

Mit ihrer philanthropischen Tätigkeit verband Mrs. Coolidge die Absicht, »die Komposition und Aufführung von Musik in einer Art und Weise [zu ermöglichen], die andernfalls als zu ungewöhnlich oder zu teuer erachtet und darum normalerweise nicht in Angriff genommen würde ... [und zwar nicht] mit der Absicht, etwas Ausgefallenes um seiner selbst willen zu betreiben ... sondern als gelegentliche Möglichkeit, qualitativen Überlegungen den Vorrang vor quantitativen zu geben«.[50] Damit sprach sie vielen Musikern aus dem Herzen. Während der frühen zwanziger Jahre standen Casals wie Susan Metcalfe in regelmäßigem Kontakt zu Mrs. Coolidge, und schon bald sponserte sie Kammerkonzerte an so renommierten Veranstaltungsorten wie der Carnegie Hall mit Summen bis zu 5000 Dollar pro Konzert.[51] Doch Mrs. Coolidge war nicht nur reich und großzügig, sondern auch anspruchsvoll: »eine Art Cosima« nannte Tovey sie. Sie versuchte, Casals zum Pittsfield Festival zu holen, und als das mißlang, suchte sie ihn an ihre Musiker-Entourage zu binden, die sie um die ganze Welt begleitete. Alfredo Casella hat einmal beschrieben, wie Mrs. Coolidge über längere Zeiträume in Luxushotels wohnte, wo sie sich gern mit schöpferischen Musikern und Bühnenkünstlern umgab:

> Der Anblick, als diese große, bebrillte Dame im Hotel eintraf, mit einem Gefolge von zwanzig oder dreißig Personen, von denen die meisten mit Musikinstrumenten bewaffnet waren, war unglaublich komisch ... Sie erwartete von ihren Gästen, daß sie sich den ganzen Tag lang zu ihrer Verfügung hielten, ja sogar noch spätabends, wenn sie es wünschte.[52]

Es war wohl kaum anzunehmen, daß Casals sich derart unterordnen würde, auch wenn er und Metcalfe privat für Mrs. Coolidge und ihre Gäste musizierten – das erstemal in Chicago und später, Anfang Januar 1927, im Chinesischen Saal des Mayflower Hotels in Washington. Bei dieser Gelegenheit spielte Casals die C-Dur-Suite von Bach, und Mrs. Coolidge schrieb danach an Metcalfe, daß »ich ihn zum erstenmal dieses Stück spielen hörte, und ich habe es noch von niemand anderem gehört, ohne daß ich bei dem unvermeidlichen Vergleich nicht zusammengezuckt wäre«.[53]

Zu Beginn des Frühjahrs 1928 schien die Ehe zwischen Casals und Susan Metcalfe am Ende zu sein, nach vierzehn Jahren, in denen sie so unterschiedliche Erwartungen gehegt und sich immer wieder entfremdet hatten. Casals gab das letzte Konzert in dieser amerikanischen Tournee-Saison, am 26. Februar vor einem spärlichen Matinée-Publikum in der New Yorker Town Hall, wobei er – begleitet von Nicolaj Mednikoff – eine Gruppe kürzerer Stücke von der Art spielte, wie sie sie im Laufe der letzten beiden Jahre nach und nach für die Firma Victor aufgenommen hatten.[54] Zwei Tage später waren sie wieder im Victor-Studio in Camden, New Jersey, zu einer letzten Sitzung, bei der sie eine Mazurka von Popper und Casals' Arrangement des Spanischen Tanzes in e-Moll von Granados aufnahmen. Am nächsten Tag, dem 29. Februar, kehrte Casals nach Europa zurück. Als er in der Woche zuvor an seinen Bruder geschrieben hatte, wußte er noch nicht, ob er »allein oder mit Susie« reisen würde. Aber er hatte vorsichtshalber seinen Letzten Willen erklärt, Enrique zu seinem Testamentsvollstrekker ernannt und das Dokument bei seiner New Yorker Bank deponiert.[55]

In den nächsten dreißig Jahren betrat Casals nicht mehr amerikanischen Boden: Tatsächlich war das Konzert in der New Yorker Town Hall vom 26. Februar sein letzter öffentlicher Auftritt als Solist in Amerika gewesen. Nach vierzehn Jahren, in denen er regelmäßig die USA aufgesucht hatte, schien das auf einen sehr plötzlichen und für ihn ganz untypischen Sinneswandel hinzudeuten. In gewisser Hinsicht hatte Casals es nicht mehr nötig, derart gezielte Tourneen durch Nordamerika zu unternehmen, auf denen er die nötigen Mittel für sich und sein Orchester zusammenbekam – das Orquestra Pau Casals finanzierte sich inzwischen praktisch selbst, und die Konzertreisen innerhalb von Europa brachten ihm genügend ein, womit er seine häuslichen Ausgaben bestreiten konnte. Außerdem sprudelten nach dem Börsenkrach von 1929 in den USA die Geldquellen nicht mehr so üppig. Und schließlich ging Casals ja auch schon auf Mitte Fünfzig zu und war seit drei Jahrzehnten ununterbrochen aufgetreten. Nun fand er keinen Gefallen mehr an kräfteraubenden langen Tourneen in fernen Ländern und beschloß, künftig darauf zu verzichten.

All diese Erklärungen sind gewiß plausibel und zweifellos teilweise zutreffend, aber man geht sicher nicht fehl in der Annahme, daß Casals auch deshalb Amerika den Rücken kehrte, weil das etwas mit dem Ende seiner Ehe mit Susan Metcalfe zu tun hatte. Es wäre mit Sicherheit möglich gewesen, diese Konzertreisen durch Amerika in den dreißiger Jahren wiederaufzunehmen, aber – wie Fred Gaisberg bemerkt hat – Casals lehnte sie »aus rein häuslichen Gründen« ab.[56] Es mag sein, daß Casals es diskret vermied, sich von Metcalfes Familie juristisch unter Druck setzen zu lassen, indem er einfach nicht mehr nach Amerika ging. Oder vielleicht wollte er nur nicht das Risiko eingehen, ihr zu begegnen. Denn obgleich das Ende ihrer Ehe ebenso auf den praktischen Lebensalltag und die einander widerstreitenden Anforderungen ihrer Karrieren zurückzuführen war wie auf das Erlöschen ihrer Zuneigung, fiel ihnen die Trennung doch nicht leicht. Nachdem sie sich in gütlichem Einvernehmen im Sommer 1928 getrennt hatten, kamen Casals und Metcalfe noch zweimal – in Paris und Amsterdam gegen Ende 1929 – zusammen, um sich über die Details ihrer finanziellen und häuslichen Angelegenheiten zu verständigen. Es waren schwierige Begegnungen: Metcalfe verweigerte die Scheidung, die Casals begehrte, und dann sahen sie einander nie wieder. Als Casals am Ende doch wieder nach New York kam, hatte er eine andere Frau dabei.

Der Bruch mit Susan Metcalfe erwies sich als schmerzhaft, und beide brauchten Zeit, um sich davon zu erholen. Im Herbst 1928 wurde Casals krank, er verfiel in Depressionen und stornierte sämtliche Konzerte, die für die nächsten vier Monate geplant waren. »Im Augenblick sind Ruhe, lange Spaziergänge und Golf meine einzigen Beschäftigungen«, erzählte er seinem Agenten.[57] Im Sommer des darauffolgenden Jahres jedoch faßte er neuen Lebensmut. In einem Brief, den er im Laufe des Herbstes an Enrique schrieb und in dem er ihm von seinen letzten Begegnungen mit Metcalfe berichtete, erwähnte er auch zum ersten Mal mit besonderer Wärme den Namen von Franchisca (er nannte sie zwanglos Frasquita) Capdevila.[58] Auch Metcalfe kannte den Namen. Als sie Anfang der dreißiger Jahre in Paris lebte, nahm sie zu Casals' Freund und Schüler Maurice Eisenberg Kontakt auf und erkundigte sich nach Casals, seiner Familie und dem Stand seiner Beziehung zu »Madame Capdevila«.[59] Welche Ironie des Schicksals: Susan Metcalfes Mutter war gestorben, und nun hatte sie nicht mehr das Bedürfnis, weiterhin in den USA zu bleiben. Sie richtete sich in Paris und in Menton häuslich ein und verschwand für über zwanzig Jahre aus Casals' Leben.

Der Aufruhr der Gefühle wirkte sich stets nachhaltig bei Casals aus. Einerseits war er außerstande zu komponieren, andererseits ließ er sich dadurch zu den großartigsten Aufführungen seiner Karriere inspirieren. Den größten Teil seines Lebens hat Casals regelmäßig und produktiv komponiert. In den zweiundzwanzig Jahren, die er zunächst mit Guilhermina Suggia und dann mit Susan Metcalfe verbrachte, schrieb er allerdings nur zwei Werke: eine *cobla* (Tanz) mit dem Titel *Festivola* im Jahre 1909 und das Arrangement seiner Sardana in acht Teilen für Cello-Orchester im Jahre 1927. Aber dieselben Faktoren, die seine Kreativität behinderten, schienen seine Gabe zu stimulieren, Musik zu interpretieren und auszudrücken. Seine großartigsten Aufnahmen sind in Zeiten einer persönlichen Krise entstanden. Das gilt für die Bach-Suiten ohne Begleitung, das Dvořák-Konzert und die Cellosonaten von Beethoven, die alle in den turbulenten Jahren des Spanischen Bürgerkriegs und in den ersten paar Monaten von Casals' Exil aufgenommen wurden. Und das hat sich auch bei seinen Aufnahmen von Klaviertrios mit Alfred Cortot und Jacques Thibaud bewahrheitet, Klassikern aus der Frühzeit der elektrischen Aufnahmetechnik, die zwischen Juli 1926 und Dezember 1928 entstanden, als seine Ehe mit Susan Metcalfe allmählich, aber endgültig zerbrach.

Das Trio Casals/Cortot/Thibaud ist vermutlich das berühmteste Trio der Musikgeschichte. Mit Sicherheit gehört es zu denen, die am längsten bestanden – das Eröffnungskonzert fand im Dezember 1906, das letzte im Mai 1933 statt –, und es war das erste Trio, das sich internationalen Ruhm erwarb. Natürlich hat es auch andere große Trios gegeben, etwa das Busch-Trio (mit Rudolf Serkin, 1920–1950), das Ungarische Trio (1930–1950) und das Trio Beaux Arts (mit Casals' Schüler Bernard Greenhouse als Cellisten), die viel weiter herumkamen und sehr viel mehr Aufnahmen machten. Außerdem hat Casals in vielen anderen bedeutenden Kombinationen mitgespielt, zum Beispiel mit Horszowski/Alexander Schneider, Végh / Serkin und Eugene Istomin/Yehudi Menuhin oder mit Paderewski / Kreisler. Aber kein anderes Trio hat sich als so überzeugendes Ensemble erwiesen, keines einen so festen Platz in der Musikgeschichte gefunden wie das Trio Casals / Cortot / Thibaud.

Um so überraschender ist es, daß das Trio Cortot / Thibaud /Casals kaum erforscht worden ist. Es gibt nur wenige seriöse Darstellungen, die länger sind als die Texte auf einer normalen Plattenhülle, und in den Erinnerungen der drei Musiker selbst werden eher Anekdoten über das Trio zum besten gegeben, als daß es musikwissenschaftlich analysiert wird.[60] Für diese Musiker war es offenbar nicht viel mehr als ein amüsanter Zeitvertreib; sie probten zwischen ihren jeweiligen Solo-Konzertreisen und traten auf, wenn gerade ein Saal zur Verfügung stand oder ein Impresario bereit war, das Mindesthonorar zu bezahlen: normalerweise 4500 Franc für ein Konzert in den Jahren vor 1914. Das Trio, das sich untereinander »Pa-bu-lo« nannte, hatte keinen offiziellen Namen – die Mitglieder konnten sich einfach nicht vorstellen, daß es überhaupt einen benötigte oder länger Bestand haben würde. Jedenfalls hörten sie immer dann auf, miteinander zu spielen, wenn der eine oder andere für längere Zeit unterwegs war oder wenn es zwischen ihnen gelegentlich zu persönlichen Differenzen kam. Am aktivsten war das Trio zwischen 1906 und 1913, als es regelmäßige Tourneen durch Frankreich, Deutschland, Italien, Belgien, die Niederlande, die Schweiz und Spanien unternahm. 1908 war das Rekordjahr, in dem sie sechsundzwanzig Konzerte gaben. Während des Ersten Weltkriegs spielten sie überhaupt nicht miteinander und danach – aufgrund eines *refroidissement* in der Beziehung zwischen Cortot und Casals – erst wieder 1922.[61] In den darauffolgenden Jahren, auch als Casals sich in Barcelona niederließ, spielte das Trio jedes Jahr in der Frühjahrssaison zusammen und nahm 1925 zusätzlich noch England in seine reguläre Reiseroute mit auf.

Ein Element, das wesentlich zum Weiterbestehen des Trios – das Ysaÿe einmal als »Gott in drei Personen« bezeichnete – beitrug, war der Respekt, den jeder Spieler für die anderen empfand. Sie waren gleich alt und hatten eine mehr oder weniger vergleichbare öffentliche Anerkennung gefunden – in Frankreich zum Beispiel galt Cortot als prominentester Musiker. Im Unterschied zu den Trios, in denen Casals in späteren Jahren mitwirkte und die im allgemeinen vom Bassisten geleitet wurden, gelang es Cortot, Thibaud und Casals, ihre unterschiedlichen Temperamente zu vereinen und eine Musik von großartigem Impetus und Einklang darzubieten. Die bedeutenden Aufnahmen, die Fred Gaisberg zwischen 1926 und 1928 produzierte, vermitteln einen unglaublich starken Eindruck von Geschlossenheit und Disziplin, und in diesem Rahmen konnten die einzelnen Spieler ihre jeweilige Persönlichkeit zur Geltung bringen, ohne das musikalische Gleichgewicht des Ganzen zu gefährden.[62] Casals' makelloses *cantabile,* das in Soloaufführungen sentimental wirken konnte, klingt rein und fest im Andante von Schuberts B-Dur-Trio. Und den Kontext des intensiven und vitalen kollektiven Klangkörpers – zum Beispiel bei Beethovens »Erzherzogs-Trio« – konnten selbst Cortots berühmte technische Unzuverlässigkeit wie seine falschen Noten nicht beeinträchtigen.

Die größte Leistung von Cortot, Thibaud und Casals bestand darin, daß sie Werke absolut frisch und spontan darboten, die sie unermüdlich geprobt und wiederholt aufgeführt hatten. Eine sorgfältige Analyse von zweiundneunzig ihrer insgesamt 158 Konzerte hat ergeben, daß ihr Repertoire erstaunlich klein war.[63] Von den etwa 150 Trios, die sie hätten spielen können – Haydn schrieb allein fünfundvierzig –, führten sie nur dreiunddreißig auf, und davon etwa dreizehn regelmäßig. Sie spielten nur ein Haydn-Trio, das G-Dur- oder »Zigeuner-Trio« (Nr. 25) und eins von Mozart (in E-Dur, KV 542) – diese Komponisten bieten dem Cellisten nur wenig Interessantes, und beim Haydn-Trio teilte sich Casals das Adagio stets mit Thibaud. Ein fester Bestand von fünf Trios – genau die, die auch Gaisberg aufgenommen hat – wurde immer wieder in den siebenundzwanzig Jahren, in denen sie miteinander auftraten, zum besten gegeben: das erwähnte Haydn-Trio, das B-Dur-Trio von Schubert (op. 99), das Mendelssohn-Trio in d-Moll (op. 49), das Schumann-Trio in d-Moll (op. 63) und Beethovens »Erzherzogs-Trio« in B-Dur (op. 97). Das Schubert-Trio, das sie in diesen zweiundneunzig Konzerten allein neunundvierzigmal aufführten, wurde praktisch ihr Paradestück.

Dieses begrenzte Repertoire hatte nur zum Teil etwas mit dem Mangel an Probenzeit zu tun – die Musiker kannten viel mehr Kammermusik, als sie aufführten. Es hängt vor allem mit der Tatsache zusammen, daß Cortot, Thibaud und Casals in erster Linie zu ihrem eigenen Vergnügen spielten und nicht, um ein Publikum zu beeindrukken. Immer wieder kamen sie auf die Werke zurück, die sie am meisten mochten, um herauszufinden, ob sie noch mehr darin entdecken und ob sie sie noch auf eine andere Weise darbieten konnten. Für diese Künstler war jede Aufführung neu, auch wenn sie auf einem unerschütterlichen Einverständnis beruhte. Dabei war es fast nebensächlich, daß sie auf die Zuhörer genauso stark wirkte.

Die Auftritte des Trios Alfred Cortot, Jacques Thibaud und Pablo Casals wurden zu einer musikalischen Legende: Als Trio sind diese Künstler mindestens ebensosehr – wenn nicht noch mehr – zu einem Stück lebendiger Musikgeschichte geworden wie als Solisten. Für den englischen Verleger Victor Gollancz waren die Londoner Aufführungen des Trios in den späten zwanziger Jahren die musikalischen Höhepunkte seiner Jugend.[64] Vielen anderen Menschen erging es nicht anders.

Cortot, Thibaud und Casals waren sehr unterschiedliche Persönlichkeiten. Die Gegensätze und manchmal auch die Konflikte zwischen ihnen mögen sie als Zwanzigjährige stimuliert haben, doch als die Künstler älter wurden, waren diese Unterschiede eher lästig. Und langsam, aber sicher hörten sie auf, miteinander zu spielen: 1929 gab das Trio keine Konzerte, 1930 nur zwei, 1931 acht, 1932 vier und 1933 drei. Und das war dann das Ende.

Casals war vielleicht mehr als den anderen die Lust daran vergangen. Er war so sehr mit seinem Orchester, seinen Konzertreisen und seinen häuslichen Problemen beschäftigt, daß ihm diese Triokonzerte über den Kopf wuchsen. »Mr. Gaisberg weiß doch ganz genau, daß ich nicht daran interessiert bin, in London Triokonzerte zu geben«, erwiderte er, als ihn die Plattenfirma drängte, im August 1933 weitere Aufnahmen zu machen, »und es überrascht mich eigentlich, daß er so sehr darauf besteht.«[65] Aber dann fühlte sich Casals doch wieder bitter verraten, als Cortot und Thibaud in den ersten Jahren seines Exils während der Franco-Diktatur ein neues Trio zusammen mit dem Cellisten Pierre Fournier bildeten und in Europa mehrere Saisons lang auftraten. Nach dreißig Jahren, in denen sie so vertraut miteinander musiziert hatten, überkam ihn ein Gefühl, als sei eine Familie auseinandergebrochen.

Im Zweiten Weltkrieg zeigte es sich dann, wie beachtlich es war, daß das Trio überhaupt so lange hatte bestehen können. Als Casals sich überall entsetzt vor dem Faschismus zurückzog, begann Cortot ganz offen mit ihm zu kollaborieren. Zwischen 1940 und 1943 bekleidete er zwar untergeordnete, aber immerhin offizielle Positionen im Ministerium für Erziehung und Kultur des Pétain-Laval-Regimes und unternahm im Juni und November 1942 auf Einladung Furtwänglers Konzertreisen nach Berlin und zu fünf anderen deutschen Städten. Casals war völlig verstört darüber, und in späteren Jahren mußte er das deprimierende Schauspiel über sich ergehen lassen, daß Cortot ihn unterwürfig um Vergebung bat.[66] Cortots Biograph hat mit einem gewissen Recht auf die politische Naivität des Pianisten, die harmlose Natur seiner offiziellen Tätigkeit und die spätere entschiedene Widerrufung verwiesen.[67] Aber im Unterschied zu Cortot fiel Casals eben nicht um, unter weitaus provozierenderen Umständen, und das verlieh ihm einen lebenslangen moralischen Vorteil, den er durchaus feinfühlig, aber zuweilen auch strategisch einsetzte. Jacques Thibaud, der seinerseits im besetzten Frankreich aufgetreten war, aber auch einen Sohn im Krieg gegen die Nazis verloren hatte, wies später dieses fürchterliche moralische Dilemma von sich, indem er in einem Interview zu Beginn einer Amerika-Tournee im Jahre 1946 äußerte: »Ich bin nicht sehr glücklich über meine Freunde. Sie sind Politiker geworden. Cortot ein schlechter. Casals ein etwas verrückter.«[68]

Thibaud kam bei einem Flugzeugabsturz im September 1953 ums Leben, als er nach Indochina unterwegs war, um vor französischen Truppen zu spielen, ohne daß er mit seinen alten Kollegen Frieden geschlossen hatte. Zwischen Casals und Cortot kam es im Juli 1958 zu einer überaus gefühlsbetonten Versöhnung, als Cortot nach Prades pilgerte. Anzeichen für diesen Frieden hatte es bereits in den beiden vorausgegangenen Jahren gegeben, als die beiden Männer ihren 80. Geburtstag feierten. In einer Glückwunschkarte an Cortot schrieb

Casals: »Wir waren wie Brüder, vereint durch die gleiche Hingabe an die Musik.« Indem er Thibaud als »le regretté ... notre cher disparu« bezeichnete, gedachte Casals des Trios, »dans cette phase crépusculaire de nos existences«.[69] Auf Casals' Einladung hin spielte Cortot mit ihm bei den Festspielen von Prades einmal Beethovens Sonate in A-Dur und Zwölf Variationen aus der *Zauberflöte.* Cortot war tief bewegt und hatte Mühe, zu spielen. Nach dem ersten Satz der Sonate legte Casals sein Cello beiseite, ging zu ihm hinüber und umarmte ihn stürmisch, und nach dem Konzert versicherte er Cortot, daß sein Zeitgefühl viel sicherer sei als das der »jüngeren Pianisten«: »Du spielst ja, als ob du ein Metronom gestohlen hättest, das Beethoven selbst noch eingestellt hat.«[70]

Von diesem Trio einmal abgesehen, war das bedeutendste Gemeinschaftswerk von Cortot und Casals die Gründung der Ecole Normale de Musique in Paris. Die Ecole war im wesentlichen Cortots Schöpfung, zu der ihn Auguste Mangeot, der Herausgeber der einflußreichen Zeitschrift *Le Monde Musical,* angeregt hatte, und Casals wie Thibaud wurden zu künstlerischen Direktoren berufen. 1919, nach dem Ersten Weltkrieg also, hatte Mangeot die Idee gehabt, eine Schule zu errichten, die eher auf französischen als auf deutschen Musikprinzipien beruhte und in der nicht nur Komponisten und Virtuosen unterrichtet werden würden, wie am Pariser Konservatorium, sondern auch voll ausgebildete Berufsmusiker. Casals investierte 20000 Dollar in dieses Unternehmen, das in einem kleinen Hotel an der Rue Jouffroy Nr. 64 untergebracht wurde. An der Schule gab es sechzig Teilzeitprofessoren, unter anderem Landowska, Marguerite Long, Marcel Dupré, Strawinsky, Honegger und André Hekking, sowie eine kleine Anzahl von festangestellten Lehrern. Diran Alexanian wurde als Cellolehrer eingestellt, und 1929 wurde Maurice Eisenberg sein Nachfolger, auch wenn Casals in jedem Sommer eine Meisterklasse für Interpretation leitete. Alexanian, ein mürrischer Armenier, war ein fürchterlicher Perfektionist, der zwar jünger war als Casals, sich aber oft als der *de facto* Ältere gerierte. Saul Bellow zitiert in seinem »persönlichen Bericht« *Nach Jerusalem und zurück,* was Alexander Schneider einmal über Alexanian gesagt hat – er war »in musikalischen Angelegenheiten genauso heikel wie andere Menschen bei Gewürzen. Alexanian sagte nach einer Aufführung einiger [Bach-]Suiten: ›Sie haben drei schlimme Fehler gemacht. Schrecklich.‹ Casals sagte nichts. Er wußte, daß Alexanian recht hatte.«[71] Casals, dessen Schüler sich nicht weniger vor ihm fürchteten, hatte doch raffiniertere pädagogische Fähigkeiten. Als er 1921 seine erste Pariser Meisterklasse eröffnete, versicherte er seinen Cellostudenten: »C'est très difficile de faire une note; et trois notes, alors!«[72]

In den siebzehn Jahren zwischen seiner Rückkehr aus Amerika im Jahre 1919 und dem Beginn des Exils 1937 verbrachte Casals mehr Zeit in Katalonien als anderswo. Im Laufe seines sechsundneunzigjährigen Lebens war dies der einzige Zeitraum, in dem er ständig in seinem eigenen Haus leben konnte. Im Sommer und auch sonst so oft wie möglich ging er nach San Salvador, und da er vierzehn bzw. sechzehn Jahre älter war als seine Brüder Luis und Enrique, war es ganz natürlich, daß er für die wachsende Schar der Neffen und Nichten so etwas wie den Paterfamilias darstellte.[73] Jeden Morgen spielte er auf dem Klavier seines Vaters Bach, gewöhnlich Stücke aus dem Wohltemperierten Klavier, und dann ritt er den Strand entlang auf seinem rabenschwarzen andalusischen Araberhengst Florian. Er ging auch spazieren, vielleicht mit seinen älteren Nichten Pilar und Enriquetta und natürlich mit Follet, seinem Deutschen Schäferhund, und spielte einige Sätze Tennis. Und den ganzen Tag über pflegte Casals zu üben, Notenmanuskripte zu lesen und an seinen Programmen für die nächste Konzertsaison zu arbeiten.

Casals war inzwischen ein gefeierter Mann in Katalonien und hatte alle möglichen Preise und Ehrungen von seiner Heimatstadt sowie anderen benachbarten Städten und Dörfern erhalten. In Katalonien werden die Nationalhelden seit jeher mit Auszeichnungen überhäuft, und auf Casals entfielen eine ganze Menge. 1927 wurde er zum *fill predilecte,* zum großen Sohn von El Vendrell ernannt, und an seinem Geburtshaus in der carrer Santa Anna wurde eine Gedenktafel angebracht. Casals dirigierte das Orquestra Pau Casals auf dem Stadtplatz, spielte auf dem Cello und hielt eine öffentliche Rede, als eine Gruppe kostümierter Akrobaten geschickt die traditionellen *castells* bildeten, Pyramiden aus menschlichen Leibern, ein typisches Kunststück für Artisten dieser Region. Später wurde ein Platz in der

Stadt in Plaça Pau Casals umbenannt, und die Restaurierung der Orgel, auf der sein Vater in der Kirche Santa Anna gespielt hatte, wurde von Casals selbst finanziert.

Casals' Grundbesitz hatte sich inzwischen zu einem beachtlichen Landgut entwickelt. Luis verwaltete als Aufseher den Bauernhof, zu dem auch ausgezeichnete Weinberge, die Trauben für einheimische Winzer lieferten, sowie ein gewisser Viehbestand gehörten: Kühe, Enten, Gänse und anderes Geflügel. Die Villa selbst war zwischen 1920 und 1929 weiter umgebaut und erweitert worden, außerdem waren ein Garten im italienischen Renaissancestil landeinwärts sowie ein eindrucksvoller terrassierter Weg auf zwei Ebenen angelegt worden, der das Grundstück vom Meer abtrennte. 1923 hatte San Salvador auch elektrischen Strom bekommen. 1934 und 1935 wurde der Tennisplatz beseitigt und dafür ein ausladender neuer Flügel an der östlichen Seite des Haupthauses errichtet, der auf einen Innenhof ging. Er enthielt drei große, ineinander übergehende Räume: einen Konzertsaal mit zweihundert Plätzen sowie eine Galerie, in der Casals' wachsende Sammlung von Werken katalanischer Künstler hing. Die Innenausstattung des dritten Raums stammte aus der Residenz des Marqués de Moya in der Calle Puertaferrisa in Barcelona und wurde in San Salvador komplett samt den von Vigotà mit ländlichen und allegorischen Szenen bemalten Wand- und Deckenverkleidungen, den ausladend verzierten Kristallüstern und einem gekachelten Boden installiert. Im ganzen Haus gab es Büsten, Porträts, Zeichnungen und Gedenkmedaillen, die alle Casals darstellten, wobei die einen aufgehoben wurden, weil sie gut waren, die anderen, weil man sie nicht einfach wegwerfen konnte.

Am ungewöhnlichsten war eine Apollostatue, die bei dem katalanischen Bildhauer und Rodinschüler Josep Clará in Auftrag gegeben worden war. Clará war zunächst erstaunt über den anachronistischen Auftrag, ließ sich aber von Casals überzeugen, daß Apollo eine zeitlose Gestalt sei: als Gott der Harmonie, Musik und Medizin, als Beschützer der Reisenden und als Kämpfer für den Frieden, und so schuf er ein preisgekröntes und vielleicht sogar prophetisches Werk. Heute steht dieser Apollo mit dem Rücken zum Ozean und schaut über die Teiche und Pfade, die Pinien, Zypressen und Lemonenbäume durch die schweren Gittertore bis hinüber zur belebten Touristenstraße.

Casals' Villa, am Strand eines bescheidenen Ferienortes gelegen, war ein etwas absurdes Gebilde geworden. Für seine Ansprüche war es zu klein, und die Anhäufung von Stilen und Epochen hatte daraus ein richtiges architektonisches Durcheinander gemacht. Aber genau dieses Haus hatte Casals gewollt, und darin fühlte er sich wohl. Zwei Jahre nach seiner Fertigstellung mußte er es bereits verlassen, und nach 1939 sah er sein Heim nur noch einmal in seinem Leben. Es war, als ob er geahnt hätte, daß er selbst nicht mehr dort sein könnte, und sich darum fest und dauerhaft auf diesem Flecken Erde, den er so liebte, verewigt hätte.

Als er sich von seiner Depression nach dem Zerbrechen seiner Ehe mit Susan Metcalfe erholt hatte, brach Casals zu seiner aufwendigsten Konzerttournee nach 1914 auf. Im Dezember 1929 fuhr er zum erstenmal seit fünfzehn Jahren wieder in die Tschechoslowakei und nach Rumänien, anschließend ging es durch Frankreich, England, die Schweiz und Spanien. Im November 1930 weilte er in Brüssel, um mit Eugène Ysaÿe das Lalo-Konzert aufzuführen – es sollte Ysaÿes letztes Konzert sein, denn er starb im Mai des darauffolgenden Jahres. Im selben Monat hatte Casals dreizehn weitere wichtige Engagements in Europa, und in den ersten beiden Dezemberwochen spielte er in Kopenhagen, Stockholm, Wien, Budapest, Prag und Florenz.[74] Mit diesem hektischen Programm ging es auch 1931 weiter – allein für den März waren ein Dutzend Konzerte in sechs Ländern gebucht. Am 13. März befand sich Casals gerade in Genf, als ihn die Nachricht erreichte, seine siebenundsiebzigjährige Mutter sei vor zwei Tagen in San Salvador gestorben. Wie in Trance setzte er seine Tournee fort. Einen Monat später erbrachten die Wahlen in ganz Spanien ein überwältigendes Votum für eine Republik. Alfonso XIII. verließ das Land, und am 15. April wurde die Zweite Spanische Republik ausgerufen. Am Ende dieser Woche waren im Palast von Montjuïc oberhalb von Barcelona 7000 Menschen versammelt, und Casals dirigierte sein Orchester und den Orfeó Gracienc in einer Aufführung von Beethovens Neunter Sinfonie, zur Feier der neuen Demokratie. Für Casals allerdings sollte sich das neue Jahrzehnt in privater wie in politischer Hinsicht völlig anders gestalten.

Katalonien und die Spanische Republik

1931–1939

Machen Sie sich nicht der Mittäterschaft bei der Ermordung Spaniens schuldig. Wenn Sie es zulassen, daß Hitler in Spanien siegt, werden Sie das nächste Opfer seines Wahnsinns sein. Der Krieg wird ganz Europa erfassen, die ganze Welt. Kommen Sie unserem Volk zu Hilfe.

Pablo Casals, 1938[1]

Casals war zwei Jahre nach der Niederlage der Ersten Spanischen Republik zur Welt gekommen. Sein ganzes Leben lang hatte er auf die Ankunft der Zweiten Republik gewartet. Seit seiner Kindheit hatte er gewußt, daß eine Republik die gerechteste und ehrenwerteste politische Wahlmöglichkeit darstellte, das konsequente Ergebnis wahrer Demokratie, der Quell von Gerechtigkeit und Freiheit für die größtmögliche Zahl von Menschen, die Feindin angemaßter Privilegien und die gerechte Strafe für Überheblichkeit und Korruptheit. Aber mehr als alles andere brachte für ihn die republikanische Staatsform die Gewißheit mit sich, daß sie das Ende der kastilischen Herrschaft bedeutete und damit endlich auch die Autonomie für das katalanische Volk herbeiführte. »Die Geburt der Spanischen Republik war die Erfüllung all dessen, was ich mir erträumt hatte.«[2]

Casals hatte die zwanziger Jahre keineswegs in einem politischen

Vakuum verbracht – nur: Er konnte in politischer Hinsicht einfach gar nicht viel tun. Im September 1923 hatte sich Primo de Rivera, der Generalkapitän von Katalonien, zum Diktator ernannt und mit dem stillschweigenden Einverständnis des Königs eine Militärdiktatur errichtet. Selbst eine Diktatur schien damals noch besser zu sein als das korrupte parlamentarische Regime, und in jedem Fall hielt man sie weithin nur für eine vorübergehende Einrichtung, die zur Einberufung der verfassunggebenden Cortes führen würde. Tatsächlich hielt sich Primo de Rivera fast sechseinhalb Jahre an der Macht, wobei er anfangs zumindest einige echte Erfolge vorzuweisen hatte wie die Befriedung von Marokko und die Einführung einer überraschend fortschrittlichen Arbeitsgesetzgebung. Aber Primo de Rivera erwies sich als zu träge und phantasielos, um die Gunst der Stunde zu nutzen, und verdarb es sich nach und nach mit allen gesellschaftlichen Gruppierungen – der Kirche, der Armee, der Mittelschicht –, deren individuelle oder kollektive Unterstützung er unbedingt brauchte, um an der Macht bleiben zu können. Keinesfalls kann sich, wie der Spanienkenner Gerald Brenan einmal bemerkt hatte, »in einem Land, in dem die halbe Bevölkerung in den Cafés herumsitzt und über die Regierung schimpft, ein Diktator lange halten«.[3]

Für die Katalanen tat sich die Diktatur unter Primo de Rivera unrühmlich hervor durch die fast vollständige Unterdrückung ihrer Bestrebungen. Die Mancomunidad, das 1913 errichtete bescheidene Forum für regionale Autonomie, wurde aufgelöst und die katalanische Sprache in Schulen und in der Öffentlichkeit verboten. Die katalanische Flagge durfte nicht mehr flattern, und selbst der Nationaltanz, die *sardana,* wurde für gesetzwidrig erklärt. Als schließlich im Frühjahr 1931 nationale Wahlen abgehalten wurden, war es daher nicht weiter überraschend, daß sich die Katalanen mit überwältigender Mehrheit für die Republik entschieden und aus eigener Kraft erheblich dazu beitrugen, daß sowohl die Diktatur wie die Monarchie zu Fall gebracht wurden.

Für jemanden, der zugleich katalanischer Separatist und leidenschaftlicher Republikaner war, unterhielt Casals auch weiterhin noch erstaunlich enge Beziehungen zur königlichen Familie. Er selbst hatte damit nie Schwierigkeiten und ließ sich dadurch niemals in Verlegenheit bringen. Mit einer gewissen naiven Unschuld bildete er sich ein, daß seine Beziehung zur bourbonischen Monarchie überhaupt nichts mit Politik zu tun habe. Während seines ganzen Lebens hatte Casals ein zutrauliches Verhältnis gegenüber Leuten, die eigentlich seine natürlichen Feinde waren – es hatte wohl etwas mit seinem unerschütterlichen Glauben zu tun, daß nette Menschen nicht böse sein konnten. In Wirklichkeit wurde Casals' Kontakt zur spanischen Königsfamilie zunehmend distanzierter, als seine politischen Ansichten besser bekannt wurden. Seit Alfonso XIII. 1902 den Thron bestiegen hatte, war Casals relativ selten mit seinem Kindheitsfreund oder mit der Königinmutter María Cristina zusammengekommen. Auf dem Höhepunkt der Unterdrückung der Katalanen durch Primo de Rivera beschloß er jedoch, seine Gefühle offenzulegen.

Der unmittelbare Anlaß war eine Rede von Alfonso in Barcelona gewesen, in der er ungeschickterweise und zum denkbar schlechtesten Zeitpunkt auf Philip V., seinen Vorgänger im 18. Jahrhundert und einen berüchtigten Feind Kataloniens, zu sprechen gekommen war. Casals fuhr nach Madrid und versuchte María Cristina auf die heftige Reaktion der Katalanen hinzuweisen, aber obwohl ihn die Königinmutter aufs freundlichste empfing, wich sie doch geschickt dem heiklen Thema aus, und er kehrte niedergeschmettert und unglücklich nach Barcelona zurück. Ein wenig später allerdings brachten die Katalanen ihre Stimmung auf eine andere und weitaus wirkungsvollere Weise zum Ausdruck. Als sich die gesamte Familie in Barcelona anläßlich der Internationalen Ausstellung von 1929 aufhielt, wünschte sie auch einem Konzert des Orquestra Pau Casals beizuwohnen. Protokollgemäß erschien der König mit seinem Gefolge im Liceu, während das Programm bereits lief, doch er wurde vom Publikum nur mit mäßigem Applaus empfangen. Aber als Casals das Podium betrat, um mit seinem Konzert zu beginnen, brach das katalanische Publikum in überaus heftige und lärmende Ovationen aus – eine unüberhörbare politische Demonstration. Nach der Vorstellung wurde Casals nicht in die königliche Loge gebeten, und darum nahm er an, daß dies das Ende seiner freundschaftlichen Beziehungen zum König bedeutete. Einige Wochen danach freilich wurde er aufgefordert, im Palacio de Oriente in Madrid während des Staatsbesuchs des italienischen Herrscherpaares Vittorio Emmanuele und Elena zu spielen. Nach der Aufführung und vor versammeltem Publikum ging Alfonso auf Casals zu und verwickelte ihn in eine ausgiebige Unterhaltung, die er mit der Bemerkung abschloß: »Nun, Pablo, ich wollte dir sagen, daß es mich gefreut hat, zu sehen, wie sehr die Katalanen dich lieben.«[4] Am nächsten Tag berichteten die Zeitungen ausführlich über den Vorfall.

Casals selbst hielt sich nicht für einen politisch denkenden Menschen. Er interessierte sich kaum für Politiker, trat nie einer politischen Partei bei, und außer zu Beginn der dreißiger Jahre hatte er nie die Möglichkeit, sein Wahlrecht auszuüben. Wenn Politik indes im Grunde nichts anderes ist als der Kampf der Menschheit für ein anständiges Leben, dann war Casals vom ersten Atemzug an ein Politiker, und politisches Handeln stand im Mittelpunkt seines Lebens. Am liebsten war es ihm, wenn er den Menschen an der Macht so weit nahestand, daß er ihnen – je nachdem, wie es die Situation erforderte – Berater, Gewissen oder lästiger Mahner sein konnte. In der Zweiten Spanischen Republik durfte er genau das sein. Auf katalanischer und bis zu einem gewissen Grade auch auf nationaler Ebene bewunderte Casals die zeitgenössischen politischen Führer, und in einigen Fällen kannte er sie sogar persönlich – sein Status als Künstler verlieh ihm eine Plattform, von der aus er zu allgemeinen Themen Stellung nehmen konnte. Die neuen republikanischen Cortes stellten ein ungewöhnlich kultiviertes und intelligentes Parlament dar, und unter den führenden Politikern gab es sogar einige bedeutende Gelehrte: »Ich glaube, niemals zuvor ist eine Regierung gebildet worden, in der so viele Gelehrte und Menschenfreunde vertreten waren.«[5] Unter den Männern, vor denen Casals große Achtung empfand, befanden sich zwei der ersten Premierminister der Republik: Manuel Azaña war ein Romancier und Essayist sowie Spaniens bedeutendster Voltaire-Übersetzer, Dr. Juan Negrín war Universitätsprofessor und ein weltberühmter Physiologe.

Aber in erster Linie hielt es Casals mit den nationalistischen Führern in Barcelona, insbesondere mit Oberst Francisco Maciá, der nach langjährigem Widerstand gegen die Diktatur von Primo de Rivera ein katalanischer Nationalheld geworden war. Maciá empfing die erste Stimme, die Casals jemals bei einer Wahl zu vergeben hatte – im Jahre 1931, als er bereits vierundfünfzig war. Unmittelbar nach Bekanntwerden der Wahlergebnisse hatte Maciá eine unabhängige katalanische Republik ausgerufen, obwohl noch nicht einmal für ganz

Spanien eine föderale Struktur existierte oder in Aussicht stand. Die neuen Machthaber in Madrid überredeten ihn dazu, den Namen seiner Regierung in *Generalitat* abzuändern, wie die erste katalanische Volksvertretung einst in der Mitte des 14. Jahrhunderts geheißen hatte, und im September 1932 wurde von den Cortes ein Statut verabschiedet, das den Provinzen eine begrenzte Autonomie garantierte. Der Führer der neuen Generalitat, Luis Companys, und sein Kulturminister Ventura Gassol übertrugen Casals das Amt des Präsidenten der Junta de Música, eines Organisationskomitees, das zuständig war für die Verbreitung der Segnungen von Kunst und Erziehung in ganz Katalonien.

War Casals im Jahre 1895 der »Stolz der Nation« gewesen, so war er – fast vierzig Jahre später – ein wahrer Held des republikanischen Spanien. Ehrungen und Privilegien gingen auf ihn nieder, und Erklärungen der *homenatge* wurden ihm aus allen Bereichen des künstlerischen und öffentlichen Lebens zuteil. Im November 1933 verlieh im die Associació de Música da Camera – nach 300 Konzerten mit seinem Orchester – den Titel *Mestre,* und aus der Hand des Präsidenten empfing er den »Staatsorden« der Generalitat. Im darauffolgenden Jahr wurde er Ehrenbürger von Barcelona, und eine Straße im Zentrum der Stadt wurde nach ihm benannt. Aus diesem Anlaß dirigierte er bei einem Festkonzert im Palau Nacional die Sardana für zweiunddreißig Cellos, die er 1927 geschrieben hatte.[6] Im Dezember des darauffolgenden Jahres wurde Casals auf gleiche Weise in Madrid geehrt und in die Academia de Bellas Artes de San Fernando, die spanische Akademie, aufgenommen. Die republikanische Regierung bot ihm ein Stradivari-Cello aus der königlichen Sammlung – das ihm interessanterweise in den Jahren seiner Freundschaft mit Alfonso und María Cristina nie gezeigt worden war – zum Geschenk an, aber er lehnte es ab.

Im Augenblick jedenfalls hatten die Aufregungen und Tätigkeiten, die die Politik der Stunde mit sich brachte, Vorrang vor Casals' Konzertengagements – er sei »bouleversé«, erschüttert, durch die jüngsten Ereignisse, schrieb er an Freunde.[7] Die Orchestersaison in Barcelona lief wie bisher weiter, aber Pläne für eine Solokonzertreise nach London im Herbst 1931 wurden ad acta gelegt, weil es unmöglich war, dafür einen passenden Termin zu finden.[8] In diesem Jahr gab

Casals noch kurz vor Weihnachten Konzerte in Holland, in der Schweiz und in Ungarn, aber bis 1934 verbrachte er zum erstenmal in seiner Karriere den größten Teil des Jahres zu Hause. Während der Sommer- und Winterpausen hielt Casals sich immer in San Salvador auf, wo er die Ferien dazu nützte, an den solistischen wie an den Orchesterwerken für die kommende Saison zu arbeiten. Er genoß sein Haus und empfing viele Gäste, wobei er nach dem Tod seiner Mutter von Frasquita Capdevila unterstützt wurde. Als Casals fünfunddreißig Jahre zuvor in Barcelona begonnen hatte zu unterrichten, war Capdevila eine seiner ersten Celloschülerinnen gewesen. Sie hatte Felip Capdevila geheiratet, einen seiner besten Freunde, der später Schatzmeister seines Orchesters wurde. Nach dem frühen Tod ihres Mannes im Jahre 1921 hatte Capdevila weiterhin in der Verwaltung des Orchesters mitgearbeitet und an Enriques Institut Musical Casals ihre eigenen Celloschüler unterrichtet.[9] Mehrere Jahre später war sie in eines der drei Gästehäuser gezogen, die Casals neben dem Haupthaus in San Salvador hatte errichten lassen, und nach einiger Zeit gehörte sie dem Haushalt an. Nach 1928 jedenfalls ließen Freunde in Briefen an Casals auch Capdevila grüßen und bezeichneten die beiden bald schon als Paar.[10] In den dreißiger Jahren kümmerte sich Señora Capdevila um Casals und besorgte seinen Haushalt; 1939 beschloß sie, ihr Heim und ihre Familie zu verlassen und mit ihm ins Exil zu gehen. Die Beziehung scheint auf einer Kombination von Fürsorglichkeit, Abhängigkeit und Zuneigung beruht zu haben – und zwar auf beiden Seiten. Über fünfundzwanzig Jahre lang, bis sie 1955 starb, stand Frasquita Capdevila Casals von allen Menschen am nächsten.

Zu den Gästen, die sich regelmäßig in San Salvador aufhielten, gehörten auch der amerikanische Cellist Maurice Eisenberg und seine Frau Paula. Eisenberg war in Königsberg geboren und der Sohn russisch-polnischer Eltern, die in die USA auswanderten, als Maurice noch ein Baby war. Mit zehn Jahren begann er Geige zu studieren, wechselte aber bald aufs Cello über und erhielt bereits nach einem Jahr ein Stipendium für das Peabody Conservatory in Baltimore. Hier wurde er von Leopold Stokowski entdeckt und trat mit Sechzehn dem Philadelphia Symphony Orchestra bei; später wurde er erster Cellist beim New York Symphony Orchestra unter Walter Damrosch. Da ihm die technischen Mängel bei seinem Spiel durchaus bewußt waren, ging Eisenberg 1921 nach Europa und hoffte, bei Casals studieren zu können, den er in Amerika während des Ersten Weltkriegs kennengelernt und spielen gehört hatte. Casals schickte Eisenberg zuerst nach Deutschland, wo er bei Julius Klengel und Hugo Becker studieren sollte, und dann auf seine Ecole Normale in Paris, wo er Unterricht bei Alexanian nahm.[11] In den späten zwanziger Jahren verfolgte Eisenberg Casals' Karriere mit größtem Interesse, und endlich durfte er beim Orquestra Pau Casals mitspielen und erreichte doch noch sein Ziel: Der Maestro selbst erteilte ihm Unterricht.

Eisenberg war im Grunde der ideale Schüler für Casals. Er war hochbegabt, fachmännisch ausgebildet und absolut loyal. In intellektueller wie in emotionaler Hinsicht paßten die beiden Männer bestens zueinander, und jeder konnte dem anderen etwas bieten, was diesem zutiefst zusagte. Sie wurden gute Freunde, ja sogar ihre Familien schlossen sich eng aneinander an und hielten bis zu Eisenbergs frühem Tod im Dezember 1972 regelmäßigen Kontakt zueinander. Maurice Eisenbergs Karriere hing weitgehend mit seiner Beziehung zu Casals zusammen: Er war seit 1929 Nachfolger von Alexanian als Professor für Cello an der Ecole Normale, und als er 1953 aus den USA, wo er den Zweiten Weltkrieg ebenso wie die Jahre unmittelbar danach als Lehrer verbracht hatte, auf Casals' Anregung nach Europa zurückkehrte, gründete er das International Cello Centre in London. Eisenberg wurde künstlerischer Direktor des Zentrums, seine Schülerin Milly Stanfield Generalsekretärin.[12] Casals wurde Ehrenpräsident, weitgehend in absentia, da er erst 1963 wieder nach England kam.

Eisenberg war zwar ein überaus erfahrener und hervorragender Lehrer und veranstaltete regelmäßig Meisterklassen sowie Konzerte und Vorlesungen in der Schweiz und in Portugal ebenso wie in England und Amerika, aber sein Verhältnis gegenüber Casals blieb doch stets wie das zwischen einem Schüler und seinem Lehrer, nie wie eines zwischen zwei erwachsenen Künstlern. Selbst als Eisenberg schon die Fünfzig überschritten hatte, erstattete er noch immer Casals über seine Konzerte auf der ganzen Welt Bericht, suchte seinen Rat und bat ihn um ausführliche Kritik. Eisenberg blieb stets der Bittsteller, Casals der Wohltäter. In einem gewissen Sinne war das natürlich gar nicht so ungewöhnlich: Casals war jedem Cellisten seiner wie der nächsten Generation in technischer wie in musikalischer Hinsicht immer weit voraus. Es war Eisenbergs großes Glück, daß ihm sein Rat und seine Führung stets zur Verfügung standen. Aber Casals brauchte es genauso, daß man ihm das zu verstehen gab, und das tat Eisenberg denn auch während seiner ganzen Karriere. Es war ein Pakt, von dem beide profitierten.

Sie waren sich zwar schon zuvor etliche Male begegnet, aber so richtig begann die Freundschaft zwischen Casals und Eisenberg doch erst im Jahre 1928, als Casals den Winter seines Mißvergnügens hinter sich hatte. Eisenberg wurde eingeladen, das Schumann-Konzert mit dem Orchester in Barcelona zu spielen, und dann ging er zusammen mit seiner Frau nach San Salvador, wo er mehrere Wochen lang eine intensive Unterweisung genoß. Der Unterricht begann mit dem Schumann-Konzert. Nervös machte sich Eisenberg bereit zu spielen:

> Bevor ich Gelegenheit hatte zu beginnen, bat mich [Casals], die erste Note – ein lang gehaltenes E – zu singen. Das tat ich. »Gut«, sagte er. Dann forderte er mich auf, die Note zu dirigieren, als ob ich einen Taktstock hielte. Anschließend fragte er mich, ob die Note schwankende Kurven beschrieben hätte, als ich sie sang oder dirigierte. Das verneinte ich natürlich. »Warum hast du dann mit deinem Handgelenk und deiner Bogenführung Kurven beschrieben, als du das E auf dem Cello gespielt hast?«[13]

Für Eisenberg war dies eine Offenbarung: »Auf einmal erkannte ich, wie sinnlos die komplizierten Methoden waren, die ich von meinen früheren Lehrern kritiklos übernommen hatte ... Bei der nächsten Lektion hatte sich meine Technik völlig geändert.«

Alle, die bei Casals studierten oder unter seiner Stabführung spielten, mußten immer wieder die überaus schockierende Erfahrung machen, daß die Lösung für jedes musikalische Problem in seiner Gegenwart so entmutigend einfach zu sein schien. »Ich will Ihnen nur ein paar elementare Dinge sagen«, erklärte er oft einem Orchester vor der Probe, »nichts Kompliziertes – und so sollte es bei allem sein. Aber eins müssen Sie wissen. Gerade auf die einfachsten Dinge kommt es an.« Und natürlich sind diese einfachsten Dinge auch am schwersten zu erreichen und erfordern jahrelange Arbeit. Wenn Casals im Raum war, schien es eine Art direkte Verbindung zur Perfektion zu geben. Für die meisten Studenten bestanden die Lektionen aus einer Reihe von überirdischen Erscheinungen. Wenn Casals vor einem stand und beschwörend rief: »Steigern, wir müssen uns steigern!«, dann genügte das völlig, damit jeder Student dies auch tat. Das Problem war nur, wie man es beim nächsten Mal fertigbrachte – ohne ihn. Das erforderte eine gewaltige Anstrengung und viel Übung, und genau das wollte Casals vermitteln.

Casals verfügte über einen unglaublichen Schatz an Aphorismen und treffenden Zitaten, zumindest wenn er seine Muttersprache gebrauchte, und vermutlich sogar in anderen Sprachen.[14] Er sprach stets langsam, bedächtig, zuweilen hob er überraschend die Stimme, und fast immer hatte er eine – im allgemeinen erloschene – Pfeife im Mund. Indem er das Orchester oder einzelne Studenten mit seinen unglaublich strahlendblauen Augen fixierte, konnte er im richtigen Augenblick eine ziemlich banale Äußerung in einen aufregenden Gedanken verwandeln. Denn Casals' angeborene meisterhafte Beherrschung des Klangs bezog sich nicht nur auf die Musik, sondern auch auf seine Sprechweise. Aus seinem Mund klang die Bemerkung: »Alle Musik ist eine Abfolge von Regenbogen« wie eine allgemein gültige Wahrheit.

Aber was sich den Musikern, die mit Casals zu tun hatten, zutiefst mitteilte, war seine unweigerlich authentische emotionale Reaktion auf die Musik, wie sie sich in der Direktheit seiner Anweisungen widerspiegelte. Als er einmal bei einer Probe des Schumann-Konzerts die Seelenqual nachempfand, die der Komponist seiner Meinung nach beim Schreiben erlebt haben mußte, rief Casals aus: »Schmerz, Schmerz ... Alles ist Schmerz – der arme Mann!«[15] Von einem Studenten, der gerade mit dem Dvořák-Konzert anfangen wollte, verlangte Casals: »Verkünde den Helden!« – und der Student tat es. Oder er forderte ein Orchester auf, »ehrlich zu spielen«, womit er direkt und ohne Sentimentalität meinte. Die umwerfendste Antwort bekam vielleicht ein Student, der ihn einmal fragte: »Wie zählen Sie hier, Meister?« – »Mit meiner Seele.«

Eine Begegnung mit Casals wurde für einen Musiker somit zu einer geistigen Erfahrung. Die Intensität seiner Aufrichtigkeit verlangte eine gleichermaßen freimütige emotionale Reaktion – die er auch fast immer bekam. Nachdem Maurice Eisenberg zwei ganze Sommer lang von ihm unterrichtet worden war, schrieb er Casals, um ihm die Folgen seiner »Inspiration« zu bekennen: »Du läßt mich eine andere Luft atmen, was sich nicht nur in meinem Spiel, sondern in meinem ganzen geistigen Selbst niederschlägt. Ich komme mir immer wie ein besserer Mensch vor, wenn ich bei Dir bin.«[16]

Bis 1936 verbrachten die Eisenbergs jeden Sommer in San Salvador, oft auch noch eine oder zwei Wochen zu Weihnachten. Sie hielten sich in einem von Casals' Gästehäusern auf – eine idyllische Verbindung von Ferien und Studium. Manchmal waren auch noch andere Freunde da – Milly Stanfield kam 1933 und 1934 –, und 1932 hatten sie ihren neugeborenen Sohn mitgebracht. Pablo Eisenberg, wie er nach seinem Taufpaten Casals hieß, begann später Klavier, Cello und Klarinette zu studieren; aber als er mit seiner Familie 1939 wieder in die USA ging, verlegte er sich ganz auf den Sport. Als eine Art Ausgleich gegenüber seinem Paten (*padrinet,* wie er immer hieß) wurde er nicht nur ein hervorragender Student in Princeton und ein Post-graduate in Oxford, sondern auch US-Jugendmeister im Tennis. Casals erlebte den jungen Pablo bei zwei denkwürdigen Turnieren, und bei einem spielte er gegen einen international bekannten Meister. Eisenberg gewann zwar den ersten Satz, verlor aber dann doch das Match.[17] Casals machte aus seiner Verstimmung kein Hehl. Er hatte einen hochentwickelten Sinn für sportliche und sonstige Wettbewerbe und genoß Siege. Im Leben wie in den Kinowestern wollte er »die Guten siegen sehen«.

Wenn er die übrige Zeit des Jahres wieder in Paris war, hielt Maurice Eisenberg Casals über alte Freunde wie Alexanian und neue wie Yehudi Menuhin auf dem laufenden und fungierte als Bote bei Transaktionen mit ihrem beiderseitigen Agenten Charles Kiesgen.[18] Casals war es nicht gewöhnt, sich an einem Ort längere Zeit aufzuhalten, und vermißte die anregende Gegenwart von Freunden und Kollegen. Kurz nach Ysaÿe starb auch Emanuel Moór, nämlich im Oktober 1931 in der Schweiz, sowie im September 1932 Röntgen – einen Monat vor einer geplanten Reise nach Barcelona, wo er Casals' Orchester dirigieren sollte.[19] Aber inzwischen war Donald Francis Tovey wieder in Casals' Leben zurückgekehrt – die wiederbelebte Freundschaft mit dem Engländer gab ihm neuen Schwung, bis auch Tovey 1940 starb.

1914 war Tovey im Alter von achtunddreißig Jahren zum Reid Professor of Music an der Universität von Edinburgh berufen worden. Zwei Jahre später gründete er das Reid Symphony Orchestra, wobei frühe Schwierigkeiten bei der Verwaltung des Orchesters Probleme vorwegnahmen, die auch Casals in Barcelona haben würde. Im April 1920 trat Guilhermina Suggia mit dem Orchester auf (sie und Tovey hatten im Jahr zuvor ihre Beziehung wieder bereinigt und ein gemeinsames Konzert in Northlands gegeben), und Casals reiste 1925 wegen eines Konzerts mit Tovey nach Edinburgh.[20] Aber wenn es ein Jahr dauerte, bis man Casals wirklich kannte, wie einige Freunde von ihm behaupteten, dann dauerte es noch erheblich länger bei ihm, bis sich eine tiefe seelische Wunde schloß – es vergingen noch weitere fünf oder sechs Jahre, ehe die beiden Männer wieder zu ihrer einstigen Vertrautheit zurückfanden. Inzwischen hatte Tovey ein Konzert – Beethovens Chorfantasie (op. 80) – mit dem Orquestra Pau Casals im Oktober 1927 gegeben, nachdem er und Casals sich im Januar in New York begegnet waren.[21] Toveys New Yorker Konzerte, bei denen er die Goldberg- und die Diabelli-Variationen spielte, trugen ihm beeindruckende Besprechungen ein – der Kritiker des *New York Telegram* nannte ihn »einen der großen Pianisten der Epoche«.[22] Casals wurde allmählich bewußt, was ihm durch die Unterbrechung in ihrer Freundschaft entgangen war. Irgendwann im ersten Halbjahr 1931 begann sich Tovey ernsthaft mit der Idee zu tragen, ein Cellokonzert für Casals zu komponieren. Diese Idee war ihm sogar schon in den zwanziger Jahren gekommen, aber erst eine lange Krankheit und die anschließende Zeit der Genesung in den Jahren 1932 und 1933 gaben ihm die Muße, seine Gedanken Gestalt annehmen zu lassen. Im Frühjahr 1933 hatte er bereits 250 Takte komponiert, und gegenüber Sophie Weisse erklärte er, das Werk sei »neben dem Dvořák-Konzert das einzige richtige Cellokonzert (in klassischer Form) auf der Welt«. Der erste Satz versprach ein »Kassenschlager« zu werden, er war das längste Teilstück, das Tovey je geschrieben hatte – und natürlich »bei weitem das süffigste«.[23]

Casals hatte Tovey gedrängt, mit dem Konzert voranzukommen, seit er im Sommer 1931 zum erstenmal davon gehört hatte, und als er hörte, daß der Freund damit begonnen hatte, war er überaus erfreut: »Der Tag, an dem ich Dein Cellokonzert bekommen werde, wird in meinen Lebenskalender eingehen.«[24] Teile der Partitur trafen denn auch bald ein, und Casals verbrachte einen Großteil des Sommers damit, sie sorgfältig durchzuarbeiten. Im Oktober versicherte er Tovey, er habe nichts entdeckt, was technisch nicht zu schaffen sei; von einigen geringfügigen Änderungen hinsichtlich der Bogenführung abgesehen, habe er vor, es so zu spielen, wie es geschrieben sei.[25] Im Winter 1933/34 wurden mehrere Briefe über Details der Bogenführung und der Verzierung gewechselt, und ein Besuch von Tovey in Barcelona im April 1934 – wo er sein Klavierkonzert spielen und Ehrenmitglied des Orquestra Pau Casals werden sollte – bot eine gute Gelegenheit, das Cellokonzert gemeinsam durchzugehen. Casals bat Tovey, es ihm vorzuspielen – »auf der abgewrackten Nähmaschine, die sie mir ins Hotel zum Üben geschickt haben«. Spanien gehe mit Klavieren und Flügeln ziemlich primitiv um, schrieb Tovey an Weisse. »Der Konzertflügel war ein Bechstein, den sie auf die Wiese gestellt haben, nachdem Liszt darauf gespielt hatte.«[26] Aber Casals hatte »phantastische Pläne« für das Cellokonzert: Er wollte es mit dem Reid Orchestra im November in Edinburgh uraufführen. Im Juni war der Termin festgelegt worden, und Casals schrieb an Tovey, daß der zweiundzwanzigste November »das wichtigste Datum« in seinem Musikerleben sein werde. »Joachim muß die gleiche Freude und Ehre an dem Tag erlebt haben, als er zum erstenmal das Violinkonzert von Beethoven spielte und als er zum erstenmal das von Brahms hörte.«[27]

1934 war ein gutes Jahr für Tovey. Im Februar erfuhr er vom Master of the King's Music, Sir Edward Elgar, daß er eine ehrenvolle Auszeichnung erhalten werde. Ob er »etwas gegen Titel« habe, fragte Elgar brieflich bei ihm an.[28] Im Januar des darauffolgenden Jahres wurde er in den Ritterstand erhoben. Im Mai sorgte er dafür, daß Casals von der Universität zum Doctor of Music ehrenhalber vorgeschlagen wurde. Der Titel wurde ihm in absentia verliehen, da Casals zu sehr mit der Vorbereitung des Konzerts beschäftigt und ganz allgemein viel zu unruhig war, um persönlich zu erscheinen.[29] Und im Herbst sollte nicht nur Toveys Konzert seine Uraufführung mit Casals erleben, sondern auch Albert Schweitzer, dem ebenfalls auf Toveys Initiative hin die Ehrendoktorwürde verliehen worden war, sollte nach Edinburgh kommen, wo er die Gifford-Vorlesung in Theologie halten und bei Tovey wohnen sollte. Da die Besuche der beiden bedeutenden

Männer zeitlich zusammenfielen, konnte Tovey sie miteinander bekannt machen – es war ihre erste Begegnung –, und der denkwürdige Augenblick wurde in einer klassischen, wenngleich nicht gerade vorteilhaften Photographie festgehalten, auf der die drei großen Männer der Musik in ihren Ehrendoktortalaren zu sehen sind.

Die Uraufführung von Toveys Cellokonzert, für die Casals kein Honorar annehmen wollte, fand wie vorgesehen am 22. November in der Usher Hall der Universität von Edinburgh statt. Pläne für eine zweite Aufführung in London am 6. Dezember zerschlugen sich, und der Musikkritiker der *Times* zog über das BBC Symphony Orchestra und über das Royal Philharmonic her, weil sie sich diese Gelegenheit hatten entgehen lassen: »Wenn beide unbedingt ein Werk ignorieren wollen, das nun wirklich von so entschiedener Kraft und inniger Schönheit ist und das darüber hinaus vom bedeutendsten Vertreter des Cellospiels auf der Welt gefördert wird, dann kann man sie nicht anders denn als sehr töricht bezeichnen.«[30]

Toveys Cellokonzert ist lang, komplex und weitschweifig. Nach Christopher Bunting hat es »die Proportionen und die hohe Zielsetzung einer Sinfonie: unter der Oberfläche schlummern die Gesten eines Brahms, Bruckner und Sibelius«.[31] Im ersten Satz, der immerhin fünfundzwanzig Minuten dauert, wechseln dramatische Ausbrüche des Orchesters mit ausgedehnten sonoren Cellopassagen ab: Constant Lambert hat gesagt, es habe ihn an seine »erste Schulklasse« erinnert. Das Konzert als Ganzes weist viele Augenblicke von großer Schönheit auf, stellt aber große Anforderungen an den Hörer, der sie miteinander verbinden möchte. Der Kritiker der Zeitung *The Scotsman* hatte zweifellos recht, als er bemerkte, daß man es beim ersten Hören nicht ganz verstehen könne, und für einige Jahre waren vermutlich nur der Komponist und der Solist dazu imstande.[32]

Trotz einer schmerzhaften Infektion im linken Daumen, die er sich am Abend vor der Uraufführung zugezogen hatte, bezauberte Casals mit einem reichhaltigen, beherrschten und mächtigen Klang, der dem Werk einen großen Gestus verlieh. Die Fachärzte vermochten freilich die Ursache dieser Infektion nicht zu erkennen, so daß Casals zwei Monate lang nicht spielen konnte, bis ein Arzt in der katalanischen Stadt Figueras mit seiner Pinzette die Borste einer Nagelbürste herauszog.

Das Tovey-Konzert erlebte seine zweite Aufführung im April 1935 in Barcelona, unter der Stabführung des Komponisten. Die lokale Zeitschrift Carnet Musical erklärte, es enthalte »Fragmente von großer Schönheit und brillanter Inspiration, die manche Zuhörer eigentlich mit dem britischen Temperament für unvereinbar halten würden«.[33] Die ersten Londoner Aufführungen erfolgten erst am 11. und 12. November des gleichen Jahres, doch infolge unzureichender Proben des Orchesters und weil Tovey selbst nicht konzentriert genug dirigierte, mißlangen sie beinahe. Die Stabführung des Komponisten, berichtete der *Observer,* war »unglücklicherweise Casals und seiner eigenen Musik feind«. Ernest Newman, der Kritiker der *Sunday Times,* zeigte sich verwirrt über Toveys programmatische Anmerkungen, die das ausklingende Finale verglichen »mit den Tropfen, die der getreue Apportierhund versprüht und womit er seinen Herrn durchnäßt, nachdem er den Spazierstock aus dem Teich geholt hat«. Newman gestand, er fühle sich »hoffnungslos ausgeschlossen von Professor Tobys ... menschlicher und meteorologischer Welt«.[34]

Die Londoner Reaktion auf das Konzert zerstörte die Hoffnung, daß es vielleicht bald eine Schallplattenaufnahme davon geben werde. Immerhin schlug Fred Gaisberg im Juni 1936 die Aufnahme von Toveys und Elgars Konzerten vor, und Casals arbeitete den Sommer über an Elgars Partitur.[35] Er spielte das Konzert unter Boult im November in London, aber dann zerschlugen sich doch die Schallplattenpläne für dieses und Toveys Konzert in letzter Minute, und Casals war gereizt und verärgert, daß er soviel Mühe darauf verwendet hatte. Gleichwohl arbeitete er an Toveys Partitur weiter und fügte für die gedruckte Fassung Hinweise für die Bogenführung und Fingersätze hinzu. Er war zuversichtlich, daß die Grammophongesellschaft das Werk doch noch aufnehmen würde, und riet Tovey, sie nicht weiter zu drängen.[36] Er sollte recht behalten. Fast genau ein Jahr später, am 17. November 1937, wurde das Konzert mit Casals und dem BBC Orchestra – sicher dirigiert von Sir Adrian Boult – aufgenommen (auf siebzehn mit Acetat beschichteten Glasscheiben). Fritz Busch hörte es in Kopenhagen und Suggia in Portugal. Sie schrieb an Tovey, daß »es sich wunderbar anhörte ... Ich bin überzeugt davon, daß es nur einen Cellisten auf der Welt gibt, der es spielen könnte.«[37] Der Kritiker der *Times* gab widerwillig zu, daß »wir das Konzert allmählich für ein

Werk halten, mit dem wir leben können«. Casals studierte das Konzert im Sommer 1948 noch mit seiner Schülerin Peggie Sampson ein, aber sonst mußte sich niemand mehr an das Konzert heranwagen. Da die Aufnahme im Jahre 1992 endlich herausgekommen ist, wird sich das vielleicht ändern.[38]

Casals jedenfalls hielt Tovey weiterhin unerschütterlich für einen genialen Pianisten und Komponisten. »Ich betrachte Tovey«, erklärte er später, »als einen der vollkommensten Musiker, die je gelebt haben.«[39] Knapp zweieinhalb Jahre nach der Aufnahme seines Konzertes starb Tovey unter beträchtlichen Qualen und in Verwirrung. In den letzten Tagen, als er noch bei Bewußtsein war, vertraute er seinem Arzt seine immense Bewunderung für Casals an: »Sie müssen ihn in natura erleben – es gibt keinen Spieler auf Erden wie ihn und niemand, der so musikalisch ist.«[40]

Wieviel Zeit und Energie Casals auf das Tovey-Konzert verwendete, wird deutlich, wenn man bedenkt, daß aus zwei weiteren Konzerten nichts wurde, die fast zur selben Zeit von Komponisten, die er kannte und schätzte, für ihn geschrieben wurden. Aleksandr Glasunow, der Rußland 1928 (für immer) verlassen hatte, um an einem von der Columbia Graphophone veranstalteten absurden Wettbewerb teilzunehmen und Schuberts »Unvollendete« zu »vollenden« – Glasunow schloß immerhin 1931 ein Cellokonzert ab, seine »Concerto-Ballata«, die er Casals widmete.[41] Nach etlichen Jahren, in denen er das Werk nie gespielt hatte, reichte Casals es an Maurice Eisenberg weiter. Da Glasunow ihn beschwor, er liege im Sterben, studierte Eisenberg das Konzert in vier Wochen ein und führte es im Oktober 1935 mit dem Pasdeloup-Orchester unter der Stabführung des Komponisten in Paris auf.[42] Die zweite Aufführung mit dem BBC-Orchester im darauffolgenden Jahr hatte Glasunow nicht mehr erleben können.

Anders und viel aufschlußreicher verhielt es sich im Falle Arnold Schönbergs. Zwischen Oktober 1931 und Mai 1932 war Schönberg Gast im Hause des katalanischen Komponisten Roberto Gerhard in Barcelona. Schönberg war in erster Linie aus gesundheitlichen Gründen hier, aber er traf sich mit Casals mehrmals, spielte Tennis mit ihm und dirigierte eine Aufführung des Orquestra Pau Casals. Im Januar 1933 hatte Schönberg ein Cellokonzert abgeschlossen, eine freie Bearbeitung eines Cembalokonzerts von G. M. Monn, einem Komponisten des 18. Jahrhunderts. Er schrieb an Casals, daß »es ein ganz brillantes Stück darstellt«, und fügte hinzu, vermutlich mit kluger Rücksicht auf Casals' Meinung über einige seiner ausgesprochen experimentellen Kompositionen, daß es stilistisch eher Haydn entspräche und nirgends »viel weiter als über Brahms« hinausginge.[43] Schönberg lud Casals ein, es als erster aufzuführen. Als Casals sich später einmal daran erinnerte, erklärte er, er habe an dem Konzert zwei Jahre lang gearbeitet, und als er es aufführen wollte, habe der Verleger Schirmer ihm eine Urheberrechtsgebühr in Rechnung gestellt, die er nicht bezahlen wollte.[44] Anscheinend aber hat er das Werk im privaten Kreis aufgeführt. Als Schönberg davon hörte, schrieb er im September 1933 erneut an Casals und bat ihn, es in London am 29. November erstmals mit dem BBC-Orchester aufzuführen.[45] Schönberg hatte keine Arbeit mehr und brauchte das Geld dringend. Doch Casals befand sich damals mitten in der Vorbereitung für das Tovey-Konzert und konnte den Termin unmöglich akzeptieren. Um so mehr waren sowohl Gregor Piatigorsky wie auch Emanuel Feuermann an der Uraufführung interessiert, und Feuermann führte das Werk denn auch im Herbst 1935 mit den Londoner Philharmonikern unter Thomas Beecham auf – »es hatte aber trotz einer ausgezeichneten Wiedergabe keinen Erfolg«, wie Casals später bemerkte.[46]

Casals äußerte sich nur ganz selten öffentlich über andere Cellovirtuosen, wenn es sich dabei nicht um Schüler von ihm handelte. Ja eigentlich vermittelte er sogar sehr oft den Eindruck, als nehme er sie gar nicht wahr. Er konnte sich das natürlich leisten, obwohl er sich wahrscheinlich aufgrund seines Wettbewerbsinstinkts über seine Konkurrenten – oder die, die sich dafür hielten – bestens auf dem laufenden hielt. Mitte der dreißiger Jahre genoß Emanuel Feuermann einen glänzenden Ruf und reiste in der ganzen Welt umher, so wie es Casals zwanzig Jahre zuvor auch getan hatte. Er war eine Generation jünger, und wenn es überhaupt einen Cellisten gab, der Casals die Krone streitig machen konnte, dann war er es. Vor allem verfügte er über eine herausragende Technik. »Schwierigkeiten existieren nicht für Mr. Feuermann«, schrieb Olin Downes im Januar 1935.[47]

Mit elf Jahren hatte Feuermann Casals in Wien erlebt. Damit war für ihn erwiesen, daß man auch mit dem Cello Karriere als Solist machen konnte – jedenfalls war sein Ehrgeiz geweckt, sich daran zu wagen. Feuermanns Bruder Sigmund war ein aufsehenerregendes Wunderkind mit der Geige gewesen und hatte mit zehn Jahren das Brahms-Konzert in den Hauptstädten von Europa gespielt. Nachdem er jedoch Casals gehört hatte, übertraf der eher behütet aufgewachsene »Munio« bald Bruder Sigmund. Feuermann war ein Schüler von Klengel. Er hat nie bei Casals studiert, ja offenbar haben sie einander nie kennengelernt oder miteinander gesprochen. Doch während Feuermanns kurzem Leben – er starb mit neununddreißig Jahren – war Casals sein Idol, dem er besessen nachzueifern versuchte. Feuermann studierte Casals' Aufnahmen sorgfältig und suchte nach Anzeichen dafür, inwieweit die Interpretationskunst des Meisters darauf beruhte, daß er technischen Anforderungen auswich. So hörte er 1937 mit George und Sophie Szell die erste Pressung der Aufnahme des Dvořák-Konzerts an, die Casals im April gemacht hatte, und verglich sie begierig mit seiner eigenen von 1930. Und nachdem sie 1940 herausgekommen war, hörte er sich immer wieder die Gesamtaufnahme des Meisters von Bachs Cellosuiten an. Eingeschüchtert, und weil er wußte, daß er es mit dieser Aufnahme nie würde aufnehmen können, strich er nach und nach die Suiten aus seinem Programm. Er schrieb Casals, wie sehr er ihn wegen dieser Aufnahme bewundere, und war überglücklich, als er eine Antwort aus Prades erhielt. Einige Jahre nach Feuermanns Tod fand seine Witwe unter seinen Papieren den Entwurf zu einem unveröffentlichten Beitrag zur Geschichte des Cellospiels. Sie schickte einen Absatz an Casals:

> Endlich tauchte die große Persönlichkeit am Cello-Horizont auf, und durch ihn, diesen einzigartigen Mann, wurde das Cello als vollwertiges Mitglied in die Familie der Soloinstrumente aufgenommen. Der Name dieses Mannes ist Casals. Jeder, der ihn gehört hat, weiß, daß mit ihm eine neue Epoche für das Cello angebrochen ist.[48]

In Spanien befand sich die Republik in der Krise. Das politische System, auf das Casals so lange gehofft hatte, konnte sich nur noch mit Mühe halten. Zum Teil war das eine Folge der Weltwirtschaftskrise, die weitverbreitete soziale Reformen immer dringlicher machte, während sie es zugleich der Regierung erschwerte, sie einzuführen. Zum anderen spiegelte diese Krise aber zugleich auch wider, wie sehr Spanien von gegensätzlichen Interessen zerrissen und damit praktisch unregierbar geworden war. Ganz gleich, welche Richtung die Regierung auch einschlug – stets verscherzte sie es sich mit irgendeiner wichtigen Gruppierung: Mit den konservativen kastilischen Spaniern wegen der Zustimmung zur katalanischen Selbstbestimmung – mit den Großgrundbesitzern wegen der (begrenzten) Pläne für eine Agrarreform – und fast mit allen wegen des übereilten Versuchs, die katholische Kirche zu reformieren. In ganz Spanien kam es ständig zu Streiks, Demonstrationen, Sabotageakten und bewaffneten Aufständen, und im Januar 1933 bemächtigten sich anarchistische Putschisten der Stadt Barcelona und griffen auf andere Städte über. Die Regierung schritt überraschend schnell und hart dagegen ein, machte sich damit zutiefst unbeliebt und trat im September 1933 zurück. Die neuen Cortes wurden von der Rechten beherrscht, und die Anarchisten erklärten ihnen offen den Krieg. Im Juni 1934 wurde ein Generalstreik ausgerufen, ein weiterer im Oktober. Eine sozialistische Erhebung in Oviedo wurde brutal niedergeschlagen, und der darauf erfolgende Stimmungsumschwung führte schließlich zu einem weiteren Regierungssturz. Nach Neuwahlen im Februar 1936 wurde Spanien von einer allgemeinen sozialistischen Volksfront regiert.

Es gibt viele Untersuchungen über die Hintergründe des Spanischen Bürgerkriegs. In Casals' Augen richtete sich eine gute Idee selbst zugrunde: »Manchmal hatte man das Gefühl, auf einem Vulkan zu leben.«[49] Auch seine eigene Familie war von der Krise betroffen – es gab nur wenige, auf die das nicht zutraf. Als Luis Companys, der Präsident der Generalitat, am 5. Oktober 1934 die Unabhängigkeit von Katalonien erklärte, wurde Luis Casals irgendwie in den kurzen Kampf verwickelt, der zu ihrer Verteidigung geführt wurde, und Casals' Bruder kam für zehn Wochen ins Gefängnis, aus dem er – zur großen Erleichterung der Familie – kurz vor Weihnachten wieder entlassen wurde.[50] Die im Land herrschende Gewalt und Unsicherheit machte Casals nervös, mutlos und vorübergehend krank. Freunde bemerkten, daß er öfter müde und unglücklich war, und erwähnten es in ihren Briefen. Im April 1936 verbrachte Maurice Eisenberg die Ostertage in San Salvador und traf Casals »sehr deprimiert und niedergeschlagen an.[51] Aber das Frühjahrsprogramm des Orchesters sollte nun beginnen, und so kehrte Casals nach Barcelona zurück, um auch in dieser Saison zu dirigieren – es sollte seine letzte sein. Die Konzertreihe war am 28. Juni zu Ende, aber das Orchester mußte noch eine Verpflichtung erfüllen: Es sollte – wieder auf Montjuïc – Beethovens Neunte Symphonie geben, diesmal zur Eröffnung der Olympiade von Barcelona, die als Gegenveranstaltung zu den Olympischen Spielen in Berlin gedacht war. Die Generalprobe fand im Palau de la Música Catalana am 18. Juli, einem Samstagabend, statt. Am Morgen war bekannt geworden, daß es zwei Tage zuvor einen Militärputsch in der spanischen Zone von Marokko gegeben hatte, und das Gerücht ging um, daß es auch überall in den spanischen Garnisonen zu Aufständen gekommen sei. Casals hatte mit dem Orchester bereits die ersten drei Sätze der Sinfonie durchgenommen, und als der Chor für den Schlußchor auf die Bühne kam, erschien ein Bote mit einer Mitteilung. Sie kam vom katalanischen Kulturminister Ventura Gassol: Man rechne an diesem Abend mit einem Militärputsch in der Stadt, und Casals wurde angewiesen, die Probe abzubrechen und die Musiker nach Hause zu schicken. Casals fragte die Sänger und Musiker, ob sie sofort gehen oder weiterproben wollten. Man war einstimmig für eine Fortsetzung der Probe. Als der Chor Schillers zeitlose Verse »Alle Menschen werden Brüder, /Wo dein sanfter Flügel weilt« sang, konnte Casals vor Tränen die Noten nicht mehr sehen. Draußen wurden Barrikaden in den Straßen errichtet.

In Barcelona und Madrid wurde die Revolte niedergeschlagen. Aber die Militärjunta und rechte Politiker geboten über den Großteil der bewaffneten Truppen des Landes, außerdem waren ihnen Waffen und militärische Hilfe von Deutschland und Italien zugesagt worden. Die Republik konnte sich nur auf eine Sturmtruppe sowie auf eine schlecht ausgestattete Luftwaffe stützen. Dafür stand die Mehrheit des Volkes mutig und energisch hinter ihr, und damit war ein Bürgerkrieg unvermeidlich. In den ersten paar Tagen verfolgte Casals das Geschehen von San Salvador aus:

> Jeder Krieg ist schrecklich, aber Bürgerkrieg ist der schrecklichste von allen. Da kämpft Nachbar gegen Nachbar, Bruder gegen Bruder, der Sohn gegen den Vater. So war der Krieg

beschaffen, der mein geliebtes Vaterland für die nächsten zweieinhalb Jahre verwüsten sollte. Diese Jahre waren ein einziger Alptraum voll heilloser Schrecken.[52]

Seit dem Aufstand im Juli wurden bis Anfang September rund 75000 Spanier getötet. Recht und Ordnung brachen zusammen, und die Anarchisten terrorisierten das Land um Barcelona, wobei sie mit angeblichen Feinden der Republik oder Sympathisanten der Falange kurzen Prozeß machten. Casals blieb in der Villa Casals, die ihm auf einmal beunruhigend luxuriös und gefährlich exponiert vorkam. Später erfuhr er, daß sein Name und der seines Bruder Luis häufig bei den täglichen Zusammenkünften des Vernichtungskommandos in El Vendrell auftauchten, aber daß immer jemand zugegen war, der über seine Geschichte Bescheid wußte, so daß ihm eine Gnadenfrist gewährt wurde.[53]

Einmal kam eine bewaffnete Anarchistenbande vorbei, die nach einem von Casals' Nachbarn, einem wohlhabenden Kaufmann aus Barcelona namens Señor Renom, fahndete. Nachdem sie die Umgebung abgesucht hatte, stöberte die Bande Renom und seine Frau auf und brachte sie zu Casals' Haus, wo sie telefonisch einen Wagen herbeiordern wollten. Statt dessen rief Casals den anarchistischen Bürgermeister von El Vendrell an, der einen Rückzieher machte und der Bande den Abzug befahl.[54] Als später andere Anarchisten kamen, um die Ermita – diese historische Kapelle am Ort – niederzubrennen, intervenierte Casals erneut, um dieses überflüssige Zerstörungswerk zu verhindern.

Während die *anarquistas* die Region unter Kontrolle hatten, fühlte sich Casals auf seinem Besitztum relativ sicher. Aber als einheimische Kommunisten gegen Ende des Sommers die Macht übernahmen, wußte er, daß er sich in größerer Gefahr befand, und darum sorgte er dafür, daß eine Menge Papiere und andere Gegenstände verpackt und sorgfältig vergraben wurden; die Korrespondenz zwischen ihm und der königlichen Familie wurde verbrannt, da man diese Dokumente willkürlich als belastendes Material hätte mißdeuten können. Das erklärt, warum so wenige von Casals' Briefen in Spanien erhalten geblieben sind.

Instinktiv blieb Casals während des gesamten Bürgerkriegs in

Katalonien, um seine Familie zu schützen, und als Kollegen und mächtige Freunde wie Ventura Gassol vorschlugen, er solle doch seine internationalen Konzertreisen fortsetzen, um die Welt über die wahre Natur des spanischen Konflikts aufzuklären, kam ihm der Verdacht, daß sie nur ihn zu schützen versuchten. Nach dem Sommer 1936 und trotz wiederholter heftiger Bombenangriffe durch deutsche und italienische Flugzeuge blieb Barcelona lange Zeit von Bodenkämpfen zwischen republikanischen und nationalistischen Truppen verschont, und Casals konnte ohne besondere Schwierigkeiten reisen und wieder zurückkehren. Nur wußte er nicht, wo er eigentlich sein wollte, und seine Tourneeplanung in diesen Jahren verrät ein Gefühl zielloser Verzweiflung. Immer wenn er sich im Ausland aufhielt, bestand er darauf, über die neuesten Schreckensmeldungen aus Spanien auf dem laufenden gehalten zu werden. Und immer wenn er in Katalonien war, lief er Gefahr, erschossen zu werden.

Es ist höchst auffällig, auch wenn dies bislang noch nicht so klar herausgestellt worden ist, daß die zweieinhalb Jahre des Spanischen Bürgerkriegs fast exakt mit der herausragendsten Phase der Schallplattenaufnahmen in Casals' Karriere zusammenfallen. Zwischen November 1936 und Juni 1939 nahm er einen beträchtlichen Teil der Hauptwerke des Cellorepertoires auf: sämtliche Bach-Suiten (das hat er nur dieses eine Mal getan), vier der fünf Beethoven-Sonaten, das Dvořák-Konzert in h-Moll, das Boccherini-Konzert in B-Dur sowie Bruchs *Kol Nidrei* und Toveys Cellokonzert. Darunter sind die Werke, die nach Ansicht vieler Kenner zu den bedeutendsten Aufnahmen von Casals zählen: die Bach-Suiten, die Beethoven-Sonaten und das Dvořák-Konzert. Casals hatte während seiner Karriere lange gezögert, dem Drängen der Plattenfirmen nachzugeben, oder Honorare verlangt, die ihm die Firmen nicht bezahlen konnten oder wollten. Jetzt, um seinen sechzigsten Geburtstag herum, nahm er den Großteil der wichtigen Werke in einem relativ konzentrierten Schub auf.

Als HMV und Columbia Graphophone (Europa) 1931 miteinander fusioniert hatten, war Fred Gaisberg künstlerischer Leiter des Plattenkonzerns EMI geworden. Dem dynamischen Gaisberg war es gelungen, die Aufnahmen des Trios Cortot/Thibaud/Casals zwischen 1926 und 1928 sowie die mit dem Orquestra Pau Casals im Jahre

1932 zustande zu bringen. Niemand außer ihm konnte Casals dazu bewegen, wieder ins Aufnahmestudio zu gehen. Wie ihm das allerdings gelang, ist nicht klar. In der größeren Firma konnte ihm Gaisberg vielleicht ein höheres Honorar anbieten. Und seit Emanuel Feuermann – eine Akquisition der Columbia – unter dem EMI-Label lief, hatte er vielleicht ein gutes Druckmittel gegenüber Casals in der Hand: Der Cellist konnte nicht so ohne weiteres die gleichen Werke aufnehmen.[55] Zweifellos spielte dabei auch der Zufall eine Rolle, etwa daß Casals und sein großer Freund Mieczyslaw Horszowski zur selben Zeit in London waren, so daß Gaisberg sie am 26. und 27. November 1936 im HMV-Studio in der Abbey Road zusammenbringen konnte, wo sie die Beethoven-Sonate Nr. 4 (op. 102, Nr. 1 in C-Dur) aufnahmen. Aber zwei Tage zuvor war Gaisberg Casals »ständig in den Ohren gelegen« und hatte es schließlich erreicht, daß er seine erste richtige Aufnahme der dritten und vierten Bach-Suite machte. Und zwei Tage danach nahmen sie das B-Dur-Konzert von Boccherini mit Sir Landon Ronald und dem London Symphony Orchestra auf. Dazwischen, wenn man den Archiven glauben darf, nahm Casals auch noch in der Abbey Road Bruchs *Kol Nidrei* auf, erneut mit Ronald und dem London Symphony Orchestra.

Im April des darauffolgenden Jahres sollte Casals in Prag das Dvořák-Konzert mit George Szell und dem Orchester der Tschechischen Philharmonie spielen. Gaisberg brachte sie dazu, das Werk am nächsten Tag für eine Aufnahme zu wiederholen. Er erinnerte sich später:

> Casals kam von Barcelona herübergeflogen, mehr tot als lebendig .... Die Generalprobe und das Konzert, jeweils vor vollen Häusern, waren ein Riesenerfolg. Casals' Elan und sein Durchhaltevermögen hielten ihn auch noch den ganzen nächsten Tag aufrecht, als über zwölf unübertroffene (78er) Schallplattenaufnahmen hergestellt wurden, und dann brach der kleine Mann zusammen, völlig erschöpft ...[56]

Als Casals im Juni 1938 in Paris war, wurde er überredet, zwei weitere Bach-Suiten aufzunehmen, und am 13. Juni 1939 kamen die restlichen zwei dazu. Das war die einzige Aufnahme, die er von sämtlichen sechs

Suiten gemacht hat, und obwohl sie inzwischen ein Klassiker ist, war Casals selbst nie völlig mit dem Klang zufrieden: Lew Ginsburg gegenüber hat er einmal bemerkt, er würde sie gern »mindestens einen Ton schärfer [hören], damit sich die Lebendigkeit wiedereinstellt, die bei der mechanischen Aufnahme verlorenging«. Eine Woche später nahmen er und Horszowski die restlichen Nummern 1, 2 und 5 des Beethoven-Sonatenzyklus auf. Die Nr. 3 hatte Casals bereits 1930 mit Otto Schulhof aufgenommen – er glaubte nicht, daß er sie jemals besser würde spielen können.

Die Aufnahme dieser beachtlichen Sammlung wichtiger Werke – zu der, wie wir gesehen haben, auch noch das Elgar-Konzert hätte gehören können – war weder Zufall noch schlicht das Ergebnis von Gaisbergs Hartnäckigkeit. In einer Zeit, in der er sich physisch in akuter Gefahr befand und seine Gefühle aufgewühlt waren, mußte Casals einfach spielen. Außerdem hatte er nicht mehr so oft Gelegenheit, öffentliche Konzerte zu geben. Abgesehen von einem Gelegenheitskonzert in Barcelona – zur Unterstützung von Kriegsopfern – konnte er nicht mehr in seinem eigenen Land auftreten. Und seit Hitlers Machtergreifung im Januar 1933 hatte Casals kein Konzert mehr in Deutschland gegeben. Einladungen dazu waren immer wieder von Wilhelm Furtwängler an ihn ergangen, den er bewunderte und dem er einen sorgsam formulierten Brief schrieb, in dem er Verständnis für die Position des Dirigenten auf dem schmalen Grat zwischen Kunst und Politik anklingen ließ und diese Gratwanderung zugleich für sich ablehnte. Auch das faschistische Italien kam nicht in Frage, und die USA standen nicht auf seinem Reiseplan. Casals mußte sich anderweitig künstlerisch betätigen. Teilweise gelang ihm das, indem er Engagements an neuen und ungewöhnlichen Veranstaltungsorten annahm, und zum Teil durch die Bereitschaft, Plattenaufnahmen zu machen. »Die einzigen Waffen, die ich hatte, waren mein Cello und mein Taktstock.«[57] Wenn er sie nicht im gewünschten Maße auf dem Konzertpodium einsetzen konnte, dann würde sich Casals eben des Grammophons bedienen.

Am 18. September 1936 kam das Orquestra Pau Casals erneut im Liceu zusammen, um ein Konzert zur Unterstützung der Opfer in diesem Sommer der Gewalt zu geben; Casals spielte das Haydn-Konzert. Bekümmert und unruhig fuhr er anschließend nach Paris, um mit Maurice und Paula Eisenberg zusammenzusein, aber im Oktober war er schon wieder in Spanien, um seine England-Tournee anzutreten und eine Reihe von Schallplatten Mitte November aufzunehmen. Er war erst ein paar Tage in London, da überkam ihn der überwältigende Drang, wieder nach Hause zu fahren, aber Freunde rieten ihm, weiterhin seine Konzerte zu geben.[58] Ende Dezember verließ er erneut San Salvador, diesmal zusammen mit Señora Capdevila; sie fuhren über die Pyrenäen nach Frankreich und hielten sich auf den Vorschlag seines Freundes Luis Guarro hin in der kleinen französisch-katalanischen Stadt Prades auf, wo Guarro und seine neun Kinder vorübergehend Zuflucht gefunden hatten.[59] »Ich habe für eine Weile etwas Ruhe in den Pyrenäen«, schrieb er am 23. Januar seinem Londoner Agenten.[60] Casals und Capdevila stiegen im Grand Hotel der Stadt ab und fuhren zweimal ins nahegelegene Perpignan, um den Arzt René Puig zu konsultieren. Eisenberg schrieb ihnen und lud sie nach Paris ein – Prades sei doch »viel zu deprimierend«.[61] Nach dem Prager Konzert im April fuhren sie tatsächlich nach Paris, blieben bis zum 13. Mai und kehrten dann nach Prades zurück. Im Juni war Casals wieder in Barcelona, wo er am 12. Juli ein weiteres Benefizkonzert im Liceu gab. Es war das letzte Konzert des Orquestra Pau Casals. Fünf Tage später schiffte sich Casals von Boulogne aus zu einer achtwöchigen Konzertreise nach Südamerika ein, seiner ersten seit 1904.

Als er wieder in Europa war, trat er eine umfangreiche Herbsttournee an und gab Konzerte in London (darunter auch das Tovey-Konzert, das im Rundfunk übertragen wurde), Amsterdam, Prag, Wien, Budapest, Bukarest, Zürich und Paris, ehe er nach San Salvador zurückkehrte, um seinen 61. Geburtstag zu feiern. Im Februar ging er nach Nordafrika, wo er – zum ersten und einzigen Mal – zwei Wochen lang Konzerte in Rabat, Casablanca, Oran, Algier und Tunis gab. Erschöpft kehrte er zurück und erholte sich in Prades.[62] Die Einkünfte aus den meisten dieser Konzerte wurden für wohltätige Zwecke ausgegeben: Casals war Ehrenvorsitzender des amerikanischen Musicians' Committee to Aid Spanish Democracy. Aber seine besondere Sorge galt den kindlichen Opfern des Konflikts. Am 19. Oktober 1938, als nationalistische Truppen näher an Barcelona heranrückten, gab er ein Konzert im Liceu zugunsten des Kinderhilfswerks. Es war sein letztes Konzert in Spanien. Mit Musikern aus seinem eigenen Orchester und anderen Interpreten spielte er Ouvertüren von Gluck und Weber sowie zwei Konzerte – von Dvořák und Haydn. Während einer Probe für diese Aufführung hatte es einen Bombenangriff gegeben, und die Musiker waren in Deckung gegangen. Als er vorbei war, nahm Casals sein Cello und begann eine Bach-Suite zu spielen, bis die Musiker sich alle wieder eingefunden hatten. Während der Rundfunkübertragung des Konzerts richtete Casals eine Botschaft an die Welt, Hitler nicht in Spanien siegen zu lassen, denn: »Sie werden die nächsten Opfer seines Wahnsinns sein«.

Casals' Herbsttournee begann in Belgien und führte ihn durch Südosteuropa bis in die Türkei; Ende November gab er das letzte Konzert in Athen. Anfang Dezember spielte er in Kairo und Alexandria. Für Anfang 1939 stand eine Konzertreise nach Japan zur Debatte, aber am 23. Dezember hatte Franco seine Schlußoffensive gegen die republikanische Armee in Katalonien gestartet, und Casals beschloß, nach San Salvador zurückzukehren. In seiner Villa drängten sich Flüchtlinge. Der Angriff auf Barcelona begann Ende Dezember, und am 26. Januar befand sich die Stadt in der Hand der Nationalisten. Zwei Tage zuvor war Casals die Ehrendoktorwürde der Universität Barcelona – zumindest dessen, was von ihr übriggeblieben war – verliehen worden – die Urkunde war hastig mit der Hand geschrieben und wurde ihm bei einer improvisierten Feier überreicht. Die meisten der anwesenden Fakultätsmitglieder gingen anschließend sofort ins Exil. Casals folgte ihnen ein paar Tage später.

Teil IV
Das Exil

Krieg und Exil

1939–1949

> Ich werde nach Paris gehen, nach London und New York oder sonstwohin, wenn dieser schändliche Franco sich nicht mehr bei uns aufhält. Solange dies nicht der Fall ist, kann mein Geist nicht bei der Musik sein.
>
> *Pablo Casals* [1]

Zu den besonders leidvollen Bildern aus dem Spanischen Bürgerkrieg, die man wohl nie vergessen wird, gehört der Auszug der Flüchtlinge über die Pyrenäengrenze nach Frankreich in den ersten kalten und verzweifelten Wochen des Jahres 1939. In Barcelona drängte sich ein unübersehbares Heer von Flüchtlingen, darunter viele Kinder, aus anderen Konfliktgebieten im Süden und Westen. Als man erfuhr, daß nationalistische Truppen bis zum Ufer des Llobregat vorgedrungen waren, machten sich Zehntausende auf den 160 Kilometer langen Marsch nach Norden. In der Nacht vom 27. auf den 28. Januar öffnete Frankreich endlich, wenn auch widerstrebend, seine Grenze, und der erste Teil der insgesamt fast eine halbe Million Männer, Frauen und Kinder, Zivilisten und entwaffnete republikanische Soldaten zog durch strömenden Regen und Schnee, während die Flugzeuge der Nationalisten die Straßen bombardierten. In Decken gewickelt, wurden sie mitsamt ihrer bescheidenen Habe in Durchgangslager gesteckt und zur Verlegung in eines der etwa fünfzehn Internierungslager eingeteilt. Soldaten wurden in einzelne Strandabschnitte bei Argelès, St-Cyprien und Barcarès ausgesondert, die durch Stacheldraht gesichert und durch senegalesische Truppen bewacht waren. Einige gruben Löcher in den nassen Sand, um sich ein wenig vor den Unbilden des Wetters zu schützen.

Nachdem Casals Barcelona verlassen hatte, begab er sich direkt nach Prades. Sobald die Grenze geöffnet war, besuchte er nach einigen Tagen sogleich mehrere Flüchtlingslager. Der Anblick, der sich ihm hier bot, war erschreckend: Es gab weder sanitäre Anlagen noch medizinische Versorgung, viel zuwenig Unterkünfte und fast keine Nahrung. »Mir fehlen die Worte, das Entsetzliche zu beschreiben, das hier vor sich geht«, schrieb er am 5. Februar an einen Freund.[2] Casals war sich darüber im klaren, daß er unverzüglich handeln mußte. Er tat sich mit Freunden zusammen, wie Juan Alavedra, dem katalanischen Dichter, der inzwischen gleichfalls in Prades im Exil lebte, und gründete mit ihnen eine Art Hilfsorganisation. Sein Zimmer im Grand Hotel wurde das Hauptquartier, von wo aus er und sein Team Hilfsappelle an einzelne Persönlichkeiten wie an Organisationen in ganz Europa und den USA richteten. Sobald Nahrungsmittel, Kleidung und Geldspenden eintrafen, mietete Casals einen Lastwagen samt Fahrer und ließ die Hilfsgüter an die Lagerinsassen verteilen. Im Laufe der nächsten zehn Jahre verwandte Casals seine Energie in erster Linie darauf, die Leiden seiner Landsleute im Exil zu lindern. Die Musik mußte dahinter zurückstehen. »Wenn ich etwas in meinem Leben gut gemacht habe«, sagte er mehrere Jahre danach, »dann war es das.«[3]

Seine Agenten Ibbs und Tillett hatten am 28. März ein Konzert in der Royal Albert Hall zur Hilfe für spanische Kinder organisiert. Casals fuhr gerade nach London, als Meldungen von Francos Schlußoffensive auf Barcelona kamen, und als er nach der letzten Probe ins Piccadilly Hotel zurückkehrte, versuchten Freunde ihn von den Zeitungsständen abzulenken, an denen der Fall der spanischen Hauptstadt verkündet wurde. Beim Konzert mit Albert Coates und dem London Symphony Orchestra spielte Casals drei komplette Cellokonzerte – von Elgar, Dvořák und Haydn – vor einem zutiefst bewegten Publikum. Vier Tage später, am 1. April, erklärte Franco kurz und bündig, daß »der Krieg vorbei ist«, und da wußte Casals, daß er nun nicht mehr nach San Salvador zurückkehren konnte. Seine öffentlich demonstrierte Opposition gegenüber der Falange hatte den Chefpropagandisten der Nationalisten, General Gonzalo Quiepo de Lano, zu einer brutalen Bemerkung während einer Rundfunkrede veranlaßt: Wenn man Casals in die Hände bekäme, höhnte er, würden ihm beide Arme an den Ellbogen abgeschnitten. Ein Jahr später wurde berichtet, die Falange habe auf Casals ein Kopfgeld von einer Million Peseten ausgesetzt.[4]

Casals ging nach Paris, um bei den Eisenbergs unterzukommen. In deren großer Wohnung im sechsten Stock eines Hauses an der Place de la Porte de Champerret verbrachte er die folgenden fünfzehn Tage in der düstersten Depression seines Lebens, er hatte die Vorhänge geschlossen, sprach mit niemandem und war untröstlich. Von Alavedra ermutigt, an den sich Maurice Eisenberg um Hilfe gewandt hatte, und umsorgt von Frasquita Capdevila, fand Casals wieder soweit zu sich, daß er zuerst nach Cannes fuhr, um ein Konzertengagement zu erfüllen, und von dort aus Mitte April zurück nach Prades.[5] Als er wieder im Grand Hotel war, befaßte sich Casals fortan damit, Nahrung und Kleidung an die Flüchtlinge zu verteilen, die wie er wußten, daß sie nun für immer im Exil leben mußten.

Am 1. September fielen die Deutschen in Polen ein, und damit begann der Zweite Weltkrieg. Genau das hatte Casals befürchtet. Nach einem Monat war Polen in der Hand der Nazis, und als sie sich nach Frankreich wandten, erschien Prades von einem Tag auf den anderen immer weniger sicher als Zufluchtsort. Aber Casals nahm weiterhin Einladungen für Auftritte an. Am 12. November spielte er die Konzerte von Lalo und Saint-Saëns mit dem Orchestre Lamoureux in Paris – es war der 40. Jahrestag seines Solodebüts in der Metropole –, und im Februar des darauffolgenden Jahres weilte er in Amsterdam und Den Haag zu einer Konzertreihe mit dem Concertgebouw. Im Frühjahr und im Frühsommer fielen dann auch Belgien, Holland und Luxembourg Hitlers Armeen zum Opfer, die am 13. Juni in Paris einmarschierten. Neun Tage später kapitulierte Frankreich.

Seit Monaten schon hatten Freunde Casals nahegelegt, nach England oder in die USA zu gehen, was er praktisch ohne weiteres hätte tun können. Konzertagenten in Amerika lagen ihm in den Ohren, er solle doch wieder eine Tournee machen, und versprachen ihm enorme Gagen – er bekam nicht nur einen Blankoscheck. Aber solange eine halbe Million seiner Landsleute in Lagern zwischen Perpignan und der spanischen Grenze praktisch gefangengehalten wurden, hielt es Casals nicht für gerechtfertigt, wegzugehen. Und wie sollte er in dieser Zeit und umgeben von so viel Elend an Musik denken! Aber Ende Juni wurde ihm diese Entscheidung abgenommen. Casals wurde vom Leiter der Präfektur in Prades mitgeteilt, er müsse Frankreich verlassen. Wenn Franco in den Krieg eintrat, würden nationalistische Truppen sofort in Frankreich einfallen, und Casals hätte, zusammen mit Alavedra und vielen anderen, sofort mit seiner Hinrichtung zu rechnen. Erkundigungen ergaben, daß ein französisches Passagierschiff, die *Champlain*, Bordeaux ansteuerte und in ein paar Tagen nach Südamerika fahren sollte. In aller Eile wurden die Schiffskarten und Reisedokumente besorgt und für die gewaltige Summe von 250000 Francs zwei Taxis gemietet, die Casals, Capdevila, die Alavedras mit ihren beiden kleinen Kindern sowie Enriques ältere Tochter Pilar, die bei ihnen war, über die beschwerliche, 400 Kilometer lange Strecke zu dem Atlantikhafen bringen sollten. Bevor sie aufbrachen, vernichteten sie alle Papiere, die sie oder ihre Briefpartner hätten belasten können, wenn sie von Faschisten jedweder Couleur gefunden würden. Die Fahrt – zuerst in Richtung Osten nach Perpignan, dann nach Norden und Westen über Narbonne und Toulouse – dauerte zwei Tage, und als sie schließlich nach Bordeaux kamen, fanden sie die Stadt in Aufruhr vor drohenden Bombenangriffen. Casals und Alavedra begaben sich zur Stadtverwaltung, um sich die erforderlichen Bordpapiere zu beschaffen. In dem Gebäude ging es drunter und drüber, es war voller Menschen, und Casals fiel ihn Ohnmacht. Alavedra machte einen ihm bekannten französischen Beamten ausfindig, und die beiden Männer legten Casals auf eine Couch. Als sich Alavedra durch die Menschenmassen drängte, um die Papiere zu bekommen, begegnete er angeblich Alfred Cortot, der seinerseits in Bordeaux an Bord eines Schiffes, der *Massilia*, kommen wollte, das nach Marokko ging.[6] Alavedra bat Cortot, sich um Casals zu kümmern, aber der Franzose entschuldigte sich und soll – mehreren Quellen zufolge – nur gesagt haben: »Grüßen Sie ihn schön und sagen Sie ihm, ich wünsche ihm alles Gute.«[7] Cortots Familie hat später erklärt, der Pianist hätte überhaupt nicht gewußt, daß Casals sich in der Stadt befand.[8]

Casals war nun dreiundsechzig Jahre alt. Sein Leben wäre vielleicht völlig anders verlaufen, wenn die *Champlain* nicht von einer deutschen Luftmine getroffen worden und bei La Pallice, dreißig Kilometer vor Bordeaux, gesunken wäre. Die beiden Familien waren erschöpft, hungrig und verzweifelt, aber es blieb ihnen gar nichts anderes übrig, als die beiden Taxis wieder aufzutreiben und nach Prades auf Straßen zurückzukehren, die durch Soldaten und Flüchtlinge verstopft waren. In der ersten Nacht schliefen sie in den Autos. Am zweiten Tag erreichten sie um Mitternacht Prades. Das Grand Hotel war verschlossen und dunkel, und als sie den Besitzer aus dem Bett geholt hatten, weigerte er sich, ihnen Zimmer zu geben. Casals, ein bekannter Feind der Nazis, stelle ein zu großes Risiko dar, behauptete er: Er würde sie alle in Gefahr bringen, wenn die Deutschen in die Stadt kämen. Glücklicherweise waren nicht alle Bewohner von Prades so feige. Gegenüber dem Hotel befand sich le Café Grand. Pierrette Hostelrich, die Frau des Besitzers, war durch den Lärm wach geworden und bot ihnen ein provisorisches Lager für die Nacht an. Einige Tage später mieteten Casals und Alavedra ein kleines Haus an der Route Nationale. Madame Hostelrich stellte ihnen Möbel und andere Haushaltsgegenstände zur Verfügung, denn sie besaßen ja nichts, und damit hatten die beiden Familien ein Heim.[9]

Prades hatte damals rund 4600 Einwohner und war damals schon wie heute der wichtigste Marktflecken im sogenannten Conflent, einem Gebiet im Département Pyrénées-Orientales. Außer im Osten ist die Stadt ringsum von den Bergen der Pyrenäen umgeben, und sie liegt im überaus fruchtbaren und gut bewässerten Tal des Têt. Dreiundvierzig Kilometer östlich davon befindet sich Perpignan, die Hauptstadt des Roussillon; im Westen, über den Pyrenäen und in Richtung des Fürstentums Andorra, liegt Puigcerda an der spanischen Grenze. In den Bergen um Prades entspringen Thermalquellen, die seit der Römerzeit Besucher angezogen haben, welche die *bains de délices* wegen ihrer legendären Heilkräfte aufsuchen. Die aus dem 17. Jahrhundert stammende Kirche St. Pierre im Stadtzentrum ist auf den Mauern einer frühen römischen Siedlung errichtet.

Casals war nach Prades nicht wegen seiner Weine und landwirt-

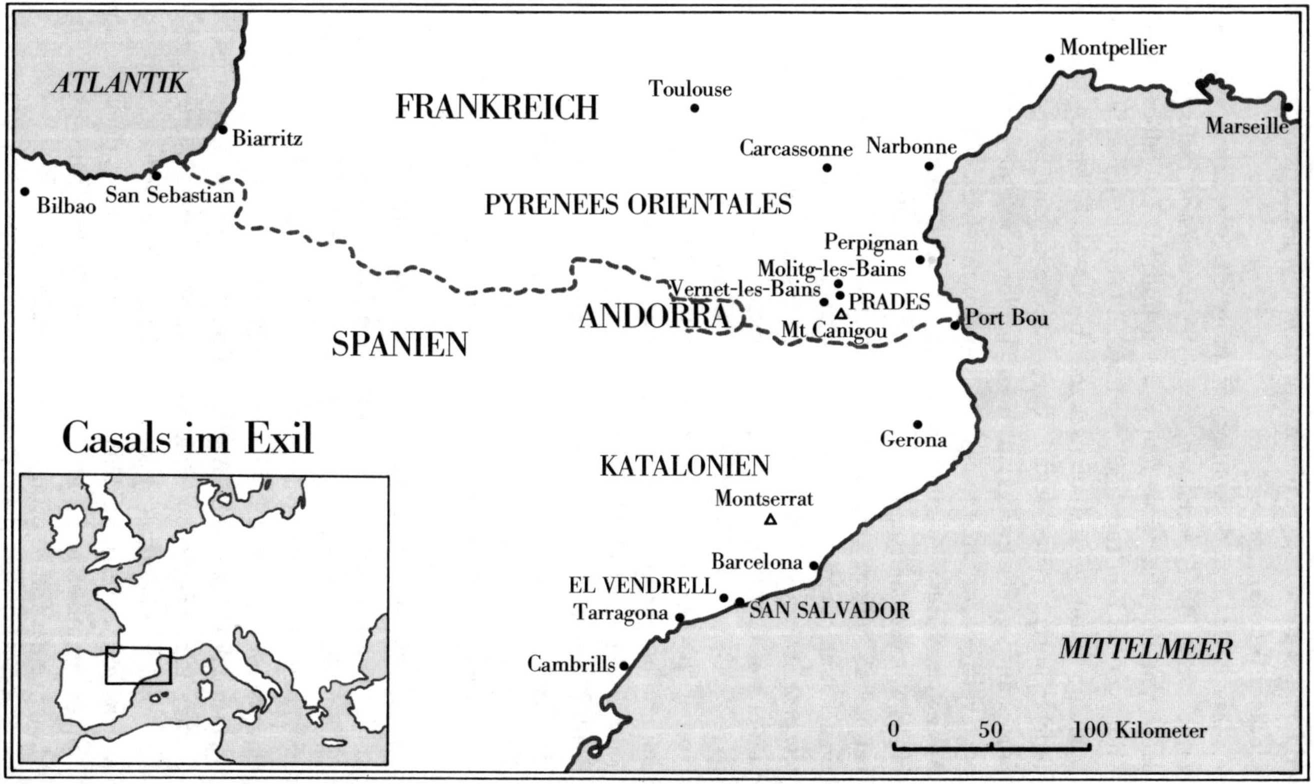
Casals im Exil
ATLANTIK
FRANKREICH
Toulouse
Montpellier
Marseille
Biarritz
Carcassonne
Narbonne
Bilbao
San Sebastian
PYRENEES ORIENTALES
Perpignan
Molitg-les-Bains
Vernet-les-Bains
PRADES
ANDORRA
Mt Canigou
Port Bou
SPANIEN
Gerona
KATALONIEN
Montserrat
Barcelona
EL VENDRELL
SAN SALVADOR
Tarragona
Cambrills
MITTELMEER
0
50
100 Kilometer

schaftlichen Produkte gegangen, sondern wegen seiner Nähe zu Spanien. Das Roussillon liegt im französischen Katalonien, und obwohl Frankreich dessen Sprache und Kultur seit drei Jahrhunderten zu unterdrücken versucht hat, ist das zweifache Erbe durchaus noch bewahrt. Noch immer hört man die Leute in den Straßen von Prades katalanisch sprechen, und je nachdem, wie jemand den Namen der Stadt ausspricht (wie es auch bei Perpignan/Perpinyà der Fall ist), erkennt man, welcher Seite er sich zugehörig fühlt. Die Stadt selbst ist nicht weiter bemerkenswert oder schön und liegt ständig unter einer hauchdünnen Staubschicht. Im Winter ist sie grau und bitterkalt, aber im Sommer heben sich die aus dem rosafarbenen Gestein der Gegend erbauten und mit Terrakottaziegeln gedeckten Häuser von dem üppigen Grün des Flußtals ab. Prades gewinnt am meisten aus einer gewissen Entfernung.

Die Route Nationale 116 verläuft quer durch die Stadt, trägt aber drei verschiedene Namen. Route de Marquixanes im Osten, Route de Ria im Westen und – heutzutage – Avenue du Général de Gaulle in der Stadtmitte. Nachdem sie fast ein Jahr in ihrem ersten und provisorischen Heim verbracht hatten, zogen Casals und seine Mitbewohner in ein hübsches, zweigeschossiges Landhaus um, das weiter unten an der Straße lag und das ihnen Madame Andrée Four überlassen hatte. Die Villa Colette, die dem Garten des Rathauses gegenüberliegt, war nun für die nächsten neun Jahre ihr Heim. Die Familie Alavedra bewohnte die Räume im Erdgeschoß. Im ersten Stock, zu dem man über eine Treppe von außen gelangte, hatten Casals und Señora Capdevila je ein Zimmer für sich, und auf der Rückseite lag ein kleines Nebenzimmer, das Casals als Arbeitszimmer und gelegentlich zum Unterrichten benutzte.

Von seinem Fenster auf der Vorderseite hatte Casals einen freien Blick auf den Mont Canigou, der mit seinen knapp 2800 Metern einer der höchsten Gipfel dieses nördlichen Ausläufers der Pyrenäen ist. Der Canigou, den der katalanische Dichter Jacint Verdaguer im 19. Jahrhundert besungen hat, ist ein ausgesprochen mythenträchtiger Berg. Auf seinem Hang stand die Abtei Saint-Martin, die der legendäre Graf Guifred im 11. Jahrhundert errichtet hatte. Für Casals wurde er zu einem Symbol der Freiheit Kataloniens: Jeden Morgen, wenn er seinen nun schon alt gewordenen Hund Follett ausführte, zog Casals seinen Hut zum ehrfürchtigen Gruß.

In der Villa Colette waren sie eine einzige große Familie: sie nahmen die Mahlzeiten gemeinsam ein, und Casals kümmerte sich gern um die Kinder von Alavedra, sah ihre Hausaufgaben durch und ging zu Elternabenden.[10] Er hatte viele Besucher, oft Katalanen – im Exil lebende Landsleute, Journalisten oder ehemalige republikanische Regierungsmitglieder –, und die Politik gehörte zur Tagesordnung. Luis Companys, der katalanische Präsident, hatte die Generalitat ins Exil geführt, bis er von der Gestapo eingesperrt, nach Spanien zurückgebracht und umgehend hingerichtet wurde. Man startete eine Kampagne und versuchte Casals zu bewegen, das Amt des Präsidenten zu übernehmen, aber er lehnte ab; Josep Irla wurde berufen, die Exil-Generalitat nach 1940 zu führen, und 1954 wurde der ehemalige republikanische Minister Josep Tarradellas sein Nachfolger.

Casals kümmerte sich weiterhin um die Flüchtlinge, und viele lebten inzwischen ständig in den Lagern, wenn sie nicht zum französischen Militärdienst eingezogen oder zur Zwangsarbeit verpflichtet wurden. Er wurde mit Bitten, Forderungen und Appellen geradezu überschwemmt, und früher hätte er eine ganze Menge davon aus eigenen Mitteln erfüllt. Aber nach dem Juni 1940 wurden Casals' Pariser Bankkonten eingefroren, und gleichzeitig wurde es immer schwieriger, Spenden und Hilfsgüter aus den Ländern der Alliierten hereinzuschleusen. Zwei Jahre lang hatte er nur zugunsten von Flüchtlingen Konzerte gegeben, die vom Roten Kreuz oder der französischen Ehrenlegion in nahegelegenen Städten im unbesetzten Teil von Frankreich gegeben wurden, zum Beispiel in Montauban, Montpellier, Toulouse, Grenoble, Béziers und Bordeaux. Doch im Frühjahr 1941 sah er sich gezwungen, für seinen eigenen Unterhalt wie zur Unterstützung der Flüchtlinge Geld zu verdienen, und darum arrangierte Casals eine Reihe von Konzertengagements in der Schweiz, die am 13. Mai mit einer Aufführung im Züricher Rathaus vor 1800 Zuhörern begannen. Auf einer siebenwöchigen Herbsttournee – zwischen Juli und September – nahm er über 8000 Dollar ein.[11]

Im November 1942 übernahmen die Deutschen die Kontrolle auch über den unbesetzten Teil Frankreichs, und sofort wurde das Leben für Casals schwieriger: »Als Hitler in Deutschland zur Macht kam, habe ich mich sofort geweigert, in diesem Lande wieder zu spielen ... aber nun waren die Nazis zu mir gekommen. Wir waren, genaugenommen, Gefangene der Deutschen.«[12] Die Stadtverwaltung von Prades befand sich nun in den Händen der Gestapo und der Vichy-Miliz, und die Villa Colette wurde fortan ständig bewacht. Es dauerte nicht lange, da kamen Agenten ins Haus, prüften Casals' Papiere und untersagten ihm jegliche politische Betätigung.[13] Diese Untersuchung wirkte sich sofort auf seine Stellung in der Stadt aus. Menschen, die ihm zuvor freundlich begegnet waren, wandten sich auf einmal von ihm ab – andere verhielten sich ihm gegenüber sogar unverhohlen feindselig. Casals war zu berühmt, als daß man ihn einfach übersehen konnte, und er konnte nicht leugnen, wem seine Sympathien gehörten. Darüber hinaus waren alle möglichen Gerüchte über ihn im Umlauf: daß er in geheimer Verbindung zur Résistance oder zum Maquis stand, ja daß er sogar für die Kommunisten arbeite. Letzteren Verdacht konnte er nur schwer zerstreuen, und er blieb noch viele Jahre an ihm hängen: Selbst noch 1956 machte sich Casals Gedanken darüber, ob er den sowjetischen Geiger David Oistrach zu den Festspielen von Prades einladen sollte – es könnte ja als »Bestätigung« dafür angesehen werden, daß Casals ein Sympathisant der Kommunisten sei.[14] Oistrach wurde trotzdem eingeladen.

Die Gestapo vergiftete nicht nur die Atmosphäre in der Stadt, sondern begünstigte auch Vetternwirtschaft und Schieberei. Lebensmittel waren ohnehin knapp, aber die Nazis rationierten sie noch mehr. Casals, Capdevila und die Alavedras ernährten sich von Steckrüben, Bohnen und Grüngemüse – Milch und Fleisch waren nur selten erhältliche Luxusgüter, und an Zucker oder Kaffee war nicht zu denken. Der Winter war streng, und Kohle – ja sogar Feuerholz – war nur schwer zu bekommen. Zum ersten Mal plagten Casals rheumatische Beschwerden in der Schulter, und das begann sich auf sein Spiel auszuwirken. »Das waren bittere Tage für mich, und manchmal fühlte ich mich alt und von aller Welt verlassen.«[15]

Seit Beginn der deutschen Besatzungszeit lebte Casals mit der Angst, daß er eingesperrt werde oder ihm noch Schlimmeres widerführe. Eines Tages glaubte er, der Augenblick sei gekommen. Ein schwarzer Wagen hielt vor der Villa, und drei deutsche Offiziere näherten sich der Tür. Sie waren jung, aalglatt, elegant und übertrieben höflich. Als sie in Casals' winzigem Zimmer waren, erklärten sie ihm den Zweck ihres Besuches: Sie wollten Casals dazu bewegen, ein Konzert in Berlin zu geben. Als er ablehnte, drangen sie weiter in ihn, wollten seine Gründe hören und versuchten ihn aufs Glatteis zu locken. Sie baten ihn, sein Cello sehen zu dürfen. Er holte es aus dem Kasten, schützte aber sein Rheuma vor, damit er nicht spielen mußte. Nach zwei Stunden voller Anspannung, während denen Casals die Deutschen nicht aufgefordert hatte, Platz zu nehmen, gingen sie endlich, wobei sie das Haus noch fotografierten, zum Beweis, daß sie dagewesen waren. Bei einer anderen Gelegenheit wurde Casals gewarnt – sein Name stehe auf einer Liste von einheimischen Persönlichkeiten, die festgenommen werden sollten und mit denen man sich näher befassen würde. Nach einem Angriff des Maquis auf das Gestapohauptquartier in Prades, bei dem zwei Deutsche getötet wurden, machte sich Casals auf umgehende brutale Repressalien gefaßt. Wie durch ein Wunder kam er auch diesmal davon.

Es war ganz allein Casals' eigene Entscheidung, in dem von den Nazis besetzten Frankreich zu bleiben. Freunde versuchten ihn immer wieder dazu zu bewegen, Europa zu verlassen, wie er es bereits im Ersten Weltkrieg getan hatte. Sie übernahmen es, Visas zu beschaffen, die Überfahrt zu arrangieren und ihm Engagements und Unterrichtsmöglichkeiten in den USA zu vermitteln. Aber inzwischen war Casals Mitte sechzig. Er hatte Verpflichtungen in Spanien und gegenüber den Flüchtlingen, und wenn er schon nicht bei seinen Brüdern und seiner Familie sein konnte, würde er es ihnen zumindest nicht unmöglich machen, bei ihm zu sein. Seit 1936 herrschte Krieg in seiner Welt, und das konnte er nicht einfach beiseite schieben und seine Karriere als Musiker wiederaufnehmen, als wäre nichts geschehen. »Alles ist wichtiger als die Musik«, erklärte er, »wenn es um menschliches Leid geht.«

Während der deutschen Besatzungszeit war Casals kein einziges Mal öffentlich aufgetreten. Im Dezember 1944, im Anschluß an die Invasion der Alliierten in der Normandie und nach dem Rückzug der Nazitruppen aus Frankreich, gab er an einzelnen Orten zugunsten der Kriegsopfer wieder Konzerte. Einen Tag vor Weihnachten druckte die *New York Times* einen Brief ab, aus dem hervorging, daß Casals tatsächlich nicht »in einem Konzentrationslager Francos« war, sondern »zurückgezogen in Südfrankreich lebte«.[16] Das löste eine wahre Flut von Einladungen amerikanischer Orchester und Konzertveranstalter aus. Eine ähnliche Reaktion hatte es bereits aus Paris gegeben, wo sechsundfünfzig verschiedene Organisationen sich erboten hatten, den ersten öffentlichen Auftritt des Maestros nach dem Krieg zu arrangieren. Er beschloß, keines dieser Angebote anzunehmen und statt dessen nach England zu gehen.

Während der vier Jahre, die er sich in Prades verschanzte, hatte sich Casals über das, was in der übrigen Welt vorging, hauptsächlich durch den Auslandsnachrichtendienst der BBC informiert. Oft hatte er unter einer Decke Radio gehört, damit kein unbefugtes Ohr mithören konnte. So hatte er den Eindruck gewonnen, daß England Hitler geschlagen und Europa gerettet hatte. Und nun, meinte er, entschied England auch über die Zukunft eines freien Spanien. Ja mehr noch: Er war der Ansicht, daß England geradezu dazu verpflichtet sei. Denn an der von der britischen Regierung betriebenen Politik der Nichteinmischung hatte es ja gelegen, daß sich Frankreich veranlaßt sah, 1936 der Spanischen Republik jede Unterstützung zu versagen, und daß die USA ihre spätere Neutralität für gerechtfertigt hielten. Churchill hatte es auf sich genommen, den Faschismus zu beseitigen, wo auch immer er existierte. Nun würde er sich sicher auch in Spanien darum kümmern. Am 3. Mai schrieb Casals zuversichtlich an seine ehemalige Schülerin Germaine Grottendieck nach Belgien:

> Offenbar hat der niederträchtige Franco nicht die Absicht, zu gehen. Er hat die Monarchie verraten, die Republik, seine Freunde und Mitarbeiter ... aber zum Glück kenne ich die Engländer. Sobald sie ihm ein Zeichen geben, zu verschwinden, wird er gehen. Ich gehe eigentlich davon aus, daß ich nach Spanien im Anschluß an meine Konzerte in der Schweiz Ende August zurückkehren kann ...[17]

Unglücklicherweise kannte Casals die Engländer eben doch nicht. Auch hatte er offensichtlich nicht begriffen, daß das, was der Premierminister einer Koalition während des Krieges vielleicht gesagt – und die BBC vielleicht wiedergegeben – hatte, nicht unbedingt etwas mit dem zu tun hatte, was danach geschehen würde. Die Frage der

Wiedereinführung der Demokratie in Spanien zeigt eben nur, wie überaus naiv und leichtgläubig Casals war. Wenn die Engländer in der Lage gewesen waren, sich 1936 auf den faulen Zauber der Nichteinmischung einzulassen, während Hitler und Mussolini Francos Nationalisten mit Waffen versorgten, war es doch höchst unwahrscheinlich, daß sie nach einem anstrengenden Krieg erneut eine militärische Initiative in Europa ergreifen würden – besonders wenn sie dabei kaum etwas gewinnen würden. Für Churchill und die Konservative Partei war ihre Neutralität nichts weiter als ein stillschweigendes Einverständnis mit Francos Kampagne gewesen, das allenfalls durch die moralische Entrüstung über seine gewaltsamen Methoden in Frage gestellt wurde. Selbst von der britischen Labour Party, der die spanischen Republikaner einen Großteil der finanziellen und humanitären Unterstützung verdanken, weiß man inzwischen, daß ihre Einstellung gegenüber dem Bürgerkrieg bei weitem nicht so eindeutig war, wie es die Rhetorik ihrer Führer seinerzeit suggerierte: Die Angst vor dem Kommunismus und der Widerstand gegen die Verfolgung der katholischen Kirche durch die Republik beeinträchtigten denn doch das Engagement der Sozialisten für die Bestrebungen eines »freien« Spanien.[18] Für die Engländer bedeutete das Ende des Bürgerkriegs das Ende des »spanischen Problems«. Es hatte nie die geringste Chance gegeben, daß man Franco zu entmachten versuchen würde. Die Frage war nur, wie lange Casals brauchen würde, um dahinterzukommen.

Casals hielt sich 1945 zweimal für längere Zeit in England auf. Als er Ende Juni zum erstenmal kam, gab es praktisch keine richtige Regierung, mit der er hätte reden können. Am 5. Juli sollte die Wahl stattfinden, und so befand sich das Land mitten im Wahlkampf. Aber Casals befand sich in Hochstimmung, als er diesen Besuch antrat. British Airways überreichten ihm ein kostenloses Flugticket, und die Zollbeamten verzichteten darauf, sein Gepäck zu durchsuchen. Sein erstes Konzert – es war sogar sein erster Auftritt mit einem Orchester seit 1939 – fand am 27. Juni in der Royal Albert Hall statt, wo er mit dem BBC Symphony Orchestra unter Sir Adrian Boult die Cellokonzerte von Schumann und Elgar spielte. Der Saal war ausverkauft, und davor hatte sich eine riesige Menschenmenge versammelt.

Deutschland hatte vor etlichen Wochen kapituliert, Casals war ein Held der Mitmenschlichkeit, und so waren fast 12000 Menschen gekommen, um ihm zuzujubeln – nach der Vorstellung mußte ihm die Polizei einen Weg zu seinem Auto bahnen. Am Bühneneingang hatte sein alter Freund, der spanische Cellist Augustín Rubio, auf ihn gewartet, den Casals nun schon vor fast sechzig Jahren im Café Tost in Barcelona kennengelernt hatte. »Ja, ja«, sagte er, »in jener Nacht sagte ich zu Albéniz, wir werden es noch erleben, daß der Kleine Furore macht.«[19]

Unmittelbar im Anschluß an die Aufführung in der Albert Hall wurde Casals ins Rundfunkhaus gebracht, von wo das an diesem Abend aufgezeichnete Konzert über den Auslandsdienst auch nach Katalonien ausgestrahlt werden sollte. Er spielte sein Arrangement von *El Cant dels Ocells* (Der Gesang der Vögel), der katalanischen Volksweise, mit der er alle seine Konzerte abschloß, seit er im vergangenen November seine Konzerttätigkeit wiederaufgenommen hatte. Er biß die Zähne zusammen, um seine Fassung zu wahren, sprach ein paar Worte auf katalanisch über das Lied und schloß mit »der Hoffnung auf einen künftigen Tag des Friedens, an dem Katalonien wieder Katalonien geworden sein wird«.[20]

Casals hatte sich Gerald Moore als Begleiter für mehrere Konzerte während der Tournee gewünscht, obwohl sie sich noch nicht kannten. Moore hatte sich den Ruf als einer der besten Begleiter in Europa erworben und hatte zwischen den Kriegen unter anderem mit Guilhermina Suggia, Gaspar Cassadó und – 1936 – auch mit Susan Metcalfe gespielt. Die Einladung, Casals zu begleiten, verblüffte und erschreckte Moore zugleich: »Nachdem ich sechs Jahre Verdunklung erlebt hatte, kam dieses strahlende Licht – ich sollte mit dem größten lebenden Musiker der Welt spielen. Es war die bedeutendste Aufgabe, die mir je übertragen wurde.«[21]

Bei ihrer ersten Probe begannen die beiden mit dem zweiten Satz von Beethovens Cellosonate in D-Dur (op. 102, Nr. 2). Seit Wochen hatte Moore die Sonate »fieberhaft« geübt:

> [Casals] sang auf seinem Cello, und ich beugte mich über meine Klaviatur, jeden Nerv gespannt und meine ganze Seele in den Fingerspitzen. So spielten wir zusammen, ohne ein Wort zu sprechen. Dann, als wir zwei Dutzend Takte hinter uns hatten, hörte Casals unvermutet zu spielen auf, legte sein

Cello sanft zur Seite, heftete seinen Blick auf mich und sagte: »Ich bin sehr glücklich.«[22]

Als Casals in der zweiten Oktoberwoche wieder nach England kam, waren die Atombomben über Hiroshima und Nagasaki abgeworfen worden, Japan hatte kapituliert, und der Krieg war vorbei. In Westminster war eine Labour-Regierung an der Macht, man sprach vom Wohlfahrtsstaat und vom Wiederaufbau nach dem Krieg, und in der Berichterstattung über Spanien gab sich die Presse unerträglich versöhnlich gegenüber dem Franco-Regime. Casals war wie vor den Kopf geschlagen. Das Grundmotiv seines Lebens, die Hoffnung, auf die er sich in den letzten sechs Jahren gestützt hatte, schien nicht einmal mehr auf der politischen Tagesordnung zu sein.

»War das zu fassen, sagte ich mir, daß das spanische Volk ... nun dazu verdammt sein sollte, weiterhin unter faschistischer Herrschaft zu leben? Und was sollte mit den Hunderttausenden von Spanienflüchtlingen geschehen, die alle ... geglaubt hatten, ein Sieg der Alliierten bedeute die Rückkehr Spaniens zur Demokratie? Sollten sie alle dazu verurteilt sein, auf unabsehbare Zeit im Exil zu leben?«[23]

Die Antwort lautete schlicht und einfach ja.

Das erste Konzert der Tournee war für den 17. Oktober in London angesetzt. Anschließend sollte es noch weitere vier Orchesterkonzerte im ganzen Land geben, sechs Solokonzerte sowie eine Reihe von privaten Aufführungen, und das Ganze sollte am 8. November zu Ende sein. Aber zuvor hatte sich Casals verpflichtet, das Elgar-Konzert wie das D-Dur-Konzert von Haydn für Walter Legge, Gaisbergs Nachfolger bei der EMI, aufzunehmen. Die Aufnahme des Elgar-Konzerts am 14. Oktober in den Abbey Road Studios dauerte sieben anstrengende Stunden – allein für den zweiten Satz waren mehrere Wiederholungen erforderlich. In intensiven Augenblicken seines Spiels gab Casals häufig ein ziemlich hörbares Stöhnen und Ächzen von sich, womit er oft gewissermaßen die ersten Noten des Taktes vorwegnahm, den er gleich spielen würde. Wie es heißt, waren die Laute diesmal besonders deutlich. »Maestro«, protestierte der Toningenieur, »wir nehmen Ihr ganzes Stöhnen auf.« – »In diesem Fall«, erwiderte Casals, »könnt ihr doch das Doppelte für die Platte verlangen.« Am nächsten Morgen nahm Casals, wieder mit Boult und dem

BBC Symphony Orchestra, die ersten beiden Sätze des Haydn-Konzerts auf. Aber das Orchester sollte am Abend woanders auftreten, und so ergab sich nie die Gelegenheit, auch den dritten Satz aufzunehmen.[24] Die Aufnahme dieses Konzerts mit Casals ist daher auch nie erschienen.

Die Aufnahme des Elgar-Konzerts stellte eine Wiederholung von Casals' Auftritt im Juni in der Albert Hall dar. Er spielte dieses Konzert nun schon zum vierten Mal in London und zum dritten Mal mit Sir Adrian Boult. Bei der ersten Aufführung im November 1936 hatten die Kritiker es fast geschlossen abgelehnt. Dem *Daily Telegraph* zufolge war es »eine unsichere Interpretation von Anfang bis Ende«; Casals, meinte die *Musical Times,* habe versagt – »zum ersten und vermutlich auch zum einzigen Mal in seiner langen Karriere«. Gedankenschwer erklärte die *Times,* was hier schiefgelaufen war: »Die Erfahrung lehrt, daß Spieler, die nicht zu Elgars Landsleuten gehören, beträchtliche Schwierigkeiten haben, seine besondere Stimmlage zu erfassen.« Casals sei es nicht gelungen, räsonierte der Rezensent, »einen Grundrhythmus für jeden Satz« zu finden, und in der Schlußcoda, »in der die einzelnen Fäden geschürzt werden sollten, war das Konzert in seine einzelnen Teile zerfallen, ohne daß sie wieder zusammengesetzt werden konnten«.

Der Kolumnist der *Radio Times* hatte allerdings einen ganz anderen Eindruck gehabt. Für den Kritiker Ralph Hill war die Aufführung »schöner als alle, die ich bisher gehört habe«.[25] Darüber hinaus machte er sich über die Ansicht lustig, daß das Konzert irgendeinen nationalen Geheimcode enthielte, den ausländische Künstler nicht knacken könnten. Wenn dem so wäre, meinte er, dann müßte das doch auch für die Musik anderer Länder gelten, nicht wahr? »Nur – warum gilt dann Toscanini als bedeutender Interpret von Debussy oder Thomas Beecham von Sibelius und Wagner?«

Casals' private Akten sind voller Ausschnitte von Besprechungen, auf denen er häufig eigenhändig Quelle und Datum notiert hat. Auch wenn er kaum darüber gesprochen hat, hat er sie doch wohl mit ziemlicher Gewißheit gelesen. Als er im Frühjahr 1945 nach London kam, wußte er, daß die Kritiker nur darauf warteten, wieder über ihn herzufallen, und darum spielte er mehreren englischen Freunden Teile des Konzerts vor der Aufführung probeweise vor. Diesmal schien er die richtige »Stimmlage« getroffen zu haben. Der *Times* zufolge, spielte er »rhapsodisch, holte auch noch den letzten Tropfen der herbstlichen Süße heraus ... genauso, wie es Elgars melodische Linie verlangt«. Ja eine andere Zeitung verstieg sich sogar zu der Huldigung, Elgar hätte das Werk nun – trotz seiner »Englishness« – Casals mit Freuden anvertraut, denn der Cellist »erzielte jene für Elgar so charakteristische wehmütige Stimmung, auf die sich heutzutage nur wenige Künstler verstehen«. Adrian Boult wurde gefragt, welcher Unterschied zwischen Casals' Interpretationen vor und nach dem Krieg bestanden hätte. »Keiner«, erwiderte er.[26]

Es liegt eine gewisse Ironie des Schicksals darin, daß Casals genau zu dem Zeitpunkt, da die englischen Kritiker mit ihm zufrieden waren, seinerseits mit den Engländern nicht mehr zufrieden war. Als er am Ende der ersten Woche erkannt hatte, daß England nichts gegen Franco unternehmen wollte, war er nicht mehr bereit, diese Tournee fortzusetzen. Auf dem Weg nach Reading zu einem Konzert mit Gerald Moore verkündete er seinen schockierten Begleitern, dies wäre sein letzter Besuch in diesem Land. Pläne für eine weitere Konzertreise im Frühjahr des folgenden Jahres wurden abrupt fallengelassen, und Gespräche mit EMI über eine Aufnahme der Brandenburgischen Konzerte wurden unvermittelt abgebrochen. Irgendwie konnte Casals dazu bewogen werden, die vorgesehenen Konzerte der laufenden Tournee noch zu geben, aber er weigerte sich, an irgendwelchen Festivitäten am Rande teilzunehmen. Er weigerte sich, die Einladung zu einem Essen anzunehmen, das die Worshipful Company of Musicians am 30. Oktober ihm zu Ehren veranstalten wollte, und nahm die ihm von den Universitäten Oxford und Cambridge angebotenen Ehrendoktortitel nicht an. Myra Hess, eine Konzertagentin, die damals als Nationalheldin gefeiert wurde, weil sie während des Krieges in der National Gallery Konzerte organisiert hatte, begleitete Casals bei seinem letzten Konzert und konnte ihm dank ihrer guten Verbindungen Gespräche zunächst im Unterhaus und dann im Buckingham Palace vermitteln. Casals verbrachte eine Stunde bei Sir Alan Lascelles, dem Privatsekretär von Georg VI., weigerte sich aber, mit dem Minister des Labour-Kabinetts Sir Stafford Cripps zu sprechen: »Nein, antwortete ich ihm, Sie würden von Politik sprechen und ich von Moral. Wir würden uns nicht verstehen.«[27] Denn am meisten empörte ihn das, was er als Verrat seitens der Sozialisten ansah: »Das ist Politik ohne Gefühl und Anstand – wenn eine Arbeiterpartei vor der Wahl mit dem Aufruf ›Nieder mit Franco‹ für sich wirbt und dann, wenn sie gewonnen hat, diesen Diktator stützt.«[28]

Bei seinem letzten Solokonzert in England überhaupt spielte Casals die Konzerte von Dvořák und Elgar mit dem Liverpool Philharmonic Orchestra unter Malcolm Sargent. Bevor er nach Frankreich fuhr, bat er seine Sekretärin Milly Stanfield, einen Scheck über 1000 Pfund – fast die gesamten Einnahmen der Tournee – an den Wohltätigkeitsfonds der Royal Air Force zu schicken.[29] Aufgrund irgendeiner Fehlinformation wurde am Tag nach seiner Abreise ein Wagen vom Buckingham Palace zum Piccadilly Hotel geschickt – man wollte ihn zu einem Gespräch mit dem König und der Königin einladen.

Frankreich enttäuschte Casals genauso wie London, vielleicht sogar noch mehr. Wie nicht anders zu erwarten, war das Pariser Publikum über seinen ersten Auftritt in der Stadt nach dem Krieg hellauf begeistert. Die Grande Salle Pleyel war bis auf den letzten Platz besetzt – einen vergleichbaren Beweis von Massenverehrung hatte es noch nie gegeben. Casals spielte wieder das Elgar-Konzert, aber hier zierte man sich nicht wegen irgendeiner »englischen Wehmut« und sparte auch nicht mit hymnischen Adjektiven. Für den Kritiker von *Le Soir* war die Aufführung »neuschöpferisch, verjüngend, ein Neubeginn, trostreich, ausgewogen, belebend, ausgezeichnet«.[30] Casals allerdings konnte die hochfliegenden Empfindungen nicht teilen: Der Beifall, die Ehrungen und Auszeichnungen kamen ihm irgendwie widerlich und schändlich vor, wenn noch immer eine Viertelmillion Flüchtlinge aus der ehemaligen Spanischen Republik an der Pyrenäengrenze interniert blieben, und zwar in Lagern, die kaum etwas Besseres als Zwangsarbeitslager waren. Zu Frühjahrsbeginn 1946 gab er eine Reihe weiterer Benefizkonzerte und unternahm eine einzige Konzertreise durch die Schweiz. Aber im Dezember – also um seinen siebzigsten Geburtstag herum – hatte er beschlossen, in keinem Land mehr aufzutreten, das das Franco-Regime anerkannte.

Es ist kaum anzunehmen, daß Casals wirklich ernsthaft geglaubt hat, sein Boykott allein könne den Westen aus seiner Untätigkeit reißen. Um so mehr war ihm bewußt, daß die Ehrungen, die ihm – einem öffentlichen Symbol des Widerstands gegen Franco – von

Organisationen, einzelnen Persönlichkeiten und sogar von Regierungen erwiesen wurden, nur deren Schuldgefühl verdrängen sollten, weil sie politisch versagt hatten. Diese bequeme Ausflucht wollte er ihnen nicht zugestehen. Darüber hinaus blieb ihm persönlich gar keine andere Wahl. Solange Tausenden seiner Landsleute ihre freiheitlichen Grundrechte vorenthalten wurden, konnte Casals sich nicht über Auszeichnungen und Gesten der Bewunderung freuen, die ihm so bereitwillig dargebracht wurden. Und er wußte durchaus, daß er – im Unterschied zu seinen Brüdern etwa, die ihre Familien versorgen mußten – sich ein Gewissen leisten konnte. Bis zum Ende seines Lebens ließ er sich bei all seinen Handlungen in erster Linie von seiner Entschlossenheit leiten, »das vergessene Volk« nicht zu verraten.

Casals' anfängliche Erwartung, es würde nach dem Krieg so etwas wie eine koordinierte Konfrontation mit Franco geben, war zwar unrealistisch, aber nicht völlig absurd gewesen. England, die USA und Frankreich erklärten, irgendeinen denkbaren inneren Aufruhr unterstützen zu wollen, der den Diktator stürzen und Spanien wieder zur Demokratie führen würde. Im Dezember 1946 beschloß die Generalversammlung der neu gegründeten Vereinten Nationen, das Land von ihren Aktivitäten auszuschließen, und die Mitgliedstaaten brachen die diplomatischen Beziehungen zu dem falangistischen Regime ab. Selbst einige Einzelpersönlichkeiten nahmen beträchtlichen Einfluß auf die Art des Widerstands gegen den spanischen Faschismus. Aber trotz aller internationalen Bewunderung für sein beispielhaft humanitäres Verhalten rangierte Casals doch nie an vorderster Front unter den Instanzen, die Franco von außen bedrohten. So ungerechtfertigt dies auch war, wurde sein Ansehen doch geschmälert, und zwar sowohl durch den Verdacht, ein verkappter Kommunist zu sein, der den in die Flucht geschlagenen Republikanern auf der ganzen Welt anhing, wie auch durch die unerfreulichen Rivalitäten und internen Machtkämpfe, die offenbar unabdingbar mit dem Exil verbunden waren. Der Historiker und Schriftsteller Salvador de Madariaga, den man etwa als Zeitgenossen und Geistesbruder von Casals bezeichnen kann, hatte im Unterschied zu diesem Spanien bereits zu Beginn des Bürgerkriegs verlassen. Weil er es vermieden hatte, sich mit irgendeiner bestimmten Oppositionsgruppe einzulassen, hatte Madariaga nun Zugang zur höchsten Ebene des britischen Foreign Office und des

US-Außenministeriums.[31] Auch er verlor rasch den Mut angesichts der Tatsache, daß die Briten nicht ernsthaft daran interessiert waren, Franco zu beseitigen. Aber zumindest wurde ihm die Genugtuung zuteil, daß er gehört wurde.

Auch in Spanien stellte Madariaga, als Rechter und politischer Aktivist, schon eher eine Gefahr dar. Aber für Franco waren liberale Intellektuelle nichts weiter als unbedeutende Nervensägen – »ins Exil verwehte spanische Staubkörnchen«, wie es Jan Morris nüchtern nannte.[32] Während Franco seine liberalen Kritiker ständig attackierte, machte er sich ihre Gegnerschaft innenpolitisch geschickt zunutze. Statt die im Exil Lebenden beim Namen zu nennen, griff er sie kollektiv und indirekt an, indem er bitter über ein namenloses Heer von Umstürzlern, Kommunisten, Intellektuellen, Monarchisten und Freimaurern herzog, und damit verbreitete er im Lande das Gefühl, das Ausland habe sich finster gegen Spanien verschworen. Im Laufe seiner fünfzehnjährigen intensiven Forschungen über Franco ist der Historiker Paul Preston nur zweimal – und zwar jeweils in den fünfziger Jahren – auf eine öffentliche Verbindung zwischen dem »Caudillo« und Casals' Namen gestoßen.[33] Das erste Mal im Februar 1956, als Casals über das US-Außenministerium die Erneuerung seines spanischen Passes beantragte. Die Antwort, die höchstwahrscheinlich direkt von Franco selbst kam: Wenn der Cellist den Antrag selbst stellte, würde ihm stattgegeben werden. Das zweite Mal hatte mit einer New York-Reise von Don Juan, dem bourbonischen Thronprätendenten und Sohn Alfonsos XIII., und seinem Wunsch, Casals zu sehen, zu tun. Der spanische Botschafter wurde beauftragt, Don Juan unmißverständlich klarzumachen, daß Franco jede Begegnung mit »el separatista« – dies seine Worte – mißbilligen würde. Tatsächlich lieferte Casals der Falange die wirkungsvollste Munition gegen ihn, als er sich sowohl mit den katalanischen Separatisten wie mit der exilierten königlichen Familie identifizierte.[34]

Für spanische Künstler und Intellektuelle war das Exil im allgemeinen ein zweischneidiges Schwert. Im schlimmsten Falle wurden sie – wie Lorca – umgebracht. Wer überlebte, hatte nur die Wahl, entweder Franco in Kauf zu nehmen oder in Spanien vergessen zu sein.[35] Wenn sie wieder in ihre Heimat zurückkehrten, wie zum Beispiel Joan Miró, wurden sie für die Propaganda eingespannt und mußten ein Leben lang die Zensur ertragen. Blieben sie aber im Exil, verloren sie allmählich die Verbindung zu ihren Wurzeln und zuweilen auch ihre Inspiration. Der Sieg der Nationalisten entzog Spanien eine ganze Generation von Schriftstellern, Musikern und bildenden Künstlern, und das Land verödete in kultureller Hinsicht. Franco selbst war erstaunlich unkultiviert. Er hatte weder etwas für Literatur noch für klassische Musik übrig – die *zarzuela* war schon das Höchste, wozu sich sein musikalischer Geschmack aufschwang – und konnte darum auf ihre Vertreter verzichten, ohne daß ihm etwas fehlte. In Spanien war Casals ohnehin immer nur für eine kultivierte Elite interessant gewesen – die Masse beschäftigte sich einfach nicht mit Bach. Nachdem er seit einem Jahrzehnt im Exil lebte, war er wie viele andere weitgehend in Vergessenheit geraten, außer bei ein paar Katalanen. Spanien fehlte fast vierzig Jahre lang eine musikalische Kultur von Rang.

Casals' Entscheidung, als Reaktion auf die von der ganzen Welt geduldete Mißachtung der Menschenrechte in Spanien sein Cello schweigen zu lassen, war für ihn »das größte Opfer meines Lebens«.[36] Deshalb war es kaum überraschend, daß er nichts als Zorn und Abscheu für diejenigen unter seinen Kollegen und besonders unter seinen Freunden übrig hatte, die nicht nur willfährig vor den Faschisten aufgetreten waren, sondern nun nach dem Krieg ihre Karriere fortsetzten, als ob sie überhaupt kein Schamgefühl kannten. Was Casals erwartete, war ein Gefühl der Reue. Allerdings konnten diejenigen, die es betraf, nicht einsehen, warum sie ihm gegenüber Reue empfinden sollten. Es war für alle Beteiligten eine schmerzliche Situation. Casals hatte Jacques Thibaud in London im November 1945 gesehen, aber sie hatten sich nicht verständigen können: »Er machte nichts als Ausflüchte«, berichtete Casals Freunden, »er sagte nicht, daß er einen Fehler begangen hätte.«[37] Wilhelm Furtwängler, der in der Schweiz im Exil lebte, suchte 1945 Casals auf und bat ihn um Unterstützung bei seinem Entnazifizierungsverfahren. Casals konnte kaum etwas für ihn tun und wollte ihn auch nicht so ohne weiteres entlasten. Aber die Stimmung, die diese Begegnung in ihm ausgelöst hatte, ließ doch ein wenig Frieden in ihre Beziehung einkehren. Als man ihn später drängte, das Doppelkonzert von Brahms mit Yehudi Menuhin unter Furtwängler zu spielen, erklärte Casals Menuhin, theoretisch wäre er ja dazu bereit, da Furtwängler ein »sauberer Mann« sei. Aber praktisch wäre das für ihn unmöglich: »Man hält mich für den führenden Kopf der Antifaschisten ... und dafür hätten diese einfach kein Verständnis.«[38]

Während Casals' größter Zorn Cortot und kaum weniger Pierre Fournier galt, behandelte er Gaspar Cassadó mit besonderer Abscheu. Es war schon schlimm genug, daß sich ein Spanier gegenüber dem Spanischen Bürgerkrieg »unpolitisch« verhielt. Aber daß er auch noch bei den Nazis in Deutschland spielte und im faschistischen Italien lebte, war einfach unverzeihlich. Casals schwelgte darin, wie es der Kritiker Stephen Walsh einmal formuliert hat, »jesuitisch zu argumentieren, ohne jesuitische Ziele zu verfolgen«, und so unterstützte er auch den New Yorker Boykott gegenüber Cassadó öffentlich, als der Cellist 1949 dort spielen wollte.[39] Menuhin hat darauf hingewiesen, daß dieser Boykott ursprünglich nicht von Casals ausging – »wahrscheinlich hatte er sich eher von jener New Yorker Musikerclique ins Schlepptau nehmen lassen, die das erste Musikfest in Prades mehr oder weniger ins Leben gerufen hatte. Sie machten mit Casals herrliche Musik, gebrauchten aber sein Prestige zu eigenen Zwecken, auch zu Bestrafungs-Kampagnen gegen unliebsame Musiker.«[40] Er setzte sich für Cassadó ein und erlebte, daß Casals ebenso schnell Gnade vor Recht ergehen ließ, wie er unvermittelt rücksichtslos sein konnte.

Als Casals nach Prades zurückkehrte und damit gezwungenermaßen, wenn auch nicht zufrieden seinen Ruhestand antrat, fand er, daß er nun Zeit und Lust hatte für Aktivitäten, die ihm jahrelang nicht möglich gewesen waren. Er begann wieder zu komponieren, und bald gab er auch wieder ein wenig Unterricht – aber in den nächsten zehn Jahren widmete er doch seine Energie vor allem der Flüchtlingshilfe. Die einstigen Republikaner waren großenteils wieder nach Spanien zurückgekehrt. Von denen, die blieben – etwa 160000 Anfang der fünfziger Jahre –, waren viele inzwischen ins örtliche Wirtschaftsleben integriert worden. Aber es gab doch noch eine ganze Reihe: die Alten, die Kranken und die Armen, die nicht imstande waren, für sich selbst zu sorgen. Casals kümmerte sich um rund 600 Familien, und seine Briefe sind voller Details über ihr Leben. »Casals ist mein Freund«, schrieb ein Fabrikarbeiter aus Montauban, »er kennt mein ganzes Leben ... meine Zahnprothese, meinen Magen und meine Traurigkeit.«[41] Casals gehörte dem in Paris ansässigen Flüchtlingswohlfahrtsverband an, der Chaînes du Bonheur International, und beriet ihn hinsichtlich der Vergabe erheblicher Summen an Kinderorganisationen innerhalb und außerhalb von Spanien.[42] Im Januar 1953 wurde Casals zweiter Vorsitzender der Spanish Refugee Aid Inc., einer in New York ansässigen Wohlfahrtsorganisation, die in den USA die nötigen Mittel für Familien auftrieb, die im französischen Exil lebten. Casals schrieb persönlich an jeden großzügigen Spender und führte auch genau Buch darüber, wo und für welchen Zweck das Geld – über 100 000 Francs im Monat – ausgegeben wurde.

Auch die kulturelle Hilfe wurde für ihn ein wichtiges Anliegen. Als Franco mit der schwersten Verfolgung begann, die die katalanische Sprache je erlebt hatte – sie wurde 1939 in den Schulen, in der Presse und in der Literatur verboten –, mußten auch die jährlichen Jocs Florals de la Llengua Catalana künftig im Exil stattfinden. Die Jocs Florals (Blumenspiele), die im 14. Jahrhundert eingeführt und 1859 wiederbelebt worden waren, stellten einen alljährlichen Kulturwettbewerb dar, bei dem die katalanische Sprache und ihre Literatur gefeiert wurden – sie waren, wie es ein Kritiker einmal formuliert hat, praktisch das »Rückgrat« der katalanischen Erneuerungsbewegung. Nach dem Bürgerkrieg wurden die Spiele in Lateinamerika, auf Kuba, in Frankreich und 1947 in London abgehalten. Casals engagierte sich leidenschaftlich für die kulturelle Tätigkeit der Katalanen im Ausland, und ein Sonderheft der *Adam International Review,* das in jenem Jahr als Sprachrohr für katalanische Autoren produziert war, damit sie in englischer und französischer Sprache zu Wort kamen, war ihm und seinem gleichfalls im Exil lebenden Landsmann Pompeu Fabre gewidmet, einem Philologen und Gelehrten, der in Prades zwei Jahre später starb.[43]

Als die Jocs Florals 1943 in Perpignan abgehalten wurden, erhielt Juan Alavedra einen Preis für ein Gedicht, das er für ein Kind geschrieben hatte und das sich mit dem Thema der Geburt Christi befaßte. Casals, zu dessen frühesten Erinnerungen der Anblick der Krippe am Weihnachtsmorgen gehörte, als er als fünfjähriger Chorknabe in der Kirche Santa Anna in El Vendrell bei der Messe mitsang, begann sofort damit, das Gedicht zu vertonen. Nach zwei Jahren hatte sich das Musikstück zu einem richtigen Oratorium ausgewachsen, *El*

Pessebre (Die Krippe), und als es 1960 – über zehn Jahre später – schließlich in Puerto Rico fertiggestellt war, stand es im Mittelpunkt der Friedenskampagne, die Casals' letzte Lebensjahre beherrschte. Es ist schon bemerkenswert, daß ein Mann, der damit aufgewachsen war, das Brimborium kirchlicher Institutionen abzulehnen, großenteils Kompositionen hinterlassen hat, die für die Kirche geschrieben waren. Von nachhaltigem geistigem Einfluß auf Casals' Leben war das Kloster Montserrat, eine Gemeinschaft von vierundachtzig Benediktinermönchen, sechzig Kilometer nordwestlich von Barcelona und äußerlich wie emotional im Herzgestein Kataloniens verankert. Seit acht Jahrhunderten ist das Kloster ein Ort der Pilgerschaft – zur Schwarzen Jungfrau von Montserrat, einem legendenumwobenen Holzbild aus dem neunten Jahrhundert – und der Musik: Seine Chorschule, die Escolanía, gilt als älteste in Europa. Auf Casals übten die phantastische Szenerie des Klosters, sein katalanisches Erbe, seine musikalischen Traditionen und die Einfachheit des Mönchsordens eine unwiderstehliche Anziehung aus. Als er zum erstenmal nach 1896 in Barcelona unterrichtete, entdeckte er, daß sich in diesem Kloster einige der bedeutendsten gelehrten und künstlerischen Geister Spaniens befanden, und zwischen 1920 und 1936 kehrte er immer wieder hier ein und stand vielen Mönchen nahe. Seine Chorwerke wurden alle dem Kloster Montserrat gewidmet und hier auch uraufgeführt. Die bekanntesten Stücke für Männerchor und Orgel – *O vos omnes* (1933), *Nigra sum* (1942) und *Tota pulchra es* (1942) – zeigen, wie sehr Casals mit der Struktur des gregorianischen Gesangs und der mittelalterlichen Polyphonie vertraut war. Ehe er im November 1979 in spanischer Erde wiederbestattet wurde, waren Casals' sterbliche Überreste aufgebahrt in der Sakristei von Montserrat, während der Chor der Escolanía ihn mit seinen eigenen Kantaten ehrte.[44]

Ende 1946 kam der erste Schüler, den Casals im Exil unterrichten sollte, nach Prades. Seit Kriegsende hatte es viele Anfragen gegeben, aber er hatte sie entweder abschlägig beschieden oder an andere Lehrer weitergereicht. Der amerikanische Cellist Bernard Greenhouse hatte bei Felix Salmond an der Juilliard School studiert und anschließend die strenge Hand von Feuermann wie Alexanian kennengelernt. Aber Casals war schon immer sein Idol gewesen: Als er zehn Jahre alt war, hatte er in seinem Elternhaus in Newark, New Jersey, stets bei offenem Fenster geübt – damit ihn Casals, falls er vorbeikäme, hören könnte.[45] Trotz einer Empfehlung von Alexanian wies Casals Greenhouse' erste Anfrage ab. Aber der dreißigjährige Cellist fuhr nach Paris, schrieb sich an der amerikanischen Schule in Fontainebleau ein und schickte eine Postkarte nach Prades. Casals gab nach und erklärte sich bereit, ihn anzuhören — vorausgesetzt, Greenhouse spendete den spanischen Flüchtlingsverbänden 100 Dollar. Für Greenhouse war es ein Sprung ins Ungewisse. Er sprach kein Französisch, wußte kaum, wo sich Prades befand, und hatte nur eine vage Vorstellung davon, was er tun würde, wenn Casals ihn erneut abwies. Er fuhr mit dem Zug bis Perpignan und von dort weiter nach Prades, wo der Besitzer des Grand Hotels ihm kein Zimmer geben wollte, als er sein Cello erblickte: Der letzte Cellist, der sich hier aufgehalten hatte – Casals natürlich –, hatte die anderen Gäste gestört. Er nahm sich ein winziges Zimmer in einem Privathaus und fand sich zwei Tage später in der Villa Colette zum Vorspielen ein. Casals, der noch im Pyjama war, forderte Greenhouse auf, sich einzuspielen, während er sich umziehen würde, und verschwand. Nachdem er zwanzig Minuten lang gespielt hatte, mit dem Rücken zur Tür, wandte sich der junge Mann um und sah, wie Casals am Schlüsselloch lauschte. Er war noch immer im Pyjama – er wollte nicht, daß Greenhouse nervös wurde. Sie unterhielten sich eine Stunde lang über Greenhouse' Herkunft und sein Verhältnis zur Musik, und schließlich erklärte sich Casals bereit, ihn als Schüler zu nehmen. Die Lektion sollte zwanzig Dollar kosten. Das Grand Hotel, in das sich Greenhouse am Ende doch noch einschleusen konnte, verlangte einen Dollar pro Nacht, einschließlich der Mahlzeiten.

Von allen Schülern, die Casals noch hatte, mußte Greenhouse am meisten für das Privileg kämpfen, bei ihm studieren zu dürfen – er hatte erst Casals' Widerstand gegen die Vorstellung, überhaupt noch zu unterrichten und Zeit von seiner Konzentration auf die Flüchtlingshilfe abzuzwacken, brechen müssen. Dafür wurde Greenhouse die intensivste und gründlichste Unterweisung zuteil: Er studierte ein Jahr lang, zwei oder drei Lektionen pro Woche, die jeweils etwa drei Stunden dauerten. In der ersten Stunde wurde gespielt und in der zweiten über musikalische Technik gesprochen. Die dritte Stunde widmete Casals Erinnerungen an sein Leben, so wie er es später auch bei José Maria Corredor und Albert Kahn tat. Im Unterschied zu ihnen hielt Greenhouse diese leider nicht schriftlich fest. Spätere Studenten wurden nicht mehr so verwöhnt – für sie war es harte Arbeit und solide Musik. Zara Nelsova kam Ende 1947 zu Casals und verbrachte sieben Wochen in Prades. Greenhouse übte den ganzen Tag, aber als er vom Abendessen zurückkam, hörte er, wie Nelsova immer noch in ihrem Hotelzimmer arbeitete. Während der Lektionen saß Casals mit seinem Cello seinen Schülern gegenüber und spielte häufig mit ihnen oder probte ein Stück Takt für Takt. Er hatte einen »Sinn für molekulare Feinheiten«, erinnerte sich Christopher Bunting, und war »unglaublich analytisch, ein geradezu besessener Analytiker«. Bunting kam 1952 nach Prades und studierte zehn Monate lang nichts anderes als das Dvořák-Konzert und die Bach-Suite in D-Dur. Casals saß ihm dann im Zimmer gegenüber, die Pfeife im Mund, und sagte nichts weiter als »noch mal ... noch mal ... noch mal« und endlich »genau«.[46] Bunting war nach diesen Lektionen immer völlig erschöpft, aber dann kehrte er in sein Hotelzimmer zurück und übte unnachgiebig weiter. Es wäre allerdings alles andere als eine sadistische Unterrichtsmethode gewesen, meinte Bunting, auch wenn man sie heute nicht akzeptieren würde. Sie stellte eine intensive gemeinsame Suche nach der richtigen Interpretation dar, auch wenn es am Ende nur eine einzige Interpretation geben sollte. »Wenn man das nicht akzeptieren wollte, lernte man bei Casals nichts.« Einige Schüler waren damit nicht einverstanden – sie verschwanden eher, als sie es erwartet hatten. Nach drei Monaten hatte der israelische Cellist Uzi Wiesel 1955 den Eindruck, er würde »spielen wie [Casals] – die kleinste Abstufung imitieren, hinsichtlich Farbe, Intonation, Tempo, Glissandi, Phrasierung ... Ich wurde so etwas wie eine schwächere Kopie ... und fühlte mich künstlerisch eingeengt, und darum mußte ich gehen, bevor es zu spät war«.[47] Natürlich reagierten die Schüler unterschiedlich auf diese Methode. Im allgemeinen ist es wohl richtig, daß Casals nicht gerade die inspiriertesten, selbstbewußtesten Solovirtuosen als Schüler annahm – oder zumindest gelang es seinen Schülern nicht, dies zu werden. Und gewöhnlich kamen die Erfolgreichen auch nicht zu ihm. Aber die Studenten, die bei Casals erfahren hatten, was intensive Disziplin und Selbstkontrolle bedeutete, konnten diese Methode danach auf fast jede Arbeit anwenden. Mit Bernard Greenhouse beispielsweise arbeitete Casals mehrere Wochen lang an einer einzigen Bach-Suite, der in d-Moll. Am Ende saßen sie da und spielten sie zusammen – mit identischem Fingersatz, identischer Bogenführung und Phrasierung: »Es war, als gäbe es in diesem Zimmer einen Stereoklang – von zwei Cellos gleichzeitig produziert.«[48] Als sie fertig waren, bat Casals Greenhouse, einfach nur zuzuhören. Er spielte die Suite noch einmal, und diesmal war jede Bogenführung, jeder Fingersatz, jede Phrase und jede Betonung anders. Es klang himmlisch. Casals legte sein Cello beiseite. »Nun haben Sie gelernt, wie man Bach improvisiert.«[49]

Einige Schüler kamen zu ihm, weil sie seine Hilfe bei der Interpretation suchten, andere wollten sich nur auf ihre Technik konzentrieren. Pamela Hind O'Malley spielte ihm im Dezember 1949 vor und bekam zwei Tage später ihre erste Lektion. Dabei spielte sie das Präludium aus der Bach-Suite in C-Dur sowie Stücke von Mendelssohn und Rossini. Casals erklärte, daß ihre rechte wie ihre linke Hand schwach seien, aber er würde sie unterrichten, wenn sie »Geduld und Interesse« aufbrächte.[50] O'Malley blieb bis Ende Januar und kam im darauffolgenden Winter wieder, um eine weitere Reihe von Lektionen zu nehmen. Dazwischen veröffentlichte sie einen Bericht über ihre Erfahrungen in der Zeitschrift des Royal College of Music.[51]

Als Amaryllis Fleming im Sommer 1950 nach Prades kam, hatte sie bereits eine recht heikle Ausbildung hinter sich. Sie war die Tochter von Augustus John – der das Porträt von Guilhermina Suggia gemalt hatte – und hatte doch tatsächlich bei Suggia in Porto studiert, ebenso bei Cassadó und Pierre Fournier, die Casals wegen ihrer Verbindungen zum Faschismus natürlich verdammte. Fleming bat, das Schumann-Konzert studieren zu dürfen, an dem sie zuvor mit Fournier gearbeitet hatte. Casals änderte nun – vielleicht ganz bewußt – alle Bogenführungen und Fingersätze, die Fleming von Fournier gelernt hatte, und es dauerte zwei Jahre, bis sie an das Konzert mit klarem Verstand herangehen konnte.[52]

Allen Studenten von Casals ging auf, daß er beim Cello jedes Gesetz brach, wenn er der Meinung war, die Musik erforderte es. Die Erfahrung, daß der Klang absoluten Vorrang vor den Methoden hatte, mit deren Hilfe man ihn erzielte, stellte für viele eine totale künstlerische Befreiung dar. Es gibt zahlreiche Berichte über die Besonderheiten von Casals' technischer Unterweisung für das Streicherspiel.[53] Daraus kann man eine ganze Reihe von charakteristischen Dingen ableiten. Da ist zunächst einmal das Problem der Intonation. Casals beharrte geradezu fanatisch auf der richtigen Intonation: »Ob eine Note falsch ist, hören Sie genauso, wie Sie es merken, wenn Sie etwas in Ihrem Leben falsch gemacht haben.« Das bedeutete aber nicht, daß er sich auf irgendeine abstrakte mathematische Formel festlegte. Für Casals waren Noten keine auf bestimmte Positionen fixierte, unabhängig existierende Gebilde, sondern variable Phasen in einer sich entwikkelnden organischen Linie. Insbesondere Halbtöne standen in einer der »gravitativen Anziehung« ähnelnden Beziehung zu ihren Grundtönen. Casals' Schüler paukten eine Theorie der »expressiven Intonation«, der zufolge Halbtöne erhöht oder erniedrigt werden konnten, je nachdem, in welcher Beziehung sie zur zielgerichteten Anziehungskraft der Musik standen. Diese Technik vermochte sogar Pianisten zu beeindrucken: Daniel Barenboim hat einmal erklärt, dadurch sei er sich erst so richtig der »geographischen Position der Noten« bewußt geworden.[54]

Auch in anderen Bereichen führte Casals ähnliche Techniken ein, die fast so etwas wie ein Sakrileg darstellten. Weil er von den Prinzipien der Klarheit und Artikulation geradezu besessen war, empfahl er eine Art Schlagtechnik, bei der die Finger der linken Hand die Saiten in Schwingungen versetzten. Die Finger »schlugen« wie Federhämmer auf die Saiten und entspannten sich sofort. Er forderte seine Studenten auf, die Stücke ohne Bogen zu spielen. Beim Fingersatz trieb er seinen Schülern die formellen Verschiebungen aus und bestand auf einer huschenden, nach unten schnellenden Bewegung, so daß ein sauberer, klarer und unwiderstehlicher Ton entstand. Der Spieler sollte möglichst die stärkeren Finger benutzen: »Das Cello ist so schwer zu spielen ..., daß wir jede natürliche Erleichterung benützen müssen ... Wir gewinnen nie etwas, wenn wir versuchen, etwas gegen die Natur zu tun.«[55] Und auch bei der Bogenführung schreckte Casals nicht davor zurück, den Bogen auf die Saite fallen zu lassen. Bevor er das Anfangsthema des Dvořák-Konzerts zu spielen begann, schwebte Casals' Bogen »einen Augenblick lang hoch in der Luft – wie ein Adler, der seine Beute beobachtet –, bevor er auf die Saite niederschlug«.[56]

Viele Schüler, die zu Casals kamen und sich einbildeten, sie beherrschten ein vollendet elegantes Vibrato, mußten es zu ihrer Überraschung völlig neu lernen. »Vibrato«, erklärte er, »ist ein Mittel, mit dem man Empfindsamkeit ausdrücken kann, aber es beweist noch lange nicht, daß sie auch vorhanden ist« – es mußte genauso wie alles andere den Anforderungen der Musik angepaßt werden. Bernard Greenhouse hatte gedacht, er würde in Prades etwas über Interpretation erfahren, aber Casals machte ihm klar, daß sein Spiel etwas »leicht Vulgäres« habe: »Sie setzen Ihr Vibrato nicht dazu ein, Musik zu machen.«[57] Er forderte ihn auf, zunächst ohne Vibrato zu üben, und dann führte er es nach und nach in unterschiedlichen Formen wieder ein: für die tieferen Saiten ein Armvibrato, für die mittleren ein Ellbogenvibrato und für die höheren Register ein Fingervibrato. »Diese Fähigkeit, das Tempo und die Spannweite des Vibratos zu variieren, hat meine ganze Phrasierungstechnik verändert«, gab Greenhouse später zu. »Es war wie ein völlig neues Spektrum.«[58]

Von den vielen Cellisten, die sich an Casals wandten, wurden nur ganz wenige angenommen. Die meisten wurden an andere Lehrer verwiesen, ein paar eingeladen, die lange Reise nach Prades anzutreten, um vorzuspielen. Das war ein Risiko. 1949 kam ein junger Spieler von Neuseeland. Casals hörte ihn sich kurz an und lehnte es ab, ihn aufzunehmen, und so mußte er wieder nach Hause fahren.[59] Wer genommen wurde, mußte für dieses Privileg erhebliche Opfer bringen. Eines davon war es, in Prades zu leben. Die Umstände waren oft primitiv, und im Winter war es hier besonders trostlos. Christopher Bunting und seine Frau hausten in einer Dachkammer in der Rue de la République, wo es nur fließend kaltes Wasser gab und sie sich an einem Butangasofen wärmen mußten. Wenn Bernard Greenhouse übte, stand ein Toaster unter seinem Stuhl, der ein bißchen Wärme spendete. Amaryllis Fleming konnte sich die Mahlzeiten im Grand Hotel nicht leisten und mußte ausziehen. Die Brüder Pepito und Ramon, Verwandte von Casals' Schwägerin Teresina, trieben für sie ein billiges Zimmer bei einer katalanischen Familie auf, das sie mit Kakerlaken teilen mußte.

1950 waren immer eine Handvoll Studenten in der Stadt, die allerdings kaum miteinander verkehrten. Sie fühlten sich in erster Linie an Casals gebunden, und das war ihm durchaus recht – so war er ständig bestens darüber informiert, was in der Stadt vorging. Wenn

Bunting im Casino, einem der wenigen Lokale in Prades, zum Tanzen gewesen war, wurde ihm am nächsten Tag vorgehalten, daß es sein Spiel beeinträchtigen würde. An einem Sommertag badete Amaryllis Fleming ganz allein nackt im Têt. Bei ihrer nächsten Lektion bemerkte Casals, sie solle besser auf ihre Gesundheit achten. Und wenn seine Schüler zu lange auf einer Party blieben oder sich zu sehr mit den jungen Leuten der Stadt anfreundeten, warf ihnen Casals verärgert vor, sie würden ihre Arbeit vernachlässigen. Für Casals diente das Leben nicht der Entspannung. Die Musik war eine ernste Sache. Für die meisten seiner Studenten war es das großartigste musikalische Erlebnis ihrer Karriere.

Auferstehung: Das Bach-Fest

1949–1950

Sie waren es, Sascha, der mein
Schweigen bedauert hat.

Casals an Alexander Schneider,
1950[1]

Im Dezember 1949 wurde Casals dreiundsiebzig. Er lebte nun schon seit einem Dutzend Jahren im Exil und hatte längst die Hoffnung aufgegeben, bald wieder nach Spanien zurückkehren zu können.

Seine Freundin und Biographin Lillian Littlehales, die 1948 nach Prades kam, erklärte einfach, er befinde sich »im Ruhestand«.[2] Inzwischen war Casals eine legendäre Gestalt, und zwar in politischer wie in musikalischer Hinsicht: Aufgrund seiner unmißverständlichen Verurteilung des westlichen Bündnisses, das es nicht fertiggebracht hatte, nach 1945 etwas gegen Franco zu unternehmen, wie infolge seiner Weigerung, in irgendeinem Land aufzutreten, dessen Regierung die spanische Diktatur anerkannte, stellte er weit mehr dar als nur einen bedeutenden Künstler. Er war, wie es ein Kritiker ausdrückte, »ein Symbol des lebendigen Bemühens der Kunst, den physischen Zustand des Lebens zu ändern«.[3] Aber das Ansehen und die Achtung, die er überall auf der Welt genoß, schienen ihm nur ein schwacher Trost dafür zu sein, daß er die Last moralischer Prinzipien auf sich nahm, die die übrige Welt offenbar über Bord geworfen hatte. Und seine ganze Popularität verschaffte Casals keine persönliche Genugtuung. Er hatte sein Heim aufgegeben, seine Musik, seine Familie und die meisten seiner Freunde ohne jede Aussicht, sie wiederzubekommen. Das politische Exil war zu einem künstlerischen Gefängnis geworden.

In den zwölf Jahren, seit er Spanien verlassen hatte, gab es für Casals nur wenige Gelegenheiten, öffentlich aufzutreten. Seit 1946 hatte er kein wichtiges Konzert mehr gegeben, allenfalls gelegentliche Darbietungen in Nachbarstädten und -dörfern zugunsten katalanischer Flüchtlinge. Sein Leben ging einen ruhigen Gang, mit Unterrichten, Üben und Komponieren, und das war für einen Mann seines Alters in gewisser Hinsicht durchaus reizvoll, aber viel weniger, als er gewohnt war. Aus der zunächst nur als »vorübergehende« Unterkunft gedachten Villa Colette, in der er dann doch zehn Jahre gelebt hatte, war er inzwischen wenigstens in ein größeres und einigermaßen stattlicheres Quartier umgezogen, nämlich in das ehemalige Gärtner- und Pförtnerhäuschen des Château Valroc, eines soliden Herrenhauses, das sich neben dem Rathaus an der Route Nationale befand. Juan Alavedra und seine Familie, die Casals ins Exil begleitet hatten, waren im Laufe des Jahres 1949 wieder nach Spanien zurückgekehrt, zusammen mit anderen Katalanen, für die das Exil längst nicht mehr aufregend, sondern nur noch unerträglich geworden war. Señora Capdevila war ständig unpäßlich und oft deprimiert. Casals, der ihr gegenüber genauso unerschütterlich loyal war, wie sie es lange Zeit ihm gegenüber gewesen war, schlug alle Einladungen aus, die ihn von Prades und damit von ihrer Seite entfernt hätten. Das Leben des berühmtesten Musikers der Welt war also höchst eingeschränkt, und es bestand keine Aussicht, daß sich dies ändern würde. Der energiegeladene Künstler war damit zum Altwerden verurteilt. Doch das Jahr 1950 sollte ihm dann doch noch ein musikalisches Erlebnis bescheren, das sein Leben wieder verjüngte und eine völlig neue Stimmung erstehen ließ. Das verdankte er Alexander (Sascha) Schneider. Dieser großartige litauische Geiger war mit siebzehn Jahren Konzertmeister der Frankfurter Symphoniker gewesen, ehe er 1933 zweiter Geiger im Budapester Streichquartett wurde. Nach 1947 lebte er in den USA und war Mitglied des Albeneri-Trios, bis er den Entschluß faßte, vorerst keine Kammermusik mehr zu spielen, um sich ausschließlich mit Bachs Violin-Sonaten beschäftigen zu können. Eine zufällige Begegnung mit Bernard Greenhouse, der gerade aus Frankreich zurückgekommen war, führte dazu, daß er eine Reise durch Europa unterbrach und

Anfang Juni nach Prades fuhr, um Casals zu besuchen. Er hatte ein Empfehlungsschreiben seines Lehrers – und Casals' Freund aus seiner Pariser Zeit – Diran Alexanian. Casals und Schneider verstanden sich auf Anhieb, und Schneider bezeichnete die drei Tage mit Casals diesem gegenüber als die schönsten seines Lebens.[4] Schneider war einundvierzig, ein überschwenglicher, impulsiver Mann und ein außergewöhnlich begabter Musiker. Als Jude aus Wilna war er gleichfalls ins Exil gegangen. Während Sascha und sein Bruder Mischa dem Naziterror entkommen waren, kamen seine Mutter, seine Schwester und sein älterer Bruder Grischa ins Konzentrationslager. Erst 1947 sah Schneider Grischa und seine Familie in Paris wieder – zum erstenmal seit siebzehn Jahren. Dabei erfuhr er, daß seine Mutter und seine Schwester in Auschwitz umgekommen waren. Von da an sah er die Welt mit anderen Augen. Und er schrieb an Casals: »Seit ich die Tragödie Europas gesehen habe, wird meine Seele von nichts anderem mehr beherrscht, und es gibt für mich keinen persönlichen, egoistischen Ehrgeiz mehr.«[5] Casals hatte auf die Zustände im Nachkriegseuropa so reagiert, daß er sich vor Entsetzen und Abscheu in sich zurückzog. Schneider hingegen stürzte sich voller Eifer und Leidenschaft auf das Musizieren. Er war genau der Mann, den Casals brauchte.

Im darauffolgenden Sommer kam Schneider wieder nach Prades, stieg im Grand Hotel ab und arbeitete jeden Tag an den Bach-Suiten. Im Herbst führte er sie in den USA zum ersten Mal öffentlich auf, und im Sommer 1949 ging er wieder nach Prades. Und nun begann sich Schneider, der die guten Seiten des Lebens nicht nur im Bereich der Musik schätzte, über die Einschränkungen und Entbehrungen zu ärgern, die Casals sich selbst auferlegt hatte. Erste Schritte zur Verbesserung dieser kärglichen Lebensumstände hatte er bereits getan: Im Juli 1948 hatte Casals als eine Art vorzeitiges Geburtstagsgeschenk eine komplette Ausgabe der *Bach-Gesellschaft* erhalten – sechsundvierzig Bände der photomechanisch vervielfältigten Ausgabe, die bei Edwards Publishers in Ann Arbor, Michigan, erschienen war. Als er im voraus von dem Geschenk erfuhr, empfahl Casals, die Sendung mit dem Vermerk »cadeau – hommage« auszuzeichnen, damit er keinen Zoll bezahlen mußte; daß er die *Gesellschaft* bekam, war für ihn »eine der reinsten Freuden meines Lebens«, wie er seinem Freund Rafael Moragas gestand.[6] Das Geschenk wurde von Schneider organisiert, und Musiker, Freunde und Bewunderer von Casals in den USA, die seit zwanzig Jahren sein Spiel hatten entbehren müssen, hatten bereitwillig jeweils zehn Dollar dafür gespendet.[7] Unter diesen Spendern befanden sich auch Alexanian, Adolf und Fritz Busch, Paul Hindemith, Artur Schnabel, Bruno Walter, Arturo Toscanini, Arthur Rubinstein, Rudolf Serkin, Igor Strawinsky und Sergej Kussewitzky.[8] Als Eugène Ormandy von diesem Geschenk einige Monate später erfuhr, war er überaus erbost darüber, daß man nicht auch ihn um einen Beitrag gebeten hatte.[9] Als nächstes kam ein Pleyel-Flügel aus Paris, den die Pianistin Yvonne Lefébure auf Schneiders Veranlassung hin ausgesucht hatte und der von einem Freund, Cameron Baird aus Buffalo, bezahlt wurde (800 Dollar auf dem Schwarzen Markt) und Casals' verstimmtes Klavier ersetzen sollte.[10] Casals freute sich sehr über das neue Instrument, behielt aber gleichwohl das alte.

Im Sommer 1949 hatte Schneider erneut eine Überraschung nach Prades mitgebracht: ein paar herausragende Musiker, mit denen Casals Kammermusik spielen konnte. Es waren Schneiders Frankfurter Geigenlehrer Adolf Rebner, der Bratschist Milton Thomas – der Lektionen für je fünfzig Dollar nahm – und zwei von Casals' ehemaligen Schülerinnen: Madeline Foley und Zara Nelsova. Als sie Ende Juli wieder nach London zurückkehrten, hinterließen sie »eine große Leere«, die allerdings teilweise wieder durch die Ankunft von Alexanian und Bernard Greenhouse sowie der Sängerin Doda Conrad aufgefüllt wurde.

Auch wenn die Gelegenheit, Kammermusik zu machen, für Casals eine der bis dahin so seltenen Freuden darstellte, war dies nur ein Vorgeschmack auf das, was Schneider noch alles vorhatte. Seit ihrer ersten Begegnung hatte Schneider die Möglichkeit einer Reihe von Konzerten in Nordamerika erwogen. Ihm schien es schrecklich verschwenderisch, daß ein Genie wie Casals in einer staubigen französischen Kleinstadt verkümmern sollte, und er suchte große finanzielle Anreize dafür zu schaffen, daß dies nicht geschah. Was er tat, war rührend, aber hoffnungslos. Je länger Casals verstummte, desto mehr stieg sein Marktwert, besonders natürlich in Amerika. Aber je länger dieses Opfer nun schon währte, desto stärker beharrte Casals auch auf seinen Prinzipien. Einladungen, in sämtlichen Hauptstädten zu spielen, zu dirigieren und Aufnahmen zu machen, wurden höflich zurückgewiesen oder einfach ignoriert. Die größte Versuchung stellten die Feiern zum bevorstehenden 200. Todestag von Bach dar sowie die vielen Einladungen, daran teilzunehmen – dem konnte Casals fast nicht widerstehen. Und doch tat er es, und Schneider merkte bald, daß es sinnlos war, weiter in ihn zu dringen. Mieczyslaw Horszowski, der Casals besser als jeder andere kannte, hatte eine ganz andere Idee, über die er mit Schneider bei einem Abendessen im Oktober 1948 sprach. Wenn man Casals schon nicht nach Amerika bringen konnte, dann würde man eben Amerika zu ihm bringen. Also schrieb Schneider an Casals und unterbreitete ihm diesen Vorschlag: »ein Bach-Fest im nächsten Sommer, im Juni oder Juli in Prades oder Perpignan, unter Ihrer Leitung«.[11]

Der neue Plan sah vor, eine Gruppe führender Orchestermusiker aus Europa und Amerika zusammenzustellen und nach Prades zu bringen, wo sie eine Reihe von Kammerkonzerten geben sollten, die Casals dirigieren würde. Außerdem waren einige Solokonzerte vorgesehen, in deren Rahmen Casals die sechs Bach-Cellosuiten spielen wollte. Theoretisch schien der Plan absurd zu sein. Prades war nur schwer zu erreichen und für eine derartige Veranstaltung denkbar ungeeignet: Es gab hier keine angemessenen Hotels, keinen Konzertsaal und kein entsprechendes Publikum. Casals sagte nein, genauso wie er zur selben Zeit auch viele andere Einladungen ablehnte: zu einer großen Bachfeier in der amerikanischen Kongreßbibliothek, zu einem Konzert in der Leipziger Thomaskirche und zu einem gemeinsamen Auftritt mit Schweitzer in Straßburg.[12] Das waren keine unbedeutenden Einladungen, und sie abzulehnen fiel ihm nicht leicht. In gewisser Hinsicht hatte es etwas mit Selbstvertrauen zu tun. Genauso, wie Casals seit 1945 nicht mehr öffentlich aufgetreten war, hatte er seitdem herzlich wenig Musik live gehört. Eine ganz neue Generation von Cellisten trat in den Konzertsälen der Welt auf. Er kannte sie nicht. Er wußte nicht mehr, wie er selbst dabei abschneiden würde, ob er noch immer ankommen würde: »Nach und nach verabschiedete ich mich von der Vorstellung, wieder zu einem aktiven Musikerleben zurückzukehren.«[13] Als ihm nach 1945 klar wurde, daß der Faschismus in Spanien nicht wie in Deutschland und Italien beseitigt werden würde, hatte sich Casals dafür entschieden, nicht einfach nur zurückhaltend zu sein, sondern sich für immer aus dem Konzertleben zurückzuziehen. Vor aller Welt erklärte er, daß aus seinem Boykott gegenüber den Ländern, die das Franco-Spanien anerkannten, eine ganz allgemeine Enttäuschung über die moralisch absolut verwerfliche Komplizenschaft des Westens geworden sei:

> Ich halte es nämlich für unmoralisch, daß die Menschen vergessen haben, daß der von den Deutschen vom Zaun gebrochene Krieg rund dreißig Millionen Menschenleben gekostet hat ... daß jede Nation dies vergessen hat und – als ob nichts geschehen wäre – all die Leute empfängt, die mit den Deutschen gemeinsame Sache gemacht haben ... Ich möchte mich nicht in diese Welt hineinziehen lassen.[14]

In der stillen Zurückgezogenheit seines Exils gab es für Casals keine Alternative als den Abschied von der Musik. Seit über einem halben Jahrhundert hatte er gespielt, unterrichtet, Reisen unternommen und Schallplattenaufnahmen gemacht. Und nun war – aus Gründen, die für ihn unabdingbar waren – sein Leben als Interpret vorbei. Aber so leicht war das nun auch wieder nicht. In jedem großen Musiker schlummert die ständige Spannung zwischen dem Drang zu spielen und der Angst vor dem Auftritt. Als damals, im Jahre 1902, beim Abstieg vom Mount Tamalpais seine Hand zerschmettert worden war, hatte Casals eine seltsame momentane Euphorie erlebt, als ob ein Fluch von ihm abgefallen sei: »Wer völlig in seiner Kunst aufgeht«, bemerkte er dazu später, »begibt sich damit in eine Art von Sklaverei.«[15] Alexander Schneider hat es fertiggebracht, Casals' Bedürfnis nach Musik wieder zu wecken – gegen seinen erklärten Willen, es zu unterdrücken – und ihn davon zu überzeugen, daß ein Musikfest am Ort seines Exils seinen Protest nicht nur abschwächen, sondern verstärken würde. Im Sommer 1949 hatte Casals die Idee eines Bach-Festes gebilligt, und damit hatte sein Leben unwiderruflich eine ganz neue Richtung eingeschlagen.

Casals' Engagement für die Freiheit und sein Widerstand gegen jeden Totalitarismus blieben zwar von 1950 bis zu seinem Tod im Jahre 1973 unerschütterlich bestehen, aber er war nun bereit, die mächtigste Waffe, die ihm zur Verfügung stand, dafür einzusetzen: sein musikalisches Genie. Das lange Schweigen war vorbei. Alexander

Schneider konnte sich energisch ans Werk machen, um ein Fest für den Juni 1950 auf die Beine zu stellen.

Ein Festival zu planen, das in einem anderen Land, rund 8000 Kilometer weit weg, stattfinden sollte – das mußte einfach zu Komplikationen führen. Schneider gründete in New York ein »Exekutivkomitee«, das aus Musikern – Horszowski und Leopold Mannes – und reichen Kunstmäzenen – Elizabeth Sprague Coolidge, Cameron Baird, Rosalie J. Leventritt und Carlton Sprague Smith – bestand. Ein weiteres Komitee trat in Perpignan zusammen, unter der Leitung von Casals' gutem Freund und Hausarzt René Puig, das die europäischen Arrangements koordinieren sollte und Vertretungen in Paris und London hatte, wo Casals' englische Sekretärin Milly Stanfield eine Spendenaktion veranstaltete, die unter der Schirmherrschaft von John Barbirolli und Adrian Boult stand. Die wichtigen Entscheidungen hinsichtlich des Programms und der Auswahl der Künstler wurden praktisch allein von Schneider, in Abstimmung mit Casals, getroffen. Im Winter 1949/50 wurden zahlreiche Briefe und Telegramme zwischen Prades und Schneiders Wohnung am Beekman Place in New York gewechselt. An gutem Willen mangelte es jedenfalls nicht: Im Januar berichtete Schneider, daß er von allen möglichen Musikern bestürmt wurde, die bereit waren, ihre Engagements platzen zu lassen, um nach Prades zu kommen und im Festspiel-Orchester mitzuspielen.[16] Im März 1950 flog er nach Zürich und fuhr von dort mit dem Zug weiter nach Prades, um letzte Details mit Casals durchzugehen.

Am meisten Sorgen bereitete die Finanzierung. Das Phänomen Casals, der nach Jahren des Schweigens sämtliche Bach-Suiten spielen und die Brandenburgischen Konzerte dirigieren wollte, war mit Sicherheit ein Kassenschlager. Das Problem war nur, daß er sich dafür ausgerechnet eine völlig abgelegene französische Stadt ausgesucht hatte, von der noch nie ein Amerikaner etwas gehört hatte. Ein Antrag bei der Fulbright Foundation wurde abschlägig beschieden. Dann hatte Schneider die Idee, das gesamte Festival aufzuzeichnen, wobei mit den Honoraren die Festspiele in den kommenden Jahren subventioniert und Casals mit den nötigen Mitteln zur Unterstützung katalanischer Flüchtlinge versorgt werden könnten. Die erste Plattenfirma, die in Erwägung gezogen wurde, war His Master's Voice, bei deren europäischer Tochtergesellschaft Casals eine Zeitlang seine Aufnahmen gemacht hatte. Aber die Honorare von HMV waren seit der Invasion der Deutschen in Frankreich auf seinem Londoner Konto bei der Midland Bank am Strand eingefroren worden. Englische Freunde hatten ans britische Außenministerium appelliert, Vermögenswerte freizugeben, die – höchst unfreundlicherweise gegenüber Casals – inzwischen als »feindlicher Besitz« (enemy property) bezeichnet wurden.[17] Aber da nach dem Gesetz gemäß dem Custodian of Enemy Property noch ein Einspruchsverfahren beim Office des Charges in Paris anhängig war, wurde mit Columbia Records in New York, die in frei konvertierbaren US-Dollars zahlen sollten, ein Exklusivvertrag über zwei Jahre abgeschlossen.

Die Columbia war bereit, einen Vorschuß von 25000 Dollar zu zahlen – nach dem Festival bei Lieferung der Tonbänder –, damit die Verwaltungskosten abgedeckt werden konnten. Die fünfunddreißig eingeladenen Musiker sollten praktisch umsonst kommen – sie erhielten nur ihre Spesen und 300 Dollar pro Person. Ursprünglich war man davon ausgegangen, Casals selbst ein Honorar von 30000 Dollar in den ersten beiden Jahren zu zahlen, was später auf 50000 Dollar angehoben wurde.[18] Da Casals bei einer einzigen Tournee durch die USA zwanzig Jahre zuvor das Doppelte hatte verdienen können, schienen diese Summen ziemlich bescheiden zu sein. Angesichts der Verhältnisse im Nachkriegsfrankreich sowie der Tatsache, daß Casals seit fünf Jahren kaum etwas verdient hatte, war das natürlich gutes Geld. Aber selbst das war nicht zu bekommen: Erste Hochrechnungen der Kosten der Festspiele wie der dabei zu erzielenden Einnahmen erwiesen sich als völlig unrealistisch.

Gegen Ende April trafen nach und nach die Musiker für das vorgesehene Kammerorchester in Prades ein. Zwanzig kamen aus den USA, unter anderem John Wummer, Erster Flötist des New York Philharmonic-Symphony Orchestra, Marcel Tabuteau, Erster Oboist des Philadelphia Orchestra, und Daniel Saidenberg, Cellist und Dirigent des Connecticut Symphony Orchestra. Die Proben begannen am 5. Mai im Speisesaal des Collège Moderne des Jeunes Filles, des Städtischen Mädchenlyzeums. Zu Beginn der ersten Probe sagte Casals schlicht und gerührt: »Ich danke Ihnen, daß Sie gekommen sind. Ich liebe Sie. Und nun lassen Sie uns beginnen.« Das Festspiel-Orchester war schon eine ausgesprochene Kuriosität: ein Zusammenschluß von einigen unglaublich begabten Einzelpersönlichkeiten, die aus der ganzen Welt gekommen waren, sowie von »ein paar Musikern, die wohl kaum in ein erstklassiges amerikanisches Ensemble aufgenommen worden wären«.[19] Sie hatten noch nie miteinander gespielt, und einige hatten seit Jahren schon nicht mehr in einem Orchesterensemble mitgewirkt. Aber es war eine höchst erlesene Truppe, und unter denen, die sich selbst beworben hatten, gab es mindestens drei, die als ernsthafte Kandidaten für jeden Platz im Orchester in Frage kamen. Es waren im großen und ganzen junge, selbstbewußte Künstler, und einige von ihnen gehörten zwanzig Jahre später zu den internationalen Solisten der Spitzenklasse. Und in einem gewissen Sinne waren sie ausgewählt worden, »die Tradition fortzuführen«. Casals ernannte Schneider zum Konzertmeister, und sein Bruder Enrique leitete die Zweiten Geigen. Paul Tortelier war der Erste Cellist, der einige von Casals' besten Schülern unter sich hatte. Der Musiker, dessen Fehlen besonders auffiel und den Casals auch am meisten vermißte, war Maurice Eisenberg. Er hatte Casals zu Beginn des Frühjahrs in Prades besucht, mußte aber im Mai wieder in die USA zurückkehren, zur Schulabschlußfeier seines Sohnes – und Casals' Patenkind – Pablo.

Die Proben begannen mit dem Ersten Brandenburgischen Konzert. Tortelier, der seit 1945 keinen Kontakt mehr zu Casals gehabt hatte, erinnerte sich später an das mitreißende Gefühl, das Casals aus dem langsamen Satz herausgeholt hatte, besonders an das ergreifende Duett in d-Moll zwischen Geige und Oboe. »Diesen Satz unter Casals zu spielen, war unbeschreiblich bewegend. Ich glaube, das war der schönste Augenblick in meinem Musikerleben.«[20]

Was die Mitglieder des Festspiel-Orchesters zwischen der ersten Probe und dem Ende der Festspiele am 19. Juni erlebten, war eine dem Werk Bachs gewidmete gigantische Meisterklasse, die von dessen bedeutendstem Interpreten abgehalten wurde. Jeden Tag gab es zwei Proben, und zwar um halb zehn Uhr morgens und um fünf Uhr nachmittags, und das Konzert begann etwa um neun Uhr am Abend. Für Besucher in Prades war es eine besondere Attraktion, wenn sie Gelegenheit hatten, einer Probe beizuwohnen – ein Privileg, das Schneider selbst hütete und gewährte: Hier konnten sie sehen und hören, wie Casals arbeitete, wie er die Interpretation eines Werkes aufbaute, Phrase um Phrase. Auch für die Spieler selbst waren die

Proben der inspirierende Höhepunkt. Nach den Festspielen schrieben sie an Casals in einem gemeinsamen Brief:

> Als wir zum erstenmal miteinander spielten, Menschen, die nach Nationalität, Sprache, Weltanschauung, Religion, Persönlichkeit und Musizierstil so verschieden waren ... hatten wir viel Schwung und Begeisterung, ohne ein richtiges Ensemble zu sein. Geduldig haben Sie uns eine Phrase erklärt. Wir haben Ihnen zugehört und gespielt, wie Sie es unserer Ansicht nach, wenn auch vielleicht nicht wirklich, gemeint haben. Im Laufe dieser Wochen hat jeder von uns ein wenig von seiner Individualität aufgegeben, ein wenig von seinem Ich ... und seinen Stil im Ensemble aufgehen lassen. Die Ergebnisse sprachen für sich.[21]

Das erste Konzert des Bach-Festivals fand am 2. Juni in der Kirche St-Pierre statt, dem einzigen Veranstaltungsort in Prades, der für ein Orchesterkonzert geeignet war. Die für neun Uhr abends angesetzte Aufführung begann nicht vor zehn Uhr, als der Bischof von Perpignan eine umständliche Ansprache hielt, mit der er die Gäste willkommen hieß und die Idee zu diesem Fest rühmte. Während er sprach, wärmte sich Casals in der Sakristei auf, dann betrat er mit seinem Cello die Kirche, und auf seinem Gesicht lag ein Ausdruck, in dem sich – nach den Worten von Cyrus Durgin, dem Musikkritiker des *Boston Globe* – »Gelassenheit, Verwirrung und Befangenheit mischten«.[22] Da dies eine Kirche war, gab es keinen Applaus – das Publikum erhob sich einfach zur schweigenden Begrüßung. Auf einem erhöhten Podium vor dem reichlich in Gold und Pastellblau verzierten Altar stand ein Stuhl. Casals nahm darauf Platz, verschob ihn ein wenig, ließ seine Finger kurz über das Griffbrett laufen, um die Saiten zu prüfen, und begann das Präludium von Bachs Erster Cellosuite in G-Dur zu spielen. Die Spannung dieses Augenblicks war ungeheuer groß. Die Kirche war voll besetzt mit Reportern, Kritikern, Würdenträgern und Berufsmusikern aus aller Welt. Und sie war voller Kabel für die Tonaufzeichnung, wenngleich Casals darauf bestanden hatte, daß die Geräte erst nach der Eröffnungssuite eingeschaltet wurden. Nur eine Handvoll guter Freunde hatten Casals in den letzten Jahren spielen gehört, und niemand wußte, wie weit sich seine nervliche Verfassung oder die ergreifende Stimmung dieser Veranstaltung auf sein Spiel auswirken würde. Ein Jahrzehnt lang hatte Casals immer wieder beteuert, daß »sein Cello seine einzige Waffe« wäre. Nun wartete die Welt gespannt darauf, ob diese Waffe noch immer Kraft hatte und ob das Festival mehr als ein nostalgisch verklärtes Musikertreffen voller Sentimentalität war. Selbst die Mitglieder des Festspielorchesters saßen ganz angespannt da: In der vierwöchigen Probenzeit hatte Casals vor ihnen kein einziges Mal den Bogen an die Saiten gelegt. Aber schon nach wenigen Takten war jedermann klar, daß nichts von Casals' Können verlorengegangen war – er spielte präzise und mit Leichtigkeit, einfach perfekt. Für das Publikum waren vielleicht zehn Jahre vergangen, seit es zum letztenmal diesen Klang gehört hatte. Für Casals war es nur eine weitere Aufführung einer Suite, die er praktisch jeden Tag in den letzten sechzig Jahren gespielt hatte. Der französische Korrespondent der Zeitschrift *The Strad* nannte sein Spiel »stark, ätherisch, schroff, schwer faßbar«, während Cyrus Durgin einfach vom »im höchsten Maße schönen Musizieren des größten Cellisten der Welt« sprach.[23] Als Casals die Suite beendet hatte, verbeugte er sich und ging langsam vom Podium, während sich die Zuhörer erneut erhoben. Ganz eindeutig stand er und nicht Bach nun im Mittelpunkt der Festspiele.

Im weiteren Verlauf des ersten Konzerts spielte das Orchester unter Casals' Leitung das zweite und dritte Brandenburgische Konzert sowie das Klavierkonzert in d-Moll, mit Yvonne Lefébure als Solistin.[24] Rein formal gesehen, bestanden die Festspiele aus zwölf solcher Konzerte, die sich jeweils zur Hälfte aus Kammerkonzerten und Orchesterkonzerten zusammensetzten. Genaugenommen aber war ganz Prades in diesen sechs Wochen ein musikalischer Erlebnisraum. Überall traf man auf Musiker, die übten. Selbst diejenigen, die nicht offiziell auftraten, fanden sich zum improvisierten Musizieren zusammen: Für die Besucher dieser Stadt, die keinerlei musikalische Ambitionen hatte, sorgte die zufällige Anwesenheit von Solisten wie Rudolf Serkin, Clara Haskil, Joseph Szigeti, Isaac Stern und Mieczyslaw Horszowski für eine aufregende Atmosphäre. Allerdings gab es nicht genügend Übungsräume und Klaviere. Serkin beispielsweise probte in seinem Hotel auf einem uralten, ramponierten Instrument, das er im benachbarten Badeort Vernet-les-Bains entdeckt hatte – sehr zum

Vergnügen einer englischen Besucherin, die im Zimmer nebenan untergebracht war.[25] In musikalischer Hinsicht war das Festival eine Sensation. Casals hatte zwar Aufnahmen gemacht und Mitte der dreißiger Jahre einige bedeutende Konzerte gegeben, aber quasi seit einer Generation keine internationalen Konzertreisen mehr unternommen – abgesehen von ein paar einzelnen Reisen in die Schweiz –, so daß ihn seit 1945 eigentlich kaum noch jemand gehört hatte. Er war also schon fast so etwas wie eine mythische Figur geworden, und man fragte sich, ob die Erinnerung nicht trog. Das Bach-Fest war die Antwort auf diese bange Frage. Aber für junge Musiker, die aufgewachsen waren, ohne mit seiner Art des Spiels vertraut zu werden, war es doch überraschend, so unerwartet einen musikalischen Stil kennenzulernen, der gar nicht zu dem inzwischen allgemein praktizierten orthodoxen Purismus paßte, wie er (nach Auffassung einiger, jedoch nicht nach Casals') am auffälligsten bei Toscanini zum Ausdruck kam. Für einige stellte dieser Kontrast nichts weiter als eine Kuriosität dar. Für andere hingegen war er eine Offenbarung, wie sich der Pianist Eugene Istomin später erinnerte:

> Der vorherrschende Vortragsstil unserer Zeit, den sich die meisten meiner Zeitgenossen wie selbstverständlich angeeignet haben, ist eine Art elektromechanischer, antiseptischer Stil. Wir beherrschen ihn sehr gut und können auf der Stelle in einen Konzertsaal gehen und einen perfekten, brillanten und bedeutungslosen Vortrag abliefern. Durch sein Beispiel und sein Wesen hat uns Casals an etwas erinnert, was wir vergessen oder worüber wir uns nicht mehr nachzudenken getraut haben: Wie wichtig in der Musik doch Farbe und Vielfalt sind, Gefühle, Wärme, das Einbeziehen … von höchsten menschlichen Werten und von Bedeutung.[26]

Das Bach-Fest stellte einen Meilenstein in der Geschichte der Schallplattenaufnahmen dar, die es von Casals gibt. Vor 1950 war ein erlesener, aber doch sehr kleiner Teil seiner Konzerte aufgezeichnet worden. Danach wurde praktisch alles, was von einiger Bedeutung war, auf Platten gepreßt, wenn auch vielleicht nicht herausgegeben, und seit 1957 wurden auch viele Auftritte im Film festgehalten. Als

Gegenleistung für den ersten Honorarvorschuß von 25 000 Dollar im Jahre 1950 erhielt die Columbia das Recht, jeden Augenblick des Bach-Festes aufzeichnen zu dürfen – außer Casals' Solo-Auftritt –, und das waren immerhin neunzig Plattenseiten oder dreißig Stunden Musik. Fünf Monate später, am 14. November, gab die Columbia ihren Schatz heraus, mit dem sie zwischen 500000 und 700000 Dollar einzunehmen hoffte.[27]

Auf zehn Platten waren enthalten: die sechs Brandenburgischen Konzerte, die Sonaten für Cello und Klavier (Nr. 1, 2 und 3), die Orchestersuiten (Nr. 1 und 2), das Italienische Konzert, das Konzert für Violine und Oboe in d-Moll, das Konzert für zwei Violinen in d-Moll, die Violinkonzerte in a-Moll und d-Moll, das Klavierkonzert in f-Moll, das Konzert für Klavier, Violine und Flöte in a-Moll, die Triosonate für Violine, Klavier und Flöte, die Sonate für Flöte und Klavier in h-Moll, die Englische Suite Nr. 5 in e-Moll sowie als »Füller« mehrere Klaviersolostücke mit Serkin, Istomin und Lefébure.[28] Außerdem wurden im Juni 1950 aufgenommen und später als Teil einer Reihe »Meditationsmusik« herausgegeben: das Largo von Bach, Casals' Komposition einer katalanischen *sardana* von 1943 *(Sant Marti del Canigou: Sardana del l'Exili)* und Enriques Orchesterfassung von *El Cant dels Ocells*. Etwa ebenso viele Musikstücke wurden bei den Festivals von 1951, 1952 und 1953 aufgenommen, so daß sich die Columbia ein riesiges Reservoir an Tonaufzeichnungen schuf, aus dem sie über viele Jahre hinweg Aufnahmen für neue Platten, Neuausgaben und Sonderausgaben zusammenstellen konnte. Sie hatte also eine überaus lohnende Investition getätigt.

Es ist natürlich höchst unglücklich für einen Instrumentalisten, daß zwei Drittel aller Werke, für die er sich einen unsterblichen Namen gemacht hat, aus seinem vierundsiebzigsten und späteren Lebensjahren datieren. Casals war fast vierzig, als er seine frühesten akustischen Aufnahmen gemacht hat: Emanuel Feuermann, der neben ihm meist als bedeutendster Cellist dieses Jahrhunderts genannt wird, war im gleichen Alter schon gar nicht mehr künstlerisch tätig. Casals war um die Sechzig, als er sämtliche Bach-Suiten oder eines der großen Cellokonzerte aufnahm. Nach diesen späten Soloaufnahmen sowie nach den großartigen kammermusikalischen Aufnahmen der zwanziger und frühen dreißiger Jahre kann sich der Hörer nur eine vage Vorstellung von der Qualität und dem Klang machen, die Casals auf dem Höhepunkt seiner solistischen Karriere dargeboten haben muß. Der wirkliche Celloklang des jungen Casals auf der Höhe seines Könnens ist ein für allemal verloren, und wir werden nie wissen, wie Casals die Stücke des gewaltigen Repertoires, das er als junger Cellist beherrschte – den Konzerten von Lalo oder Saint-Saëns beispielsweise –, interpretiert und präsentiert hat. Dieses Versäumnis ist bedauerlich, aber nicht beklagenswert, denn Casals selbst hielt nicht viel von Plattenaufnahmen: Nie war der Klang so, wie er ihn in Erinnerung hatte. In einem Zeitalter, in dem die meisten Menschen häufiger aufgenommene Musik hören als Live-Aufführungen erleben, sollte man sich darüber im klaren sein, daß die Aufnahme die Wirklichkeit sehr oft verfälscht und verrät. Denn ein entscheidendes Element bei der Aufführung ist der konkrete Augenblick. Und wenn mit Hilfe der Aufnahmetechnik Perfektion erreicht wird, dann ist nur selten der emotionale Augenblick des Spiels eingefangen, und damit ist die Aufführung für immer in ihrem Wert gemindert worden. Nicht anders verhielt es sich bei Casals, dessen Präsenz ein wichtiger Teil seiner Aufführung war. Charisma, Engagement, die totale Einbeziehung von Seele und Klang – all das erlebte man bei einem Auftritt von Casals, und diese Wirklichkeit hat die Übertragung auf die Schallplatten nicht überlebt. Das wird nirgendwo deutlicher als bei den Aufnahmen der ersten vier Prades-Festivals. Wer die Aufführungen miterlebte, die Ergriffenheit des Augenblicks spürte und die besondere Atmosphäre des Ortes in sich aufnahm, hörte Musik von höchster Qualität: Vertraute Stücke atmeten neues Leben, und Casals' Philosophie der Musik »durchdrang die Arbeit aller Künstler«.[29] Als die Columbia die Aufnahmen herausgab – im allgemeinen fünfzehn Monate nach jedem Festival –, wurden die Platten erneut im Hinblick auf den emotionalen Kontext der ursprünglichen Aufführungen gehört und besprochen. Und selbst als die Columbia später eine Auswahl der Prades-Aufnahmen in einer fünf Schallplatten umfassenden Anthologie zum Gedenken an den »Musiker des Jahrhunderts« neu herausgab, schrieben die Rezensenten über die »Dynamik« und die »Empfindung des Augenblicks«. Aber anläßlich der zweiten Neuausgabe, einer Gedenkausgabe, die ein Jahr nach Casals' Tod herauskam, merkte ein Kritiker an, daß Casals in dieser Sammlung »auf eine Weise, die schwer zu beschreiben ist«, nur »von fern her präsent« sei.[30] Die Aufnahmen wurden als körperlose musikalische Kostproben empfunden – und darunter mußten sie entsprechend leiden. Im Vergleich mit neueren Aufnahmen, darunter sogar solchen von Casals selbst, wurden sie als »eigenwillig romantisch« und »untypisch glanzlos« bezeichnet, wobei man Casals selbst einer »aufreizenden Nüchternheit« bezichtigte. Rückblickend mag es durchaus zutreffen, daß Casals 1950 seinen Höhepunkt als Cellist hinter, als Dirigent jedoch noch vor sich hatte. Aber vierzig Jahre später haben Musiker, die bei den ersten Prades-Festivals mitgewirkt hatten, Fehler und Schwächen in einigen der frühen Aufführungen unumwunden zugegeben. Denn was damals zählte, war nicht einfach der Klang, sondern was Casals über die Rolle der Musik und die Position des Musikers in der Welt belehrend und erhellend zu sagen hatte.

Wenn Prades Casals schockiert haben mag, als er ein Dutzend Jahre zuvor dorthin gekommen war, so war das Festival eine ausgesprochene Überraschung für die Bürger von Prades, die noch immer nicht begriffen hatten, daß ein Fremder, ein Katalane, von internationalem Format unter ihnen lebte. Plötzlich war die Stadt voller Fremder, einige hatten Zimmer im Grand Hotel bekommen, wo sie sich das einzige Badezimmer teilen mußten, andere waren bei Familien in der Stadt oder in benachbarten Dörfern untergebracht oder waren in größeren Zentren wie dem weiter entfernten Perpignan abgestiegen und drängten sich nun bei Tage in den Bars und Cafés von Prades. Neben den auf dem Programm stehenden Musikern waren auch noch andere Künstler von Weltrang zugegen, politische Führer, amerikanische Philanthropen und der Adel: Präsident Auriol, Baron de Rothschild, die Comtesse de Polignac, Mrs. Rosalie Levintritt und – inkognito – Juan Negrín, der exilierte Präsident der spanischen Republik. Das erste Konzert war von den Amerikanern und Europäern gut besucht, aber nicht ausverkauft: Ein Drittel der Bewohner von Prades standen auf dem Stadtplatz und sahen sich die Autos und die Roben an, gingen aber nicht mit in die Kirche St-Pierre.[31] Bis zum zweiten Konzert, bei dem Casals und Paul Baumgartner die drei Bach-Sonaten für Viola da Gamba und Cembalo spielten, hatte es sich herumgesprochen, daß sich hier etwas Einmaliges und Besonderes ereignete, und nun gab es keinen freien Platz mehr.[32] In der Kirche hatte man die

Kniebänke entfernt und das Gestühl näher zusammengerückt – selbst die Seitenkapellen hatte man hergerichtet, um dem Besucherandrang Herr zu werden. Insgesamt ließen sich hier 1200 Menschen unterbringen. Zuweilen war sogar die Kanzel besetzt.[33] Draußen trugen die Bürger der Stadt begeistert das Ihre zu den Festspielen bei. Auf dem Platz hingen bunte Lampen und katalanische Fahnen, und plötzlich wurden überall Biographien über Casals und Plakate mit seinem Konterfei angeboten.[34] Die Bäckerei stellte eine Eistorte in Form und Größe eines Cellos aus. Das Restaurant des Grand Hotels an der Route Nationale war völlig ausgebucht, und im Grand Café gegenüber drängten sich die Menschen, um Kaffee und Aperitifs zu bekommen. Ein wenig weiter die Straße hinauf zeigte das Kino Folies Pradennes *La Voleuse* mit Bette Davis und Glenn Ford. Und alle – vom Fotografen Alexandre Fruitet bis zu Madame Dolores Gouzy, der Inhaberin des örtlichen Schuhladens – machten bei diesem Spektakel mit und profitierten davon. Sogar die einheimische Prostituierte in der Rue Voltaire verzeichnete einen stärkeren Kundenverkehr als sonst.[35]

Das Festival war – von dem musikalischen Ereignis einmal abgesehen – ein wichtiges Ereignis für die Presse. Selbstaufopferung kommt immer gut an, und über Casals' Exil war weithin berichtet worden. Nun wurde durch seine Entscheidung, sein Schweigen zu brechen, sowie durch die ablehnende Haltung dieses prominenten Mannes gegenüber dem Franco-Regime eine unwiderstehliche Story daraus – besonders für das amerikanische Publikum. Und dieses dramatische Ereignis wurde noch beeindruckender, weil dafür eine bescheidene Kirche in den Pyrenäen statt einer der berühmten Konzertsäle der Welt ausgesucht worden war. Während die Weltpresse in Prades zusammenströmte, soll Franco das Festival als »Moskaus diabolische Machenschaften gegen Spanien« verurteilt und den Verkehr über die Pyrenäengrenze behindert haben. Ganz gleich, ob dies der Wahrheit entsprach oder nicht, jedenfalls ging man weithin davon aus, daß Franco mit diesem Festival ganz und gar nicht einverstanden war, und so brachen denn eine Reihe katalanischer Anhänger einfach auf und legten die 250 Kilometer von Barcelona nach Prades zu Fuß zurück. Als das letzte Konzert ausklang, überreichte ein junges Paar in katalanischer Tracht Casals ein Bouquet in den katalanischen Nationalfarben. Casals gab es an seinen Bruder Enrique weiter, der es schweigend auf den Altar legte. Auch wenn das Festival ein ausgesprochen musikalisches und weniger ein politisches Ereignis war, wurde es in den folgenden Jahren unvermeidlicherweise eine Art Sinnbild der katalanischen kulturellen Erneuerung.[36] Als Übung in Public Relations war das Festival ein wahrer Triumph. Die erste größere Presseveröffentlichung war eine Titelgeschichte in der Zeitschrift *Life*, die im Mai 1950 unter der Überschrift »Pablo Casals – endlich bereit, wieder in der Öffentlichkeit zu spielen« erschien. Sie beruhte auf einem ausführlichen Interview mit Casals von Lael Wertenbaker und enthielt Fotos von Gijon Mili.[37] Ein Artikel an so prominenter Stelle stand zwar in keinem Verhältnis zu Casals' Bekanntheitsgrad, löste aber ein internationales Medieninteresse aus. Der New Yorker brachte einen »Brief aus Prades« im Juni, und während des Festivals selbst fotografierte die amerikanische Fotografin Margaret Bourke-White, die damals mit Alexander Schneider zusammenlebte, die Proben und Aufführungen – wieder im Auftrag von *Life*. Prades war voller Fotografen, Reporter, Musikkritiker und Toningenieure: Das Bach-Fest von 1950 war eines der am umfassendsten dokumentierten musikalischen Ereignisse der Geschichte. Nach jedem Konzert telegrafierten die Kritiker ihre Besprechungen an Zeitungen in aller Welt. Musikfreunde wußten überall ganz genau, was Casals und wie er es gespielt hatte – mit den Platten der Columbia, die mehrere Monate danach ausgeliefert wurden, bekamen sie die Bestätigung. Diese massive Aufmerksamkeit machte Casals über Nacht zum internationalen Medienstar, besonders in den USA, wo man ihn seit 1928 nicht mehr gehört hatte. Als Schneider nach dem Festival wieder in New York war, berichtete er liebevoll, daß Casals' Bekanntheitsgrad auf 93 Prozent angestiegen sei: »Wenn es auch nur die geringste Chance für Sie gäbe, für das Amt des Präsidenten der USA zu kandidieren, dann würden Sie mit Sicherheit einen überwältigenden Sieg erringen.«[38]

Bei vernünftiger Betrachtung war die Veranstaltung eines Festivals, bei dem die berühmtesten Interpreten der Welt auftraten und ein Orchester spielte, in dem so unglaublich viele überwältigende Begabungen zusammengefaßt waren, in einer abgelegenen französischen Kleinstadt mitten in einem heißen Sommer ein ausgesprochener Unsinn. Aber für alle Musiker und Touristen, die sich hier einfanden, trug gerade dieser Anschein des Unwirklichen dazu bei, daß daraus ein unvergeßliches Erlebnis wurde. Und niemand empfand das mehr als Casals. Das Festival hatte ihm sieben Wochen intensives und anregendes Musizieren beschert – danach, als er sich wieder im Vakuum des Exils befand, fühlte er sich unruhig und verstört. »Cher Alexander«, schrieb er an Schneider auf französisch, wobei er ihn noch ziemlich förmlich mit »Vous« anredete, »Sie haben das Wunder bewirkt, Kräfte in mir freizusetzen, von denen ich geglaubt habe, daß sie mir nicht zu Gebote stünden.«[39] Nun, schließlich war er nicht tot, und das Leben bestand nicht nur aus der in Prades zur Gewohnheit gewordenen Alltagsroutine eines halb in Vergessenheit geratenen Pensionärs: Morgenspaziergänge, Üben, Unterrichten und Stunden mit Briefeschreiben verbringen. Und schon bald mehrten sich die Anzeichen, daß Casals' Neugier auf die Außenwelt wiedererwachte und er bereit war, ein Teil von ihr zu sein: Er nahm die Ehrendoktorwürde der Academy of Music in Philadelphia sowie eine polnische Auszeichnung an. Schneider ergriff die Gelegenheit, um ihm die Idee eines Amerikabesuchs schmackhaft zu machen – er könnte für Präsident Truman bei einem Konzert anläßlich der 150-Jahr-Feier von Washington spielen: »Wenn Sie wollen, würde Rudi Serkin mit Ihnen spielen, sogar Gott höchstpersönlich.«[40]

Aber Casals verließ Prades nicht vor September 1951. Dafür gab es einen naheliegenden Grund: Señora Capdevila – »Tití«, wie ihr Kosename lautete – litt zunehmend unter der Parkinsonschen Krankheit und wurde allein schon bei dem Gedanken furchtbar nervös, daß Casals nicht mehr dasein könnte. In seinen Briefen kam Casals zu dieser Zeit immer wieder auf das wechselnde Befinden von Tití zu sprechen, der die Ärzte für »eine lange Zeit absolute Ruhe« verordneten.[41] In den folgenden drei Jahren war das Befinden von Tití Casals' Hauptsorge.

Einer der unbestreitbaren Vorzüge des Festivals war die Tatsache, daß eine noch relativ junge Generation von Musikern wieder mit Casals bekannt gemacht wurde: keine Schüler – dazu hatte er eine ganz andere Beziehung –, sondern hochbegabte Cellisten. Schneider war gerade einundvierzig, Tortelier sechsunddreißig. Noch jünger waren Isaac Stern – er wurde im Juli 1950 dreißig – und der spanisch-amerikanische Cembalist Fernando Valenti, der erst dreiundzwanzig war. Am liebsten aber war ihm der amerikanische Pianist Eugene Istomin,

Prades: Casals spielt mit Mieczyslaw Horszowski in der Kirche St Pierre bei den Festspielen von 1955. In der ersten Reihe sitzt Königin Elisabeth von Belgien (ganz rechts).

Casals und Marta Montañez mit Albert Schweitzer in Gunsbach, 1955.

Casals und Marta gehen von Bord der Flandre bei der Ankunft auf Puerto Rico, Dezember 1956.

Casals zeigt Marta im Jahre 1957 die Villa Molitor Nr. 20, sein Haus in Paris zwischen 1906 und 1913.

Casals spielt bei den Vereinten Nationen,
New York 1958.

Casals dirigiert, September 1961.

Konzert im Weißen Haus im November 1961, mit John F. Kennedy, Luis Muñoz Marín und Jacqueline Kennedy.

Mit Rudolf Serkin und Marta beim Marlboro Festival.

Casals und Marta zu Hause in Isla Verde, Puerto Rico, mit Mieczyslaw Horszowski und Alexander Schneider, 1966.

Casals mit Marta, November 1972, fotografiert von Fritz Henle.

Casals mit Schneider in Israel, September 1973, zwei Monate vor seinem Tod.

Ein Denkmal für Casals in seiner Heimatstadt El Vendrell von Josep Viladomat.

der zur Zeit des Festivals gerade vierundzwanzig war und mit dem ihn die produktivste neue Freundschaft in dieser Lebensphase verband.

So jung Istomin auch war, hatte er doch in musikalischer Hinsicht schon erstaunlich viel erlebt und geleistet. Als Kind russischer Eltern – beide Berufsmusiker – war er in New York geboren. Er wurde von Casals' altem russischen Kollegen Aleksandr Siloti entdeckt und im Alter von zwölf Jahren von Serkin und Horszowski am Curtis Institute in Philadelphia unterrichtet. Mit Siebzehn gewann er 1943 bereits auf spektakuläre Weise den Philadelphia Youth Contest sowie den Leventritt Award, was ihm eine Rundfunkaufführung des Zweiten Klavierkonzerts von Brahms mit dem New York Philharmonic Orchestra eintrug und ihm damit zugleich auch Starruhm bescherte – mit Neunzehn nahm er seine erste Schallplatte auf: Bachs d-Moll-Konzert. Schneider, der zutiefst von ihm beeindruckt war, engagierte Istomin für Prades, wo er mit Stern und dem Flötisten John Wummer ein Bach-Trio spielte. Zufällig mußte er auch für Serkin als Pianist beim fünften Brandenburgischen Konzert in D-Dur einspringen, da Serkin das Werk bereits für eine andere Firma aufgenommen hatte, der er die Treue hielt. Istomin stellte wie viele der jungen Talente in Prades sein Licht durchaus nicht unter den Scheffel, und darum schrieb er an Casals und bat ihn vorab um ein Treffen im April.[42] Nach dieser einen Begegnung in »El cant dels Ocells«, wie Casals sein Pförtnerhäuschen nannte, war aus Istomins Großspurigkeit die reine Hingabe geworden. Die beiden Männer spielten vierhändig Klavier – Werke von Schumann in einer Bearbeitung von Debussy – und etwas Bach.[43] Dann nahm Casals sein Cello und spielte die d-Moll-Suite, wobei sich das Licht in seiner Brille so spiegelte, als sei er von einer Aura umgeben. Für Istomin war es eine Offenbarung – er war einfach überwältigt und fasziniert. Casals, dem keineswegs entging, wie er auf junge Musiker wirkte, empfand dies als den Beginn einer ungewöhnlich intensiven und dauerhaften Freundschaft. Keiner der beiden ahnte, was für eine besondere Beziehung sich daraus entwickeln würde.

Nachdem das Festival von 1950 vorbei war und die Musiker auseinandergingen, um ihre eigene Karriere weiterzuverfolgen, blieb Eugene Istomin noch da. Ihm war schmerzlich bewußt, wie zerbrechlich Casals war und wie sehr er einer Anregung bedurfte, und darum wollte er ihn nicht in diesem in musikalischer Hinsicht so entbehrungsreichen Zustand zurücklassen: »Er lebt hier unten ohne irgend jemanden, der für ihn wenigstens Klavier spielt, und das kann man doch einfach nicht zulassen.«[44] Was Istomin für ihn empfand, war teilweise natürlich auf die Heldenverehrung eines jungen Mannes zurückzuführen. Zwei Wochen nach dem letzten Konzert schrieb er an Casals – der nur ein paar Türen weiter wohnte – und bat ihn darum, ihm ein wenig von seiner Zeit zu widmen, die für sein Gefühl ebenso großzügig wie unwürdig für ganz unbedeutende Dinge verschwendet wurde: »Wenn ich Ihnen wirklich etwas bedeute, wie Sie mir, dann öffnen Sie mir die Tür (die innere) zur Kathedrale und lassen Sie mich ein.«[45] Istomin blieb bis Oktober in Prades, und in dieser Zeit vertiefte sich ihre Freundschaft. In musikalischer Hinsicht hatten die beiden Männer gewaltigen Respekt voreinander. Manche behaupteten, Istomin hatte Glück, daß er ein Pianist war, da Casals sich niemals mit Musikern befreundete, die das gleiche Instrument wie er spielten.[46] Auf einer persönlichen Ebene war der Altersunterschied so groß, daß sie viel Spaß miteinander hatten, weil sie wie Großvater und Enkel zueinander waren, und da konnte Istomin sich durchaus danebenbenehmen, aber nichts falsch machen. Schon bald sprach er Casals mit »lieber alter Knabe!« an und übte heimlich und gründlich ein kniffliges Stück, ehe er Casals damit herausforderte.

Die Beziehung tat ihnen beiden gut, auch wenn sie für kurze Zeit Istomin daran hinderte, seine eigene vielversprechende Karriere wiederaufzunehmen. Langfristig gesehen wirkte sie sich jedenfalls »ganz erstaunlich« gut aus, wie Howard Taubman von der *New York Times* einmal bemerkt hat.[47] Istomin selbst nahm es allerdings sofort wahr:

> Dieses erste Casals-Festival im Jahre 1950 hatte einen derart nachhaltigen Einfluß auf mein musikalisches Denken und meine persönliche Entwicklung. [Ich] kam viele Male in späteren Jahren wieder, um dem Mann nahe zu sein, der so viele meiner Ideale verkörperte ... Auch wenn sein Einfluß umfassend war, so war er seltsamerweise doch niemals direkt ... Geschmack, Gefühlstiefe, Liebe – große Worte, große Dinge – und keines kann man lernen oder einüben. Sie können allerdings aus einem herausgeholt und durch diese Offenlegung gefördert werden.[48]

Im Gegenzug beglückte Istomin Casals mit seinem immerwährenden Vertrauen und Anstand. Er gehörte einem ganz engen Kreis von Freunden an, die zu Casals' Lebzeiten den Mut – und die Erlaubnis – hatten, dem großen Maestro zu sagen, was sie wirklich dachten.

Während eine Musikerfreundschaft begann, ging eine andere Verbindung zu Ende. In den achtunddreißig Jahren seit dem Bruch im Jahre 1912 hatten sich Casals und Guilhermina Suggia nur ein paarmal gesehen, und zwar nur kurz und rein zufällig. Aber am 10. Mai 1950 schrieb Suggia von ihrem Zuhause in Porto aus und bat ihn um Hilfe bei der Beschaffung von Eintrittskarten und einer Unterkunft während eines kurzen Aufenthalts bei den Festspielen. Sie entschuldigte sich für die Störung und erklärte, sie sei sehr krank gewesen: »Cher ami ... ich schreibe Dir tief bewegt und in der Hoffnung, daß Du mir meinen Wunsch nicht abschlagen wirst ... aber ich möchte nicht sterben, cher maître, bevor ich Dich nicht noch einmal gehört und gesehen habe.«[49] Suggia war sich bewußt, daß sie ein Tabu verletzte, und darum schlug sie vor, Casals' Sekretärin möge ihr antworten, wenn er sich selbst nicht die Mühe machen wolle: »Behalte mich stets in Erinnerung als Deine eifrige Bewunderin – hast Du das kleine elfjährige Mädchen schon vergessen, die in Espinho bei Dir Unterricht nahm? Au revoir – j'espère.« Es gibt keinerlei Hinweis, ob sie eine Antwort auf diesen Brief erhielt. Suggia fuhr auch nicht nach Prades. Anfang Juli war sie wieder in London, um ihre Ärzte aufzusuchen und sich einer Notoperation zu unterziehen. Am 1. August starb sie in Porto. Sie war erst zweiundsechzig Jahre alt.[50]

Die Prades-Festspiele

1951–1955

Casals' Meisterschaft ist kolossal. Es hat den Anschein, als ob die erste Blüte der schöpferischen Begabung dieses großen Künstlers noch immer nicht welk ist. Ich glaube, er ist das einzige Beispiel dafür in der gesamten Geschichte unserer Kunst. Diese perfekte Intonation, die freie Bewegung der Hand auf dem Griffbrett, die großartige Raffinesse und Brillanz seiner Bogenführung – dies ist ein wahres Wunder. Ich habe noch nie so etwas gesehen.

David Oistrach [1]

Intonation ist eine Frage des Gewissens.

Pablo Casals

Die Einrichtung eines alljährlich stattfindenden »Festspiels im Exil« in Prades war das großartigste Geschenk, das sich Casals vorstellen konnte. Aber in der Musik wie im Leben gibt es nichts völlig umsonst, und das Festival, das seinen Namen trug, wurde ihm bisweilen doch zur schweren Last.

Die ersten Schwierigkeiten tauchten im Winter 1950/51 auf, als man an die Planung für das Festival 1951 ging. Das Problem war nicht, daß es zu wenig Interesse gab, sondern vielmehr – zu viele Leute wollten auf dem Briefkopf der Festivalleitung stehen, doch Schneider verwies mit Recht darauf, »je weniger Leute sich in das Festival einmischen, desto einfacher und erfolgreicher wird es sein«.[2] Die entscheidenden Fragen waren, wer was und wo spielen sollte. Casals wollte dieselben Musiker, dasselbe Orchester, und wieder Bach: Er wollte den Geist und die Atmosphäre des ersten Festes wiedererstehen lassen.[3] Anderen war es klar, daß es nie wieder so sein konnte. Das fing schon damit an, daß der Bischof es ablehnte, die Kirche St-Pierre ein zweites Mal zur Verfügung zu stellen: Das Eröffnungsfestival von 1950, erklärte er, war als Feier des 200. Todestages von Bach ein Sonderfall gewesen.[4] Über der Suche nach einem anderen Veranstaltungsort kam es zum Streit, wobei Schneider aus New York ein bevorzugtes Interesse für die Abtei St Michel de Cuixà aus dem 10. Jahrhundert anmeldete, die ein paar Kilometer außerhalb von Prades lag und wo gegen Ende des Festivals von 1950 ein außerplanmäßiges Konzert tagsüber stattgefunden hatte – über dem Hauptschiff der Abtei befand sich kein Dach. René und Geneviève Puig, die das Festival-Büro in Prades leiteten, versteiften sich auf Perpignan, wo sie lebten. Casals schaltete sich ein und entschied sich für Perpignan, wo man ihm eine bessere Akustik zusicherte – ein Faktor, der ihm Sorgen bereitete, nachdem er die Bänder der Konzerte von 1950 gehört hatte.[5] Aber das waren letztlich unbedeutende Probleme, wie sie bei jedem Festival vorkamen. Später gab sich Casals dann, wie es die Katalanen ausdrücken, *molt senyoral,* »sehr gentlemanlike«: Er tat seine Meinung klar und einfach kund, wollte sich aber der Empfehlung seiner Kollegen anschließen, vorausgesetzt, sie könnten sich einigen. Jedenfalls gab er Schneider zu verstehen: »Mir ist es gleich, wo wir spielen, wenn es sich um die Musik der Götter handelt.«[6] Es gab allerdings noch ein besonders heikles Problem, das einer besonders vorsichtigen Handhabung bedurfte.

Für Casals war das Bach-Fest ein katalanisches Ereignis, das aus politischen Gründen im französischen Teil Kataloniens und nicht in Spanien selbst gefeiert wurde. Für die Franzosen dagegen war Prades eine französische Stadt und ihr Festival ganz entschieden ein französisches Festival. In Wirklichkeit aber war das Bach-Fest fast ausschließlich ein amerikanisches Musikereignis gewesen – von Amerikanern finanziert, aufgezeichnet und größtenteils auch musikalisch bestritten –, das nach Frankreich verlegt worden war. Vor dem Hintergrund der Nachkriegsrezession provozierten der Reichtum und das Selbstbewußtsein der Amerikaner Ressentiments unter den europäischen Musikern. Und weil die Amerikaner wiederum auf eine gewisse Schlampigkeit im Leistungsniveau einiger Europäer herabsahen, kam es zu Spannungen. Bisweilen war es schon eine sehr schwierige Situation. Mehrere europäische Musiker zogen es vor, das Festival im darauffolgenden Jahr zu meiden, indem sie Engagements annahmen, die mit den Festspielterminen kollidierten. Das Festspielkomitee versuchte diese gespannte Situation zu entschärfen, indem es den Sänger Doda Conrad beauftragte, die Beziehungen zur französischen Regierung in den Griff zu bekommen. Aufgrund von Conrads Verhandlungen mit dem Informationsministerium sollte sich die Radio-Diffusion Française mit einer Million Francs an den Festivalkosten beteiligen und dafür die Übertragungsrechte für einige Konzerte erhalten. Aber diese Vereinbarung wurde in letzter Minute von einigen Verantwortlichen der Festivalorganisation für nichtig erklärt, weil die angebotene Summe angeblich nicht ausreiche. Conrad machte seinem Zorn und seiner Enttäuschung Luft. Jeder Beitrag von Frankreich wäre höchst lobenswert, erklärte er, da das Festival dem Frankreichtourismus nicht besonders viel nütze, kaum französische Künstler auftreten dürften und überhaupt keine französische Musik gespielt würde. Der Zuschuß, den die Franzosen aus ihrem bescheidenen Nachkriegsetat lockermachten, war höher als alles, was sie für die Übertragungsrechte für irgendein anderes Festival bezahlten. Daß Frankreich ein armes Land sei, betonte er in seinem Bericht an das Komitee, »sollte doch wohl nicht dazu führen, daß dieser Nation das Privileg verweigert wird, der größtmöglichen Anzahl ihrer Staatsbürger durch einen ihrer öffentlichen Dienstleistungsbetriebe Musik zu Gehör zu bringen, die auf ihrem eigenen Boden bei einem Festival gespielt wird, welches nicht zuletzt erst durch die Unterstützung ihrer Steuerzahler ermöglicht wird«.[7]

Ungeachtet all dieser Probleme fand das zweite Festival, das nun Casals-Festival hieß, im Juli 1951 in Perpignan statt. Die Konzerte wurden im Schloßhof des Palais des Rois de Majorque gegeben, einem spektakulären Veranstaltungsort: Auf der einen Seite waren vom mittelalterlichen Schutzwall aus die Pyrenäen, auf der anderen war das Mittelmeer zu sehen. Die Atmosphäre freilich war weniger intim, und man kam nicht so leicht mehr an Casals heran, der jeden Nachmittag zwischen den Proben und Aufführungen wieder nach Prades zurückfuhr, wo ihn die Bequemlichkeit seines eigenen Bettes und die zuverlässigen Kochkünste von Señora Capdevila erwarteten.[8] Nach Meinung vieler Zuhörer war der Höhepunkt des Festivals Mozarts Klavierkonzert in Es-Dur (KV 271), gespielt von Myra Hess. Milly Stanford bemerkte, daß im Anschluß an diese Aufführung britische Künstler mit deutlich mehr Respekt behandelt wurden.[9]

Mit den Prades-Festspielen war Casals zwar während der frühen fünfziger Jahre ständig befaßt, aber das war durchaus nicht seine einzige Beschäftigung. Fast täglich kümmerte er sich um das Wohlergehen der katalanischen Flüchtlinge: Er kannte Hunderte von Emigranten samt ihren immer größer werdenden Familien und stand in engem brieflichem Kontakt mit ihnen, wobei er sich nach den schulischen und sonstigen Fortschritten ihrer Kinder erkundigte, die er oft persönlich bei Namen nannte. Außerdem korrespondierte er unermüdlich mit Freunden und Fremden in aller Welt. Von der regelmäßigen Post guter Freunde – Eisenberg, von Tobel, Grottendieck – und von der Familie in Spanien ganz abgesehen, enthalten Casals' Archive Tausende von Briefen, Postkarten und Telegrammen von Bewunderern, Studenten, Schmeichlern und (gelegentlich) Kritikern, und jedes dieser Schriftstücke wurde sorgfältig aufbewahrt sowie handschriftlich kommentiert und beantwortet. Casals' Handschrift, die früher einmal groß und weit ausschwingend gewesen war, war nun winzig und krakelig geworden, worin sich nicht nur die Papierknappheit widerspiegelte, sondern auch das Schwinden seiner Hoffnungen. Wie sehr Casals diese Korrespondenz belastete, bemerkte eines Tages einer seiner Besucher, José Maríe Corredor, ein junger Katalane, der in Perpignan lebte und Casals regelmäßig mit Freunden an Sonntagnachmittagen besuchte. Corredor, ein Dichter und Linguist, der an den Universitäten von Barcelona und Madrid studiert hatte, bot ihm seine Hilfe an, und in den frühen fünfziger Jahren kam er ein- oder zweimal in der Woche herüber, um von ihm Instruktionen für die Beantwortung eines Teils der eintreffenden Post entgegenzunehmen. Diese Instruktionen führten natürlich zu weiteren Fragen über Casals' Leben und seine Ansichten, und allmählich begann sich Corredor Notizen über die Antworten zu machen und sie unter bestimmten Stichworten zu sammeln. Mit Casals' Einverständnis veröffentlichte er 1954 seine Aufzeichnungen über ihre Unterhaltungen sowohl auf katalanisch *(Converses amb Casals)* wie auf französisch *(Conversations avec Pablo Casals)*, und im selben Jahr erschien auch die deutsche Übersetzung, mit einem »Einführungsbrief« von Thomas Mann.[10] Das Buch, eine Art »Zeugnis aus dem Exil«, war ein enormer Erfolg und wurde in elf Sprachen übersetzt und als Hauptquelle für fast alle nachfolgenden Darstellungen von Casals' Leben verwendet. Es war in einer Zeit entstanden, in der es Casals besonders schlecht ging und er sehr unproduktiv war, und als Folge davon war sein Leben als Ganzes in dieser Darstellung in ein falsches Licht von *gravitas* und Endgültigkeit geraten. In Wirklichkeit war Casals selten so ruhig, bedächtig, philosophisch – oder humorlos –, wie er einem in diesen Unterhaltungen entgegentritt.

In den frühen fünfziger Jahren komponierte Casals nur wenig, und vielleicht läßt dies auch Rückschlüsse auf seine damalige Stimmung zu. Aber er fuhr fort zu unterrichten: Immer befanden sich drei oder vier Studenten im Grand Hotel oder waren in Privatzimmern in der Stadt untergebracht. Pamela Hind O'Malley, eine Schülerin von Ivor James, war zum erstenmal im Winter 1949/50 da und kam im Dezember 1950 für eine zweite Reihe von Lektionen wieder, wobei sie vier von den Bach-Suiten einstudierte.[11] Christopher Bunting hielt sich vom Herbst 1952 an für zehn Monate in Prades auf, und in dieser Zeit waren teilweise auch Vera Canning und mehrere andere junge englische Cellisten und Cellistinnen da.[12] Bunting brach seine Lektionen ab, als sein Stipendium auslief, aber er blieb noch da, um bei den Festspielen von 1953 und bei einigen von Istomins Parties dabeizusein. Wie alle Schüler von Casals fand auch er diese Lektionen intensiv und anspruchsvoll – sie waren nicht einfach nur ein musikalisches, sondern ein geistiges Erlebnis: Bis zu seinem Lebensende blieb Casals der Mittelpunkt von Buntings Musikwelt.

Auch wenn Casals Außenstehenden als ausgeglichener, gütiger Onkel erschien und als solcher auch von der Weltpresse dargestellt wurde, mußten die Menschen, die ihm nahestanden, doch erleben, daß er zu plötzlichen und zuweilen beunruhigenden leidenschaftlichen Ausbrüchen neigte. Für einen Mann, der in der ganzen Welt herumgekommen und von ihr gefeiert worden war, war Prades doch eine allzu bescheidene Bühne, und gelegentlich muß ihm das wohl auch bewußt geworden sein. In einer Gemeinde mit knapp 4000 Einwohnern werden kleine Dinge zu großen aufgeblasen, und jeder weiß, was die anderen tun und treiben, oder glaubt es zumindest zu wissen. Casals konnte sich nicht immer aus dieser Gerüchteküche heraushalten, zumal er als eine Art König ständig von höfischen Intrigen umgeben war. Außerdem neigte er wie so manche wirklich inspirierten Menschen dazu, jedem den Wunsch und zuweilen auch das Gefühl zu vermitteln, sein Günstling zu sein. Casals war ständig darauf aus, die Aufmerksamkeit auf sich wie auf andere zu lenken – kein Wunder, daß Menschen um seinen Beifall wetteiferten, wobei er diese Rivalitäten nicht immer zu verhindern suchte. Es war schwer, Zugang zu dem großen Mann zu finden: Viele hatten das Gefühl, daß er ihnen nicht genügend Zeit widmete, während andere zuviel davon bekämen. Besucher in Prades stellten fest, daß Casals zwar vorgab, vom Andrang der Besucher erschöpft zu sein, aber nichts unternahm, um ihn zu drosseln: Auffallend viele Frauen und Mädchen aus aller Herren Länder gingen aus und ein, Nichten, Tanten, Schülerinnen und eingeschlichene Festspiel-Fans. Einige führten den Haushalt, andere – die hübscheren, soweit ich das übersehen konnte – verweilten ganzjährig als Jüngerinnen in Prades. Auch noch die kleinste Handreichung belohnte der Meister mit Umarmung und Kuß auf beide Wangen ...[13]

Casals' Energie und seine Mittel wurden von seinen Brüdern und deren Kindern, wenn sie in Prades waren, ebenso in Anspruch genommen wie von Musikern und Schülern, die sich um seine Bestätigung bemühten, und von katalanischen Landsleuten, die auf seine Führung und Fürsorge erpicht waren. Jede Gruppe ärgerte sich über das unverschämte Verhalten der anderen und empfand, daß er denen zuviel nachsah. Dadurch wurde natürlich die Organisation der Festspiele noch komplizierter und ineffizienter, weil die verschiedenen Parteien Casals für ihre einander ausschließenden Interessen und Prioritäten zu gewinnen suchten. Gelegentlich waren auch die Einheimischen darüber verärgert, daß Casals' Gegenwart das Leben in

Prades durcheinanderbrachte. Mehr als einmal beklagte sich Casals' Vermieter Admiral Troy darüber, daß die Zufahrt zu seinem Château von einer großen Limousine blockiert wurde. Als ihm gesagt wurde, der Wagen gehöre Königin Elizabeth von Belgien, erklärte der Admiral, dies sei sein Haus und hier sei er König. Und dann erhöhte er die Miete.[14]

Noch in den fünfziger Jahren litt Casals unter schweren Depressionen. Er bekam Migräneanfälle und verließ zuweilen vor lauter düsterer Verzweiflung sein Bett tagelang nicht. Daran mochte oft etwas so Simples wie eine Magenverstimmung schuld sein, aber wenn es um die Erkundung seines Seelenlebens ging, verhielt sich Casals entschieden präfreudianisch. Offensichtlich versuchte er niemals die Gründe für eine Unpäßlichkeit herauszufinden, sondern reagierte ganz schlicht und einfach darauf. Gelegentlich legte er auch eine fürchterliche sexuelle Eifersucht an den Tag, indem er Freunden und Schülern weitgehend ungerechtfertigt unterstellte, sie hätten sich unziemlich verhalten oder unerhörterweise mit einer seiner Nichten angebandelt. Als Istomin mit Enriques hübscher Tochter Marionna Casals ins Kino ging, wurde das in der Stadt zu einem Skandal aufgebauscht. Ein junger Schüler erinnerte sich sogar daran, daß ihm vorgeworfen wurde, er hätte Madame Capdevila zuviel Aufmerksamkeit erwiesen. Casals sei völlig außer sich gewesen, wobei durchaus nicht klar gewesen sei, ob es ihm dabei in erster Linie um die Würde von Señora Capdevila gegangen sei oder er nur indigniert darüber war, daß diese Aufmerksamkeit nicht ihm selbst gegolten hatte – jedenfalls sei er maßlos zornig und verletzt gewesen. Allerdings dauerten solche Ausbrüche nie lange, und nachdem Casals ein paar Tage geschmollt hatte, war die ganze Angelegenheit vergessen. Casals war niemals nachtragend – er sah am liebsten nur das Gute im Menschen.

Aufgrund des Hin und Her um die französische Subvention wurde das Casals-Festival von 1951 an fast ausschließlich wieder von der Firma Columbia Records getragen, die der »Prades Musical Society« einen Vorschuß von 25000 Dollar anwies, der mit allen künftigen Plattenhonoraren zu verrechnen war.[15] Da die Columbia schon für zwei Jahre für die Kosten aufgekommen war – wenngleich mit gutem Gewinn –, versuchte sie nun gezielter mitzumischen, mit dem Ergebnis, daß sich das Festspiel-Komitee aufzulösen begann. Im Prinzip gingen die jeweiligen Erwartungen zu sehr auseinander. Casals sah in den Festspielen eine Gelegenheit, die sich ihm sonst nirgendwo bot, ein Orchester von mittlerer Größe zu dirigieren und ein Programm von Orchesterwerken und Konzerten zu geben, das vorwiegend aus Bach bestand. Aber die Columbia wollte nicht den Dirigenten Casals aufnehmen, sondern den Solisten, der das Kernrepertoire der klassischen Kammermusik spielte. Denn es war durchaus nicht so, daß alles, was Casals' Namen trug, automatisch ein Erfolg wurde. Ein kammermusikalisches Programm war billiger, ließ sich unter den alles andere als idealen Bedingungen in den abgelegenen Pyrenäen leichter aufnehmen und viel besser vermarkten. Die Auffassungen von Casals wie von der Columbia waren ohne weiteres nachvollziehbar, aber nicht miteinander vereinbar. So kam es zu einer unvermeidlichen Kollision künstlerischer und kommerzieller Interessen. Und Casals mußte einsehen, daß die Festspiele, die doch zu seiner Ehre und Freude ins Leben gerufen worden waren, ihm nicht mehr allein zu Gebote standen.

Die Debatte über die Prades-Festspiele hielt drei Jahre an – bis 1954 –, erhitzte die Gemüter und führte zu Spannungen und zu einer gewissen Verbitterung. Schneider, der Leiter des Festivals, stand im Mittelpunkt der Auseinandersetzungen. Als Pläne für ein erweitertes Programm mit Bach, Mozart und Beethoven für 1951 konkrete Gestalt annahmen, drängte Casals darauf, sie wieder auf Bach zu reduzieren. Schneider beschwor ihn, die Dinge so zu lassen, wie sie nun einmal waren. Die Columbia wäre in erster Linie an den Beethoven-Sonaten und -Trios interessiert, und da die Columbia schließlich das Festival finanzierte, erklärte er, »sollten wir ihnen meiner Meinung nach genauso entgegenkommen wie sie uns«.[16] Als man im Laufe des Jahres über die Planung für 1952 sprach, versteifte sich Casals erneut hartnäckig auf ein kleines Kammerorchester, mit dem er unter anderem auch das Cellokonzert von Schumann spielen wollte. Schneider war sich darüber im klaren, daß es so nicht gehen würde und daß sie es sich auch nicht leisten könnten: Die Aufnahme von Orchesterwerken in Prades erforderte Künstler von einem höheren Kaliber, die man extra bezahlen mußte, damit sie nach dem Festival noch für Aufnahmen dablieben, sowie ein volles Probenprogramm, das Casals' Zeit und Energie aufbrauchen würde.[17] Als Casals darauf bestand, besprach sich Schneider mit Istomin und setzte Casals Ende Januar 1952 in einem Telegramm ein Ultimatum: Wenn er nicht von der Orchester-Idee abzubringen sei, dann stünde er, Schneider als Konzertmeister nicht mehr zur Verfügung.[18] Casals wußte, daß er Schneider nicht ersetzen und gleichzeitig die Kosten in den Griff bekommen und die Unterstützung der Columbia sichern konnte – und darum gab er nach. Seitdem beschränkte sich die Auswahl der Musikstücke weitgehend auf Kassenschlager, und für die Auswahl der Solisten waren gleichermaßen ihr Talent wie ihre Verbindung zur Columbia ausschlaggebend. Alle Künstler der Columbia waren nun vertreten, allen voran ihr Starpianist Serkin, der Yvonne Lefébure vorgezogen wurde, die in den USA niemand kannte. Aus dem EMI-Stall kam kein einziger Künstler.[19] So trat bei den ersten Festivals ein und dieselbe Auswahl von Solisten auf: die Sängerinnen Jennie Tourel und Geneviève Warner; die Pianisten Serkin, Horszowski, Istomin, Myra Hess und Leopold Mannes; die Geiger Stern und Schneider; die Bratschisten Milton Katims und Milton Thomas; die Cellisten Casals und Tortelier; der Bassist Torello; der Flötist Wummer und der Oboist Tabuteau.[20] Casals dankte Schneider zwar dafür, daß er »diese wunderbare Familie« geschaffen habe[21], aber in Wahrheit wurde »diese Familie« doch durch die Attraktivität der Schallplatten zusammengehalten, die diese Künstler bei der Columbia produziert hatten. »Das Prades-Festival«, schrieb Virgil Thomson, »ist ein Plattenvertrag.«[22]

Der tägliche Kleinkram in der Organisation der Festspiel-Programme brachte es mit sich, daß sich Schneider bei der Feinabstimmung von Werken und Künstlern »wie ein Jongleur im Zirkus« vorkam. Für professionelle Impresarios wäre das reine Routine gewesen, aber Schneider brachte es zur Verzweiflung. 1952 beispielsweise erfuhr er, daß Isaac Stern nur kommen würde, wenn er Trios mit Casals und Myra Hess spielen könnte. Hess wollte mit Szigeti oder Schneider spielen, aber zunächst nicht mit Stern. Serkin drohte damit, nicht zum Festival zu kommen, würde aber wohl höchstwahrscheinlich zusagen, wenn ihn Casals persönlich einlud. In dieser egomanischen Atmosphäre beschwor Schneider Casals, nur die Programme von Mannes oder Horszowski abzuändern, die flexibel waren, aber von niemandem sonst.[23] Der Streit um die Zukunft der Festspiele spitzte sich bis zur Polarisierung der Stammgäste in Prades zu: Madeline Foley und Leopold Mannes vertraten Casals' Position, während Eugene Istomin Schneiders Ansicht über die Zusammenarbeit mit der Columbia teilte. Im März schlug Foley ihren Kollegen in einem Rundschreiben vor, sie könnten nach dem Festival noch dableiben, um Orchesterwerke zu spielen. Die Idee wurde allerdings fallengelassen, als mehrere europäische Instrumentalsolisten, darunter auch Tortelier, antworteten, sie könnten es sich einfach nicht leisten, ständig unbezahlt zu spielen und ihre übrigen Termine abzusagen.[24] Nach den Festspielen artikulierte Foley die Uneinigkeit unter den Musikern und erklärte, die ganze Angelegenheit erfordere »mehr Energie und Kampfgeist«:

> Meiner Meinung nach hat die Columbia die ganze Zeit ein ganz hübsches Geschäft mit Casals gemacht, und sie haben aus ihm mehr herausgeholt als jede andere Firma aus irgendeinem Künstler, wobei sie weniger Geld und Zeit für die Aufnahmen ausgegeben hat. Jetzt sollten wir mal die Bedingungen diktieren. Ich meine, wir sollten der Columbia klarmachen, daß wir unser eigenes Festival haben werden, und zwar mit einem Orchester, ganz gleich, ob sie uns dafür einen Cent geben oder nicht.[25]

Das war einfach zuviel für Schneider, dessen Konzentration sowieso schon durch die neue Leidenschaft seines Lebens, die Schauspielerin Geraldine Page, gestört war. Am 2. September 1952 trat er zurück, wobei er Casals vorwarf, mit ihm ein Spiel um »Politik und faule Kompromisse« gespielt zu haben.[26] Casals war so schockiert, daß er »wie gelähmt« war und einen Monat brauchte, ehe er Schneider antworten konnte. Und dann erklärte er, nichts von dem, was er gesagt oder getan habe, könne er bedauern.[27] Die Verantwortung für den täglichen Verwaltungskleinkram des Festivals ging an Dr. Russell B. Kingman über, einen reichen Geschäftsmann aus New Jersey, der Präsident der American Lawn Tennis Association war und dem Festspielkomitee seit 1950 angehörte. Kingman war ein begeisterter Amateurcellist, und ihm gehörte neben einer ganzen Reihe bekannter Cellos auch Emanuel Feuermanns Stradivari.[28] Dank Schneiders früher Vorbereitung war der Erfolg des Festivals von 1953 gesichert, das vom 14. Juni bis zum 7. Juli nun schon im zweiten Jahr an dem von Schneider bevorzugten Veranstaltungsort, der Abtei St-Michel de Cuixà, stattfand. Welch eine Ironie des Schicksals, daß es noch vor Beginn des Festivals möglich gewesen war, ein kleines Orchester zusammenzustellen, und daß die Columbia Casals mit dem a-Moll-Konzert von Schumann aufnehmen konnte, unter der Leitung von Eugene Ormandy, der zufällig zu dieser Zeit in Südfrankreich Urlaub machte. Es war das erstemal seit 1945, daß Casals wieder ein ganzes Konzert öffentlich aufführte, und das letztemal, daß er eins aufnahm – abgesehen von einer Aufführung des Dvořák-Konzerts in Puerto Rico im Jahre 1960, von der er später nichts mehr wissen wollte.

Doch die vermittelnde und Autorität ausstrahlende Persönlichkeit Schneiders fehlte, und es kam auf dem Festival zu Spannungen zwischen einzelnen Musikern und Mitarbeitern der Columbia – es herrschte dicke Luft. Diesmal mißbilligte Leopold Mannes es, zusammen mit Istomin, wie einige Musiker mit der Columbia umsprangen, und er schrieb an Casals, daß ihn das, »was hier vorfiel, betrübt« habe.[29] Das Komitee löste sich auf, und Casals wurde aufgefordert, ein neues zu berufen. Man trat wieder an Schneider heran, der sich aber »ausgesprochen feindselig« verhielt.[30] Er gastierte noch einmal im Jahre 1966 in Prades, ansonsten aber hatten die Veranstaltungen in Prades nichts mehr mit dem Festival zu tun, das er einmal ins Leben gerufen hatte. Während der ersten vier Jahre war das Prades-Festival so etwas wie eine mittelalterliche Musikerwerkstatt gewesen, an der die Künstler aus schierer Hingabe teilnahmen und jeder das Gefühl hatte, etwas Besonderes zu tun, ohne dafür irgendeine Gegenleistung zu erwarten. Durch das professionelle Management verwandelte es sich allmählich in eine Institution und war damit nur noch ein Festival unter vielen, die es überall auf der Welt gab.

Von Anfang an war das Hauptproblem das Geld – und Casals' Einstellung dazu. Dr. Kingman erkannte rasch, wie gefährlich die bis dahin so legere Finanzverwaltung des Festivals war. Er machte Foley darauf aufmerksam, daß das Festival von 1952 zwar noch aus verschiedenen Quellen mit 45 000 Dollar subventioniert gewesen war, daß aber für das kommende Jahr nur der übliche Vorschuß der Columbia über 25 000 Dollar gesichert war und damit ernsthaft die Zahlungsunfähigkeit drohte.[31] In seiner bisherigen Organisationsform waren diese Festspiele ein teures Vergnügen. Man durfte kein Defizit riskieren, denn das würde die »Anziehungskraft« des Festivals ruinieren und das Vertrauen der Musiker untergraben. Noch schlimmer aber war, daß ein Defizit – jedenfalls nach der derzeitigen Satzung des Festspielkomitees – theoretisch allein Casals angelastet werden würde.[32] Zwar hatte er bei den frühen Festspielen nur wenig genommen, aber er hatte genommen, was da war. Dabei war er alles andere als geldgierig und häufig überaus großzügig. Im Grunde war er ausgesprochen genügsam, und wenn es um Geld ging, fühlte er sich eher peinlich berührt und gehemmt. Casals war mit den Festspielen einverstanden gewesen, aber er hatte sie nicht ins Leben gerufen. Nicht ohne Grund pflegte er sie als eine Art persönliche Wohltat anzusehen, und einige Jahre lang nahm er gar nicht wahr, daß andere Künstler erhebliche finanzielle Opfer brachten, um an den Festspielen teilzunehmen, oder daß diejenigen, die mit ihrer Organisation betraut waren, viel Zeit dafür opfern mußten. Es war einfach kein Thema, und das hatte Schneiders Unzufriedenheit noch verstärkt und Istomin zumindest für kurze Zeit mißvergnügt gestimmt. Es fügte auch der Beziehung zwischen Casals und Madeline Foley Schaden zu, die jahrelang und ohne jede finanzielle Entschädigung ihre ganze Energie den Festspielen gewidmet hatte. Auf Kingmans Drängen hin wurde im Juni 1954 eine Vereinbarung getroffen, der zufolge ein Teil des Gewinns den Organisatoren und den wichtigsten Künstlern »als eine Geste« zugute kam.[33] Sobald dieses Prinzip einmal eingeführt war, verzichteten die meisten Künstler auf ihren Anteil zugunsten von Casals. Foley allerdings bestand darauf, daß sie die ihr zustehenden 430 Dollar ausgezahlt bekam. Das wurde als Todsünde aufgefaßt, und es dauerte über ein Jahr, bis ihr der Meister nicht mehr grollte und schmollte.[34] Als der junge deutsche Sänger Dietrich Fischer-Dieskau 1955 zum ersten und einzigen Mal bei den Festspielen war, gestand ihm Madeline Foley, »daß sie vom Prades-Kult ein wenig verbittert sei ... Zudem mache Casals' große, das Festspiel mitorganisierende Verwandtschaft alles doppelt schwer mit einem sehr spezifischen Geiz, den Engagierten nicht das Geringste zukommen zu lassen (auch wir hatten es schwer, wenigstens einen Teil des Reisegeldes zurückzubekommen). Honorare wurden in Prades ungern bezahlt.«[35]

Freilich war es überhaupt schwer, einen Überschuß zurückzubehalten. Im Januar 1954 konstituierte sich der New Yorker Ableger des Festspielkomitees neu als Prades Musical Society Inc., mit Russell Kingman als Präsidenten und drei Unterkomitees, die sich jeweils mit den Finanzen, der Musik und den Orchesterangelegenheiten befaßten. John M. Barnes wurde zum Generalsekretär ernannt, der ein Gehalt bekam und seinen Sitz in Prades hatte – das war das erstemal, daß die Festspiele von Frankreich aus geleitet wurden. Trotz dieser organisatorischen Verbesserungen sah es zu Beginn des Jahres so trübe aus bei den Finanzen, daß die Festspiele 1954 gefährdet zu sein schienen. Nachdem man sich intensiv nach Geldgebern umgeschaut hatte, kam ein Vertrag mit der RadioDiffusion Française und einigen privaten Spendern zustande. Aber das Programm mußte gekürzt werden, und Istomin sollte dies Casals unterbreiten und ihn um Verständnis bitten. Er erklärte, daß die Festspiele bis 1953 Künstler von höchstem Kaliber angezogen hätten, aber »seit Sascha Schneider desertierte, haben wir die meisten dieser Künstler verloren«. 1954 sah es mager aus: kein Stern, Szigeti oder Schneider. Auch von der Columbia war kein Nachschub zu erwarten: Die Plattenfirma hatte nach vier aufeinanderfolgenden Festivals beschlossen, in diesem Jahr keine Aufnahmen zu machen. Das Ergebnis war ein erheblich beschnittenes Festival, das sich auf Beethovens Kammermusikwerke beschränkte. Zwischen dem 7. und dem 23. Juni gaben nur sechs Künstler: Casals, Istomin, Horszowski, Serkin und die Geiger Szymon Goldberg und Joseph Fuchs sowie das Trio Pasquier acht Konzerte.[36] Aber diese Notmaßnahme hatte funktioniert. Die Festspiele blieben zahlungsfähig und konnten sogar mit einem Überschuß von fast zwei Millionen Francs ein erheblich umfangreicheres Programm für 1955 in Angriff nehmen.[37]

Aber bis dahin war Casals von anderen Dingen in Anspruch genommen. Gegen Ende 1954 hatte sich Titís Zustand rapide verschlechtert. Seit mehreren Jahren enthielten Casals' Briefe an Freunde regelmäßig Bulletins über das Befinden von Señora Capdevila: »Tití continue avec les hauts et bas.«[38] 1954 mußte eine Einladung nach Lüttich von Königin Elizabeth von Belgien, die in diesem Jahr bei den Festspielen gewesen war, wieder abgesagt werden, weil Tití nicht in der Lage war zu reisen. Im Oktober gingen sie in die Schweiz, aber das war keine angenehme Reise – Tití wollte wieder nach Hause und erklärte: »Ich möchte nicht hier sterben.« Zu Hause in Prades war sie glücklicher, und Casals schrieb an seine alte Freundin Germaine Grottendieck: »Hier hat sie wieder ihr Haus, ihren täglichen Kleinkram und ihre Ärzte.«[39] Im November hatte sich die ganze Familie von Señora Capdevila in Prades eingefunden – »l'irréparable« konnte sich jederzeit ereignen.[40] Am 18. Januar war es dann soweit, und Casals verlor »la compagne de ma vie«. Casals und Capdevila waren seit dreißig Jahren gute Freunde und hatten seit den späten zwanziger Jahren Seite an Seite gelebt. Sie hatte ihn ins Exil begleitet, hatte auf ihr eigenes Leben, ihr Zuhause und ihre Freunde verzichtet und ihm das Leben in Prades erträglich gemacht. Sie war eine starke und finanziell unabhängige Frau und eine positive Kraft. Sie hatte als erste die Idee zu den Festspielen begrüßt, teilweise natürlich, weil sie darin eine Möglichkeit sah, daß Casals sich in Prades wohl fühlte. Und sie hatte ihm den Haushalt geführt und darauf geachtet, daß er nicht überfordert wurde. In gewisser Hinsicht war Capdevila eine Art Ersatzmutter und forderte kein Leben für sich selbst – das war die Art von Beziehung, die Casals als höchst angenehm empfand. Als sie dem Tode nahe war, wurde der Priester gerufen, der Casals und Capdevila traute.

Es war ein Akt tiefer Loyalität und Zuneigung. Aber mehr konnte es auch nicht sein. Denn obwohl Casals Susan Metcalfe seit siebenundzwanzig Jahren nicht mehr gesehen hatte, hatte sie nicht in eine Scheidung eingewilligt und war demnach vor dem Gesetz noch immer seine Frau. Seinerzeit hatten sie sich nur zivil trauen lassen. Die Trauung mit Tití hingegen war eine Art religiöses Erlebnis, das nur ein paar kurze Stunden anhielt. Um die feinen Unterschiede vor dem Gesetz scherte sich Casals nicht, hatte er doch von seiner Mutter gelernt, moralische Prinzipien höher zu achten als formale Gesetze. Zwei Tage später bewies Casals noch eindrucksvoller, mit welcher Dankbarkeit er Capdevila gedachte, indem er beschloß, ihre sterblichen Überreste zum Begräbnis in Spanien zu begleiten. Zum erstenmal seit fünfzehn Jahren und nachdem er sich eine Sondergenehmigung zur Wiedereinreise in sein Heimatland besorgt hatte, fuhr er nach Barcelona und von dort weiter nach San Salvador, wo er von seinem Bruder Luis empfangen wurde, der damals in Casals' Villa lebte und sie versorgte. Capdevila wurde auf dem kleinen Friedhof gleich außerhalb von Vendrell beerdigt, neben Doña Pilar. Sie hatte darum gebeten, daß Casals *El Cant dels Ocells* an ihrem Grab spielen sollte, aber er war zu erschüttert, und Luis' Frau Teresina spielte eine Schallplatte auf einem tragbaren Plattenspieler ab. Frasquita Capdevila stammte zwar aus einer bekannten Familie in Barcelona und hinterließ ihr Hab und Gut – Grund und Boden, eine Wohnung in Barcelona und ein Guarneri-Cello – hauptsächlich ihren Neffen und Nichten[41], aber Casals gedachte ihrer doch am liebsten als zu ihm gehörig. Er schrieb an Schneider, daß »mich nur ein Gedanke tröstet, nämlich daß ich mit meinen eigenen Händen und Armen Titís sterbliche Überreste neben denen meiner Mutter beigesetzt habe«.[42]

Nach der Beerdigung blieb Casals noch fast eine Woche in San Salvador, wanderte durch das Haus und die Gärten, besuchte alte Freunde und lernte seine Nichten und ihre Männer besser kennen. Diese Heimkehr war eine schmerzliche Erfahrung, aber Casals empfand dabei eher Wehmut als Unruhe. Er hatte zwar sein Heim seit siebzehn Jahren nicht mehr gesehen, aber den Kontakt dazu doch nicht ganz verloren. Besonders in den letzten Jahren war er durch Besuche seiner Brüder, ihrer Frauen und Kinder sowie durch Reisen, die Schneider und Istomin beispielsweise nach San Salvador unternommen hatten, mit Alltagsproblemen wie kleineren oder größeren Schäden, Reparaturen und Umbauten bestens vertraut gemacht worden. Was er vielleicht nun am tiefsten verspürte, war Einsamkeit. Die schlimmsten Qualen des Exils lagen hinter ihm – er war eben zu lange weggewesen und konnte sich keinesfalls vorstellen, sein Leben in Spanien einfach wiederaufzunehmen. Allerdings hatte er auch ohne Tití kein allzu großes Verlangen mehr, nach Prades zurückzukehren und dort weiterzuleben. Es waren aufregende und in gewisser Hinsicht auch gefährliche Monate, und seine Freunde spürten das auch. Als Eugene Istomin einem Bericht der *New Yorker Times* entnahm, daß Casals »sein Exil unterbrochen« hatte, rief er ihn in Prades an und riet ihm dringend, alle ernsthaften Entscheidungen hinsichtlich seiner Zukunft zu vertagen, zum Beispiel von Prades wegzuziehen. Er solle dies, schrieb Istomin ihm dann, als eine Zeit der »geistigen Rekonvaleszenz« ansehen.[43]

Nach Capdevilas Tod befand sich Casals, wie er Grottendieck schrieb, »in einem Zustand der Leere und Verwirrung, der mich von der Wirklichkeit ausschließt. Jedes Gefühl hat sich verändert, für mich und in mir.«[44] Eigentlich war alles anders geworden. Casals kehrte nach Prades gewissermaßen gelöst und entwurzelt zurück. Er verreiste für ein paar Wochen mit seiner Nichte Enriquetta und ihrem Mann und besuchte Freunde in Monaco. Sascha Schneider hatte wieder Kontakt zu ihm aufgenommen und suchte Casals Anfang Juni auf, zusammen mit Geraldine Page, die er im Monat zuvor geheiratet hatte. Dann kam das Festival, und Casals hatte wieder alle Hände voll zu tun mit Besprechungen, Unterrichten und Briefeschreiben.

Bei den Festspielen von 1955, dem sechsten Casals-Festival in Folge, ging es entschieden ruhiger zu als bisher. Das lag zum Teil daran, daß sie wieder in Prades abgehalten wurden, erneut in der Kirche St-Pierre, und teilweise daran, daß sie nicht mehr so knapp bei Kasse waren, da das Festival inzwischen professionell gemanagt wurde. Es gab zwar kein Orchester, aber eine ganz erlesene Gruppe von Solisten und Kammermusikern. Neben Horszowski und Istomin traten diesmal die Geiger Yehudi Menuhin und Sándor Végh auf. Die Columbia war auch diesmal nicht dabei, allerdings wurden die meisten Aufführungen von der RadioDiffusion Française aufgezeichnet, die seit 1953 die Rundfunkrechte für die Festspiele erworben hatte. Aber da die Mehrheit der Künstler bei der Columbia unter Vertrag stand, durften viele Aufführungen nicht auf Schallplatte bei konkurrierenden Firmen herauskommen. Einige erschienen zwar als Raubmitschnitte der Rundfunkübertragungen, aber die meisten kamen erst 1982 als Platten in den Handel.[45] Manche sind nie veröffentlicht worden, was ein herber Verlust ist, denn unter diesen Aufführungen gab es viele starke und unwiederbringliche Augenblicke – als Casals mit Menuhin und Istomin Brahms-Trios spielte und Dietrich Fischer-Dieskau, begleitet von Gerald Moore, Schuberts *Winterreise* sang. Fischer-Dieskau fuhr »jedes Mal zusammen, wenn aus der ersten Reihe stereotyp an allen Liedschlüssen aus dem Mund des Meisters ein ›Lovely!‹ im Baßton kam. Er ›flüsterte‹ es der neben ihm sitzenden Reine Elizabeth aus Brüssel zu.«[46]

Das Festival von 1955 war ein besonders intimes Ereignis, denn Casals lud persönliche Freunde zur Kammermusik in seine Villa ein. Für einige deutete sich darin ein Zusammenbruch der »straffen Organisation der gestrengen Manager früherer Jahre« an.[47] Es war wohl eher auf Casals' neue Geistesverfassung zurückzuführen. Denn neben all seiner Trauer empfand er offenbar so etwas wie eine Befreiung – von dem täglichen Kleinkram und den schematischen Abläufen seines Lebens wie auch von der Beengtheit in den langen Jahren des Exils. Seine besten Freunde begannen sich indes beunruhigt zu fragen, ob das nicht zugleich auch einen Abschied von seinen entschiedenen politischen Anschauungen signalisierte. Auf einmal begann Casals davon zu sprechen, daß er vorhabe, zu verreisen, daß es durchaus möglich sei, irgendwo anders neu anzufangen. Das Land, das er im Sinn hatte, war Puerto Rico, die karibische Kolonie der USA; die Heimat der Familie Defilló, der Vorfahren mütterlicherseits, und die Geburtsstätte von Doña Pilar selbst. Beunruhigend daran war nicht so sehr, daß Puerto Rico ja ein Teil der USA war und ein Besuch dort das Hauptargument für Casals' Exil zunichte machen würde. Für Unruhe sorgte vielmehr der Hinweis, daß Casals vorhatte, seine Reise in Barcelona zu beginnen. Istomin riet ihm brieflich dringend davon ab: Jeder hatte Verständnis dafür gehabt, daß er nach San Salvador gegangen war, um Capdevila zu beerdigen, aber eine zweite Reise nach Spanien würde doch ernsthafte Konsequenzen nach sich ziehen. Viele Amerikaner, rief ihm Istomin in Erinnerung, hatten Casals' moralischen Standpunkt unterstützt und »sich wie verrückt darum bemüht, Ihnen dabei behilflich zu sein, sich in Ihrem Exil zurechtzufinden. Ein weiterer Besuch in Spanien würde das Ganze völlig in Frage stellen: Sie könnten für vieles eine einleuchtende Erklärung finden. Niemand würde Ihnen Vorwürfe machen, wenn Sie ein für allemal zurückkehrten, um in San Salvador zu leben. Jeder hätte dafür vollstes Verständnis. Aber Sie können nicht in Spanien ein und aus gehen und zugleich ein Spanier im Exil sein.«[48]

Das Interesse an Puerto Rico war indes nicht zufällig in Casals erwacht, sondern durch Casals' neueste und derzeit möglicherweise begabteste Schülerin Marta Montañez ausgelöst worden. Marta – oder Martita, wie ihr Kosename damals lautete – war Casals zum erstenmal 1951 begegnet, als ihr Onkel Rafael Montañez sie auf der Reise von ihrer Heimat Puerto Rico zum Festival in Perpignan begleitet hatte. Casals interessierte sich höflicherweise für die kleine Reisegruppe aus Puerto Rico, lud sie in sein Haus El Cant dels Ocells ein und hörte zu, wie Martita Cello spielte. Sie war noch keine Fünfzehn, und obgleich sie für das Cello offenkundig begabt war, hielt es Casals für undenkbar, daß ein junges Mädchen so weit von zu Hause weg leben und studieren sollte, und darum schlug er vor, sie solle nach New York zurückkehren und weiterhin zur Schule gehen. Nach der Grundschule in Santurce auf Puerto Rico war Martita 1950 zum Marymont College in Manhattan übergewechselt. In New York studierte sie außerdem Cello bei dem ehemaligen Casals-Schüler Lieff Rosanoff am Mannes College of Music.

Casals war oft maßlos empfänglich für junge Menschen, die entweder über eine echte Begabung oder ein aggressives Selbstbewußtsein verfügten – oder die die entsprechenden Eltern hatten. Aber diesmal war noch etwas anderes im Spiel, was Casals spürte, aber noch nicht verstand. Später erinnerte er sich: »Als ich Martita ansah, sagte ich mir: ›Das ist keine Fremde, die dich da besucht.‹«[49] Zum Teil war er einfach zutiefst berührt, weil sie ihm Grüße von den Verwandten seiner Mutter in Puerto Rico, den Defillós, überbrachte. Es war ihm auch bewußt, daß Martita ihn an Doña Pilar erinnerte, an ihre Haltung, ihren Teint, ihre Herkunft. Die Ähnlichkeit zwischen beiden ist oft festgestellt worden, auch in Verbindung mit dem unglaublichen Zufall, daß Martitas Mutter im selben Haus wie Casals' Mutter (21 calle Méndez Vigo in Mayagüez) und am gleichen Tag des Jahres geboren worden war.[50] Auf einer tieferen Ebene aber hat Casals vielleicht in Martita jene Kombination von persönlicher Strenge und moralischer Sicherheit erkannt, der er bei keiner anderen Frau in seinem Leben außer bei seiner Mutter begegnet war. Doña Pilar hatte mit jeder Konvention ihrer Zeit gebrochen – im Hinblick auf Geschlecht, Herkunft und Klasse –, um zu erreichen, was für sie das Wichtigste war. Auch Marta Montañez legte eine ähnliche Entschlossenheit an den Tag.

Im Augenblick allerdings genoß Casals einfach die Gesellschaft seiner Besucher aus Puerto Rico. Er machte sie bei den Proben mit den Mitgliedern des Festspielorchesters bekannt und gab den Musikern einige von den Zigarren ab, die seine Besucher mitgebracht hatten und die einzeln in Zellophanpapier mit Casals' Bild darauf eingewickelt waren.[51] Casals sah Martita erst im November 1954 wieder, nachdem sie das Marymount und das Mannes College mit höchsten Auszeichnungen abgeschlossen und auch noch einen mit 1000 Dollar dotierten

Cellowettbewerb in San Juan gewonnen hatte. Und nun kam sie mit ihrer Mutter Angélica Montañez y Martínez nach Prades, um ein intensives Studium beim Meister zu beginnen. Nach einem Monat kehrte Señora Martínez nach Puerto Rico zurück, während Martita in einer Pension in der Stadt wohnte und zu ihren Lektionen bei Casals mit dem Fahrrad fuhr. Sie freundete sich mit Casals' Nichte Enriquetta an und verbrachte oft die Abende mit der kleinen Familie in El Cant dels Ocells. In den Monaten nach Titís Beerdigung und Casals' Rückkehr von San Salvador war Martita immer öfter bei Casals anzutreffen, sie half ihm bei der Korrespondenz, chauffierte ihn bei seinen Besuchen in Flüchtlingssiedlungen, versuchte ihm die Belastung durch Gäste und Besucher ein wenig zu erleichtern oder begleitete ihn einfach auf seinen Spaziergängen.[52] Er gab ihr ein Foto von sich, auf das er »Tio Pablo« [Onkel Pablo] geschrieben hatte, und in den Bildunterschriften unter Pressefotos, auf denen sie zusammen abgebildet waren, wurde sie häufig als seine Nichte oder Adoptivtochter bezeichnet; oft nannte er sie nicht Martita, sondern einfach *nena,* Kind. Sehr bald war sich Casals darüber im klaren, daß er ohne sie nicht mehr auskam, ja daß er immer mit ihr zusammensein wollte.

Was Casals zu Martita hinzog, war gar nicht so leicht zu erklären. Er war allein, und mit ihrer großherzigen und unkomplizierten Art füllte sie eine schmerzliche Lücke. Martita war fast Achtzehn und zu einer überaus schönen Frau herangereift. Fünfzig Jahre früher war Casals von einer anderen begabten und bemerkenswerten Schülerin angezogen worden, die gleichfalls Achtzehn war und einen olivfarbenen, dunklen Teint hatte. Aber damit hörte die Analogie auch schon auf. Martita war ungewöhnlich beherrscht, kompetent und selbstgenügsam. Sie machte Casals das Leben leichter, und sie erfüllte es mit Energie. Guilhermina Suggia hatte ihm diese Energie entzogen, sie war eher Rivalin als Geliebte gewesen. Im Unterschied zu Suggia – oder natürlich zu Susan Metcalfe – sprach Martita von Hause aus Spanisch, und darum gab es zwischen ihnen keine Verständigungsschwierigkeiten. Außerdem sprach sie Französisch und Englisch und eignete sich ganz rasch das Katalanische an. In musikalischer Hinsicht war sie sowohl natürlich begabt wie entsprechend gut ausgebildet – sonst hätte sie auch keinen Zugang zu Casals' Innenleben gefunden. Und Martita verstand unglaublich viel Spaß. Ihre damaligen Mitschüler bemerkten, wie sich Casals in ihrer Gesellschaft verjüngte und wie sie, genauso wie Istomin, sich zärtliche Freiheiten herausnehmen durfte (sie konnte wunderbar Donald Duck nachahmen), ohne daß sich Casals in seiner Würde verletzt fühlte.[53] Aber Casals fehlte es ja nie an einer »Palastwache« von bewunderungsvollen Frauen, und es gab genügend bereitwillige Anwärterinnen für die Rolle der Pflegerin, Begleiterin oder Sekretärin. Die Bande zwischen Casals und Martita waren besonders stark, und das hatte sehr viel mit dem Altersunterschied zwischen ihnen zu tun: Der achtundsiebzigjährige Maestro und die blendend aussehende Achtzehnjährige fühlten sich miteinander gerade deshalb so wohl, weil an dieser Beziehung so gar nichts Konventionelles war. Sie wußten, daß sie nie Gefahr laufen konnten, einander ebenbürtig zu werden, und darum fühlte sich auch keiner vom anderen bedroht.

Nach den Festspielen sollte Casals wieder einmal nach Zermatt fahren, zur alljährlich stattfindenden Sommerakademie für Kammermusik, die sein Freund und Schüler Rudolf von Tobel organisierte. Casals hatte die Schule bereits 1952 und 1954 besucht und die Intimität dieser »Meisterklassen in den Bergen« genossen. Aber diesmal wollte er nicht allein hinfahren und bat Martita, ihn zu begleiten. Nach dem Besuch der Festspiele fuhren sie gleich weiter zu Albert Schweitzer in Gunsbach, und anschließend besuchten sie Charlie Chaplin in seinem Haus in Vevey. Diese Reise gestaltete sich zu einer Art königlicher Prozession: Sie suchten Wagners Haus in Luzern auf, fuhren dann nach Bonn, wo sie ziemlich überraschend ein kleines Konzert in Beethovens Geburtshaus gaben, und kamen schließlich noch einer Einladung nach, die wegen Titís Krankheit im Jahr zuvor hatte abgesagt werden müssen: Casals und Martita begaben sich nach Belgien, wo sie Königin Elizabeths Gäste in Laeken waren.

Es war ganz natürlich, daß Martita als junge Studentin, die so weit von zu Hause weg war, nach einem Jahr Abwesenheit ihre Familie in Puerto Rico wiedersehen wollte – jedenfalls war eine Abwechslung von dem nicht gerade komfortablen Leben in Prades ganz willkommen. Inzwischen wollte Casals einfach nicht mehr allein sein. Daher schifften sich Casals und Martita im Dezember 1955 in Le Havre auf der *Flandre* ein – es war Casals' erste Reise über den Atlantik seit fünfundzwanzig Jahren.

Teil V
Der Superstar

Epiphanie: Die Entdeckung von Puerto Rico

1955–1959

> Die erste Musik, an die ich mich erinnern kann, war ein Wiegenlied. Die ersten Worte aus dem Mund meiner Mutter, die ich verstand, waren »Puerto Rico«. Es ist ein Traum, den ich mein Leben lang gehabt habe.
>
> *Pablo Casals,* 1956 [1]

Als die *Flandre* am 11. Dezember um 8.05 Uhr in die Bucht von San Juan einlief, warteten über 200 Einwohner am Kai. Um Casals willkommen zu heißen, kamen ihm und Martita auf der Gangway entgegen: Doña Inéz Muñoz Marín, die Frau des Gouverneurs von Puerto Rico, die beeindruckende Bürgermeisterin von San Juan, Felisa Rincón de Gautier, der Kanzler der Universität von Puerto Rico, Jaime Benítez, sowie zwei Kusinen aus der Familie Defilló, Pilar de Acevedo und Concepción de Gonzáles.[2] Am Kai begrüßten viele weitere Defillós lächelnd und in ihrem besten Sonntagsstaat Casals und Martita, und der gerührte und ein wenig überwältigte Maestro umarmte und küßte einen nach dem anderen. »La tierra de mi madre«, sagte er ein ums andere Mal, »das Land meiner Mutter.« Einen Tag zuvor hatte *El Mundo,* die Tageszeitung von San Juan, die Szene in einer Karikatur vorweggenommen: Da stand Casals bei seiner Ankunft einer großen

Menge Einheimischer gegenüber, von denen jeder mit einer Tafel winkte, die den Träger als einen »Defilló« auswies.[3] Casals' Mutter war eines von acht Kindern gewesen, und die Nachkommen dieser großen Familie schienen sich alle hier versammelt zu haben. Nach dem rührigen Empfang und nachdem Casals Martitas Eltern Aquiles Montañez Rivera und Doña Angélica vorgestellt worden war, wurden er und Martita – begleitet von einer Polizeieskorte – durch die Altstadt von San Juan zur Plaza Colón gefahren, wo eine inoffizielle Feier und eine kurze Darbietung eines Studentenchores stattfanden, ehe sie schließlich zu der Wohnung gebracht wurden, die ihnen offiziell in der Gegend von Condado, etwa fünf Kilometer vom Zentrum der Hauptstadt entfernt an der Küste gelegen, zur Verfügung gestellt wurde.

Natürlich war das alles andere als ein spontaner Willkommensgruß für einen heimkehrenden Sohn aus Puerto Rico, sondern alles war sorgfältig geplant worden. Casals hatte oft daran gedacht, die Insel zu besuchen, die seine Mutter mit Siebzehn verlassen hatte, und er war auch häufig eingeladen worden, hatte es aber gerade bis zur Nachbarinsel Kuba geschafft. Nun, da er neunundsiebzig war und es in Prades nur wenig gab, was ihn hielt – nun schien der richtige Augenblick für einen Besuch gekommen zu sein. Seit 1950 hatte Rafael Montañez Casals' Ursprünge auf Puerto Rico erforscht, auf seine Aufforderung hin die Verwandten der Defilló-Linie aufgespürt und versucht, das Haus in Mayagüez ausfindig zu machen, in dem Doña Pilar geboren worden war.[4] Seit Anfang 1955 hatte sich der Gouverneur Luis Muñoz Marín persönlich in die Nachforschungen eingeschaltet und einen großen Empfang für Casals vorbereitet. Am Abend nach seiner Ankunft gaben der Gouverneur und das Abgeordnetenhaus Erklärungen ab, mit denen Casals zum Ehrengast ernannt wurde. Während der Zeit seines Besuches stand ihm eine Limousine mit Chauffeur zur Verfügung, und jeder Wunsch wurde ihm problemlos erfüllt. Im Auftrag der Gouverneursgattin zeichnete Jack Delano, ein junger russischer Komponist und Produzent, der inzwischen auf der Insel lebte, eine Fernsehdokumentation des Besuches auf, die 1956 unter dem Titel *Pablo Casals en Puerto Rico* gesendet wurde, und ein Journalist begann sich Notizen zu machen für ein Buch, das ausschließlich diesem dreizehnwöchigen Besuch gewidmet war: *Pablo Casals: Pelegrino en America.*[5] Als Casals am 23. März 1956 wieder nach Frankreich zurückfuhr, erklärte er feierlich, wiederzukommen, und er spürte, daß diese Verbindung zu Puerto Rico für immer bestehen würde.

Casals und Puerto Rico paßten wirklich fast perfekt zueinander. Die Bach-Feste hatten deutlich gemacht, was Casals im Hinblick aufs Musizieren und den Umgang mit Musikerfreunden fehlte, und nach Capdevilas Tod war ihm Prades unerträglich eng und deprimierend vorgekommen. Da ihm die Rückkehr nach Spanien weiterhin verwehrt geblieben war, hatte nur noch Puerto Rico in Frage kommen können. Damit war er seiner katalanischen Heimat am nächsten, ohne Francos Spanien betreten zu müssen. Das Klima in San Juan war ähnlich dem in San Salvador, wenn auch im Winter wärmer und im Sommer feuchter – bei dieser Feuchtigkeit, hieß es unter den Einheimischen, verschlossen sich Briefumschläge von selbst. Beim Anblick der Vegetation, des Geländes und besonders der Strände fühlte sich Casals ganz stark an seine Heimat erinnert: »Fast die ganze Zeit hatte ich das Gefühl, in Spanien zu sein.«[6] Die Menschen sprachen zwar Spanisch als ihre Muttersprache, und auch die Gebräuche waren spanisch, aber das Leben auf der Insel war doch deutlich von Amerika beeinflußt, und auch das fand Casals, der fast dreißig Jahre lang nicht mehr in Amerika gewesen war, durchaus reizvoll. Puerto Rico kam damit auch den USA am nächsten, ohne daß Casals seiner Ansicht nach seine moralische Überzeugung über Bord werfen mußte. Und nach dem relativ einsamen und eingeschränkten Leben in Prades war er hier von einer kompletten großen, überschwenglichen, warmherzigen Familie umgeben.

Auch für Puerto Rico war ein so weltberühmter Kulturträger, der noch dazu seine Wurzeln im Lande hatte, genau das, was man brauchte. Nach 450 Jahren der Fremdherrschaft, erst unter Spanien, dann unter den USA, hatte sich dieser karibische Inselstaat mit seinen drei Millionen Einwohnern auf ein Programm verlegt, mit dem man eine unabhängige wirtschaftliche wie kulturelle Identität erlangen wollte. Seit der Eroberung durch die Spanier im Jahre 1493 bot die strategische Lage von Puerto Rico die Gewähr dafür, daß es von anderen Nationen nicht im Stich gelassen wurde, die einen militärischen und geopolitischen Vorposten auf den Westindischen Inseln suchten. Während des Spanisch-Amerikanischen Kriegs von 1898 war

Puerto Rico von den USA annektiert worden und wurde seither als »nichtangegliedertes Territorium« – praktisch als Kolonialbesitztum – von einem von den Amerikanern ernannten Gouverneur verwaltet, der dem US-Kriegsministerium und nach 1934 dem Innenministerium unterstellt war.[7] Im Jahre 1900 hatte der US-Kongreß in der Foraker Act die Zivilregierung von Puerto Rico genau definiert und den Posten eines in Washington ansässigen Ausschußmitglieds geschaffen, der im Kongreß ein Rede-, aber kein Wahlrecht besaß. Über vierzig Jahre lang hingen Änderungen im politischen Status der Insel weitgehend von der Beziehung zwischen dem Gouverneur in San Juan und dem zuständigen Parlamentarischen Staatssekretär in Washington ab – sowie von ihren gemeinsamen Bemühungen, den Kongreß dazu zu bewegen, seinen Zugriff auf die Insel zu lockern.

Abgesehen von seiner strategischen Bedeutung sahen die USA in Puerto Rico in erster Linie einen Lieferanten von willigen Arbeitskräften und billigem Zucker. Durch gewaltigen amerikanischen Kapitaleinsatz waren aus den kleinen Kaffeeplantagen und den *haciendas*, der traditionellen Form des bäuerlichen Pachtbesitzes, so etwas wie Produktionseinheiten für riesige Zucker- und Tabakmengen für das amerikanische Festland geworden. Nachdem die Puertoricaner 1917 durch die Jones Act amerikanische Staatsbürger geworden waren, begann die Massenemigration landwirtschaftlicher Zwangsarbeiter, die den USA einen praktisch unbegrenzten Nachschub an verarmten, billigen Arbeitskräften für schlecht bezahlte und minderwertige Jobs bescherte.

Die Amerikanisierung von Puerto Rico wirkte sich verheerend auf seine Nationalkultur wie auf seine Wirtschaft aus: Englisch wurde zur offiziellen Landessprache erklärt, und spanische Traditionen wurden zu Randerscheinungen degradiert. Aber im gleichen Maße, wie die heimische Kultur durch das Geld der Amerikaner ruiniert wurde, erwies sich der wirtschaftliche Niedergang als ihre Rettung. Die Rezession während der dreißiger Jahre und die Schwäche der Zucker- und Tabakindustrie begünstigten den Aufschwung einer populistischen Strömung unter Führung von Luis Muñoz Marín. Muñoz Marín, ein Gelehrter und Dichter, erwies sich als überaus charismatischer Führer des im puertorikanischen Senat nach 1940 mehrheitlich vertretenen Partido Popular Democrático (soviel wie »Volkspartei«).

Unter einer neu formulierten Verfassung suchte die volksdemokratische Regierung nach 1952 die kulturelle Erneuerung der Insel durch die Umwandlung der Agrarwirtschaft in eine industrielle herbeizuführen. Das unter dem Namen »Operation Bootstrap« bekannt gewordene Industrialisierungsprogramm zielte darauf ab, US-Kapital in die Produktion umzulenken. 1956 war dem Wirtschaftsentwicklungsministerium der Insel, auch »Fomento« genannt, ein beachtlicher Erfolg beschieden.[8] Die »Operation Bootstrap« hatte das Nationaleinkommen der Insel vervierfacht und sie – wie es die Zeitschrift *Life* formulierte – »von einem Pestloch in ein Musterland der Demokratie und des florierenden freien Unternehmertums« verwandelt.[9]

Der bemerkenswerte Muñoz Marín, die treibende Kraft für alle Veränderungen auf der Insel, wurde in Washington mächtig unterstützt von Abe Fortas, einem herausragenden jungen Anwalt, der als Leiter der Division of Territories im Innenministerium für die Formulierung der US-Politik gegenüber Puerto Rico zuständig war. Zusammen mit Muñoz Marín, den Fortas als »eine spektakuläre große Gestalt« bezeichnete, und Rex Tugwell, dem von den USA ernannten und zwischen 1941 und 1948 regierenden Gouverneur, bemühte sich Abe Fortas um einen »New Deal« für die Insel – ein erster Erfolg war die Einführung einer demokratischen Wahl und die Institution eines Wahlgouverneurs, zu dem Muñoz Marín 1948 gewählt wurde.[10] Selbst bei privatrechtlichen Auseinandersetzungen seiner Kanzlei in den fünfziger Jahren vertrat Fortas unerschütterlich die Interessen von Puerto Rico: Wie sein Biograph anmerkt, war die Insel für ihn »der einzige Fall, für den er sich uneingeschränkt engagierte«, wobei seine Haltung die eines »besitzergreifenden, beschützenden und liebenden« Mannes war.[11] Puerto Rico unterhielt die Washingtoner Topkanzlei von Arnold, Fortas und Porter mit einem bescheidenen jährlichen Vorschuß von 10000 Dollar, und Fortas' Kontakte zu mächtigen Kongreßmitgliedern erleichterten die Verabschiedung von Gesetzen zugunsten der Insel. Insbesondere Fortas' Verbindungen zum künftigen Führer der demokratischen Senatsmehrheit, Lyndon B. Johnson, ermöglichten die Verabschiedung des Public Law 600, das Puerto Rico 1950 ermächtigte, seine eigene Verfassung aufzusetzen. Fortas gelang es zwar nie, die Amerikaner von ihrer Überzeugung abzubringen, sie hätten das einseitige Recht, Puerto Rico zu regieren – und paradoxer-

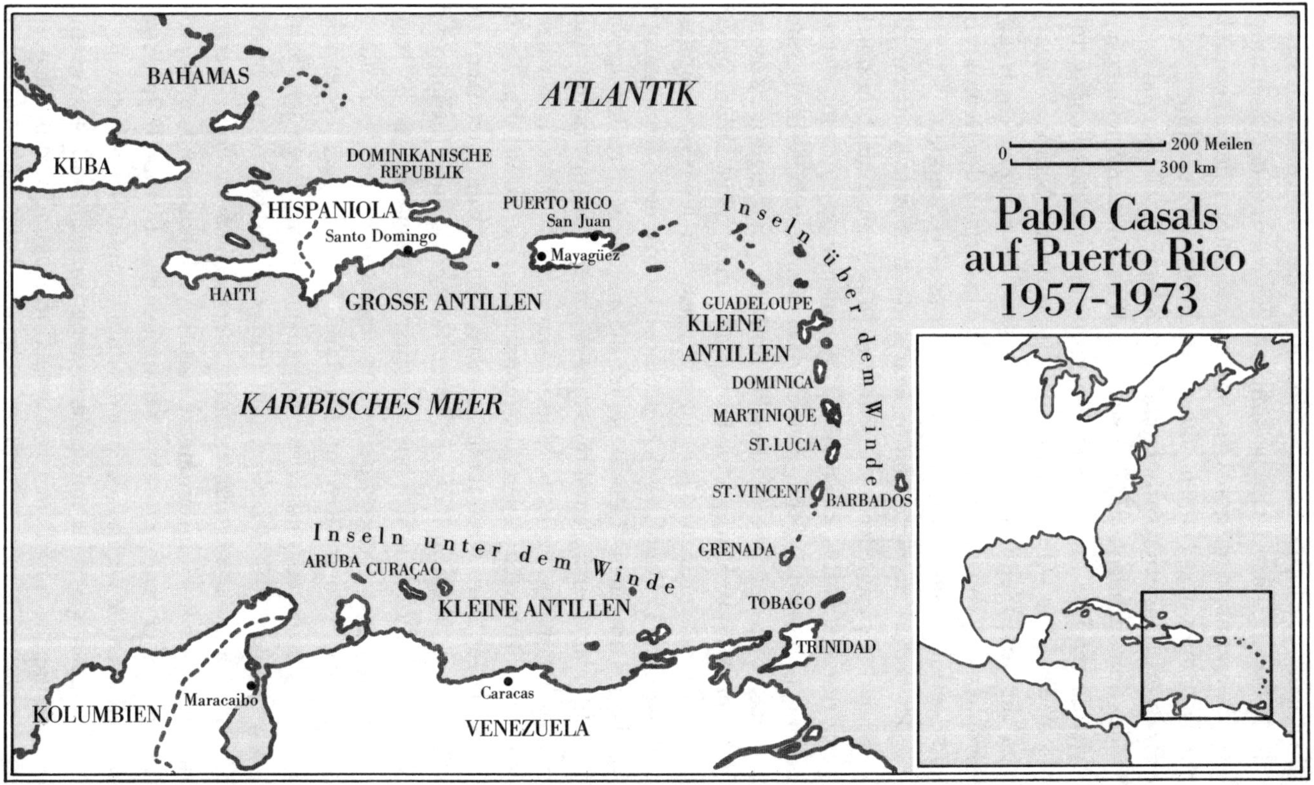
Pablo Casals
auf Puerto Rico
1957-1973
0
200 Meilen
300 km
ATLANTIK
BAHAMAS
KUBA
DOMINIKANISCHE
REPUBLIK
HISPANIOLA
Santo Domingo
HAITI
GROSSE ANTILLEN
PUERTO RICO
San Juan
Mayagüez
Inseln über dem Winde
GUADELOUPE
KLEINE
ANTILLEN
DOMINICA
MARTINIQUE
ST. LUCIA
ST. VINCENT
BARBADOS
GRENADA
TOBAGO
TRINIDAD
KARIBISCHES MEER
Inseln unter dem Winde
ARUBA
CURAÇAO
KLEINE ANTILLEN
KOLUMBIEN
Maracaibo
Caracas
VENEZUELA

weise band alles, was er tat, die beiden Länder noch enger aneinander –, aber seine aggressive Verteidigung der Interessen der Insel ermöglichte es Muñoz Marín immerhin, daß er die Regierungsgeschäfte so autonom wie vor ihm noch niemand führen konnte.

Zwischen seiner Ankunft auf Puerto Rico im Jahre 1955 und seinem Tod 1973 baute Casals ganz entschieden auf den Rat von Abe Fortas, auch wenn keiner der beiden wußte, wie weit das ging. Jedenfalls wurden die letzten Jahre von Casals weithin durch diese unwiderstehliche Kombination von scharfem Verstand und verbindlichem Umgang geprägt, die Fortas am Ende fast zum Chef des Obersten Bundesgerichts der USA gemacht hätte. Die Zäsur zwischen den Jahren der Zurückgezogenheit in Prades, als Casals sich nur von seinem gepeinigten Gewissen leiten ließ, und den glanzvollen Jahren der Berühmtheit auf Puerto Rico, als er mit überlegenem Geschick bis an den äußersten Rand seiner moralischen Überzeugungen geführt wurde – diese Zäsur hätte nicht dramatischer sein können.

Abe Fortas war es auch, der die Idee hatte, daß die kulturelle Erneuerung von Puerto Rico zusammen mit der Industrialisierung von der Regierung subventioniert werden sollte. Die »Operation Serenity« wurde ins Leben gerufen, um die Operation Bootstrap zu begleiten und dem puertoricanischen Volk »die beste Kultur, die die Welt zu bieten hat«, zugänglich zu machen.[12] Die Absicht dieses Programms war es, ein Gefühl der nationalen Identität, das auf Puerto Rico ganz eindeutig fehlte, durch die Förderung des künstlerischen Erbes zu wecken, und 1955 wurde ein puertoricanisches Kulturinstitut gegründet, das dieses Vorhaben koordinieren sollte.[13] In der Literatur wie in der Malerei führte das zu einer Fülle schöpferischer Werke mit nationalistischen und volkstümlichen Inhalten, die interessanterweise von einer Gruppe herausragender Künstler und Intellektueller, die in den frühen vierziger Jahren als Emigranten aus Francos Spanien auf die Insel gekommen waren, stark beeinflußt waren.[14] In musikalischer Hinsicht stand und fiel die Operation Serenity mit der Verbindung zu Casals. Fortas, ein guter Amateurgeiger und Kammermusiker, wies Muñoz Marín eindringlich auf die ungeheuren Vorteile hin, die Casals' Anwesenheit auf der Insel mit sich brachte. Mit seiner Hilfe konnte Casals dazu bewogen werden, ein Festival in San Juan nach Art der Prades-Festspiele zu unterstützen und später auch sein Prestige und Fachwissen der Gründung eines puertoricanischen Konservatoriums und eines Sinfonieorchesters zugute kommen zu lassen. Fortas wurde Casals und Martita ein treuer Freund und war Casals' persönlicher Anwalt bis zum Lebensende des Maestros.[15]

Im Hinblick auf die kulturelle Selbstfindung von Puerto Rico erwies sich Casals' Kommen als ausgesprochener Glücksfall. Vor diesem Hintergrund wurde aus dem ursprünglich privaten Besuch in der Heimat seiner Mutter eine organisierte und intensiv von den Medien verfolgte Begegnung mit der ganzen Insel, ja mit einem noch größeren Gebiet der Karibik. Man gab sich größte Mühe, dafür zu sorgen, daß ihm auch gefiel, was er erblickte. Am Nachmittag nach ihrer Ankunft wurden Casals und Martita auf La Fortaleza empfangen, dem »Festungspalast« des Gouverneurs aus dem 16. Jahrhundert, von wo aus die Niederlage von Sir Francis Drake im Jahre 1595 eingeleitet wurde. An diesem Empfang schlossen sich eine Reihe von Fiestas und Willkommensfeiern an, und am 17. Dezember durchquerte Casals die Insel, um das Haus in Mayagüez aufzusuchen, in dem seine Mutter vor gut einem Jahrhundert geboren worden war. In Begleitung von Martita und Doña Inéz Muñoz Marín ging Casals still durch das Haus Nummer 21 an der calle Mendez Vigo, ehe er auf einem Balkon über der Straße, in der sich eine Menschenmenge versammelt hatte, *El Cant dels Ocells* spielte. Casals war zutiefst bewegt, als Doña Inéz dann eine Gedenktafel enthüllte, die das Haus als Geburtsort von Pilar Defilló i Amiguet auswies – damit war Casals' Verbindung zur Insel ein für allemal besiegelt.[16]

An Casals' neunundsiebzigstem Geburtstag am 29. Dezember sang der Chor der Universität von Puerto Rico Serenaden, und dann präsentierte man eine riesige Eistorte in Form eines Cellos, die Casals zunächst nicht anschneiden wollte. Mieczyslaw Horszowski war eigens zu diesem Anlaß aus den USA gekommen und außer ihm auch noch Russell Kingman und Lieff Rosanoff. Am 19. Januar gab Muñoz Marín auf La Fortaleza einen großen Empfang, bei dem die 400 Gäste erlebten, wie Casals eine temperamentvolle Händel-Sonate für zwei Cellos und Klavier zusammen mit Martita und dem Pianisten Jesús María Sanromá spielte, dem bekanntesten Musiker von Puerto Rico und ehemaligen Schüler von Alfred Cortot. Es war die erste Gelegenheit für Martita, das, was sie sich in ihrem Studienjahr in Prades erarbeitet hatte, öffentlich zu Gehör zu bringen, und nach dem gemeinsamen Vortrag von Lehrer und Schülerin spielte sie noch allein eine Reihe von Stücken von Couperin. Am nächsten Tag stellte *El Mundo* fest, Puerto Rico habe nun »eine Cellistin, die sich in der Welt der Kunst einen Namen machen« werde.[17]

Am 23. Januar 1956 verließ Casals San Juan und begab sich via Miami nach Mexiko, wo er sieben Tage lang mit Ehrungen und Empfängen gefeiert wurde. Mexiko hatte sich konsequent geweigert, das Franco-Regime anzuerkennen, und seit Beginn des Bürgerkriegs spanischen Emigranten und katalanischen Patrioten eine Heimat geboten – und nun hatte Casals Gelegenheit, mit einer ganzen Reihe von diesen Exilspaniern zusammenzukommen. Am 29. Januar wurde er bei einem Bankett geehrt, das vom Spanish Republican Center veranstaltet wurde und dem über 900 spanische Emigranten beiwohnten, darunter auch hohe Beamte der ehemaligen republikanischen Regierung, die Casals noch in den frühen dreißiger Jahren gekannt hatte. Am nächsten Tag kehrte Casals nach Puerto Rico zurück, wobei er für ein paar Stunden einen Zwischenstopp auf Kuba einlegte und an weiteren Feiern in Havanna teilnahm. Es war so etwas wie die Rundreise eines Königs, der zahllose Blumen und Huldigungen verteilte und entgegennahm, und Casals fühlte sich geehrt und gerührt, wenn auch ein wenig erstaunt darüber, wie berühmt er hier war. Vor allem aber war er müde, denn dieser Besuch, der ihm eigentlich eine neue Perspektive, ein wenig Erholung und vielleicht sogar die Gelegenheit zum Komponieren hätte bieten sollen, war in eine unaufhörliche öffentliche Prozession ausgeartet, bei der ihn Jack Delanos Kamera auf Schritt und Tritt begleitete. Ende Februar war Casals sicher, daß er nach den Prades-Festspielen im Sommer wieder nach Puerto Rico kommen, ja sich vielleicht dort für immer niederlassen würde. Er wollte einem Volk in Not helfen, und wenn Katalonien schon unerreichbar war, dann würde er seine Kraft dem Geburtsland seiner Mutter widmen. In musikalischer Hinsicht hatte ihm die Insel wenig zu bieten außer eine reine Weste und das Versprechen, ihm die nötigen Mittel zur Verfügung zu stellen, damit er sich ein eigenes kulturelles Milieu schaffen konnte. Und genau das kam ihm am meisten zupaß. Es war schon unzählige Jahre her, seit Casals einer öffentlichen Musikveranstaltung beigewohnt hatte, an der er selber nicht teilgenommen hatte. Und seit den zwanziger Jahren hatte er die Anregungen eines reichhaltigen künstlerischen Großstadtlebens nicht mehr gesucht. Zuerst in Barcelona und dann in Prades hatte Casals seine eigene Musikwelt errichtet, die seinen musikalischen Prioritäten entsprach. Alles, was er brauchte, war eine organisatorische Grundstruktur, die nötigen Mittel, um begabte Musiker holen zu können, und die Unterstützung seiner Freunde. All das konnte ihm Puerto Rico garantieren, und zwar mit einer noch nie dagewesenen Großzügigkeit, und so wandte sich Casals denn automatisch an Alexander Schneider, der das alles auf die Beine stellen sollte. »Ich bin in dieses Land verliebt«, schrieb er ihm am 24. Februar, »... und bin so traurig, daß ich es wieder verlassen werde. Ich fühle mich hier so zu Hause, daß ich eine wunderbare Idee habe. Was würden Sie zu einem Prades-Festival in Puerto Rico im April 1957 sagen?«[18]

Noch ehe ihn der Brief erreichen konnte, war Schneider bereits in Florida (wo er von der Daytona Beach Symphony Society für zwei Aufführungen mit dem Florida Symphony Orchestra engagiert war) ausfindig gemacht und von Gouverneur Muñoz nach Puerto Rico gebeten worden. Da Schneider sich nie etwas entgehen ließ, nahm er unmittelbar nach der zweiten Aufführung am 2. März ein Flugzeug nach Jacksonville. Am Flughafen von San Juan wurde er von Casals und einem Vertreter des Gouverneurs abgeholt, und dann verbrachte er seine erste Nacht auf der Insel in der Gästesuite von La Fortaleza.[19] Nach einem weiteren Besuch und mehreren Besprechungen war alles geregelt. Casals sollte der musikalische Leiter der Festivals Casals Inc. werden und Schneider sein Assistent. Man berief einen Aufsichtsrat, zu dem auch Abe Fortas gehörte, und die Organisation wurde unter die Ägide von Fomento gestellt, mit einem Anfangsetat von 75 000 Dollar.

Als das erste Festival von San Juan für April 1957 fest terminiert und Schneider für seine Gestaltung engagiert war, verließ Casals am 23. März Puerto Rico. Als er erfuhr, daß alle verfügbaren Passagierschiffe nach Le Havre zuerst in einem spanischen Hafen vor Anker gehen sollten, beschloß er, mit dem Flugzeug zu reisen. Es war Casals' erster Transatlantikflug, und er und Martita flogen zuerst mit der PanAm nach Paris und dann mit einer kleineren Maschine weiter nach Perpignan. Die nächsten beiden Monate waren mit Vorbereitungen für die siebten Prades-Festspiele ausgefüllt, einem besonders erlesenen Fest der Kammermusik, bei dem Casals Schumann-Trios in Kombination mit Menuhin/Istomin und mit Végh/Serkin sowie Schumanns Adagio und Allegro in As-Dur mit Clifford Curzon spielte. Danach fuhr er erneut nach Zermatt zu einer weiteren Reihe von Meisterkursen und dann wie im Vorjahr zu Königin Elizabeth von Belgien. Der Höhepunkt dieses Herbstes war eine Konzerthomage im Grand Amphithéâtre der Sorbonne in Paris am 10. Oktober, bei der sowohl der siebenundfünfzigste Geburtstag seines Pariser Debüts wie sein bevorstehender achtzigster Geburtstag gefeiert wurden. Aus diesem Anlaß dirigierte Casals das Orchestre Lamoureux sowie eine Gruppe von elf Cellisten – darunter auch Gaspar Cassadó und Rudolf von Tobel – zu Faurés *Elégie* für Cello und Orchester sowie bei einem Ausschnitt aus einem Oratorium *El Pessebre.* Absoluter Höhepunkt des Abends war die Aufführung einer Version von Casals' eigener Sardana für Cello-Orchester – mit einem Ensemble von 102 Cellisten.[20] Der achtzigste Geburtstag selbst wurde am 29. Dezember in Puerto Rico gefeiert, wohin Casals Ende November mit Martita zurückgekehrt war, diesmal in Begleitung seines Bruders Enrique, seiner Schwägerin Maria und einer ganzen Menge Bücher, Papiere und persönlicher Besitztümer. Gouverneur Muñoz gab ihm zu Ehren ein Festessen auf La Fortaleza und anschließend einen Empfang und ein Konzert in den Palastgärten. Hunderte von Glückwunschkarten, Briefen und Telegrammen kamen von Freunden und Gratulanten aus aller Welt – die meisten wurden dankend beantwortet, und alle wurden zur Kenntnis genommen und sorgfältig aufbewahrt. Nach diesem achtzigsten Geburtstag wurden alle weiteren Geburtstage von Casals überaus festlich begangen, mit Partys zu seinen Ehren, Auszeichnungen und Sonderkonzerten. Da sein Geburtstag nun einmal zwischen Weihnachten und dem Jahresende lag, bereicherte er diese festliche Zeit – aber er dehnte sie auch noch aus, so daß Casals das neue Jahr von Mal zu Mal zunehmend erschöpfter begann.

In fast jeder Hinsicht profitierte das Casals-Festival in Puerto Rico von den leidvollen Erfahrungen, die man bei der Organisation der Prades-Festspiele gemacht hatte. Künstlerische Entscheidungen – die Auswahl der Musiker und das Programm – wurden von Casals und Schneider allein getroffen und durch das New Yorker Festspielbüro realisiert. Es war in den Geschäftsräumen der puertoricanischen Division of Tourism an der Fifth Avenue untergebracht, wo Schneider mit zwei Sekretärinnen und einem »Orchesterbeauftragten« tätig war. Diesmal behauptete sich Schneider resolut gegen Komitees, Förderer und andere Einflüsse von außen – das Festival, erklärte er, sei eine Angelegenheit von Puerto Rico und »nichts für Wichtigtuer in der amerikanischen Gesellschaft«.[21] In organisatorischer Hinsicht war das absolut richtig, denn die geschäftlichen Angelegenheiten des Festivals, das in die politische Strategie zur wirtschaftlichen Erneuerung der Insel einbezogen wurde, waren bei Pridco, der Puerto Rico Industrial Development Company, und ihrem Vizepräsidenten für Finanzen Gaspar Roca bestens aufgehoben. Pridco beschäftigte Anwälte, Manager und Finanzexperten. Und sie hatte vor allem Geld. Casals bekam als musikalischer Leiter 24000 Dollar, und die Orchestermusiker, die der Musikergewerkschaft angehören mußten, sollten auf jeden Fall den gewerkschaftlichen Mindesttarif von 150 Dollar pro Woche erhalten. Was den Kartenverkauf für das Festival betraf, wurden die Puertoricaner ganz bewußt kaum bevorzugt. Da man befürchtete, daß das gesamte Kontingent von 2300 Plätzen pro Veranstaltung in kurzer Zeit von Puertoricanern aufgekauft würde, wurden nur 1000 Karten vor Ort verkauft und die übrigen für Touristen und Besucher, vor allem aus den USA, reserviert.

Im Winter 1956/57 feilten Casals und Schneider an den letzten Details des Festivals. Die Kerntruppe der Solisten und Orchestermusiker bestand aus der Stammannschaft von Prades: Serkin, Horszowski, Istomin, Stern, Katims, Szigeti und anderen. Aber da die Gewerkschaftsvorschriften die Einstellung von Orchestermusikern aus Europa ausschlossen, wurde das Orchester mit Instrumentalsolisten aus Nordamerika besetzt, etwa dem Bassisten Julius Levine, dem Flötisten Julius Baker, dem Klarinettisten David Oppenheim, dem Fagottisten Elias Carmen und dem Hornisten John R. Barrows ebenso wie mit Schneiders Budapester Streichquartett. Bezeichnenderweise kamen dafür nur wenige Puertorikaner in Frage – der Pianist Jesús María Sanromá, die junge Sopranistin Olga Iglesias, ein oder zwei Angehörige der sehr musikalischen Familie Figueroa und natürlich Marta Montañez. Casals war bereit, das Festival mit einer Aufführung der C-Dur-Suite von Bach zu eröffnen – inzwischen war das ja schon so etwas wie eine Tradition. Aber im allgemeinen achtete er darauf, daß er sich nicht überforderte, damit er nicht riskierte, krank zu werden und die anderen damit im Stich lassen zu müssen. Schneider hielt ihn für »so stark wie einen Stier«, aber Casals wußte noch, wie sehr ihn die Auftritte im Oktober des vorhergegangenen Jahres in Paris angestrengt hatten.[22] »Wenn ich das Festival nicht überstehen könnte, wäre das eine Katastrophe – ihr würdet dann wohl das Geld zurückgeben müssen ...« Als er einmal wegen eines entzündeten Fingers in Prades ein Konzert hatte absagen müssen, hatten, so erinnerte er sich, über hundert Leute ihre Karten zurückgegeben.[23]

Casals' Vorahnungen sollten sich furchtbarerweise bestätigen: Am Tag der ersten Probe für das Festival von Puerto Rico erlitt er einen schweren Herzanfall. Am 16. April 1957 hatte sich das Orchester in der Aula der Universität von Puerto Rico in Rio Piedras versammelt, sechs Tage vor dem ersten Konzert des Festivals. Im Saal befanden sich mehrere hundert Zuhörer, und Casals arbeitete mit dem Orchester ohne lange Vorreden Mozarts Sinfonie Nr. 29 in A-Dur (KV 201) durch, um »einander kennenzulernen«. Die Aula war warm, denn man hatte die Klimaanlage auf Casals' Wunsch hin abgestellt; als sie eine Pause machten, war sein Hemd klitschnaß. Casals war vom Klang des Orchesters überaus angetan, und nach dieser Pause begann er mit einem Durchlauf von Schuberts Sinfonie Nr. 8 in h-Moll, der »Unvollendeten«. Als sie etwa zwanzig Takte des ersten Satzes (Allegro moderato) hinter sich hatten, machte er die Musiker auf eine bestimmte Betonung aufmerksam, indem er sich energisch auf die Brust schlug und »Wumm! Wumm!« schrie, um diesen Schlag auf seine typische Art zu betonen. Er schloß den Satz ab und begann mit dem zweiten.[24] Nach einigen Minuten legte er ziemlich abrupt seinen Taktstock nieder, murmelte ein paar entschuldigende Worte in Richtung Orchester und wankte vom Podium. Ganz offensichtlich litt er unter akuten Schmerzen. Sein Gesicht war kreidebleich, und man brachte ihn hinter die Bühne in einen Umkleideraum. Innerhalb von einer halben Stunde erschienen vier Ärzte, darunter auch Casals' Hausarzt Dr. José Passalacqua. Auf den Wunsch von Inéz Muñoz Marín wurde auch der Herzspezialist Dr. Ramón Suarez hinzugezogen, und nachdem Casals drei Stunden lang unter heftigen Schmerzen in der linken unteren Brusthälfte gelitten hatte, bestätigte ein EKG, daß es sich um einen Herzinfarkt handelte. Während des Anfalls war Casals bei Bewußtsein geblieben. Da er Krankenhäuser nicht ausstehen konnte, verlangte er, in seine Wohnung an der calle Bucaré gebracht zu werden. Dort stellte man sogleich ein Krankenbett auf und installierte ein Sauerstoffgerät.

Natürlich stürzte dieser Vorfall Casals in eine Krise – so wie das neue Festival und Puerto Rico. Man mußte durchaus die Möglichkeit in Betracht ziehen, daß Casals starb, und um der negativen Publicity vorzubeugen, die es unweigerlich geben würde, wenn der Maestro in San Juan starb, sorgte der Gouverneur Muñoz dafür, daß der führende US-Kardiologe Paul Dudley White hinzugezogen wurde. Nachdem White den Patienten fast drei Tage lang untersucht hatte, kam er zu dem Ergebnis, daß Casals einen schweren Infarkt erlitten hatte, genauer: einen akuten Infarkt des vorderen Herzmuskels, hervorgerufen durch ein Blutgerinnsel in einer der Herzmuskelwände.[25] White gab eine vorsichtig positive Prognose ab, die er aber als keineswegs sicher bezeichnete. Auf jeden Fall sollte Casals mindestens einen Monat lang das Bett hüten.

Am Abend nach dem Herzanfall rief Schneider den Aufsichtsrat des Festivals zu einer Krisensitzung zusammen, die sechs Stunden dauerte. Das Festival war ausverkauft, und die Hotels in San Juan waren für die nächsten drei Wochen so gut wie ausgebucht. Man entschied sich dafür, das Festival wie vorgesehen stattfinden zu lassen – Casals zu Ehren und schlimmstenfalls in memoriam. Eine Presseerklärung wurde herausgegeben, und am nächsten Tag machte die *New York Times* ihren Bericht mit der Schlagzeile auf: »Casals schwerkrank – Teilnahme am Festival ausgeschlossen.«[26] Schneider, der ohnehin bereits bei vielen Proben und bei einigen Aufführungen dirigieren sollte, wurde gebeten, zusätzlich zu seiner Rolle als Orchesterchef das Amt des musikalischen Leiters zu übernehmen. Nach einer schlaflosen Nacht rang er sich zu einer radikalen Lösung durch, die das Festival sichern sollte: Es würde keinen Dirigenten geben.[27] Schneider wollte vom Stuhl des Konzertmeisters aus das Orchester führen, und Casals' Hochsitz auf dem Podium sollte während des gesamten Festivals leer bleiben. – Es schien zu funktionieren. Vielleicht war das auf diese beinahe tragische Situation zurückzuführen. Jedenfalls lief das volle Konzertprogramm wie geplant ab, die Solisten gaben ihr Bestes, das Publikum blieb nicht fern, und das Festival machte am Ende einen Gewinn von fast 3000 Dollar.

Daß Casals bei einem Festival fehlte, das von ihm, um und für ihn ins Leben gerufen worden war, war eine Notsituation, mit der man nur einmal fertig werden konnte. Alle waren sich darüber im klaren, daß Casals unbedingt rechtzeitig vor dem zweiten Festival im April 1958 genesen sein mußte. Mehreren Umständen war es zuzuschreiben, daß dies der Fall war – hauptsächlich Casals' erstaunlich unverwüstlicher Konstitution. Während er von Marta, von Maria Casals und an jedem Abend der folgenden sechs Wochen von dem jungen puertorikanischen Arzt Heber Amaury Rosa Silva versorgt wurde, machte er erstaunliche Fortschritte. Zehn Tage nach dem Infarkt konnte er schon wieder aufrecht sitzen; zwei Wochen danach brauchte er keine Infusion mehr und konnte normal essen. Einen Monat später ging er jeden Tag einen Kilometer spazieren, und das mit einem beachtlichen Tempo. Was ihm am meisten fehlte, war die Musik, und nachdem er zwei Monate darauf hatte verzichten müssen, durfte er täglich wieder etwa drei Stunden Klavier spielen. Das Cellospiel war zunächst zu beschwerlich, und Casals fragte sich, ob er, wenn die Finger seiner linken Hand überhaupt wieder ihre frühere Geschicklichkeit wiedererlangten, vielleicht noch einmal würde von vorn beginnen müssen. Marta bemerkte, daß ihm am meisten die Angst zu schaffen machte, er könnte »das Cello verlernen«.[28] Aber allmählich kam er wieder zu Kräften: Im Juli übte er jeden Tag eineinhalb Stunden lang, und ganz offensichtlich hatte seine Intonation nicht gelitten, und sein Bogenarm war nach wie vor fest. Casals vermerkte dankbar:

> ... und als ich die Musik meines Cellos wiedergefunden hatte, bewunderte ich mehr als je zuvor jenes andere Instrument, das es mir ermöglichte, wieder zu spielen. Der Mensch hat viele komplizierte und geistreich konstruierte Maschinen geschaffen, aber welche kann sich mit der Leistung seines eigenen Herzens messen?[29]

Was auch immer die Ursache für Casals' Thrombose gewesen war – nach einer gründlichen medizinischen Untersuchung im Jahr zuvor war ihm die Konstitution eines Fünfunddreißigjährigen bescheinigt worden –, so gab es doch zumindest einen Grund, weshalb er sie überlebt hatte: Seine nächsten Lebensjahre waren schon mit anspruchsvollen musikalischen Projekten ausgefüllt, er hatte sich inzwischen in einer erfrischend neuen, anregenden Umgebung eingelebt und neue Freunde sowie einen neuen Lebensstil gefunden und – er wollte wieder heiraten. Marta Montañez war in Puerto Rico genauso wie in Prades stets an seiner Seite, und sie kam mit den Bedürfnissen eines achtzigjährigen Mannes zurecht, der auf zwei Kontinenten ständig gefordert wurde. Ihr ganz allein war es zu verdanken, daß er wieder leben wollte, und sie hatte ihm nicht nur gezeigt, daß dies möglich war, sondern daß es auch Spaß machen konnte. Seit zwei Jahren waren sie nun schon kaum voneinander getrennt, und seit seinem Infarkt hatte sie ihn gewissenhaft gepflegt. Inzwischen konnte er nicht mehr allein zurechtkommen, ob er es wollte oder nicht. Wenn überhaupt, schien dies der ideale Zeitpunkt für eine Heirat zu sein, und so wurde am 3. August die Trauung des ungewöhnlichen Paares in Casals' Wohnung in der calle Bucaré vollzogen.

Casals und Marta hatten bereits untereinander den Gedanken an eine Heirat erörtert, und natürlich war ihre enge Beziehung schon zum allgemeinen Gesprächsthema geworden. Anfang 1957 hatte Marta es abgelehnt, im Festival-Orchester mitzuspielen, mit der Begründung, sie müsse ihre ganze Energie Casals widmen. Vor diesem Entschluß hatte sie sich ratsuchend an Doña Inés gewandt, da sie nicht damit rechnete, daß ihre Eltern erfreut sein würden.[30] Aquiles und Doña Angélica Montañez erschraken verständlicherweise und waren bekümmert. Sie hatten ihre Tochter mit einem Stipendium losgeschickt, um sie bei dem bedeutendsten Cellisten der Welt studieren zu lassen; was ihnen zwei Jahre zuvor noch als großartige Chance erschienen war, führte nun offensichtlich dazu, daß Marta das Instrument wieder aufgab. Mehr noch – da war sogar von Heiraten die Rede. Wie sehr sie Casals auch persönlich bewundert oder verehrt haben mochten, der Gedanke, daß ihre Tochter nicht nur ihre Karriere aufgeben, sondern – wie sie es formulierten – »ihr Leben« dem Maestro opfern würde, war für sie doch außerordentlich schockierend.[31] Doña Inés versuchte zwar zu vermitteln, aber Martas Eltern ließen sich nicht überzeugen. Sie waren gegen die Heirat, und so heiratete Marta, die noch nicht volljährig war, gegen den Willen ihrer Eltern. An der

Hochzeit nahm niemand aus Martas Familie teil, und keiner aus der Familie verabschiedete sich von dem Paar, als es am nächsten Morgen in die Flitterwochen aufbrach. Selbst Martas Lieblingsonkel Rafael war nicht zugegen, und die *Morning Post* druckte seinen Kommentar ab: »Die Familie Montañez fühlt sich sehr geehrt, einen so bedeutenden Verwandten zu bekommen, aber der Altersunterschied macht es uns schwer, diese Heirat zu akzeptieren.« Es dauerte zwei Jahre, ehe sich Martas Vater mit seiner Tochter versöhnte; nur ihre Großmutter brachte Verständnis dafür auf, was geschehen war.[32]

Es überrascht weniger, daß Casals Marta einen Heiratsantrag machte, als daß sie ihn annahm. Dreißig Jahre danach bereitet es ihr noch immer Mühe, das zu erklären: »Etwas hat mich getrieben, was ich noch immer nicht verstehe.« Sie wußte, daß sie Casals sehr viel bedeutete, und so schien es ein ganz natürlicher Schritt. »Ich war mir völlig darüber im klaren, daß ich etwas für ihn tun wollte, und genau das habe ich getan.«[33] Vermutlich schenkte ihre Entscheidung Casals noch weitere siebzehn Jahre eines wachen und aktiven Lebens. Und auf welche persönlichen Wünsche sie auch immer verzichtete: eine eigene Familie, Kinder – die Ehe mit Casals gewährte Marta Montañez schließlich einen bevorzugten Zugang zu einem Genie, die Verantwortung für sein Gedenken und eine Erfahrung, die nur wenige machen oder sich auch nur vorstellen können.

Ehe er Marta heiraten konnte, mußte sich Casals allerdings von Susan Metcalfe scheiden lassen. Sie waren nun schon seit dreiundvierzig Jahren verheiratet, hatten sich aber seit dreißig Jahren nicht mehr gesehen. Nach ihrer Trennung von Casals hatte sie in Paris gelebt und ihr letztes öffentliches Konzert 1951 an der Ecole Normale de Musique gegeben.[34] Irgendwann Anfang der fünfziger Jahre hatte man die offensichtlich verwirrte und in einem kümmerlichen Zustand befindliche Susan Metcalfe Casals in Frankreich aufgelesen und Casals verständigt. Er hatte dafür gesorgt, daß seine Frau in ein Hospiz aufgenommen wurde, das eine Schwester Capdevilas leitete, und anschließend zu ihrer Familie nach New Jersey zurückkehren konnte. Casals wußte zwar nicht, ob sie noch lebte, aber 1957 reichte er die Scheidung ein. Das Urteil, das am 17. Mai in Mexiko erging, führte als Gründe für die Beendigung der Ehe Susan Metcalfes offensichtlich mutwilliges Verlassen des ehelichen Heims, die Unterschiedlichkeit des Paares und die nun schon seit dreißig Jahren bestehende Trennung an.[35]

Nur wenige Tage vor der Trauung von Casals und Marta, am 3. August, gab es noch eine gewisse Aufregung: Man entdeckte, daß das Scheidungsurteil nicht offiziell von einem Zeugen bestätigt worden war. Jack Delano wurde zur Kanzlei von Casals' Anwalt in San Juan gebeten, und dann wurden die nötigen Formalitäten rasch erledigt. Casals dankte Delano herzlich und erklärte, er wolle sich für diesen Gefallen gern revanchieren.[36]

Die Tatsache, daß ein achtzigjähriger Mann eine einundzwanzigjährige junge Frau heiratete, mußte die Leute zwangsläufig schockieren und die Skeptiker, Lästermäuler und bis zu einem gewissen Grade auch die Spötter auf den Plan rufen. Niemand war sich mehr darüber im klaren als Casals und Marta selbst. In seinen Erinnerungen ist Casals später mit entwaffnender Freimütigkeit darauf zu sprechen gekommen:

> Es blieb mir damals nicht verborgen, daß manche Leute auf einen gewissen Altersunterschied aufmerksam wurden – und es ist ja wirklich nicht die Regel, daß ein Bräutigam dreißig Jahre älter ist als sein Schwiegervater. Aber Martita und ich kümmerten uns herzlich wenig um das, was andere darüber dachten; schließlich waren es wir, die heirateten, und nicht die anderen.[37]

Gleichwohl war es einfacher, rasch und in aller Stille zu heiraten, ohne großes Aufheben, und für einige Zeit nicht erreichbar zu sein, um der Welt Zeit zu lassen, diese Neuigkeit zu verarbeiten. Bei der Ziviltrauung in Casals' Wohnung waren nur die beiden Trauzeugen Dr. José Passalacqua und der Musikkritiker Alfredo Matilla anwesend. Die anschließende kirchliche Trauung in der Capilla de la Piedad im Nachbarvorort Isla Verde wurde von einem Bekannten der Familie im Beisein von ein paar guten Freunden vollzogen. Am nächsten Tag, dem 4. August, schiffte sich das Paar an Bord des Linienschiffes *Antilles* nach Europa ein, und am 5. August gab der Richter des Obersten Bundesgerichts Martin Almodovar die Heirat der Presse bekannt.[38] In San Salvador erfuhren es Luis und Teresina Casals in den Rundfunknachrichten. Nicht einmal Sascha Schneider war vorgewarnt worden – in einer Postkarte, die Casals ihm einen Tag vor der Hochzeit geschrieben hatte, war von dem Ereignis nicht die Rede gewesen. Schneider ließ sich Zeit mit einer Reaktion: »Ich wollte Euch schon lange schreiben«, hieß es in einem Brief, den er am 5. September nach Prades schickte, »um Euch alles Glück dieser Welt zu wünschen.«[39]

Als das frischvermählte Paar in Prades auftauchte, löste es unvermeidlicherweise eine gewisse Bestürzung aus, und der Empfang war, wie Casals Schneider gegenüber erklärte, »einerseits gut und andererseits schlecht«.[40] Einige alte Freunde distanzierten sich von den beiden, aber viele gaben sich ganz entzückt. Admiral Troy, der Besitzer von El Cant dels Ocells, hatte allerdings den denkbar schlechtesten Zeitpunkt gewählt, Casals aufzufordern, das Haus zu räumen, da er es für den eigenen Bedarf benötigte. Schließlich war Casals ja noch immer nicht ganz bei Kräften. Es war auch schwer, ein anderes Haus zu finden, und in der Gemeinde war man alles andere als hilfsbereit. Casals regte sich furchtbar darüber auf, auch wenn Meicio Horszowski mit einem geradezu perfekten Timing erschien und ihn mit der Aussicht auf einige Cellosonaten von Beethoven aufheiterte. Schließlich bot der Besitzer des Grand Thermal Hotel im benachbarten Kurort Molitg-les-Bains Casals und Marta eine kleine Wohnung an, die neben dem Hotel lag. Also wurden die Möbel, Noten und Papiere verpackt und in das etwa acht Kilometer entfernte Molitg transportiert, und hier nahm Casals in den nächsten neun Jahren während der Festspiele Quartier.

Ganz gleich, ob der Wegzug von Prades etwas mit der Einstellung der Leute im Anschluß an die Hochzeit zu tun hatte oder nicht – jedenfalls fiel es Casals entschieden leichter, als er 1966 die Verbindung zu den Festspielen für immer abbrach. Die Heirat von Casals und Marta ging letzten Endes niemanden etwas an – aber jeden faszinierte sie. Und keiner, der das Paar kannte oder in den letzten Jahren von Casals' Leben zusammen sah, konnte daran zweifeln, daß die beiden aus Liebe geheiratet hatten.

Casals' Herzinfarkt hatte den vollen Terminplan für 1957 komplett durcheinandergebracht. Zum erstenmal war Casals nicht bei den Prades-Festspielen dabei, die im Juli stattfinden sollten. Fünf Konzerte mit Horszowski im Bonner Beethovenhaus mußten bis zum darauffolgenden Jahr zurückgestellt werden, und der erste Concours International Pablo Casals, ein Cello-Wettbewerb in Paris zu Ehren Casals' und anläßlich seines achtzigsten Geburtstags, wurde von Juni auf Oktober verschoben: der Maestro war zugegen, trat aber nicht der Jury bei, die aus Barbirolli, Eisenberg, Cassadó, Fournier und Rostropowitsch bestand.[41] Casals konnte auch nicht Königin Elizabeth von Belgien seine inzwischen schon alljährlich zur Gewohnheit gewordene Aufwartung machen, aber immerhin fuhr er Ende August mit Marta zur Sommerakademie in Zermatt, auch wenn er dort weder unterrichtete noch spielte. Zermatt war nämlich so etwas wie sein Privatvergnügen geworden – hier genoß er die klare Luft, die Ruhe, die großartige Bergwelt und die Gesellschaft der begabtesten jungen Cellisten aus Europa. Im allgemeinen führte Casals in Zermatt kleine Klassen von Cellisten durch einzelne Abschnitte der klassischen Kammermusikliteratur – Quartette, Trios oder Sonaten – und gab mit Horszowski, Sándor Végh oder anderen hier anwesenden Freunden eine Reihe privater und relativ zwangloser Konzerte. Casals liebte diese Art des Musizierens: in kleinen Gruppen von motivierten Künstlern, die mehrere Wochen ohne jeden öffentlichen Druck zusammen lebten und musizierten. Seit seinen Kursen an der Ecole Normale in Paris in den frühen zwanziger Jahren hatte er nicht mehr in dieser Form unterrichtet, und eine ähnliche Gelegenheit bot sich ihm erst wieder, als er in den sechziger Jahren von Rudolf Serkin zu den Marlboro Festivals eingeladen wurde.

Hin und wieder brachte Zermatt eine erstaunliche Begabung hervor: 1960 überragte ein »brillanter Teenager aus England« die anderen jungen Spieler und durfte den Solopart in Saint-Saëns' a-Moll-Konzert beim Abschlußabend der Studenten vor Casals' Abreise spielen.[42] Es war die erst fünfzehnjährige Jacqueline du Pré, die – welch reizvolle Ironie des Schicksals – dank der »Suggia Gift« nach Zermatt gekommen war, einem von Guilhermina Suggia testamentarisch vergebenen Stipendium, das durch den Verkauf ihres Stradivari-Cellos finanziert worden war. Du Pré gewann diesen Suggia-Preis sieben Jahre hintereinander, was ihr eine unabhängige Karriere ermöglichte, auf die Suggia im gleichen Alter hatte verzichten müssen. Casals war sofort von du Prés Kraft und Energie beeindruckt – und überrascht, als er von ihr erfuhr, daß sie Engländerin war: »Mit einem derartigen

Temperament? Unmöglich.«[43] Du Pré war jung, dickköpfig und »pampig«, wie sie es nannte. Sie war nicht bereit, Autorität automatisch zu akzeptieren, und konnte die unverhohlenen Auswüchse des Casals-Kults nicht ausstehen: die Verehrung, den Kreis anbetungsvoller Frauen, den offenkundigen Dogmatismus. Infolgedessen ließ sie sich entgehen, was ihr Casals vielleicht hätte bieten können, und verwahrte sich gegen alles, was dem Rat ihres Lehrers William Pleeth zuwiderzulaufen schien. Ein Jahr später allerdings schrieb sie auf Anraten von Horszowksi und Pleeth selbst an Casals und bat um Privatstunden im Herbst 1962.[44] Zu diesen Lektionen kam es aber nie, und du Pré studierte statt dessen bei Tortelier an der Darlington Summer School. Dafür nahm sie immerhin mit ihrem Mann Daniel Barenboim am Casals-Festival in San Juan teil.

Casals und Marta verbrachten den Frühherbst in Europa und kehrten dann nach Puerto Rico zurück. Ihr erstes gemeinsames Heim befand sich nicht im lebhaften Santurce-Viertel von San Juan, sondern etwa zwölf Kilometer vom Stadtzentrum entfernt in Isla Verde. Anfang 1958 zogen sie in das helle, moderne Haus, das sie sich am Meer hatten bauen lassen. Hier fand Casals Ruhe, er konnte üben und Vorbereitungen für das zweite San Juan Festival treffen, das im April eröffnet werden sollte.

Die letzten sechzehn Jahre seines Lebens, 1957 bis 1973, waren in ihrem Ablauf beherrscht von den von Casals geleiteten Festspielen sowie von den musikalischen Ereignissen, denen er gern beiwohnte. Mit dem Puerto Rico Festival im Frühling, Prades im Frühsommer, der Sommerakademie in Zermatt im August und – nach 1960 – dem Marlboro Festival im Juli waren acht oder zehn Wochen des Jahres automatisch verplant. Die Organisation und Programmplanung für Prades und Puerto Rico nahm weitere Wochen in Anspruch. Casals war mit den beiden Festspielen, die seinen Namen trugen, praktisch rund ums Jahr beschäftigt. Dabei erwies er sich auch als einflußreicher Gönner und Förderer von Musikern. Mit Schneider stellte Casals die Orchestermusiker für Puerto Rico zusammen, sie legten die Programme fest und engagierten die Solisten. Mit Enrique, der nach 1956 die Verwaltungsgeschäfte in Frankreich übernommen hatte, tat er das gleiche für Prades. In Zermatt und Marlboro wurde er rasch die eigentliche Attraktion, und junge Musiker unternahmen eine Art

Pilgerschaft, um bei ihm sein zu können. Dazu kamen noch mehrere Cellowettbewerbe, die in seinem Namen und nach seinen Maßstäben ins Leben gerufen wurden, Meisterkurse auf der ganzen Welt, die Schüler, denen er Privatunterricht gab oder die er ablehnte, sowie die begabten Menschen, die seinem gestrengen Urteil ausgesetzt wurden, wo immer er erschien – mit einem Wort: Er verfügte über eine unglaubliche Macht, musikalische Karrieren zu fördern und zu sanktionieren.

Dabei war es unvermeidlich, daß Casals unverrückbare Ansichten und klare Favoriten hatte. 1959 beispielsweise zog er für Puerto Rico die Pianisten Rubinstein, Arrau, Hess und Kempff vor. Keine Chance bekam hingegen Van Cliburn, der Gewinner des Leventritt-Preises von 1954 (»nichts für uns, bei der Qualität, die wir beibehalten wollen«), oder Glenn Gould, der, wie Casals Schneider gegenüber bemerkte, »in mir keine Begeisterung erweckt hat«.[45] Leonard Bernstein hingegen, der Casals auf der Party zu Schneiders fünfzigstem Geburtstag 1958 in New York vorgestellt worden war, wurde eingeladen und durfte dirigieren und ein Klavierkonzert spielen. Zuweilen hatten auch die Gäste klare Vorstellungen. Als Arthur Rubinstein 1965 nach Puerto Rico eingeladen wurde, war er bereit, zwei Konzerte zu geben – vorausgesetzt, Casals würde nicht dirigieren.

Manchmal waren die Künstler auch einfach nur verletzt. Paul Tortelier, der es nicht hatte verwinden können, daß er 1959 nicht in die Jury des Pablo-Casals-Wettbewerbs in Acapulco aufgenommen worden war, schrieb eine ausführliche Analyse seiner Beziehung zu Casals seit 1945. Damals hatte Casals, als er Tortelier zum erstenmal gehört hatte, nur bemerkt, »daß Sie mich besiegt haben«. Vierzehn Jahre später fragte Tortelier sich, ob er in Prades Casals »verärgert« habe, und zwar durch seine unabhängige Geisteshaltung, seine »Gewerkschaftspolitik« oder sein angeborenes gallisches Temperament.[46]

Junge Musiker konnten durchaus Karriere machen, wenn es ihnen gelang, Casals' Aufmerksamkeit auf sich zu ziehen. Der sechsundzwanzigjährige Amerikaner Leslie Parnas gewann 1957 den mit 350 000 Francs dotierten ersten Preis beim Pariser Concours International und machte über Nacht als Solist Karriere. Ob er wie 1961 in Israel oder sonstwo war, stets wurde Casals eine ganze Schar außerordentlich begabter Streichinstrumentalisten präsentiert. Sein Interesse wurde von manchem mehr erregt als von anderen. Eltern gingen da bisweilen sehr viel direkter vor. Im November 1961 erhielt Casals ein Schreiben von H. T. Ma, der ihm mitteilte, daß sein sechsjähriger Sohn Yo-Yo »jeden Tag an Sie denkt«.[47] 1966 brachte Mrs. Won Sook Chung ihre beiden Kinder Kyung-Wha und Myung-Wha einfach nach San Juan, damit sie dem Maestro vorspielten. Andere hingegen hatten einfach Pech. Junge Studenten wie Thomas Igloi baten ihn ständig um Einzelunterricht, aber Casals, der bereits Ende Achtzig war, hielt es für effektiver, seine Zeit für Meisterkurse zu verwenden als für Privatunterricht.

Unter allen musikalischen Interessen waren die, die Casals mit Puerto Rico verbanden, die wichtigsten – zumindest in den Augen der Puertoricaner. Als Zweigunternehmen eines Industrieentwicklungsprogramms war das Casals-Festival für ein kulturelles Ereignis ungewöhnlich privilegiert. Es erhielt Subventionen, Steuervorteile und andere Vergünstigungen, die allen Fomento-Projekten zugute kamen, und nach den herrschenden Gesetzen wurden die administrativen Entscheidungen schnell und flexibel vom Leiter von Pridco, Theodore Moscoso, getroffen. Das Ganze hatte natürlich einen Haken. Als Teil eines umfassenderen Programms zur ökonomischen, sozialen und kulturellen Erneuerung der Insel war das Festival – und später auch das Sinfonieorchester und das Musikkonservatorium – nicht in erster Linie dazu gedacht, Casals zu ehren, vielmehr sollten die einheimischen schöpferischen Kräfte gehegt und gefördert werden. Und schon bald wurde von Regierungsseite wie vom Gewerkschaftsverband der Musiker Druck gemacht, mehr puertoricanische Musik in das Festivalprogramm aufzunehmen und das Orchester einheimischen Musikern zu öffnen. Casals war sich dieses Drucks durchaus bewußt, und er war sich darüber im klaren, daß er gewissermaßen nur Mittel zum Zweck war. So empfahl er, für die ersten drei oder vier Jahre den Puertoricaner Jesús María Sanromá als Direktor ans Konservatorium zu berufen, da dies gut ankommen würde.[48] Tatsächlich erhielt dann der argentinische Dirigent und Komponist Juan José Castro diesen Posten.

Wenn er mit einer Idee konfrontiert wurde, die ihn nicht interessierte, gab Casals als geschickter Stratege vor, davon nichts zu verstehen, und damit klärte sich die Angelegenheit zu seinen Gunsten. Als man ihn aufforderte, den puertoricanischen Universitätschor einzusetzen oder einen bestimmten einheimischen Geiger zu engagieren, erwiderte Casals, es sei ihm völlig egal, woher die Musiker kämen, solange sie imstande seien, das Qualitätsniveau des Festivals zu halten. Und als man ihn drängte, jedes Jahr ein Benefizkonzert zu geben, um für die kulturellen Interessen von Puerto Rico 50000 bis 60000 Dollar einzuspielen, erklärte er, bedauerlicherweise hinderten ihn andere Verpflichtungen daran, dieses Angebot anzunehmen. Wenn es allerdings zu einem direkten Konflikt zwischen den Interessen der Insel und seinen eigenen kam, blieb er eisern. Als er Anfang 1956 einen Ehrendoktor von der Universität von Puerto Rico angeboten bekam, kam Casals dahinter, daß auch der Vorsitzende des Obersten Gerichtshofs von Spanien, José Castán Tobenas, der anläßlich einer Versammlung internationaler Juristen die Insel aufsuchte, mit dieser Würde ausgezeichnet werden sollte. Casals lehnte diese akademische Ehrung daraufhin ab und nahm sie statt dessen kurz darauf von der Inter-American Polytechnic University an.[49]

Beim Festival von 1958 in San Juan spielte Casals Beethoven-Sonaten und Brahms-Sextette bei mehreren Kammerkonzerten, aber auf Anraten seiner Ärzte trat er noch nicht ans Dirigentenpult – erst beim dritten Festival im April 1959 wirkte er voll und ganz im Programm mit. Daß dieses Festival ohne seinen Begründer begann, war in gewisser Hinsicht eine Befreiung, und zwar sowohl für das Festival selbst wie für ihn. Während sich in Prades alles um seine Gegenwart drehte und zusammenzubrechen drohte, wenn er nicht dabei war, kam es in Puerto Rico gar nicht erst zu einem ähnlichen Personenkult, und damit wurde das Festival flexibler und vielfältiger. Casals mußte nicht bei jedem Konzert anwesend sein, und als er älter wurde, wollte er es auch gar nicht mehr: Das Programm lief weiter, und das Publikum kam, auch wenn Casals das Ganze zu Hause am Bildschirm verfolgte. Einmal beschwerte sich eine Dame sogar darüber, daß ihr Platz von einem Fremden besetzt sei. Als der Platzanweiser sich anschickte, den Eindringling hinauszukomplimentieren, mußte er fassungslos feststellen, daß es sich um keinen Geringeren als um den Maestro selbst handelte, der unerwartet zum Konzert gekommen war.[50]

Als das Festival nach siebzehn Tagen vorbei war, gingen Casals und Marta wieder nach Prades und stiegen in ihrer Wohnung in Molitg-les-Bains ab. Molitg war damals wie heute eine beliebte, aber ziemlich exklusive *station thermale de la beauté,* und das große, rosafarbene und imposante Hotel Grand Thermal beherbergte wohlhabende Großstädter, die in ihrem Urlaub etwas für ihre Gesundheit tun wollten. Das Hotel besaß Sonnenterrassen, Gymnastikräume und »Thermalkabinen«, in denen die Gäste sich in Marmorbädern aalten oder Algenschlammbehandlungen über sich ergehen ließen, während sie durch einseitig transparente Panoramafenster auf die Eukalyptus- und Palmenhaine des Hotels starrten. Wie es hieß, war das Baden im hoteleigenen, von einer 35 Grad heißen Quelle gespeisten See gut für die Haut und half bei allgemeinen allergischen und rheumatischen Beschwerden sowie bei Erkrankungen der Atemwege. Unangenehm daran war freilich der durchdringende Schwefelgeruch. Casals war in einem Anbau neben dem Hauptgebäude des Hotels untergebracht, in einer Art Pavillon mit einem Uhrturm, dem später noch ein Glockenspiel hinzugefügt wurde, das der Hotelbesitzer Casals zu Ehren einbauen ließ.[51] Von dieser Wohnung aus hatte man einen herrlichen Blick auf die kurvenreiche Straße von Prades, und angeblich ließ Casals, der die Bedienungstastatur des Glockenspiels in seinem Zimmer hatte, die belgische Nationalhymne erklingen, wenn er in der Ferne die sich nähernde Limousine von Königin Elisabeth erblickte.[52]

Nichts deutete darauf hin, daß Casals sich in den neun Sommern, die er in Molitg verbrachte, in irgendeiner Weise für die angebotenen Bäderkuren interessierte oder überhaupt Aufhebens um seine Gesundheit machte. Ende 1958 hatte er sich offenbar völlig von der Thrombose im Jahr zuvor erholt, und da sich Marta um den täglichen Kleinkram kümmerte, für den Casals sich überhaupt nicht interessierte, war er seit Jahren nicht mehr so gesund und energiegeladen – und so gut angezogen gewesen. Und als ihm ein Muttermal an der linken Stirn entfernt worden war, sah er sogar ausgesprochen fotogen aus. Die Tatsache, daß Casals ein so hohes Alter erreichte und dabei auch noch über eine bemerkenswert robuste Konstitution verfügte, löste merkwürdige Spekulationen über seine Person aus: Man munkelte, er habe sich die Plazenta von Schafen injizieren lassen, während er sich in der Schweiz aufgehalten habe. Und wegen seiner »extremen Jugendlichkeit« wurde Casals 1964 in einem Untersuchungsbericht von Dr.

Manfred Clynes erwähnt: Der Direktor des biokybernetischen Laboratoriums am Rockland State Hospital im Staate New York erklärte nämlich, Casals Fall »wirft einiges Licht auf die Frage, welche wesentlichen Voraussetzungen zur Erhaltung jugendlicher Eigenschaften trotz biologischer Alterung vorhanden sein müssen«.[53] Sofern er sich darüber überhaupt Gedanken machte, schrieb Casals sein langes Leben der Arbeit und seiner ständigen Aktivität zu: »Aufhören, auch nur für kurze Zeit nachlassen«, sagte er, »heißt anfangen zu sterben.«[54] Zu Beginn seiner Erinnerung kommt er gleichfalls auf dieses Thema zu sprechen:

> Ich bin jetzt über dreiundneunzig Jahre alt, also nicht gerade jung, jedenfalls nicht mehr so jung, wie ich mit neunzig war. Aber Alter ist überhaupt etwas Relatives. Wenn man weiter arbeitet und empfänglich bleibt für die Schönheit der Welt, die uns umgibt, dann entdeckt man, daß Alter nicht notwendigerweise Altern bedeutet, wenigstens nicht Altern im landläufigen Sinne.[55]

Sascha Schneider konnte es sich natürlich nicht verkneifen, Casals ein wenig aufzuziehen, weil er sich wegen seines Alters soviel zugute hielt. 1966 überbrachte er ihm einen Brief, der angeblich vom Georgisch-Kaukasischen Orchester kam, das Casals als Gastdirigenten einlud. Diese Einladung beruhte auf einem Artikel über sehr alte Menschen im Kaukasus aus der *Illustrated London News,* und die vermeintlichen Gastgeber erklärten, daß die Mitglieder des Orchesters zwar in der Regel über 100 Jahre sein sollten, daß man aber angesichts von Casals' Dirigiertalent eine Ausnahme machen würde – »unbeschadet Ihrer Jugend«. »Ist das nicht wunderbar!« sagte er zu Marta. »Da fahren wir hin.«[56]

Nach Marta Montañez war Alexander Schneider der wichtigste Mensch in Casals' Leben zu dieser Zeit. In den letzten fünfundzwanzig Jahren von Casals' Leben war Schneider dem Maestro völlig ergeben und absolut loyal. Selbst die schwierige Phase nach dem Bruch in Prades, zwischen 1953 und 1955, war vermutlich eher darauf zurückzuführen, daß Schneider emotional aus dem Gleichgewicht geraten war – wegen seiner Beziehung zu Geraldine Page –, als auf irgendeine persönliche Differenz zwischen den beiden Männern. Und Casals wußte das auch. Als seine Ehe mit Page in die Brüche gegangen war, kehrte Schneider wieder in Casals' Leben zurück, ohne daß auch nur ein anklagendes Wort fiel. Casals' Beziehung zu Schneider unterschied sich von fast allen anderen seiner persönlichen Beziehungen. Schneider war aufrichtig, offen und furchtlos – ihm war jene Servilität völlig fremd, welche die meisten Schüler und Studenten von Casals an den Tag legten (und wie sie der Meister vielleicht sogar von ihnen erwartete). Und während viele der größten Musiker der Zeit gegenüber Casals auf Distanz gingen, weil sie vielleicht fürchteten, in allzu großer Nähe zur Sonne zu verbrennen oder zu erblinden, suchte Schneider nicht nur diese Nähe, sondern er akzeptierte auch die gefahrenträchtige Rolle eines musikalischen Stellvertreters oder Doppelgängers. Dank Schneiders großartiger Energie und Begeisterungsfähigkeit für Menschen und Erfahrungen schlug seine Karriere ungewöhnliche Wege ein, während seine unverblümte Offenheit die Karriere anderer Menschen unversehens zum Stillstand brachte. Aber seine Aktivitäten, die er im allgemeinen an mehreren Fronten gleichzeitig entfaltete, und sein unglaublicher künstlerischer Großmut führten unweigerlich dazu, daß seine Freunde und Kollegen viel besser vorankamen und gefördert wurden als seine eigenen beruflichen Interessen. Casals war einer seiner größten Nutznießer. Schneider kümmerte sich in jeder Hinsicht um das Wohlbefinden des Maestros. Er lag den maßgeblichen Leuten von Puerto Rico ständig in den Ohren, Casals eine bessere und günstiger gelegene Behausung zur Verfügung zu stellen. Er entdeckte die beste Quelle für gute Lebensmittel und frisches Gemüse in San Juan und forderte Casals auf, darauf zurückzugreifen.[57] Er fuhr dorthin, wo auch Casals hinfuhr, und versuchte ihm dabei möglichst viel abzunehmen, und bei jeder wichtigen Aufführung oder sonst einem öffentlichen Auftritt stand er ihm stets zur Seite. Er stellte sich zwischen Casals und dessen Kritiker und war überall bereit, ihm diese Last abzunehmen und mit dem Tadel klarzukommen. Nach Casals' Tod schrieb der Cellist Pierre Fournier an Schneider, er habe sich die Dankbarkeit aller Musiker verdient, weil er »die ganze Musikwelt um Casals geeint« habe.[58]

Aus Schneiders Memoiren geht allerdings hervor, daß sich sein grenzenloser Respekt in musikalischer Hinsicht und seine persönliche

Hingabe durchaus mit einer gesunden realistischen Einstellung gegenüber Casals' Fehlern und Ungereimtheiten verband, wie er sie sah. Für Schneider galten absolut klare und einfache moralische Prinzipien. Seine Mutter und seine Schwestern waren in Auschwitz umgekommen – und damit stand für ihn fest, daß er nie wieder in Deutschland oder Österreich würde spielen können. Er hatte vollstes Verständnis für Casals' Weigerung, in Ländern aufzutreten, die Franco anerkannten, und konnte daher nicht verstehen, warum Casals seine moralische Position immer mehr aufweichte. Für Schneider kam die Abänderung dieser klaren Haltung ihrer Zerstörung gleich. Sobald Casals Spanien wieder betreten, in Deutschland gespielt und sich in einem Land niedergelassen hatte, das unbestreitbar ein Teil der USA war, konnte Schneider einfach keinen Sinn mehr darin sehen, daß Casals weiterhin Skrupel hatte.

> Irgendwie hat sogar Casals stets nach Ausreden für das gesucht, was er getan hat. Diese Ausreden waren meiner Meinung nach Unsinn. Ich halte es für sehr bedauerlich, daß die meisten großen Künstler ... auch große Kompromißler sein können, besonders wenn sie etwas für ihre persönlichen Überzeugungen wollen oder brauchen.[59]

Im September 1958 ging es darum, daß Casals Deutschland besuchen wollte, um zwei private Konzerte in Beethovens Geburtshaus in Bonn zu geben. Es war erst sein zweiter Besuch in Deutschland seit den dreißiger Jahren – am 23. September 1955 war er zum erstenmal dort gewesen, gleichfalls im Beethovenhaus –, und auch diesmal war Schneider nicht dabei, der sonst unermüdlich jedem großen internationalen Auftritt von Casals beiwohnte. Statt dessen spielten Sándor Végh und Mieczyslaw Horszowski mit Casals die Trios Nr. 3 in c-Moll (op. 1, Nr. 3) und Nr. 5 in D-Dur (op. 70, Nr. 1, das »Geister-Trio«), die von Philips unter den denkbar schlechten akustischen Bedingungen des Beethovenhauses aufgenommen wurden. Wer sich daran erinnerte, wie feindselig Casals auf die Pläne von Furtwängler und Cassadó reagiert hatte, die in den USA nach dem Zweiten Weltkrieg auftreten wollten, konnte dies kaum begreifen. Für Casals hingegen war dies ein zutiefst emotionaler Akt der Ehrerbietung und des Gedenkens an

Beethoven, ein Akt, der jede vordergründige Politik hinter sich ließ. Horszowski nannte diese Aufführung später die bewegendste in seiner Zusammenarbeit mit Casals.[60]

Als Schneider überrascht auf die Übersiedlung Casals' nach Puerto Rico reagierte, hatte Casals nachsichtig geantwortet: »Ich kann Dir keinen Vorwurf machen, daß Du meine moralische Position nicht verstehst. Aber Du solltest wissen, daß Dir meine Freundschaft und Liebe immer gewiß ist.«[61] In Wahrheit allerdings definierte Casals seine persönlichen Überzeugungen im Zusammenhang mit der praktischen Realität ständig neu, so sorgfältig und behutsam wie die meisten Menschen. Die reinste Manifestation seines Boykotts war schon in dem Augenblick kompromittiert worden, als er bei den ersten Prades-Festspielen 1950 gespielt hatte; und genaugenommen hatte er seinen Moralkodex erneut verletzt, als er zwei seiner Werke während eines Besuchs in Zürich im Anschluß an das Perpignan-Festival im September 1951, in Paris im Oktober 1957 und in Puerto Rico im Jahre 1958 dirigierte. Lange vor 1957 war sich Casals darüber im klaren gewesen, daß sein Standpunkt zwar viele Menschen beeindruckt, aber an der Politik von Regierungen nichts geändert hatte. Darüber hinaus wußte er, daß Franco sich wohl kaum den Protesten von einer Handvoll im Exil lebender Intellektueller beugen würde und daß es in Spanien nicht viele Menschen gab, die seinen anhaltenden Boykott überhaupt wahrnahmen. Aber er war sich durchaus auch bewußt, daß er aufgrund seines Alters, seines Ranges und seines Ruhms zum Symbol für Tausende von Katalanen in aller Welt geworden war, für die das Exil wie für ihn selbst inzwischen einen Dauerzustand darstellte. Ihren Hoffnungen galt in erster Linie seine Sorge, und sie würde er nicht verraten. Aber die ständige Selbstaufopferung und der persönliche Verzicht waren keine Voraussetzungen mehr dafür, daß er seinen Standpunkt klarmachen konnte. Casals hatte inzwischen so viel an menschlicher Glaubwürdigkeit gewonnen, daß jeder Auftritt in den großen Zentren der Welt die Kraft seines Standpunkts paradoxerweise eher verstärkte als beeinträchtigte. In gewisser Hinsicht hatte er das Seine getan. Die Menschen wußten, wofür er stand. Jetzt konnte er seine Botschaft in ihre Hinterhöfe tragen.

Schneider hatte völlig recht, als er die Übersiedlung nach Puerto Rico für problematisch hielt. Ihm selbst gefiel es durchaus, daß Casals

»aus Prades herauskam«, aber er erklärte ihm, wie wichtig es sei, »der Welt klarzumachen, warum Du ein Festival in Puerto Rico haben willst«.[62] Da Casals diesen Schritt nicht bewußt geplant, sondern eher in den Plan eingewilligt hatte, war seine augenblickliche Begründung – Puerto Rico habe doch eigentlich mit den USA nichts zu tun, weil es keine direkte Vertretung in Washington habe – wenig überzeugend. Aber im Laufe der nächsten fünf Jahre bestand seine eigentliche und plausiblere Reaktion darin, den Horizont seiner politischen Position zu erweitern, um sowohl von seiner Nähe zu den USA wie auch von dem Status zu profitieren, den er inzwischen ganz eindeutig zusammen mit Schweitzer und Einstein hatte: den einer weltweit anerkannten Ikone der Menschlichkeit. Wichtig war es für ihn weiterhin, zwischen Musizieren und Dirigieren zu unterscheiden, ein geringer Unterschied, wie ein Kritiker bemerkte, »aber wenn er denn sein Gewissen beruhigt, dann können ihn andere kaum in Frage stellen«.[63] Doch in zunehmendem Maße veränderte sich Casals' Blickwinkel: Nicht mehr die beharrliche Opposition gegen den europäischen Faschismus stand für ihn im Vordergrund, sondern die Bedrohung durch die Atombombe und seine Sympathien für die Weltfriedensbewegung.

Der Krieg hatte in den ersten siebzig Jahren von Casals' Leben eine wichtige Rolle gespielt – in seinen letzten Jahren wollte sich Casals in erster Linie mit dem Frieden befassen. Als er Anfang Zwanzig gewesen war, hatte er erleben müssen, welche Konsequenzen Spaniens letztes verzweifeltes und fruchtloses Ringen um die Erhaltung der Kolonien auf Kuba, Puerto Rico und den Philippinen für ihn persönlich nach sich gezogen hatte. Für seinen Bruder Luis hatte er noch die Befreiung vom Wehrdienst erkaufen können, während seinem Bruder Enrique diese Möglichkeit verwehrt geblieben war – er mußte 1912 nach Argentinien geschickt werden, damit er nicht in Spaniens grausamen Krieg gegen Marokko ziehen mußte.

Der Erste Weltkrieg hatte 1914 in Paris Casals' Leben und Karriere quasi zum Stillstand gebracht. Zwanzig Jahre später hatten der Bürgerkrieg in Spanien und daran anschließend der Zweite Weltkrieg dazu geführt, daß er und Hunderttausende katalanischer Mitbürger für immer ins Exil gehen mußten und daß die internationale Gemeinschaft Prinzipien aufgab, die für ihn die Grundlage eines zivilisierten Lebens darstellten. Von den angeblichen Segnungen des Krieges hatte er bislang nichts mitbekommen. Über eins war er sich im klaren: Wenn er ein Podium bekam, dann sollte er es dafür nutzen, den Frieden zu preisen und vor dem Wahnsinn des Kriegs zu warnen.

Casals hatte Albert Schweitzer 1934 in Edinburgh kennengelernt und ihn siebzehn Jahre später in Zürich wiedergesehen. Zwischen diesen beiden Begegnungen wie auch danach schrieben der Einsiedler von Lambarene und der Einsiedler von Prades einander respektvolle Briefe, in denen sie sich zunächst über Bach, den sie beide schätzten, und dann über Politik unterhielten. Dieser Gedankenaustausch ging unvermeidlicherweise selten über Verallgemeinerungen und Abstraktionen hinaus, doch als die beiden Männer sich im September 1951 wiedersahen, sprachen sie eindringlich über die Verpflichtungen des Künstlers in einer unruhigen Welt. Schweitzer entschied sich für »schöpferisches Handeln«, Casals für den Protest. Aber angesichts der Wirklichkeit Mitte der fünfziger Jahre, die vom kalten Krieg, von Atombombentests und von der Wiederaufrüstung beherrscht waren, sahen sie sich gezwungen, beides zu tun. Im April 1958 war Casals stark beeindruckt von drei Appellen, die Schweitzer unter dem Titel »Frieden oder Atomkrieg?« über den Rundfunk an die Menschheit richtete. Im Sommer dieses Jahres wandten sich die beiden in einem gemeinsamen Aufruf an die Regierungen der Sowjetunion und der USA und forderten sie auf, die Atomwaffentests zu stoppen und den Rüstungswettlauf zu beenden. Kurz darauf nahm Casals eine Einladung an, während des alljährlich stattfindenden Konzerts am Jahrestag der Gründung der Vereinten Nationen vor der UN-Generalversammlung zu spielen.

Die Einladung des UN-Generalsekretärs Dag Hammarskjöld war ihm im Februar von einem Gesandten überbracht worden, der sich drei Tage bei Casals auf Puerto Rico aufhielt und ihn zur Annahme zu bewegen suchte. Aber die Vereinten Nationen befanden sich auf dem Boden der USA, wo Casals nie wieder auftreten wollte – mehr noch: Spanien war ein Mitgliedstaat. Zunächst lehnte Casals ab, aber als man ihm klarmachte, daß der Grund und Boden, auf dem sich das UN-Hauptquartier am East River in Manhattan befand, extraterritorial und politisch neutral war, sah Casals ein, daß diese Einladung eine wichtige Chance darstellte, seiner Überzeugung Ausdruck zu verleihen. Das Konzert fand am 24. Oktober statt, und das Programm wurde von Charles Munch und dem Boston Symphony Orchestra mit Arthur Honeggers Fünfter Sinfonie eröffnet. Nach einer Ansprache von Hammarskjöld spielten Casals und Horszowski Bachs Sonate Nr. 2 in D-Dur und anschließend *El Cant dels Ocells*. In weiteren Ausschnitten aus den Konzerten in Paris und Genf spielten Yehudi Menuhin, David Oistrach und Ravi Shankar, und Ernest Ansermet dirigierte die »Ode an die Freude« aus dem letzten Satz von Beethovens Neunter Sinfonie.

Ursprünglich hatte Casals vor seinem Auftritt eine umfassende Friedensbotschaft abgeben wollen, aber da im großen Saal der Generalversammlung nur Delegierte oder politische Repräsentanten sprechen durften, wurde seine Erklärung ins Programmheft aufgenommen.

> Wenn ich in meinem Alter hierherkomme ..., so nicht, weil in meiner moralischen Haltung oder in den Beschränkungen, die ich mir selbst und meiner künstlerischen Laufbahn all die Jahre auferlegt habe, sich irgend etwas geändert hätte, sondern weil in Anbetracht der großen und vielleicht tödlichen Gefahr, die die Menschheit bedroht, alles andere zurückzustehen hat.[64]

Casals rief zu einer Beendigung der Atomtests auf und appellierte an alle Regierungen – und an alle Menschen, die »nicht im Zustand der Bewußtlosigkeit vor sich hindämmern« –, nach der Würde des Friedens statt nach der »Unmenschlichkeit und Sinnlosigkeit des Krieges zu streben«. Er rühmte die Musik als universale Sprache und als Mittel zur Verständigung zwischen den Menschen.

Noch nie war ein musikalisches Ereignis über den Rundfunk so weit verbreitet worden wie dieses Konzert am Tag der Vereinten Nationen. Es wurde dank der neuen Technik des Unterseekabels an die Rundfunkstationen in fünfundsiebzig Länder und auf alle fünf Kontinente übermittelt und im Fernsehen von der CBS ausgestrahlt. Es fand ein gewaltiges Presseecho rund um den Erdball, und in Millionen von Haushalten wurde das Bild von Casals als Botschafter des Friedens aufgenommen. Prades und die Publicity der Festspiele hatten Casals als Mahner des Friedens präsentiert, vor allem in Europa und Nordamerika. Der Auftritt vor den Vereinten Nationen ließ ihn praktisch über Nacht zur weltbekannten Symbolfigur des Friedens werden, zum – wie es wenig schmeichelhaft, aber treffend hieß – »greisenhaften Superstar«.

Der Besuch bei den Vereinten Nationen bedeutete natürlich auch den Besuch von New York. Seit dreißig Jahren war Casals nicht mehr in dieser Stadt gewesen, und das Interesse der Presse war überwältigend. In den sechs Tagen, die er mit Marta in New York verbrachte, wurde ihnen klar, wie erregend es war, berühmt zu sein – und wie hoch der Preis war, den sie dafür zahlen mußten. Nach der Ankündigung dieses Besuches ergoß sich eine Flut von Anfragen für Interviews, Dinnereinladungen, Angeboten zu dirigieren und zu spielen, Bitten, spanische Flüchtlingsgemeinden zu besuchen und vor ihnen zu sprechen, über Casals. »Ich lehne fast alles ab«, schrieb Casals an Schneider, »denn wenn ich darauf einginge, müßte ich ein ganzes Jahr dort bleiben!«[65] In New York hatten sie wenigstens ein gewisses Privatleben, weil ihnen Eugene Istomin seine Wohnung überlassen hatte – aber selbst dort blieben sie nicht vor Telefonanrufen, Briefen, Postkarten, Telegrammen, Autogramm- und Fotowünschen und vor zahllosen Bitten, für alle möglichen Dinge Geld und Zeit zu opfern, verschont. Alles, was Casals tat, wurde in den Zeitungen kommentiert, jedes seiner Worte wurde auf die Goldwaage gelegt. Einem Künstler mit einem unersättlichen Ego wäre diese Aufmerksamkeit und Bewunderung willkommen gewesen. Aber für einen Mann, der im Hinblick auf Dinge, die er für persönlich und privat hielt, eine fast viktorianische Zurückhaltung an den Tag legte, war die unersättliche Neugier der Außenwelt eine Zumutung. Casals schränkte seine Engagements ein. Am 21. Oktober nahm er an der Party zu Schneiders fünfzigstem Geburtstag im Restaurant Golden Horn teil und lernte dabei Leonard Bernstein kennen. Es kam auch zu einer bewegenden Begegnung – zum letzten Mal – mit seinem alten Freund Fritz Kreisler, den er seit 1936 nicht mehr gesehen hatte, als sie zusammen das Doppelkonzert von Brahms in London gespielt hatten. Am Tag nach dem UN-Konzert erschien Casals vor Studenten an der Manhattan School of Music und hörte in der Carnegie Hall das Klavierkonzert von Schumann mit Istomin.[66] Dann kehrte Casals wieder nach Puerto Rico zurück, wo ihn an die 5000 Briefe und Telegramme erwarteten.

Musik und der Kreuzzug für den Frieden

1960–1973

> Vielleicht werde ich Katalonien nie wiedersehen. Jahrelang hatte ich geglaubt, die Freiheit werde in mein geliebtes Vaterland zurückkehren, ehe ich sterbe. Nun bin ich nicht mehr so sicher.
>
> *Pablo Casals* [1]

1958 wurde Casals für den Friedensnobelpreis nominiert. Er hat ihn nicht bekommen – statt dessen erhielt ihn ein belgischer Mönch des Dominikanerordens, Georges Pire, in Anerkennung seiner Arbeit für politische Flüchtlinge. Wir wissen heute nicht mehr, wie weit Casals' Kandidatur in den geheimnisvollen Entscheidungsfindungsprozessen des Nobelpreiskomitees vorangetrieben worden war. Sehr wahrscheinlich zerschlugen sich seine Chancen angesichts der Tatsache, daß die Gruppe, die ihn nominiert hatte, unverhohlen als Partisanengruppe agierte. Diese Agrupación Catalana »Montserrat« war eine Organisation von Katalanen, die überwiegend in Peru und Chile lebten und sich um den Preis bemühten, weil sie darin eine Anerkennung der katalanischen Nation insgesamt erblickten und weniger eine ausgesprochene Ehrung von Casals als Einzelpersönlichkeit. Aber das Faktum der Nominierung und die Aufmerksamkeit, die es bei Persönlichkeiten wie Schweitzer, Eisenhower und Königin Elizabeth von

Belgien hervorrief, verstärkten weltweit Casals' Glaubwürdigkeit als – wie es das Komitee formulierte – »une lumière dans la lutte de notre humanité«.[2]

Die Aura des Heiligen, die Casals in den letzten Jahren seines Lebens umgab, legte sich in gewisser Hinsicht zwischen ihn und seine Vergangenheit. Eine ganze Reihe alter Freunde hatten das Gefühl, keinen Zugang mehr zu ihm zu haben, zumindest nicht unter den gleichen Bedingungen wie zuvor. In Wirklichkeit war das wohl unvermeidlich. Als Star lebte Casals in einer völlig anderen Umgebung, nämlich auf einer Insel in der Karibik. Für Freunde in Nordamerika war Puerto Rico vermutlich sogar einfacher zu erreichen als seinerzeit Prades für Casals' europäische Kollegen. Aber von London oder Paris war es eben doch ein weiter Weg – ganz zu schweigen von San Salvador: In seinen letzten Jahren sah Casals seine direkte Familie, seine Brüder und ihre Kinder, sehr viel seltener als in den ersten achtzig Jahren seines Lebens. Und vielleicht hatte er auch gar nichts dagegen einzuwenden. Denn er lebte in der sonnigen Karibik so überaus angenehm und hatte so viele und interessante Gelegenheiten zu musizieren, daß ihm der Umstand, von seinen Freunden in Nord- und Südamerika »vereinnahmt« worden zu sein, kaum etwas ausgemacht haben konnte. Ja er mag es vielleicht sogar bedauert haben, daß es nicht schon früher geschehen war.

Einige waren auch darüber bestürzt, daß Casals im hohen Alter offensichtlich »an seine eigene Heiligkeit glaubte«[3], und sahen sich bestätigt, als 1970 das von Albert E. Kahn zusammengestellte Erinnerungsbuch *Joys and Sorrows* (deutsch: *Licht und Schatten auf einem langen Weg*) erschien. Neben faszinierenden Passagen von großem Charme enthält das Buch auch Ausführungen, die eher peinlich selbstgefällig wirken: »Das Traurige dabei ist nur, daß man sich so ausführlich über die eigene Bescheidenheit ergehen kann, ohne daß der Leser mißtrauisch wird.«[4] Allerdings hat dies dem Buch offenkundig nicht geschadet, denn immerhin wurden davon im ersten Jahr 20 000 Exemplare verkauft, und außerdem wurde es in viele Sprachen übersetzt. Aber dadurch wurde Casals eine gewisse Eitelkeit und Selbstgerechtigkeit unterstellt, die in seinen Briefen völlig fehlt und nach Meinung derer, die ihn kannten, nahezu untypisch für ihn war. Dabei hatte Casals durchaus ein starkes Selbstbewußtsein – er wußte, daß er bedeutend war, aber das machte ihn nicht überheblich oder selbstverliebt. Oder wie es Lael Wertenbaker 1950 formulierte:

> Casals hat durchaus seinen Egoismus und Stolz, aber es ist ein distanzierter, fast unpersönlicher und praktisch bescheidener Egoismus. Er hält seine Begabung für eine Gottesgabe und bewundert sie ohne falsche Bescheidenheit. Er ist stolz darauf, weil er das Gefühl hat, daß er diese Gabe wirklich achtet ... und seine Pflicht erfüllt hat ... Im persönlichen Umgang ist er liebenswürdig, gütig, bescheiden, freundlich und ausgesprochen natürlich.[5]

Die Last des Ruhms erlegte ihm allerdings eine gewisse Zurückhaltung auf. Als »erster kultureller Weltbürger« und als eine Art moralisches Staatsoberhaupt wurde Casals von allen möglichen Leuten belästigt und beschwatzt, und wenn es nach ihm gegangen wäre, hätte er zu allem ja und amen gesagt. So aber konnte das nicht weitergehen. Im Dezember 1960 trat er in sein fünfundachtzigstes Lebensjahr ein. Niemand wußte, wie lange er noch zu leben hatte: Seit dem Herzinfarkt von 1957 machte sich eine Anfälligkeit seines Herzens ständig bemerkbar. Casals hatte noch einiges zu tun und mußte seine Energie konzentrieren.

Yehudi Menuhin sagte einmal: »Ich kenne keinen anderen Menschen, der im hohen Alter so erfolgreich ist wie Casals.«[6] Das hatte Casals ausschließlich Marta zu verdanken, die sich in hingebungsvoller Weise um ihn kümmerte und ihn vor allem abschirmte, was Casals in irgendeiner Hinsicht belastet hätte. Nachdem sie im Dezember 1959 in den puertoricanischen Städten San Juan und Ponce unter der Leitung von Casals das Cellokonzert in B-Dur von Boccherini gespielt hatte, hatte Marta ihre vielversprechende Solokarriere aufgegeben, um ihre ganze Energie »dem Maestro« zu widmen. Casals erklärte häufig, Marta sei seine beste Schülerin gewesen. Aber sie war sich darüber im klaren, daß sie nicht beides gleichzeitig tun konnte: eine berufliche Karriere verfolgen und seinen Bedürfnissen gerecht werden. Inzwischen hatte es sich nämlich herausgestellt, daß es Casals lieber war, nicht von Berufsmusikern umgeben zu sein. Und Marta hatte ihre Entscheidung getroffen.

Es gab ein Ereignis, das Casals überaus wirkungsvoll ins Scheinwerferlicht der Weltöffentlichkeit rückte: sein Auftritt vor Präsident John F. Kennedy im November 1961 im Weißen Haus. Casals hatte natürlich sein Leben lang für Monarchen und politische Führer gespielt, ja sogar schon einmal im Weißen Haus, nämlich siebenundfünfzig Jahre zuvor. Aber dieser Auftritt in Washington am 13. November 1961 bedeutete doch etwas ganz anderes. Kennedy war ein viel beachteter Präsident, und über dieses Konzert berichteten die Medien ausführlicher als über jede andere Veranstaltung im Weißen Haus, vermutlich sogar mehr als über irgendein anderes Konzert in Amerika.[7] Es wurde von NBC und ABC übertragen, von der Columbia aufgezeichnet und erregte das Interesse der gesamten Weltpresse. Außerdem war es Casals' erster bewußt geplanter öffentlicher Auftritt auf amerikanischem Boden seit dem Beginn seines Boykotts im Jahre 1946; und beinahe wäre es überhaupt nicht dazu gekommen: Casals befand sich gerade in Israel, als er im September einen Brief vom Weißen Haus erhielt. Wie es zu dieser Einladung gekommen war, wissen wir nicht – es wird sogar behauptet, dieser Vorschlag sei Jacqueline Kennedy von Greta Garbo unterbreitet worden.[8] Wahrscheinlich aber stammte er eher von Abe Fortas, der damals sowohl Casals' Anwalt als auch Rechtsberater von Kennedys Vizepräsidenten Lyndon B. Johnson und eine bekannte Erscheinung in Washington war.

Im Prinzip war Casals durchaus bereit, die Einladung anzunehmen. Seit er fünf Jahre zuvor wieder aktiv geworden war, hatte er nach einer politischen Persönlichkeit Ausschau gehalten, in die er sein Vertrauen und seine Hoffnungen für die Welt setzen konnte. Und eine solche war John F. Kennedy. Dessen Amtsvorgänger General Eisenhower hatte 1959 in Madrid erklärt, es sei sein »lebenslanger Wunsch« gewesen, Spanien aufzusuchen und »mit dem spanischen Volk zusammenzukommen«. In Wahrheit hatte er nichts weiter gesucht als Francos Einverständnis, die US-Militärstützpunkte auch weiterhin in diesem Land belassen zu können.

Nachdem Kennedy 1960 gewählt worden war, hatte Casals zweimal ans Weiße Haus geschrieben und auf eine Revision der von der vorherigen Regierung betriebenen Spanienpolitik gedrängt. Aber die Idee, im Weißen Haus öffentlich aufzutreten, war viel bedeutungsvoller und, wie er Fortas erklärte, »überaus delikat ... denn jeder Schritt, den ich tue, muß wohlüberlegt sein und genau auf der Linie meiner Ideale und Aktivitäten liegen«.[9] Casals war bereit, nach Washington zu gehen, »um öffentlich mein Vertrauen in Kennedy als Führer des Westens zum Ausdruck zu bringen« – vorausgesetzt, es handelte sich um eine persönliche Einladung des Präsidenten und Casals könnte »privat« für Kennedy und seine Freunde spielen. Vor allem durfte es keine Pressekonferenz geben, und er wollte auch nicht zur spanischen Frage Stellung nehmen:

> Beispielsweise würde man mich mit Sicherheit fragen: Haben Sie Ihren Standpunkt in bezug auf Spanien geändert? Darauf müßte ich antworten: »Nein.« Wenn man mich fragte: Sind Sie nun mit der Politik der USA gegenüber Spanien einverstanden?, wäre meine Antwort: »Nein.« Wenn man mich fragte: Warum ist Franco nach so vielen Jahren noch immer an der Macht?, müßte ich antworten: »Das liegt hauptsächlich an der Hilfe und Unterstützung seitens der USA.« Sie sehen, das wäre sehr gefährlich und unangenehm.[10]

Und von da an lief alles falsch. Fortas hatte in einem Memorandum an Pierre Salinger, den Berater des Präsidenten, Casals' Bedingungen vorgetragen, aber das Papier war übersehen worden.[11] In der Presseerklärung für das Konzert hieß es, das Staatsbankett – das Casals abgelehnt hatte, da er es sich zur Regel gemacht hatte, vor einem Auftritt nicht zu essen – werde nun zu Ehren des Präsidenten Muñoz Marín und des Bundesstaates Puerto Rico stattfinden, und anschließend würde Casals auftreten. Damit wurde fälschlicherweise zum Ausdruck gebracht, Casals höbe seinen Aufführungsboykott als Zeichen seiner Achtung vor Muñoz Marín auf, und genauso sah es auch die Presse – besonders in Puerto Rico. Casals war über diese überraschende Wendung schockiert und drohte, das Ereignis platzen zu lassen. Es bedurfte schon Fortas' ganzer Überredungskunst, um ihn davon abzubringen. Fortas, der vier Briefe und ein Telegramm nach Puerto Rico schickte, beschwor Casals, auf eine derartige Reaktion zu verzichten, da sie »dem Präsidenten wie Ihrer Sache einen schweren Schlag versetzen« würde. Kennedy, erklärte er, »handelt zuweilen nach den Ratschlägen von Untergebenen und ohne sorgfältige Überlegung«. Die Einladung an Muñoz Marín sei erst im nachhinein erfolgt, während es bei dem besagten Abend noch immer in erster Linie darum ginge, daß »Pablo Casals Präsident Kennedy als eine führende Persönlichkeit im Kampf um den Frieden ehrt«.[12]

Es sei dahingestellt, ob Fortas damit Glauben fand oder nicht – jedenfalls wirkte sein Appell. Kennedys Einladung und Casals' sorgfältig formuliertes Bestätigungsschreiben wurden als eilige Pressemeldung am 24. Oktober herausgegeben. Aber welch ein unangenehmes Erwachen: Wie schon die britische Regierung im Jahre 1945 nahm auch die US-Regierung Casals' moralischen Standpunkt natürlich nicht so ernst wie er selbst:

> Mir war klar, daß ich, als die Idee aufkam, nach Washington zu gehen, mit Mißverständnissen und Mißbilligung würde rechnen müssen ... Über viele Jahre hinweg habe ich meinen Standpunkt aufrechterhalten, und zwar gegen jedwede Kritik, Verdammung oder gar Verleumdung – das hat mich nie gestört, da ich meine Überzeugungen hatte. Aber es würde mich durchaus stören, wenn diejenigen, die ihr Vertrauen in mich gesetzt haben, denken könnten, ich hätte sie betrogen.[13]

Während das Konzert im Weißen Haus für Casals einen Kompromiß darstellte, erwies es sich für Kennedy als überaus wirkungsvolles politisches Manöver. »Eine Nation«, hatte er gesagt, »offenbart sich nicht nur in den Männern, die sie hervorbringt, sondern auch in den Männern, die sie ehrt.«[14] Indem er Muñoz Marín ehrte, sanktionierte er damit nicht nur das Wirtschaftswunder in Puerto Rico als Modell für eine Modernisierung in Lateinamerika schlechthin, sondern er gab damit auch den 300000 puertoricanischen Wählern in New York seine Dankbarkeit zu verstehen, weil sie entscheidend zu seinem hauchdünnen Sieg über Richard Nixon im Kampf um die Präsidentschaft im Jahre 1960 beigetragen hatten.[15] Mit dieser Einladung an Pablo Casals verdarb es sich Kennedy außerdem nicht mit der Friedenslobby und förderte den Ruf seiner Administration, sie habe ein gutes Verhältnis zu den Künsten. Tatsächlich gab es im Anschluß an das Casals-Konzert Abende zu Ehren von Strawinsky, André Malraux, Isaac Stern und Ernest Hemingway, und damit wurde – wie es Thornton Wilder formulierte – »überraschend eine ganz neue Dimension der Selbstachtung« unter den Künstlern geschaffen.[16]

Das Konzert selbst war ein beachtlicher Erfolg. Am Vortag probte Casals, der von Mieczyslaw Horszowski und Alexander Schneider begleitet wurde, drei Stunden lang in dem für diplomatische Empfänge vorgesehenen Saal. Der Flügel des Weißen Hauses, ein reich verzierter, fast drei Meter langer Steinway, erinnerte Casals an ein Cadillac-Kabriolett, das Marta kürzlich gekauft hatte.[17]

Am Abend des Ereignisses hatten sich 200 der bekanntesten amerikanischen Musiker in dem mit hohen Spiegeln und schweren Draperien ausgestatteten East Room versammelt, ehe der Präsident an der Seite von Inés Muñoz Marín die Bankettgäste hereinführte. Darunter befanden sich die Dirigenten Leopold Stokowski, Eugene Ormandy und Leonard Bernstein, Komponisten wie Aaron Copland, Samuel Barber, Elliott Carter, Roger Sessions und Virgil Thomson, Kritiker, Diplomaten, Kunstmäzene und Angehörige der Washingtoner High Society.

Das Programm, das eine gute Stunde dauerte, begann lebhaft, mit Mendelssohns Trio in d-Moll (p 49), das mit seinen effektvollen Klavierläufen das Publikum sofort in Bann schlug. Dann spielten Casals und Horszowski eine Reihe von Konzertstücken von Couperin, und im Anschluß daran gab es eine ausgesprochen romantische Interpretation von Schumanns Adagio und Allegro für Cello und Klavier in As-Dur. Die Musiker waren nervös und spielten ziemlich holprig. Und ungewöhnlicherweise – denn schließlich war hier die Crème de la crème der amerikanischen Musikkultur versammelt – brandete nach jedem Satz Applaus auf. Aber Casals' *El Cant dels Ocells,* mit dem der Abend schloß, war vermutlich von ihm noch nie so bewegend gespielt worden – langsam, dicht und voller Gefühl, wobei sein Stöhnen in Seufzen überging, als er die letzten Takte erreichte.

Wir wissen nicht, wie der Präsident selbst die Aufführung fand: Jacqueline Kennedy soll angeblich einmal gesagt haben, daß »die einzige Musik, die er wirklich schätzt, ›Hail to the Chief‹« sei.[18] Entscheidend für Casals war, daß er im Laufe dieses Tages bereits Gelegenheit zu einem fünfundvierzigminütigen privaten Gespräch mit John F. Kennedy gehabt hatte und daß sie bei dem inoffiziellen Essen im Anschluß an das Konzert noch einmal miteinander sprechen konnten.

Casals war tief beeindruckt von Kennedys Ernsthaftigkeit und Aufmerksamkeit und hatte das Gefühl, dank seiner Persönlichkeit habe der Präsident damit begonnen, »einen neuen Idealismus in das Leben der USA und der Welt« zu tragen. Nach mehreren Minuten entschuldigte sich Kennedy wegen einer dringenden anderen Angelegenheit – beim Hinausgehen erkundigte er sich bei Schneider und Horszowski zu deren gelinder Überraschung, ob sie aus Puerto Rico stammten[19] –, und Mrs. Kennedy begleitete Casals und Marta zu ihrem Wagen.

Die Komplikationen und persönlichen Empfindlichkeiten, die bei der Organisation des Konzerts aufgetreten waren, erschienen den Verantwortlichen wie ein Alptraum: Fortas gestand Isaac Stern einmal, er wolle nie wieder mit einem ähnlichen Ereignis zu tun haben – selbst »wenn Jesus Christus bereit wäre, ein Maultrommelkonzert zu geben«.[20] Das Publikum jedoch reagierte überwältigend positiv. Casals hatte vor einer sehr großen Öffentlichkeit für das Oberhaupt eines Landes gespielt – und es vor aller Augen umarmt –, das Franco aktiv anerkannte. Aber die zahllosen Briefe, die Casals nach dem Ereignis bekam, stammten nicht etwa von enttäuschten Spaniern, die sich in ihrem Leiden und im Exil im Stich gelassen fühlten, sondern von enttäuschten Musikliebhabern in aller Welt, denen wieder einmal bewußt geworden war, was ihnen fehlte. Und wieder einmal hatte Casals seine Botschaft wirkungsvoll zu Gehör gebracht, obwohl er seinen Eid doch eigentlich gebrochen hatte. Fortas war schon früher der Ansicht gewesen, daß »die Krise dieses historischen Augenblicks von der symbolischen Gestalt, die in der Vergangenheit so wunderbare Dienste geleistet hat, etwas Zusätzliches verlangt: Es ist phantastisch ..., daß [Casals] so flexibel, mutig und engagiert gewesen ist und erkannt hat, wie notwendig es war, etwas anderes zu riskieren, was seiner großen Sache dient.«[21] Casals selbst sah das nicht ganz so. Trotz aller Auftritte, die er in vielen Ländern der Erde im Laufe des darauffolgenden Jahrzehnts gab, war er überzeugt, daß sein eigentlicher Boykott unverändert bestand. Denn auch wenn er unterrichtete, dirigierte und häufig bei Festivals und privaten Veranstaltungen auftrat, nahm Casals doch kein einziges Mal sein Cello zur Hand, um ein

Konzertpodium zu betreten und vor einem zahlenden Publikum eine Bach-Suite zu spielen. Für einen Mann, der sehr viel weiter herumgekommen war und temperamentvoller gespielt hatte als die meisten Musiker vor ihm, kam das einer ausgesprochenen Selbstverleugnung gleich. Und für alle anderen Menschen war es ein großer Verlust.

Es war noch nicht einmal ein Monat vergangen seit dem Konzert im Weißen Haus, da rühmte der US-Außenminister Dean Rusk Spanien öffentlich als einen Verbündeten des Westens bei der Verteidigung der Welt gegen die kommunistische Aggression.[22] Casals war entsetzt und schrieb an Kennedy, daß er dieses Statement mißbillige.[23] Im Laufe der folgenden Monate korrespondierte er mit dem Präsidenten über humanitäre Fragen, wobei ihn Abe Fortas behutsam davor warnte, mit einer praktischen Reaktion zu rechnen:

> Ich glaube, daß Menschen wie Bertrand Russell, Erich Fromm und vor allem Maestro Casals eine gewaltige Wirkung erzielen können, indem sie an das Gewissen der Welt appellieren, aber ich meine, daß sie fast immer den Fehler begehen, Vorschläge zu unterbreiten, die ... konkret sind.[24]

Die Meldung von Kennedys Ermordung im November 1963 stellte einen schweren Schlag dar – Casals war danach krank und zutiefst deprimiert, und den größten Teil des Winters war er außerstande, Puerto Rico zu verlassen. Kennedys Tod bedeutete für Casals den Verlust des einzigen Menschen, dem er die Rolle eines positiven politischen Helden zugetraut hatte – und seine Wahl war nicht die schlechteste gewesen.

Casals hatte in seinem ganzen Leben meist das getan, was er geglaubt hatte tun zu müssen. Seine Freunde hielten es für wichtig, ihn nun dazu zu bewegen, zu tun, was er tun *wollte*. Casals' primäres politisches Anliegen in den letzten Jahren seines Lebens war nicht Spanien, sondern die Friedensfrage und insbesondere die Befreiung der Welt von der drohenden Gefahr eines Atomkriegs. Er hatte sich einer Reihe von Abrüstungsorganisationen angeschlossen, darunter auch dem Committee for a Sane Nuclear Policy, aber darüber hinaus wollte er etwas Direktes und Überzeugendes leisten. 1960 entwickelte er die

Idee, sein Oratorium *El Pessebre* für eine Art »Kreuzzug« für den Weltfrieden einzusetzen. Als er das Oratorium in Prades zwischen 1944 und 1946 komponierte, wollte er mit der Uraufführung das Ende des Weltkriegs und die Wiederherstellung der Demokratie in Spanien feiern. Im Anschluß an seinen Auftritt vor den Vereinten Nationen im Jahre 1958 war Casals aber dann der Meinung, es sollte eher den Charakter eines Aufrufs für den Weltfrieden bekommen, und nicht als Friedensfeier verstanden werden. Alavedra wurde beauftragt, einen Schlußabschnitt zu schreiben, der das Thema Frieden und Brüderlichkeit noch deutlicher herausstellte, und Casals orchestrierte diese abschließende Adoratio in sechs Teilen, die in einem triumphalen Hosianna und Gloria für Sopran, Chor und Orchester kulminiert. Und dann war er bereit, das Werk überall dort aufzuführen, wohin er eingeladen wurde.

El Pessebre beherrschte die letzten Jahre, in denen Casals öffentlich auftrat, und wurde sein zentrales künstlerisches Anliegen. In diesem entschiedenen Willen, eine weltweite Friedensbotschaft durch ein großangelegtes, von ihm selbst komponiertes Werk zu verkünden, kam sein unerschütterliches Selbstvertrauen ebenso zum Ausdruck wie die verzweifelte Trauer über das Schicksal der Menschheit. Freunde versuchten ihm dieses Vorhaben auszureden, und zwar nicht nur, weil sie die Reaktion der Kritik fürchteten, sondern sich auch Sorgen um seine physische Belastbarkeit machten. Aber Casals war fest entschlossen: »... mir schien gerade die Tatsache, daß ich nicht mehr lange auf dieser Erde verweilen würde, ein Grund mehr zu sein, zu handeln, solange ich noch konnte«.[25]

Die erste vollständige Aufführung von *El Pessebre* fand am 17. Dezember 1960 in Acapulco statt, im Amphitheater der Alten Festung von San Diego über dem Meer. Casals hatte sich dafür entschieden, die Premiere dort stattfinden zu lassen, und zwar in dankbarer Anerkennung dafür, daß Mexiko während und nach dem Bürgerkrieg die spanischen Emigranten mit offenen Armen aufgenommen hatte. Aber der Kreuzzug für den Frieden selbst wurde mit einer Aufführung des Oratoriums im Memorial Opera House von San Francisco am 19. April 1962 gestartet – es war Casals' erstes öffentliches Konzert vor zahlendem Publikum in den USA seit vierunddreißig Jahren. Vor dem Konzert hatte es Anzeichen für Unruhe unter den spanischen antifaschistischen Organisationen gegeben, die fürchteten, Casals werde schließlich doch noch seinen Schwur brechen. Aber die emotionale Reaktion der 3000 Zuhörer ließ keinen Zweifel daran aufkommen, daß der Dirigent an seiner moralischen Überzeugung festhielt. Casals dirigierte von einem Drehstuhl aus. Aber in Augenblicken höchster Erregung stand er auf, sang laut mit und stampfte mit den Füßen auf – er übertrug auf alle »die schiere Kraft seines lebendigen Willens«, wie Alexander Fried am nächsten Tag im *San Francisco Examiner* schrieb.

Im Laufe der folgenden zehn Jahre erlebte das Oratorium einundfünfzig Aufführungen in der ganzen Welt, wobei Casals dreiunddreißig selbst dirigierte.[26] Mehrere Aufführungen wurden in Barcelona von seinem Bruder Enrique geleitet, der sich auch um eine Wiederaufnahme des Werks in Spanien nach Casals' Tod bemühte. In gewisser Hinsicht waren es einfach zu viele Aufführungen, denn die Qualität des Werks an sich rechtfertigte nicht den wiederholten Besuch des Konzerts – worauf die Kritik denn auch prompt hinwies. *El Pessebre* reiht sich in die romantische Tradition des 19. Jahrhunderts ein. Die Symbolik ist ein wenig überzogen – ein Chor von Schäfern, Engeln und Fischern betet das Christkind an, das Vieh kann sprechen, und die Gemeinde tanzt eine *sardana* um die Krippe – und die Musik bietet keine Überraschungen. Nach einer Aufführung in der Carnegie Hall im Juni 1962 bemerkte Harold Schonberg, daß »niemand etwas anderes erwartete, als was dann tatsächlich passierte«.[27] Ein Orchestermusiker erklärte, die Partitur sei schwer zu spielen, da »sie mich immer an etwas erinnert, was ich längst gespielt habe«.[28] Nach der Aufführung in der Londoner Royal Festival Hall im Oktober 1963 schrieb der englische Kritiker Felix Aprahamian im *Observer,* daß »von der *sardana* am Anfang ... bis zum Schlußchor des Friedens und des guten Willens alles so tadellos diatonisch ist, ohne das geringste Anzeichen von Modalität, die der Partitur so etwas wie regionalen iberischen Charme verleihen könnte«.

El Pessebre bereitete mit Sicherheit eine gewisse Befriedigung, und zwar sowohl Casals wie denen, die bereit waren, es aufzuführen. In der 1972 auf Puerto Rico produzierten Aufnahme stellt es sich als ein gefälliges und lyrisches Werk dar, mit einem breiten stilistischen Spektrum und Anklängen an Bach, Wagner, Dvořák und eben auch an eine gewisse Art von Filmmusik.[29] Befriedigung und Genie passen nicht zueinander: Das Oratorium – und das war immerhin das einzige, was man von Casals in seinen letzten Lebensjahren öffentlich zu hören bekam – ließ den Verdacht aufkommen, er habe seinen musikalischen Biß verloren. Allerdings belegen seine sonstigen Auftritte – bei Festivals und Sommerakademien, wo er die großen Werke des traditionellen Repertoires präsentieren konnte –, daß dies noch nicht der Fall war. Und was *El Pessebre* betraf, so stellte es schlicht die leidenschaftliche Friedensbotschaft dieses Mannes dar. Für diejenigen, die bei einer von dem rund neunzigjährigen Komponisten dirigierten Aufführung dabei waren, muß es ein überwältigendes emotionales Erlebnis gewesen sein. Das Werk wurde jedesmal mit ohrenbetäubendem Beifall und tränenreicher Ergriffenheit aufgenommen. In Budapest verließ das Publikum 1964 den Saal erst, nachdem alle Lichter gelöscht waren. 1972 hielten in Caracas die heftigen Ovationen für den Dirigenten und die Solisten selbst dann noch an, als das Orchester schon längst im Bus saß, der es zum Flughafen brachte.

Das Interesse an Casals in aller Welt war so groß, daß es stets genügend Anfragen zur Aufführung des Oratoriums gab, ungeachtet der Größenordnung dieses Unternehmens und Casals' eigener besonderer Anforderungen. Jeder interessierte Veranstalter bekam ein Formblatt zugeschickt, auf dem die Größe und der Standard des erforderlichen Orchesters und des Chors (200 Stimmen), die Anzahl der Proben und die Mindestruhezeit zwischen den Aufführungen angegeben waren. Außerdem mußte der Text des gesamten Oratoriums, in der jeweiligen Landessprache, im Programmheft abgedruckt werden, zusammen mit einer von Casals verfaßten Friedensbotschaft. Die Veranstalter verpflichteten sich, ein Honorar von 2500 Dollar an eine Stiftung zu überweisen, die 1962 gegründet worden war, damit es keine Probleme bei der Aufteilung der Einnahmen aus dem Friedenskreuzzug zwischen Casals und Alavedra gab.[30]

1962 wurde Casals von seinem Freund Lew Ginsburg vom Moskauer Konservatorium eingeladen, *El Pessebre* in Moskau aufzuführen. Casals war zwar von diesem Vorhaben begeistert, doch es scheiterte aufgrund praktischer und politischer Erwägungen; Abe Fortas hatte von diesem Besuch unbedingt abgeraten – Casals, meinte er, »ist ein großartiges und starkes Symbol des Widerstands gegen jede Art von Diktatur ... Ich fürchte, die Russen werden sein Erscheinen ... als eine Bestätigung ihrer Regierungsform ausgeben.«[31] Aber 1964, als *El Pessebre* in Budapest aufgeführt wurde und Casals nach dreißig Jahren zum erstenmal wieder mit Zoltán Kodály zusammentraf, gelangte das Oratorium eben doch hinter den Eisernen Vorhang.

Anläßlich der Aufführung von *El Pessebre* im Oktober 1963 in London kam Casals zum erstenmal seit 1945 und gleichzeitig zum letztenmal nach England. Er hatte sein Cello mitgebracht und gab in seiner Suite im Westbury Hotel ein Stegreifkonzert für seinen englischen Agenten Wilfred Stiff von Ibbs and Tillett. Es war praktisch sein letzter Soloauftritt in England – vierundsechzig Jahre nach dem Konzert für Queen Victoria in Osborne House.[32] Während er in London weilte, kam Casals auch mit dem damals achtundachtzigjährigen Pierre Monteux sowie mit Adrian Boult zusammen, der ihm später berichtete, die Aufführung in der Royal Festival Hall sei ein »wunderbarer Triumph« gewesen.[33] In diesem Stadium von Casals' Leben – nachdem er bereits zwei Jahrzehnte im Exil war – kam es bei seinen Reisen oft zu bewegenden Begegnungen, nostalgischen Reminiszenzen oder zu der eher schmerzlichen Entdeckung, daß alte Bekannte inzwischen gestorben waren. Casals' Trauer über den Tod von Freunden war so heftig, daß Marta nötigenfalls einen geeigneten Moment abwartete, um ihm die schlechte Nachricht schonend beizubringen, etwa den Tod von Bruno Walter im Jahre 1962. So wurde aus dem Friedenskreuzzug ganz unvermeidlich zugleich auch eine Abschiedstournee.

Zwei Aufführungen des Oratoriums waren von besonderer Bedeutung: Im Oktober 1963 dirigierte Casals das Festival Casals Orchestra und den Chor des Cleveland Orchestra aufgrund einer Einladung des Generalsekretärs U Thant in der Generalversammlung der Vereinten Nationen, seinem zweiten Auftritt in diesem Gebäude. Es war die am weitesten verbreitete Aufführung des Werks: Sie wurde in ganz Europa, im Nahen Osten, in Lateinamerika und in Afrika im Rundfunk übertragen sowie in den USA im Bildungsfernsehen gesendet. Drei Jahre später, kurz vor Casals' neunzigstem Geburtstag, wurde das Oratorium in Prades, in der Abtei St Michel de Cuixà, aufgeführt, anläßlich des 1000. Jahrestages der Katalanischen Versammlung von Tologes, einer frühmittelalterlichen Verwaltungsorganisation, die das chaotische Lehenssystem auf eine gesetzliche Grundlage stellen wollte.

Aufführungen von *El Pessebre* – im allgemeinen zwischen vier und sieben pro Jahr – setzten besondere Akzente in Casals' Kalender, ohne diesen zu beherrschen. In den frühen sechziger Jahren richtete sich Casals' Lebensrhythmus wie zuvor nach den Festspielen, für die er sich engagierte: San Juan, Prades, Marlboro und die Zermatter Sommerakademie. Wenn man davon ausgeht, daß Casals neben diesen regelmäßigen Engagements zusätzlich Gelegenheit hatte, Kammermusik in einem privaten Kreis zu spielen, dann wird klar, daß er soviel Musik wie schon zuvor zum besten geben konnte, ja vermutlich sogar eine umfassendere Auswahl von Werken, da er nicht mehr eine begrenzte Anzahl von Stücken Abend für Abend wiederholen mußte.

Bei den San Juan Festivals auf Puerto Rico trat er sowohl als Dirigent wie als Solist auf, auch wenn er allmählich immer seltener Cello spielte – während der sechziger Jahre gab er überhaupt keine Solokonzerte. 1959 hatte er das Doppelkonzert von Brahms mit Isaac Stern gespielt, 1961 das Tripelkonzert von Beethoven mit Stern und Rudolf Serkin. 1967 dirigierte Casals eine Aufführung des Cellokonzerts von Schumann, mit Gregor Piatigorsky als Solisten, und zum letztenmal spielte er selbst im Jahre 1969: ein Klavierquartett von Brahms, zusammen mit Yehudi Menuhin. In diesem Jahr kam auch Jacqueline du Pré zum Festival, aber das Elgar-Konzert mit ihr wurde nicht von Casals dirigiert, sondern von ihrem Mann Daniel Barenboim. Zwei Jahre später nahm auch Pierre Fournier teil, der das D-Dur-Konzert von Haydn und das Cellokonzert von Saint-Saëns spielte. Und wieder, wenn auch nicht unerwartet, stand Casals nicht am Dirigentenpult.

Am häufigsten dirigierte Casals bei den Marlboro Festivals in Vermont, und hier fühlte er sich von Jahr zu Jahr wohler. Die Marlboro Music School und das gleichnamige Festival waren 1951 von Adolf Busch ins Leben gerufen worden, der zusammen mit seinen Brüdern Fritz und Hermann sowie seinem Schwiegersohn Rudolf Serkin in den dreißiger Jahren in Europa das berühmte Busch-Quartett gebildet hatte. Casals kannte Adolf Busch seit 1910, Serkin seit den zwanziger Jahren. Sie waren im Herbst 1934 wieder in Edinburgh zusammengekommen, als Casals seine Ehrendoktorwürde entgegennahm und das Busch-Quartett bei mehreren von Toveys Reid Concerts auftrat. Adolf Busch starb 1952; Serkin wurde neuer künstlerischer Leiter, und 1959 schrieb er auf Anraten von Alexander Schneider an Casals und lud ihn ein, am Festival teilzunehmen: »Sie können in Marlboro machen, was Sie wollen – wenig oder viel, dirigieren ..., Kammermusik spielen ..., eine Vorlesung halten oder einfach nur zuhören.«[34] Casals erschien 1960 und dirigierte am 10. Juli bei seinem ersten Konzert Mozarts Sinfonie Nr. 29. Schneiders Gefühl hatte nicht getrogen, Marlboro war genau das, was Casals mochte: eine Gruppe zwischen 70 und 100 begeisterten Berufsmusikern jeden Alters, mit den unterschiedlichsten Instrumenten und Fähigkeiten, die bis zu acht Wochen in einer herrlich friedlichen ländlichen Szenerie miteinander lebten und musizierten und keinem anderen Druck ausgesetzt waren als dem, den sie sich selbst auferlegten. Auf dem Straßenschild am Eingang zum College stand: »Achtung – spielende Musiker.« Busch hatte von einem »wettbewerbsfreien Sommer der Kammermusik« geträumt, und genau das fand Casals hier auch vor.[35] Außer 1961 kam er jedes Jahr wieder, zum letztenmal zwei Monate vor seinem Tod.

Zunächst hielten Casals und Marta sich in Marlboro für zwei Wochen Anfang Juli auf. Sie waren in einem reizvollen Bauernhaus aus Holz untergebracht, und Bekannte aus New York, Puerto Rico, Europa oder sonstwoher wußten, daß sie den Maestro hier besonders entspannt antreffen würden. Er konnte dirigieren, was er wollte – im allgemeinen den Grundbestand des sinfonischen Repertoires von Beethoven, Mozart und Schubert, dazu etwas Bach, Mendelssohn, Händel und Brahms –, er konnte Meisterkurse geben, und er wurde dafür bezahlt. Die Musiker probten, sooft sie Lust hatten, manchmal bis weit in die Nacht hinein, und an den Wochenenden spielten sie öffentlich für Familienangehörige, Freunde, Nachbarn in Vermont und füreinander. Schon bald waren Casals' Proben de facto Meisterkurse – aufstrebende Dirigenten studierten seine Technik und den Aufbau seiner Interpretation. 1963 kam David Blum, der sechsundzwanzigjährige Leiter des Esterhazy Orchestra in New York, nach Marlboro, um Casals bei den Proben und Aufführungen zuzusehen. Später schrieb er aufgrund dieser und ähnlicher Erlebnisse in Prades,

Zermatt und San Juan ein herausragendes Buch über Casals als Dirigenten und Lehrer, *Casals and the Art of Interpretation.*[36]

Casals wurde der berühmteste und mit Sicherheit auch der ehrwürdigste Künstler, der regelmäßig in Marlboro gastierte. Eher aus Nachlässigkeit denn mit Absicht beherrschte er gewöhnlich das Festival in den Wochen, in denen er dort war. Man konnte jedenfalls kaum so tun, als sei eine Gemeinde lauter Ebenbürtiger versammelt, wenn Casals zugegen war, und ein paar von den Studenten mögen die Begleiterscheinungen um den berühmten Mann auch abgelehnt haben, die sich unweigerlich einstellten, wenn sein Wagen in Sicht kam: die Gäste, Bewunderer und Fotografen strömten herbei. Und es ließ sich auch nicht vermeiden, daß es auf so einer alljährlichen Zusammenkunft von intensiv arbeitenden, engagierten und genialen jungen Musikern immer auch welche gab, die kritisch auf Casals' stilistische Freizügigkeiten reagierten, besonders wenn es um die Interpretation von Bach ging. Es war nicht das erste Mal, daß Casals auf puristische Kritik oder besser, auf puristische Pedanterie stieß, und sofern er sie überhaupt wahrnahm, wußte er genau, wie er damit umzugehen hatte: Er spielte einfach weiter. Vor etlichen Jahren hatte Wanda Landowska auf einer Probe genörgelt: »Sie spielen Bach auf Ihre Art – ich werde ihn auf seine Art spielen.«

Casals hatte sein ganzes Leben damit verbracht, Bach zu studieren, und kannte jede Note, die der Komponist geschrieben hatte. Er hätte bei einer musikwissenschaftlichen Diskussion auf jeder Ebene mitreden können – außer auf der rein mathematischen. Aber zu der gelehrten Zergliederung seiner Interpretation der Sarabande aus der d-Moll-Suite von Bach, die John H. Planer 1989 in *The Musical Quartely* veröffentlichte, wäre ihm sicher nichts eingefallen. Da heißt es doch gleich zu Beginn: »Im gleichen Maße, in dem Sentimentalität unwahr ist, spiegelt sich darin ein Versagen der kritischen Urteilskraft des Künstlers wider.«[37]

Der Vorwurf der Schwelgerei gegenüber Casals' Deutung von Bach geht oft auf die offenkundige Muse und Fülle seiner Interpretationen zurück. Als die BBC einmal die Wiedergabe des Präludiums zur G-Dur-Suite bei einer Reihe von Cellisten miteinander verglich, stellte sich bezeichnenderweise heraus, daß Casals' »entspannte« Deutung beinahe die schnellste war.[38] Casals selbst hat natürlich niemals darauf bestanden, daß es von irgend etwas eine alleingültige Interpretation gäbe, aber er wußte eben einfach, was für ihn in einem bestimmten Augenblick das Richtige war. Als sich ein Musiker während einer Probe des fünften Brandenburgischen Konzerts darüber beklagte, Bach hätte das Werk nicht »in dieser Art« geschrieben, erwiderte Casals scharf: »Ich werde die volle Verantwortung übernehmen, wenn Bach sich bei mir darüber beschwert.«[39]

Die meisten jungen Teilnehmer des Marlboro Festivals nutzten allerdings gerne die Gelegenheit, unter Casals zu arbeiten. 1973 kam der höchst eigenwillige Glenn Gould zum Festival, um eine Sendung für den kanadischen Rundfunk mit dem Titel »Casals: Ein Radioporträt« aufzunehmen. Darin kamen auch junge Mitglieder des Festivalorchesters zu Wort, die sich erstaunt über Casals' geradezu besessene Konzentration ausließen: vierzig Minuten beispielsweise für die ersten vier Takte eines Werks. Noch mit Sechsundneunzig hat Casals bis zur Erschöpfung betrieben, was er sein ganzes Leben lang getan hatte: nach dem vollkommensten musikalischen Ausdruck zu suchen.

Wer nicht in Marlboro sein konnte, hatte zumindest Gelegenheit, bei Casals via Fernsehen zu studieren – dank einer bemerkenswerten Reihe von Meisterkursen, die er an der Music Extension Division der University of California in Berkely im Jahre 1960 gegeben hatte und die gefilmt worden waren. Nathan Krolls Filme, inzwischen auf Videokassette erhältlich, bieten über vier Stunden intensiven Unterricht: die Konzerte von Boccherini, Haydn, Dvořák und Saint-Saëns, die Bach-Suiten und eine Brahms-Sonate.[40]

Weil er Marlboro so attraktiv fand, strich Casals Prades schließlich aus seinem Kalender. Zunächst war die Atmosphäre in San Juan derjenigen der frühen Prades-Festspiele gleichgekommen. 1956 hatte Enrique Casals die Verantwortung für die Organisation in Prades übernommen, nachdem sein Bruder mehr Zeit für Puerto Rico gebraucht hatte. Sofort begann er das seiner Ansicht nach seit jeher übertriebene amerikanische Engagement in Prades zurückzufahren, und allmählich wurden die Festspiele eher europäisch in ihrer Ausrichtung. 1959 traten fast alle wichtigen Künstler aus Europa in Prades auf: Menuhin, Kempff, Christian Ferras, Alberto Lysy, Sándor Végh und Victoria de los Angeles zum Beispiel. Casals blieb die herausragende Gestalt – er wirkte bei jedem der zwölf Konzerte in diesem Jahr mit. Auch Rudolf Serkin kam weiterhin regelmäßig, und 1965 begleitete sein achtzehnjähriger Sohn Peter den achtundachtzigjährigen Casals bei einer Bach-Sonate.

Mitte der sechziger Jahre wurde der Beginn der Festspiele verschoben: Prades nahm nun die letzte Juli-Woche und die erste Woche des August in Beschlag, und das hieß, daß Casals Marlboro Mitte Juli verlassen und gleich nach Europa reisen mußte. Dort sollte er dann die Mehrheit der Konzerte bestreiten und einen nicht enden wollenden Strom von Besuchern aus Katalonien empfangen. Als er Neunzig war, wurde ihm das zuviel. »Die Prades-Festspiele werden ohne ihn stattfinden«, schrieb Marta an Milly Stanfield im April 1967. »Er wird nach Marlboro gehen.«[41]

Casals' letzter Besuch in Prades im Jahre 1966 war mit den ausgiebigen Feiern anläßlich seines neunzigsten Geburtstags zusammengefallen. Er trat bei sieben der zwölf Konzerte auf, und viele seiner engsten Musikerkollegen waren gekommen: Horszowski, Kempff, Végh, Serkin, Oistrach, Katchen, von Tobel und – zum erstenmal wieder seit 1953 – Alexander Schneider. Am ersten Morgen hielten zwei spanische Busse vor Casals' Wohnung in Molitg-les-Bains, aus denen eine Schar von Streichern des Sinfonieorchesters von Barcelona stieg. Sie gaben für Casals Mozarts *Kleine Nachtmusik* zum besten, stiegen wieder in die Busse und fuhren weg.[42] Beim ersten Konzert in der Kirche St-Pierre spielten Serkin, Schneider und Casals Beethovens Klaviertrio Nr. 6 in Es-Dur. »Wenn ein Musiker fast Neunzig ist«, bemerkte Julius Katchen gegenüber einem Journalisten, »dann mag man sich zu Recht besorgt fragen, wie er denn spielen wird.«[43] Nachdem die letzten Töne des Trios verklungen waren, wandte sich der Journalist an David Oistrach. »So einen Musiker«, stellte Oistrach fest, »hat es in der Geschichte der Streichinstrumente noch nie gegeben!«

Nach siebenundzwanzig Jahren waren die Prades-Festspiele untrennbar mit der wirtschaftlichen Situation der Stadt verbunden, und darum mußten sie weitergehen – auch ohne Casals. Er erlaubte, daß man auch weiterhin seinen Namen verwendete, vorausgesetzt, das künstlerische Niveau der Konzerte wurde gehalten.

Inzwischen gibt es die Casals-Festspiele in Prades ohne ihn praktisch genauso lange wie seinerzeit mit ihm. Einige Jahre lang kamen eine Handvoll von Casals' guten Kollegen wieder. Jedes Jahr wurde ein Huldigungskonzert für ihn gegeben, und bis zu seinem Tod war Paul Tortelier ein häufiger Gast. Torteliers Tochter, Casals' Patenkind Maria de la Pau, die während des ersten Festivals 1950 getauft worden und zum erstenmal 1970 aufgetreten war, schlägt somit gleichsam eine Brücke zur Vergangenheit. Aber um der Musik willen trifft man keine Könige und Präsidenten mehr in den Straßen von Prades an – die Atmosphäre früherer Jahre ist ein für allemal verschwunden.

Das Marlboro Festival bot hingegen alles, was Casals wollte und was Prades und San Juan verloren hatten: ein Gemeinschaftsgefühl, eine Reihe von Instrumentalsolisten, die nach ihrer Qualität und nicht nach ihrer Nationalität ausgewählt worden waren, unbegrenzt viel Zeit für Proben und das absolute Fehlen von kommerziellem Druck. Von Jahr zu Jahr verbrachte Casals mehr Zeit in Vermont. 1967 fand sein letztes Konzert am 30. Juli statt. Im darauffolgenden Jahr blieb er bis zum 18. August. Vom Standpunkt der Musikwelt aus hatte das allerdings einen entscheidenden Haken: Fast niemand hörte diese Musik. Immerhin gab es Menschen, die erkannten, daß nicht mehr viel Zeit blieb und alles aufgenommen werden müßte. Als erster dachte Rudolf Serkin daran, im Jahre 1963, als er bei Casals' Proben von Beethovens Achter Sinfonie und Mendelssohns »Italienischer Sinfonie« zuhörte. Aufgeregt rief er bei der Columbia an und forderte die Plattenfirma auf, die Aufführungen aufzunehmen. Doch da die Columbia mehrere Fassungen dieser Werke in ihrem Katalog hatte, lehnte man ab. Serkin ließ nicht locker: Marlboro würde die Aufnahmekosten übernehmen – er wollte ein Produktionsteam engagieren. Thomas Frost, der Produktionsleiter der Columbia Masterworks, erinnerte sich später an diese Situation: »Ich war ein wenig skeptisch, als ich in jenem Sommer nach Marlboro kam – und fuhr mit einigen der großartigsten Bänder wieder weg! Die Columbia hat sie auch gleich gekauft, und bald danach kam eine Platte heraus.«[44]

Von da an kam die Columbia jedes Jahr nach Marlboro, wo man nicht nur die Konzerte aufnahm, sondern auch etliche von Casals' Proben. Einige Aufnahmen kamen sofort heraus, andere erschienen zum erstenmal 1991, anläßlich des 40. Jahrestags der Marlboro Festivals.[45] Andere Bänder ruhen vermutlich noch in den Archiven.

Aber Casals spielte die Kosten dafür ohne weiteres ein. 1969, als er bereits Zweiundneunzig war, nahm er fünf Beethoven-Sinfonien auf, vier davon innerhalb von zehn Tagen. Casals war wichtig für das Columbia-Label, und die Firma zeigte sich ihm gegenüber erkenntlich. 1966 schickte ihm Frost eine Aufnahme von zwei Bach-Chorälen (»O Lamm Gottes, unschuldig« und »Jesu, du mein liebstes Leben«), die sich auf der alljährlich von der Reifenfirma Goodyear herausgegebenen Weihnachtsplatte befanden und für die er ein Honorar von 20 000 Dollar bekam. Casals stiftete es für wohltätige Zwecke.[46] Für einen im Januar 1969 abgeschlossenen Vertrag über Aufnahmen von Mozarts Sinfonie Nr. 40 und Schuberts »Unvollendete« erhielt er einen Honorarvorschuß über 18 000 Dollar.

Die Organisatoren des Puerto Rico Festival hatten von Anfang an Arrangements für Aufnahmen getroffen. Aber die Columbia, die bereit gewesen war, das erste Festival 1957 aufzunehmen, mußte nach Casals' Herzinfarkt und infolge seiner Absage einen Verlust hinnehmen und sagte für die folgenden Jahre ab. Danach kümmerten sich drei verschiedene Agenturen um die Aufnahmen: der örtliche Radiosender WIPR, der von Jack Delano geleitet wurde, die Stimme Amerikas, die die Aufnahmen für nationale amerikanische Rundfunksendungen übernahm, und ein reicher einheimischer Arzt, Dr. Franchesci, der eigene Aufnahmegeräte besaß und von dem die Columbia später rückwirkend mehrere Konzerte erwarb.[47] Jeder Toningenieur experimentierte mit den Mikrophonen und der Aufnahmetechnik, doch bis zu den ersten Stereo-Aufnahmen im Jahre 1971 fiel die Qualität unterschiedlich aus. 1960 nahm die kommerzielle Plattenfirma Everest Enterprises Casals' Festivalaufführung des Dvořák-Konzerts auf, gab die Aufzeichnung aber später heraus, ohne bei Casals die Genehmigung für eine Testpressung einzuholen. Abe Fortas verklagte die Firma in Casals' Namen, und 1961 einigte man sich auf einen Vergleich über 12 000 Dollar.[48]

In Abe Fortas stand Casals eines der besten – und teuersten – juristischen Gehirne ständig zur Verfügung, und zwar kostenlos. Seit den frühen sechziger Jahren übernahm Fortas für Casals sämtliche Vertragsverhandlungen mit Veranstaltern, Festival- und Meisterklassenorganisatoren, Plattenfirmen und Rundfunkverwaltungen – und infolgedessen stieg Casals' Einkommen erheblich. Aber Fortas tat noch viel mehr für ihn. Er beriet Casals in persönlichen und politischen Angelegenheiten, stellte für ihn Verbindungen und Kontakte in Washington, New York und Puerto Rico her, kümmerte sich um die Reparatur des wertvollen Gofriller-Cellos (das unter der hohen Luftfeuchtigkeit von San Juan litt), wann immer dies erforderlich war, und schließlich unterstützte der Jurist Marta in den letzten Jahren auf eine solide, überaus kluge und sehr warmherzige Art. 1965 wurde Fortas an den US-Bundesgerichtshof berufen, doch er behielt noch zwei private Klienten: Pablo Casals und Lyndon B. Johnson, den Präsidenten. Fortas bemerkte, daß Casals »offensichtlich ... nicht von der Tatsache beeindruckt war, daß ich nicht mehr als Anwalt tätig war«, und er beschloß, den alten Mann nicht dadurch zu verunsichern, daß er ihm einen anderen Anwalt empfahl.[49]

Fortas war mit Isaac Stern und Alexander Schneider befreundet und spielte mit ihnen gelegentlich auch in Quartetten, und mit ihrer Hilfe konnte er Casals dazu bewegen, daß auch er ihre Faszination gegenüber dem Staat Israel teilte. 1960 hatte Stern Schneider gebeten, bei der Organisation des ersten Musikfestivals in Israel behilflich zu sein. Schneider wiederum brachte Pablo Casals ins Spiel, und die Amerikanisch-Israelische Kulturstiftung war bereit, zur gleichen Zeit, in der das Festival stattfand, auch das Sponsoring und die Schirmherrschaft für den dritten Internationalen Casals-Cellowettbewerb zu übernehmen.

Bei einem vorhergehenden Konzert, das für zusätzliche Mittel sorgen sollte und am 11. Oktober 1960 im New Yorker Haus von David Rockefeller stattfand, spielte Casals Schuberts C-Dur-Quintett und Mendelssohns d-Moll-Trio zusammen mit Horszowski, Schneider und dem Budapest String Quartett. Unter den 100 Gästen, von denen jeder 500 Dollar bezahlt hatte, befand sich auch Golda Meir, Israels Botschafterin bei den Vereinten Nationen. Casals hatte Mrs. Meirs Sohn Menahem unterrichtet, und kurz vor seinem Auftritt bei den Vereinten Nationen im Jahre 1958 hatte die Diplomatin und spätere israelische Premierministerin ein paar Zeilen geschrieben: »Ich bin Mrs. Golda Meir. Sie kennen mich nur indirekt – ich bin Menahems Mutter ... Morgen werde ich einen der großartigsten Abende meines Lebens verbringen.«[50]

Es lag weitgehend an Golda Meirs Warmherzigkeit und Bescheidenheit, daß sich Casals so sehr zu Israel hingezogen fühlte und sich für das Land bis an sein Lebensende engagierte.

Im September flog er dorthin, um am Festival und am Cellowettbewerb teilzunehmen. In Jerusalem spielte er mit dem Budapest Quartett Quintette von Schumann und Schubert sowie mit Rudolf Serkin Beethovens Sonate in D-Dur. In Tel Aviv dirigierte er das Israelische Philharmonieorchester zu Werken von Mozart und Beethoven. Und mit Schneider, dem Budapest Quartett und dem Trio Istomin/Stern/Rose gab er ein letztes Stegreifkonzert im römischen Amphitheater in der Sharon-Ebene bei Caesarea – dort vermutlich das erste nach 1500 Jahren –, wo man damals gerade mit den Restaurierungsarbeiten begann. Unter den vielen hochbegabten jungen israelischen Instrumentalsolisten, die Casals während seines Besuchs zum Vorspielen präsentiert wurden, fiel ihm ganz besonders ein junger Mann auf: Pinchas Zukerman, dessen Leben nach dieser Begegnung einen anderen Verlauf nahm.[51]

Casals reiste leidenschaftlich gern, sogar noch in den letzten Monaten seines Lebens. In den sechziger Jahren besuchte er – neben Israel und seinen regelmäßigen Trips nach Europa – zum erstenmal auch den Fernen Osten und Japan (1961), sowie El Salvador und Mittelamerika (1967). Er war zweimal in Venezuela – das eine Mal führte er in Caracas *El Pessebre* auf, das zweite Mal gab er Kammerkonzerte mit Schneider und Horszowski –, mehrere Male auf benachbarten Karibikinseln und wiederholt in Mexiko. Mit Fünfundneunzig äußerte er den Wunsch, doch auch einmal Jamaica zu besuchen. »Na schön«, erwiderte Schneider, »und anschließend fliegen wir auf den Mond!«[52]

Nach 1966 hielten sich Casals und Marta jedes Jahr länger zu Hause auf Puerto Rico auf. Ihr langgestrecktes, flaches und ebenerdiges Haus in Isla Verde war kühl und geräumig, aber man konnte es kaum als prachtvoll bezeichnen. Überall traf man auf Zeugnisse von Casals' Karriere: Geschenke, Erinnerungsstücke, Bilder und Souvenirs. Im Wohnraum stand ein großer Flügel, auf dem eine spanische Stickerei lag, und durch das Panoramafenster hatte Casals einen klaren und ungehinderten Blick aufs Meer. Jeden Morgen begann er wie immer ein wenig Bach auf dem Flügel zu spielen, dann übte er Cello, las

Partituren und bereitete sich auf bevorstehende Konzerte vor. Nach der Siesta studierte und übte er weiter oder komponierte ein wenig, und dann trafen auch schon die ersten Gäste ein. H. L. Kirk, zu jener Zeit ein regelmäßiger Gast, bemerkte, daß Casals sehr viel Energie hatte und für jede Anregung empfänglich war. Er empfing »die Großen und die Bescheidenen, die Interessierten und die Neugierigen, Freunde, die Freunde mitbrachten, Freunde von Freunden von Freunden, und ganze Scharen von Katalanen«.[53]

Es war nicht zu vermeiden, wenn auch weniger angenehm, daß Casals auf Puerto Rico von umherreisenden Prominenten gern angesteuert wurde. Würdenträger, Diplomaten, Professoren, lateinamerikanische Staatsoberhäupter, Menschenrechtskämpfer wie Martin Luther King sowie Stars aus dem Show-Business – von denen Casals oft keine blasse Ahnung hatte – ließen sich nach Isla Verde karren. Es handelte sich hier um ein merkwürdiges Phänomen: Das extrem hohe Alter wurde als Wunder begriffen, und Casals wurde das Opfer der Pilgerschaft von Journalisten, die alle die gleichen nichtssagenden Fragen stellten und Ergebenheitsartikel in Hochglanzmagazinen schrieben. »Eine Serenade für neunzig Jahre der Größe« war im November 1966 ein Beitrag für *Life* überschrieben.[54] Von dieser Sorte gab es noch genügend andere Artikel. Casals war zu einem lebenden Mythos geworden, und er war sich dessen bewußt und hatte die Sache weitgehend im Griff. Vermutlich amüsierte er sich darüber, zuweilen deprimierte es ihn auch, und gelegentlich explodierte er. Zum werweißwievielten Male nach dem »Geheimnis« seines langen Lebens befragt, fuhr Casals den Fragesteller an: »Ich *lebe!* Nur ganz wenige Menschen leben.«

Am meisten genoß Casals geruhsame Spaziergänge am Meer – das Bild des berühmten Cellisten am Strand unter dem Sonnenschirm wurde ein beliebtes Klischee – sowie die Stunden mit Marta und guten Freunden, umgeben von ihrer jeweiligen Dogge (Pachyderm, Viola oder Prince) oder der Katze »Pigui«, die sie in Marlboro aufgelesen hatten.

In den späten sechziger Jahren ließen sich Casals und Marta ein kleines Wochenendhaus auf höher gelegenem Land in der Nähe des Dorfes Ceiba bauen, rund sechzig Kilometer von San Juan. Von »El Pessebre«, wie das Haus genannt wurde, reichte der Blick auf Zuckerrohrfelder, die Küstenlinie und den Ozean im Hintergrund. Hierher kamen Casals' Freunde seiner alten Tage, wie Rosa und Luis Cueto Coll, zum Dominospiel, das besonders Casals und Rosa hervorragend beherrschten. Als er in früheren Jahren in Prades mit seinen Schülern Mensch-ärgere-dich-nicht gespielt hatte, hatte Casals immer erklärt: »J'ai gagné!«, selbst wenn er gar nicht gewonnen hatte.[55] Inzwischen gewann er sowieso, und die Freunde verliehen einander den »Ehrendoktor des Dominos«.

Das Haus in Isla Verde war auf einem schmalen Streifen Land zwischen der Landstraße und dem Meer errichtet worden und zunächst relativ ruhig und ungestört. Aber nach und nach, als der Tourismus die Landerschließer zwang, sich weiter über die Laguna de Condado hinaus auszubreiten, entstanden um es herum Hotels und Apartmentblöcke. Die Sicherheit wurde ein Problem, und der Lärm von der inzwischen stark frequentierten Autobahn, das Knattern der Marinehelikopter und der Krach, den die Düsenflugzeuge auf der Startbahn des 6000 Meter gegen den Wind gelegenen San Juan International Airport machten, wurden zur Qual. Marta Casals entdeckte ein ansehnliches Haus weiter im Landesinnern in Rio Piedras, an das sie einen 200 Gäste fassenden Musiksalon anbauen ließ, eine Einrichtung, auf die Casals hatte verzichten müssen, seit er San Salvador vor über dreißig Jahren verlassen hatte. Dorthin zogen sie 1971. Im Laufe dieses Jahres wurde ihnen auch ein großzügiges modernes Haus in Guadalajara angeboten – das Geschenk eines reichen Mexikaners. Casals, Marta und ihre Freunde verbrachten jedes Jahr mehrmals einen Monat oder mehr Zeit in diesem mexikanischen Haus und dachten ernsthaft über die Möglichkeit nach, ganz dorthin zu ziehen, als infolge von Verzögerungen bei der Gründung einer Fundació Pau Casals in Spanien – sowie Komplikationen im Zusammenhang mit seinem Testament – die Gefahr drohte, daß Casals' Besitz unter die extrem hohen Erbschaftssteuern auf Puerto Rico fiel. Casals war nach Puerto Rico verpflanzt worden. Er hätte seine neuen Wurzeln auch wieder kappen können. Aber am Ende blieb ihm dazu keine Zeit mehr.

Man hätte manchmal denken können, Casals würde ewig weiterleben. Dabei war er gar nicht so unglaublich gesund – Krankheiten, oder genauer: die Angst vor ihnen, hatten ihn stets begleitet. Seit dem Herzinfarkt im Jahre 1957 hatte er zwischendurch immer wieder Angina gehabt, und aufgrund einer Divertikulitis litt er häufig unter Darmbeschwerden. 1971 zeigten Röntgenaufnahmen Anzeichen von Arthritis in den Händen und Füßen, aber davon sollte sein Spiel nicht beeinträchtigt werden. Was seine Persönlichkeit auszeichnete, war ein unbändiger Wille zu leben. Stets hatte er ein neues Projekt in der Planung, eine weitere Reise, ein weiteres Festival, ein neues Ziel: Marta sorgte dafür, daß er nach vorn blickte. Zwischen seinem neunzigsten und seinem fünfundneunzigsten Geburtstag führte Casals mindestens fünfzig Werke als Cellist oder Dirigent auf.[56] Und von da an bis zu seinem Tod, zwei Monate vor seinem siebenundneunzigsten Geburtstag, dirigierte er noch weitere sechsunddreißig Aufführungen – neben Proben, privaten Kammermusikveranstaltungen, Meisterkursen und seinem unermüdlichen Üben.

Nach seinem neunzigsten Geburtstag verreiste Casals stets mit einer tragbaren Sauerstoffausrüstung im Gepäck. Er benötigte sie allerdings nur einmal, nämlich 1967 in El Salvador, als eine Vorstellung von *El Pessebre* mit dem Costa Rica Symphony Orchestra ausgerechnet an einer zarten Streicherstelle durch eine Feuerwehrkapelle gestört wurde – das klang so fürchterlich, daß er sich plötzlich an die Brust faßte und vom Podium wankte. Schneider dirigierte weiter, und am Ende der Aufführung traf er einen ganz zufrieden dasitzenden Casals an, »er trank Bier, rauchte seine Pfeife und lächelte«.[57]

Seine liebsten Reisegefährten waren Rosa und Luis Cueto Coll, die Casals und Marta auf größeren Reisen begleiteten. Bei seiner ersten Begegnung mit Luis 1955 hatte Casals sich sofort zu ihm hingezogen gefühlt. Zwei Onkel von Luis hatten gegen die Faschisten in Spanien gekämpft und waren gefangengenommen und erschossen worden. Sein Vater Augusto führte die Anti-Franco-Organisation auf Puerto Rico.[58] Weitere neue Freunde, die Casals immer wichtiger wurden, waren Sylvia Fuhrman, Sonderbeauftragte des Generalsekretärs der Vereinten Nationen für die Internationale Schule, und ihr Mann Murray, ein Röntgenologe. Sylvia Fuhrman war Casals 1957 und 1963 bei seinen Auftritten vor den Vereinten Nationen begegnet, aber richtige Freunde wurden sie erst nach dem Benefizkonzert im April

1970, das Casals in der Carnegie Hall für die Internationale Schule der UN gab und bei dem er 100 Cellos bei einer Aufführung seiner Sardana dirigierte. Dieser Abend brachte über 150 000 Dollar ein, und Harold Schonberg bezeichnete am nächsten Tag in der *New York Times* die Sardana als »ein hübsches Stück, das raffinierter ist, als es klingt«.[59]

Die ersten Anzeichen von Schwäche stellten sich vermutlich bei Casals' drittem Auftritt vor den Vereinten Nationen ein, am 24. Oktober 1971, als er fast fünfundneunzig war. U Thant hatte ihn gebeten, eine Friedenshymne zu schreiben, die am Tag der Vereinten Nationen aufgeführt werden sollte. Man hatte ihm die Präambel der UN-Charta als Text vorgeschlagen, aber nachdem es Casals zu problematisch erschienen war, das allzu trockene Vokabular zu vertonen, trat man an W. H. Auden heran und forderte ihn auf, einen Alternativvorschlag zu unterbreiten. Der englische Dichter zierte sich zwar anfangs, aber lieferte dann innerhalb von drei Tagen eine Ode mit dreiundvierzig Versen ab, und Casals verbrachte den Sommer damit, sie in eine »Hymne für die Vereinten Nationen« umzusetzen.

Bei der Uraufführung dirigierte er dann sein Festival Casals Orchestra anstelle des ursprünglich vorgesehenen Mexican National Symphony Orchestra – das Land Mexiko konnte sich am Ende die teure Reise nicht leisten.[60] Auf einer Probe am Tag zuvor in der New School war Casals mit dem Chor der Manhattan School of Music nicht recht glücklich gewesen: »Pablo Casals beugte sich in seinem Stuhl vor, stützte sich mit seinen kräftigen, kurzen Armen aufs Pult, und dann sprach, meckerte und sang er abwechselnd.«[61] Er ließ die puertoricanische Sopranistin Olga Iglesias um sieben Uhr morgens einfliegen und postierte sie und Marta strategisch geschickt in der Nähe der Mikrophone. Nach der Uraufführung der Hymne zeichnete U Thant Casals mit der UN-Friedensmedaille aus. Es gab noch mehr Musik – unter anderem spielten Horszowski, Serkin und Istomin ein Tripelkonzert von Bach –, und dann ließ sich Casals sein Cello bringen. Er sprach ruhig zu dem in atemloser Spannung verharrenden Publikum und sagte, er habe seit vierzig Jahren nicht mehr öffentlich gespielt, aber »heute *muß* ich spielen«. Dann ergriff er sein Cello, und während er sich anschickte zu spielen, hob er den rechten Arm und sang den Anfang von *El Cant dels Ocells*, und seine Stimme war tief bewegt:

»Die Vögel am Himmel, im Raum – singen Frieden, Frieden ... Frieden ... und die Musik ist die Musik, die Bach und Beethoven und all die anderen Großen geliebt und bewundert hätten. Und sie ist die Seele meiner Heimat Katalonien.«

Beim San Juan Festival 1972 dirigierte Casals Proben zu Beethovens »Pastorale«, aber dann machte ihm die Klimaanlage im Saal doch zu sehr zu schaffen, und Schneider übernahm die Aufführung. Anschließend wurde *El Pessebre* vier oder fünf Tage lang aufgezeichnet, und wieder dirigierte Schneider das meiste, während Casals das abschließende Gloria übernahm. In diesem Sommer nahm er in Marlboro an vier Konzerten teil – er dirigierte Sinfonien von Beethoven, Mozart und Haydn sowie Mendelssohns Ouvertüre *Die Hebriden*. Das Studentenorchester war in diesem Sommer besonders stark besetzt: Der junge Cellist Yo-Yo Ma war zum erstenmal in Marlboro, die Geigerin Miriam Fried zum drittenmal. Zwischen den beiden Festivals hatte Casals *El Pessebre* in Venezuela aufgeführt, und am Ende dieser anstrengenden Saison berichtete er Schneider, daß er sich wohl fühle, obwohl er fünf Tage lang im Krankenhaus Untersuchungen über sich hätte ergehen lassen müssen: »Das alte Lied – die Divertikulitis, die mir so viele Schmerzen bereitet, ebenso die Arthritis in meinen Hüften und in der Wirbelsäule. Alles andere, sagen sie, sei in Ordnung ...«[62]

Freunde hatten den Eindruck, Casals sei 1973 in San Juan bedrückt, aber wie sich herausstellte, hatte er nur Probleme mit dem Ohrenschmalz in einem Ohr. Er wiederholte Teile seines Marlboro-Programms vom Jahr zuvor – Beethovens Erste Sinfonie und *Die Hebriden* – und dirigierte noch seine »Hymne für die Vereinten Nationen«. Im März heiterte ihn der Besuch seines alten katalanischen Freundes Josep Trueta auf. Der Mediziner kam aus Oxford und verschrieb ihm ein neues Mittel, das die Schmerzen in Casals' Beinen lindern sollte. Im darauffolgenden Monat war Casals in der Lage, für zwei Wochen nach Mexiko zu gehen, wo er am 23. und 24. April seine letzten beiden Konzerte mit Mieczyslaw Horszowski gab. In Marlboro absolvierte er ein weiteres schwieriges Programm: Er dirigierte die Erste, Zweite und Vierte Sinfonie von Beethoven sowie Haydns Sinfonie Nr. 96 in D-Dur. Ehe er wieder abreiste, hörte er sich Werke von zwei alten Freunden an: Toveys Trio in d-Moll (gespielt von

Horszowski, James Buswell und Randall Cook) und Schönbergs frühe Kammersinfonie Nr. 1 in Es-Dur (op. 9). Casals verließ Marlboro am 3. August und fuhr mit Marta nach New York, um ihren 16. Hochzeitstag bei Sylvia und Murray Fuhrman zu feiern. Zu später Stunde – nach einer vierstündigen Fahrt und einem Dinner samt Kuchen mit Kerzen – war Casals in tränenvoller, aber glücklicher Stimmung. Er nahm sein Gofriller und spielte eine Stunde lang.

Nach seinem ersten Besuch war Casals erst im August 1970 wieder nach Israel gereist, um *El Pessebre* im Amphitheater bei Caesarea aufzuführen. Im September 1973 war er wieder dort, anläßlich der 25-Jahr-Feiern von Israels Bestehen, und obwohl er bei der glühenden Hitze lieber in einem Rollstuhl saß, ging sein Temperament mit ihm durch, als er Mozarts Sinfonie Nr. 33 mit einem Jugendorchester dirigierte: »*Con amore ... con amore*«, schärfte er ein und ließ eine besondere Stelle ein dutzendmal wiederholen; »sonst bedeutet es nichts – es ist gegen die Musik!«[63]

Gegen Ende ihres Aufenthalts mußten Casals und Marta noch eine anstrengende zweistündige Fahrt von Jerusalem nach Herzliyya in der prallen Mittagssonne unternehmen. Casals litt darunter mehr als die anderen, »aber nach 50 Minuten in einem kühlen Raum und zwei Aspirintabletten begann er mit einem Filminterview, das drei Stunden dauerte«.[64] Ehe er Israel wieder verließ, hatte Casals eine tief bewegende Begegnung mit Golda Meir, der damaligen Premierministerin. Er spielte für sie – es war einer seiner letzten Auftritte überhaupt –, umarmte sie und vertraute ihr mit leiser Stimme an, wobei er zu seinem Gofriller-Cello hinübersah: »Mein Cello ist mein ältester Freund ... o ja ..., mein Cello ist mein Gefährte. Ich liebe es, und es liebt mich. Und es klingt gut, um mich glücklich zu machen.« Golda Meir sagte nichts, sie umarmte Casals, und Tränen flossen ihr über die Wangen.

Pablo Casals spielte gerade Domino mit Luis und Rosa Cueto Coll in ihrem Haus in Santurce, als er am 30. September seinen letzten Herzinfarkt erlitt. Er haßte Krankenhäuser und bestand darauf, im Schlafzimmer bei den Cueto Colls im ersten Stock zu bleiben, bis er nach zehn Tagen wieder kräftig genug war, um in sein Haus in Rio Piedras zurückkehren zu können. Dann begann sich Schleim auf der Lunge zu sammeln, und er wurde merklich schwächer – die Ärzte konnten Marta davon überzeugen, daß er ins Auxilio Mutuo Hospital in San Juan gebracht werden mußte. Als die Träger mit der Bahre kamen, ärgerte sich Casals darüber, daß er sich hinlegen sollte. Er erklärte, er habe Schmerzen im Rücken, und bat darum, vorn auf dem Beifahrersitz sitzen zu dürfen. Auf dieser schnellen und holprigen Fahrt beklagte er sich bei Marta: »Der Fahrer ist ein Verrückter ... er wird uns noch alle umbringen.«[65]

Zehn unruhige Tage lang war Casals an einen Sauerstoffapparat und andere medizinische Geräte angeschlossen. Marta weigerte sich, von seiner Seite zu weichen, und man schickte ein Telegramm an die Fuhrmans, die sich gerade bei einem Radiologen-Kongreß in Madrid befanden.

Am 16. Oktober telegrafierte man Enrique Casals in Barcelona – er flog sofort nach Puerto Rico. Als er ins Krankenhaus kam, war das Wartezimmer voller Defilló-Verwandter, außerdem waren Luis, Inés Muñoz Marín und andere gute Freunde da. Der örtliche Rundfunksender gab in regelmäßigen Abständen Bulletins über das Befinden des Maestros heraus. Casals war noch bei Bewußtsein – der Yom Kippur-Krieg hatte begonnen, und er diktierte eine Sympathieerklärung für Golda Meir –, aber in seiner Erregung wollte er ständig die Schläuche und Tropfe herausziehen. Dann bekam er eine weitere schwere Embolie, und sein Bewußtsein begann zu schwinden. Schneider und Istomin brachten Kopfhörer mit und spielten ihm ein wenig Bach vor. Das schien ihn ein wenig zu beruhigen. Die Apparate wurden ausgeschaltet, aber dank seiner robusten Konstitution lebte Casals noch zwei Tage.

Epilog

Sia'm la mort una major naixença.
(Laßt den Tod eine größere Geburt sein.)

Joan Maragall

Spanien ist mein Land. Laßt Franco seins aufgeben.

Pablo Casals

Für manche Menschen ist der Tod eher etwas Endgültiges als für andere. Gemäß seinem Letzten Willen konnte Pablo Casals erst dann die ewige Ruhe finden, wenn Spanien frei war, Katalonien unabhängig und er in das Land seiner Geburt zurückgekehrt war. Kurz nach seinem Tod – am Montag, dem 22. Oktober 1973, um 14 Uhr – verließen Marta Casals und Sylvia Fuhrman das Auxilio Mutuo Hospital durch einen Hinterausgang, um der Presse aus dem Weg zu gehen. Und dann suchten sie einen ausreichend stabilen Sarg aus Bronze und Blei aus, mit dem die sterblichen Überreste des Maestro nach Spanien überführt werden konnten, wenn die Zeit gekommen war.

Am Abend nach Casals' Tod wurde der Sarg zum Haus in Rio Prades gebracht, und Freunde kamen, um das Haus mit Musik zu erfüllen. Eugene Istomin, Alexander Schneider und die Cellistin Leslie Parnas spielten Sätze aus Trios, die Casals geliebt hatte, und dann sang Marta mit Olga Iglesias ein von Casals vertontes katalanisches Gebet. Am nächsten Morgen gingen Tausende von Puertoricanern an Casals'

Leichnam vorbei, der in der großen Rotunde des Capitols in Puerta de Tierra, dem Regierungssitz der Insel, aufgebahrt worden war.[1] Das Puerto Rico Symphony Orchestra spielte den zweiten Satz (den Trauermarsch) aus Beethovens »Eroica« sowie mit Olga Iglesias und dem Chor des Musikkonservatoriums zwei Abschnitte aus *El Pessebre* (die »Tränen des Jesuskinds« und das abschließende »Gloria«). Dann spielte Schneider mit einem Kammerensemble den langsamen Satz von Mozarts Klarinettenquintett sowie andere Stücke, die Casals noch selbst für diesen Anlaß ausgesucht hatte.

Als der in die Flaggen von Katalonien und Puerto Rico gehüllte Sarg zur Kirche Nuestra Señora de la Piedad in Isla Verde gebracht wurde, säumten viele Hunderte Menschen die Straßen.

Luis Kardinal Aponte Martínez hielt ein Requiem ab, und der Klang von Casals' Cello – eine Aufnahme von *El Cant dels Ocells* – strömte durch die kleine Kirche. Auf dem Puerto Rico Memorial Cemetery drängten sich die Bewohner des Ortes und warteten darauf, dem Mann das letzte Geleit zu geben, der auf ihrer Insel ein Heim gefunden hatte, und einige von Casals' engsten Freunden mußten aus der Ferne zusehen, wie der Sarg ins Grab hinabgelassen wurde.

Im Juni vor seinem Tod hätte Casals mit dem Festival Casals Orchestra bei einem kostenlosen Open-Air-Konzert im New Yorker Central Park auftreten sollen. Wegen Regen mußte das Konzert ausfallen, aber der Bürgermeister John Lindsay ernannte Casals zum Ehrenbürger von New York, wobei er räsonierte, man müsse sich nicht fragen, »ist er unser wert ..., sondern sind wir seiner wert?« Und nun gedachte New York feierlich seines Todes mit einem Gedenkkonzert am 8. November in der St. Paul's Chapel der Columbia University, bei dem katalanische geistliche Musik, zum Teil auch von Casals selbst, aufgeführt wurde. Im darauffolgenden Monat leitete Alexander Schneider fünf Minuten nach Mitternacht am Weihnachtsmorgen die sechzig jungen Musiker seines allweihnachtlichen Streicherseminars – stehend spielten sie in der Carnegie Hall das dritte Brandenburgische Konzert anläßlich von Casals' siebenundneunzigstem Geburtstag. Am Geburtstag selbst, dem 29. Dezember, gab Schneider mit Horszowski und Olga Iglesias ein Konzert in San Juan, das ausschließlich Casals' Kompositionen gewidmet war.

Auf der ganzen Welt gaben Menschen ihren Gefühlen über diesen

Verlust Ausdruck: in Nachrufen, Gedenkkonzerten und Beileidsschreiben an Casals' Familie in Spanien und an Marta, die nun, mit den Worten von Eugene Ormandy, »eine sehr junge Witwe eines sehr großen Mannes« war.[2] Im darauffolgenden Sommer war es in Marlboro ganz anders als sonst, und die ersten beiden offiziellen Konzerte waren Casals »in unendlicher Liebe und Dankbarkeit« gewidmet. Schneider, Horszowski und Serkin leiteten das Festspielorchester bei der Aufführung von Werken von Bach, Brahms, Beethoven, Haydn und Mozart, und Olga Iglesias sang eine Auswahl von Casals' Liedern, von *Canço Catalana* Nr. 1 aus dem Jahre 1895 bis zu *Cuando Vuela a Nacer,* das er 1971 geschrieben hatte.

An allen Orten, an denen Casals gelebt hatte, schickte man sich an, ihm ein bleibendes Gedenken zu bewahren. Trotz erheblicher finanzieller Probleme, die Casals' kompliziertes Testament bereitete, und ungeachtet der Klage, die Enrique im Hinblick auf den Besitz seines Bruders in Puerto Rico anstrengte, richtete die Fundació Pau Casals sein Haus in San Salvador als ständiges Museum und Archiv ein. Eineinhalb Hektar Land wurden verkauft, damit der Fundació für andere Aktivitäten, wie die Finanzierung von Konzerten und die Verleihung eines Stipendiums für begabte katalanische Cellisten, die nötigen Mittel zur Verfügung standen. 1980/81 wurde ein beachtlicher und vornehmer Konzertsaal (l'Auditori Pau Casals) nach einem Entwurf von Jordi Bonet i Armengol auf einem Grundstück neben der Villa in San Salvador errichtet, unter der gemeinsamen Schirmherrschaft der Fundació und der Associació Musical Pau Casals del Vendrell sowie mit finanzieller Unterstützung seitens der katalanischen Staatsbank.

In San Juan wurde im Juni 1977 das Museo Pablo Casals von der Corporación de las Artes Escenico Musicales errichtet. Darin wird eine ständige Fotoausstellung gezeigt, außerdem gibt es hier auf Videobänder überspielte Aufnahmen vom Festival Casals. Aber das wahrhaft bleibende Denkmal für Casals auf Puerto Rico ist im Grunde das gesamte kulturelle Leben der Insel, das es vor seiner Ankunft 1955 nicht gegeben hatte.[3] Auch in Prades wurde im August 1982 zum Gedenken an die Verbindung des Maestros mit den Festspielen ein Musée Pablo Casals eröffnet, das von dem Festival Pablo Casals de Prades verwaltet wurde. In Japan, wo Casals seit langem besonders verehrt wird und wo seine Aufnahmen stets in beachtlichen Stückzahlen verkauft worden sind, wurde ein Konzertsaal in Tokio nach ihm benannt.[4] Keinem anderen öffentlich auftretenden Künstler des 20. Jahrhunderts ist ein derart umfassendes und immerwährendes Gedenken zuteil geworden.

Hätte Casals noch gelebt, dann hätte er seinen 100. Geburtstag in Jerusalem gefeiert. Tatsächlich wurden die Pau-Casals-Zentenarfeiern im Dezember 1976 in aller Welt begangen. Insbesondere in Katalonien gab es entsprechende Konzerte, Festspiele, Einweihungen, Denkmalsenthüllungen und Konferenzen. Mstislaw Rostropowitsch spielte im Juli 1976 in der Villa Casals in Gegenwart von Königin Sophia drei Bach-Suiten, und im Dezember fanden eine Reihe von Konzerten statt, die Stern, Schneider, Istomin und Leonard Rose in Barcelona mit dem Städtischen Orchester gaben. Im März 1977 wurde eine Bronzebüste von Casals von dem damaligen UN-Generalsekretär Kurt Waldheim enthüllt. Das bereits zu Lebzeiten von Casals angefertigte Werk von Robert Berks steht den Vereinten Nationen als Dauerleihgabe zur Verfügung und befindet sich in der Besucherlobby im Gebäude der Generalversammlung in New York.

Nach Casals' Tod wurde Marta Casals Leiterin des Festival Casals und Präsidentin des Puerto Rico Symphony Orchestra wie des Musikkonservatoriums von Puerto Rico. 1977 schied sie aus dem Vorstand des Festivals aus, und 1980 wurde sie zur Künstlerischen Leiterin des Kennedy Center for the Performing Arts in Washington, DC, ernannt. Zunächst war man überrascht, aber dann doch allseitig erfreut, als Marta Casals im Februar dieses Jahres Eugene Istomin heiratete. Gute Freunde waren sicher, Casals hätte diesen Lauf der Dinge nicht besser arrangieren können. Marta erklärte: »Wir werden alles tun, das, was uns Maestro Casals hinterlassen hat – die Museen, die Festspiele –, am Leben zu erhalten. Das wird eine ganz wichtige Aufgabe unseres Lebens sein.«[5]

General Francisco Franco starb am 20. November 1975, aber erst im November 1979 kehrten Casals' sterbliche Überreste nach Spanien zurück. Casals hatte feierlich geschworen, so lange im Exil zu bleiben, bis Spanien wieder ganz zur Demokratie zurückgekehrt sei und Katalonien die Autonomie erhalten habe. Es dauerte vier Jahre, bis diese Bedingungen erfüllt waren. Im Juni 1977 war eine allgemeine Wahl abgehalten worden, und Josep Tarradellas, der Präsident der Exil-Generalitat, konnte dazu bewogen werden, nach Spanien zurückzukehren und eine »provisorische« autonome Verwaltung zu übernehmen. Als Tarradellas spanischen Boden betrat, erklärte er: »Ja soc aqui« (»Ich habe es geschafft!«).[6] Aber das genügte noch nicht. Auf Anraten von Tarradellas und des spanischen Premierministers Adolfo Suárez Gonzáles gab Marta noch nicht ihre Erlaubnis zur Überführung, bis eine weitere allgemeine Wahl im März 1979 sowie eine Volksabstimmung im Oktober Katalonien ein Autonomiestatut garantierten. Daraufhin traf sie sofort die nötigen Arrangements für Casals' Rückkehr. Der Sarg wurde aus dem Friedhof von Isla Verde geholt und vom spanischen Konsul versiegelt. Am 8. November wurde in der Kathedrale von San Juan eine Abschiedsfeier abgehalten, und dann begleitete Marta mit mehreren Freunden den Sarg auf seiner Reise nach Spanien. Am darauffolgenden Tag lagen Casals' sterbliche Überreste feierlich aufgebahrt im Palast der Generalitat in Barcelona. Am 10. November wurde ein Gedenkgottesdienst in der Basilika der Abtei von Montserrat abgehalten, und am Nachmittag noch wurden Casals' Gebeine neben den anderen Angehörigen seiner Familie auf dem kleinen, hübschen Friedhof am Rande von El Vendrell bestattet. Unter den Grußbotschaften, die aus Anlaß der Wiederbeisetzung eintrafen, befand sich auch eine von Rostropowitsch:

> Dies ist einer der bewegendsten Augenblicke meines Lebens, wenn der Leichnam des größten Künstlers des 20. Jahrhunderts endlich Frieden und Ruhe in dem Land findet, das er so geliebt und das ihm in seinem ganzen Leben soviel Leid bereitet hat ... Dieser humane und symbolische Akt ist meinem Herzen besonders nahe, da ich vielleicht besser als andere weiß, was es heißt, sein Land verloren zu haben.[7]

Seinen populärsten und spektakulärsten Triumph im 20. Jahrhundert erlebte Katalonien im Jahre 1992, als in Barcelona die Olympischen Spiele stattfanden. Für Casals kamen sie zwanzig Jahre zu spät. Aber er war nicht vergessen. Als die katalanische Flagge wieder auf dem Montjuïc flatterte, schwenkten die Fernsehkameras auf den wiedereingesetzten bourbonischen Monarchen, König Juan Carlos, den Enkel von Alfonso XIII., als er stehend zuhörte, wie ein Cello-Orchester *El Cant des Ocells* spielte. Casals wäre stolz und überaus ergriffen gewesen. Aber zugleich wäre er angesichts des entsetzlichen Blutvergießens und der Brutalität im letzten Jahrzehnt des Jahrhunderts an der Menschheit verzweifelt. Denn er war gleichzeitig gesegnet und heimgesucht von seiner tiefen Sensibilität und seinem unübertroffenen moralischen Starrsinn. Er suchte nach einer vollkommenen Welt, und er sollte sie nie erleben. Er hätte ein sehr angenehmes, bequemes Leben und weltweite Verehrung genießen können, aber dafür Kompromisse eingehen müssen. Doch seine Prinzipien hätte er nie verraten – ja er stellte sie nicht einmal in Frage. Er verlor nie seinen Glauben an die Kraft des Guten. Er hätte sonst auch die Inspiration zu seiner Musik verloren, denn beides gehörte für ihn untrennbar zusammen: sein moralisches Gewissen und die Kraft seines Bogens. Ohne den Schmerz wäre die Musik nicht dagewesen. Letzten Endes hat Casals uns gezeigt, daß die Musik eine Kraft sein kann, die Gutes bewirkt. Machen gute Menschen bessere Musik? Wenn wir Casals hören, müssen wir dies bejahen.

Danksagung

Für dieses Buch habe ich auf zwei Kontinenten recherchiert – geschrieben habe ich es zeitweise auf dreien. Dabei bin ich von sehr vielen Menschen mit Ratschlägen, Anregungen, freundschaftlichen Ermutigungen und großzügiger Gastfreundschaft unterstützt worden, und dafür möchte ich mich nicht einfach mit einer kurzen Namensliste bedanken.

In erster Linie gilt mein Dank Marta Casals Istomin – für die Erlaubnis, Dokumente aus ihrem Privatbesitz wie aus der Sammlung der Fundació Pau Casals studieren zu dürfen; für die Zeit, die sie sich nahm, um sich an ihr Leben mit Casals zu erinnern; vor allem aber weil sie es zuließ, daß ein Fremder in Erinnerungen herumstöberte, die ihr mehr bedeuten als sonst jemandem. Eugene Istomin bin ich dankbar, daß er mir seine langjährige Freundschaft mit Casals so anschaulich offenlegte, ebenso wie für seine enorme Beobachtungsgabe und seine intellektuelle Leidenschaftlichkeit und Offenherzigkeit.

Ich bin mir durchaus bewußt, was ich all denen verdanke, die vor mir über Casals geschrieben haben, unabhängig davon, ob ich ihre Ansichten teile oder nicht. Das maßgebliche Werk ist H. L. Kirks Biographie *Pablo Casals,* die im November 1973, unmittelbar nach Casals' Tod, abgeschlossen war und im Fahnensatz vorlag. Je mehr ich über Casals erfahren habe, desto mehr Respekt habe ich für Kirks Buch empfunden. Ich habe ein ganz anderes Buch geschrieben, aber er hat meinen Versuch, dieses gewaltige Leben zu bewältigen, stets mit kluger Ermutigung begleitet.

Wertvolle Hilfe bei meinen Recherchen wurde mir zuteil von Señor Macià Alavedra, dem Vizepräsidenten der Generalitat in Barcelona, José Alfaro, Christopher Bunting, Rosa Cueto Coll, Pablo und

Helen Eisenberg, Amaryllis Fleming, Pilar Casals Frizzoni, Sylvia Fuhrman, Bernard Greenhouse, Señorita Mercèdes Guarro i Tapis (von der Casa Museu Pau Casals in San Salvador), Pamela Hind O'Malley, Mary Jordan, Rui Paes, Professor Paul Preston, Alexander Schneider, Milly Stanfield sowie Sándor und Alice Végh.

Darüber hinaus bedanke ich mich für die wichtige Unterstützung in England durch Dr. John und Pauline Anderson, Margaret Campbell, Catharine Carver, Kenneth Harris, Ronald Hayman, Dr. Werner Kilian, Nelly Kromwell (†), Rhys Lewis, Professor Isabel de Madariaga, James Methuen-Campbell, Paolo lo Rito, Dr. Eric Sams, Anthony Sattin, Wilfred Stiff (von Ibbs and Tillett), Philippa Stockley sowie Jeremy Upton (von der Reid Music Library an der Universität Edinburgh).

Für Freundschaft, Beratung, Verbindungen, Gastfreundschaft und anderes mehr, was ich in den USA genoß, möchte ich insbesondere Gladys Topkis, Richard Coe, Judy Turner-Meyer und Dr. Pat Romero danken. In vielerlei Hinsicht halfen mir Dr. Debórah Dwork, Harry Haskell, Professor Jaroslav Pelikan, Kate Rivers sowie Kevine Levine (von der Musikabteilung der Library of Congress in Washington, D. C.), John G. Ryden, Harvey Sachs, Harold E. Samuel (Leiter der Musikbibliothek der Yale University) und Teri Noel Towe.

In Barcelona wurde ich besonders unterstützt von Señor Juan Maragall von der Fundació Pau Casals und von Dr. Jon Arrizabalaga, Dr. Francesc Bonastre, Montserrat Cabre, Señora Joana Crespi (Biblioteca Nacional de Catalunya), Professor Emili Giralt, Dr. José Vicente Gonzalez del Valle, Dr. Ramon Balius i Juli, Francesc Pollés Farré, Henry Sire, Amelia Trueta de Strubell sowie Dolores Vives.

Für ihre großzügige Hilfe in Prades danke ich Françoise Anglade, Mme André Four, Mme Dolores Gouzy, Christine Hicks, Pierrette und Nannou Hostelrich, Hélène Jeanbrau und Enriquetta Casals Touron.

Für die unschätzbare Unterstützung und Freundschaft, die mir auf Puerto Rico zuteil wurde, danke ich Aníbal Ramírez vom Museo Pablo Casals in San Juan, Vincente Aguirre, Jack Delano, Luz Hernandez, Señora Angélica Montañez, Dr. Amaury Rosa Silva und Emilia Vallecillo.

Danken möchte ich den Mitarbeitern der Westminster Music

Library, London, der Wren Library am Trinity College in Cambridge und der John F. Kennedy Library, Boston. Ihrer Majestät, der Königin von Großbritannien, danke ich für die gnädige Erlaubnis, einen Auszug aus den Tagebüchern von Queen Victoria aus den Royal Archives, Windsor, veröffentlichen zu dürfen.

Großartige Hilfe und Unterstützung erhielt ich von meinen literarischen Agenten Caroline Davidson und Robert Ducas. Ich danke Livia Gollancz, die mich so früh schon zu diesem Projekt ermutigte, Richard Wigmore, meinem Lektor bei Victor Gollancz, für seine Geduld, seine Beharrlichkeit und seinen klugen Rat, Helen Dore für ihre umsichtige redaktionelle Arbeit, ihre warmherzige gute Laune und ihr beachtliches Tempo sowie Katrina Whone, Kate Hordern und ihren Kolleginnen und Kollegen bei Gollancz, die sich professionellerweise auch unter Druck nicht aus der Ruhe bringen ließen.

Mehrere herrliche Wochen lang im Sommer 1991 habe ich es genossen, mich einem BBC-Fernsehteam anschließen zu dürfen, das an Schauplätzen in Frankreich und Spanien einen Dokumentarfilm für die Reihe »Omnibus« drehte, der unter dem Titel »Song of the Birds: A Portrait of Pablo Casals« erstmals im September 1991 ausgestrahlt wurde. Für ihren erfrischenden Umgang wie für neue Perspektiven danke ich der Regisseurin Anna Benson Gyles und ihren Kolleginnen und Kollegen: Tricia Chacon, Colin Waldeck, Bruce Gallaway, Pilar Cortes, Kelvin Billing und Kath Bedford. Bei der Arbeit an meinem Projekt wurde ich stets von Colin Spector unterstützt und ermutigt, der die Idee zu diesem Dokumentarfilm hatte.

Ein Buch zu schreiben ist eine Qual wie ein Vergnügen. Denen, die dem Autor nahestehen, bleibt nichts anderes als die Qual. Für ihre Nachsicht, Toleranz und Unterstützung bin ich Joan und John Baldock, Sophie Baldock, Marion und Robin Adam, Michael Berry, Dr. Ann Geneva, Rolf und Jenny Hangartner, Christopher Warwick, Brian Auld und Ethna Clifford zutiefst dankbar. Meinen größten Dank schulde ich meinem Vater Frank Baldock, dessen wissende und tiefe Liebe zur Musik dieses Unterfangen vielleicht mehr, als er ahnte, inspiriert hat. Er starb, während ich noch an diesem Buch schrieb. Ich widme es meiner Mutter in Liebe und meinem Vater in stillem Gedenken.

Anmerkungen

Die stille Geburt eines Genies

1. Da Carlos Casals die Geburt zwei Tage lang nicht meldete – und damit die zulässige Zeit überschritt –, wurde sie vom Amtsrichter M. Pablo Serra Virgili unter dem 30. Dezember eingetragen, und dieses Datum steht auch auf Casals' Geburtsurkunde. Näheres dazu: Casals-Archiv, San Salvador (im folgenden abgekürzt zitiert: PCSS).
2. Enric Casals, *Pau Casals: dades biogràfiques inèdites, cartes intimes i records viscuts,* Editorial Pòrtic, Barcelona 1979, S. 21.
3. Nach einer im Dezember 1971 von Señorita Mercèdes Guarro erstellten Genealogie der Familie Casals, PCSS.
4. »Apèndix Important«, in: Enric Casals, a.a.O., S. 304–307.
5. Siehe: J. Ma. Corredor, *Gespräche mit Casals.* Mit einem Vorwort von Thomas Mann, Alfred Scherz, Bern 1954. – *Pablo Casals. Licht und Schatten auf einem langen Weg.* Erinnerungen, aufgezeichnet von Albert E. Kahn, S. Fischer, Frankfurt am Main 1971. – Pablo Casals, »The Story of Mouth«, in: *The Gramophone,* Dezember 1932, nachgedruckt in: *Ovation,* Oktober 1983. Auch die Berichte über Casals' Jugend in Lillian Littlehales, *Pablo Casals,* W. W. Norton, New York 1929 und 1948; Neuaufl. Greenwood, Westport, Con., 1970 sowie in Bernard Tapper, *Cellist in Exile: A Portrait of Pablo Casals,* McGraw-Hill, New York 1962, H. L. Kirk, *Pablo Casals: A Biography,* Doubleday, New York und Hutchinson, London 1974 hat auf die grundlegenden Informationen aus diesen Darstellungen zurückgegriffen, sie aber in Gesprächen mit Casals vertieft.
6. Kahn, a.a.O., S. 12.
7. Dieses Kürbis-Cello ist noch heute in der Casa Museu Casals in San Salvador zu besichtigen. Casals behauptete gern, er habe darauf unter anderem auch Schuberts *Serenade* gespielt, aber selbst einem Genie dürfte dies wohl kaum möglich gewesen sein.
8. Kahn, a.a.O., S. 28.
9. Ebda.
10. Kirk, a.a.O., S. 39.
11. Robert Hughes, *Barcelona. Stadt der Wunder,* München 1992, S. 428 ff.
12. Kahn, a.a.O., S. 31.

13. Ebda., S. 33.
14. David Blum, *Pablo Casals und die Kunst der Interpretation,* Heinrichshofen's Verlag, Wilhelmshaven 1981, S. 127.
15. Kahn, a.a.O., S. 33.
16. Josep Pla, zitiert nach Hughes, a.a.O., S. 456.
17. Kahn, a.a.O., S. 36 f.
18. Corredor, a.a.O., S. 144.
19. Siehe *La Opinión,* Tarragona vom 27. August 1889 sowie *Illustración Musical,* Barcelona, Dezember 1890. Pilar Casals hat die beiden Beiträge in einem Album mit frühen Presseausschnitten aufgehoben.
20. Besprechungen in *La Renaixenta* und *Diario de Barcelona;* siehe Kirk, a.a.O., S. 61.
21. Kahn, a.a.O., S. 36.

Förderung und Entdeckung

1. Casals gegenüber Louis Biancolli in einem Interview für *Mc-Call's,* Mai 1966. Zitiert nach Kirk, a.a.O., S. 67.
2. Eine öffentliche Kritik an Pujals Sieg über Casals erschien am 26. Mai 1893 in *La Vanguardia.* Siehe Kirk, a.a.O., S. 70 und 630.
3. Kahn, a.a.O., S. 41.
4. Corredor, a.a.O., S. 36.
5. Ebda.
6. Kirk, a.a.O., S. 44.
7. H. L. Kirk in einem Fernsehinterview der BBC, New York, Februar 1991.
8. Das bedeutendste Gemälde, das in Casals' Haus hing, war ein Watteau – allerdings gehörte es seiner Frau Susan Metcalfe.
9. Corredor, a.a.O., S. 40.
10. Kahn, a.a.O., S. 52.
11. Die Besprechungen aus *El Pensiamento* vom 24. September sowie aus *El Alcance* vom 25. September 1894 sind zitiert in Kirk, a.a.O., Seite 87.
12. Neben Casals und Francés bestand das Quartett aus Peraite (Zweite Geige) und Rafael Gálvez (Viola). Bei Klavierquintetten wirkte der Pianist José Güervós mit. Die Informationen über die frühen Jahre von Casals stammen aus PCSS.
13. Eine Übersicht über Casals' Kompositionen bieten Kirk, a.a.O., S. 557–559 und Enric Casals, a.a.O., S. 326–328. Eine Datierung dieser Werke scheint problematisch: Die beiden Listen weichen gelegentlich voneinander ab.
14. Der Briefwechsel über diese Auseinandersetzung – unter anderem hatte Casals einige bezahlte Engagements angenommen, ohne zuvor Monasterios Erlaubnis eingeholt zu haben – ist erschienen in *Academia,* dem Bulletin der Real Academia de Bellas Artes de San Fernando, Madrid, Triennium 1955–1957, S. 133 bis 135; eine englische Übersetzung bietet Kirk, a.a.O., S. 90 f.
15. Corredor, a.a.O., S. 45.
16. Margaret Campbell, *The Great Cellists,* Gollancz, London 1988, S. 78.
17. Pablo Casals, »The Story of My Youth«, in: *Ovation,* Oktober 1983, S. 12 und 47.
18. Corredor, a.a.O., S. 48.
19. Kahn, a.a.O., S. 63.
20. Ebda.
21. Das Crickboom-Quartett vervollständigten der Geiger José Roca-

bruna und der Bratschist Rafael Gálvez, der wie Casals ein ehemaliges Mitglied der Quartett-Gesellschaft in Madrid war.
22. Hughes, a.a.O., S. 458.
23. *El Noticiero,* 2. März 1895.
24. Enric Casals, a.a.O., S. 284 f.
25. Corredor, a.a.O., S. 52.
26. Enric Casals, a.a.O., S. 285.
27. Hughes, a.a.O., S. 486. Die Details in diesen Abschnitten sind Robert Hughes' großartiger Darstellung der wechselvollen Geschichte von Katalonien entnommen (insbesondere den Seiten 486–498).
28. Pablo Casals, »The Story of My Youth«, a.a.O., S. 47.

Konzerte in aller Welt

1. Casals' Mutter Pilar Casals i Defilló im Mai 1899 gegenüber einer Nichte; zitiert in Kirk, a.a.O., S. 114.
2. Gertrude Stein, *Paris, France,* Scribner, New York 1940; zitiert in Norma Evenson, *Paris: A Century of Change 1878–1978,* Yale University Press, New Haven und London 1979, S. 1.
3. Charles Rearick, *Pleasures of the Belle Epoque: Entertainment and Festivity in Turn-of-the-Century France,* Yale University Press, New Haven und London 1985, S. XI.
4. Arthur Rubinstein, *Erinnerungen. Die frühen Jahre,* S. Fischer, Frankfurt a. M. 1973, S. 173 f.
5. Siehe Casals' Tagebuch seiner Konzertreisen, PCSS.
6. Kirk, a.a.O., S. 117–119. Der Privatsekretär der Queen war Sir Harry Ponsonby.
7. Kahn, a.a.O., S. 76.
8. Ebda.
9. Margaret Deneke, *Ernest Walker,* Oxford University Press, London 1949, S. 58; zitiert nach Kirk, a.a.O., S. 120.
10. Aus dem Tagebuch von Queen Victoria, 2. August 1899, The Royal Archives, Windsor.
11. Kahn, a.a.O., S. 79. Casals' Darstellung seiner Begegnung mit Lamoureux wurde von Chevillards Schwiegersohn Charles Kiesgen bestätigt, einem Schüler von Casals und später sein Manager.
12. Leider ist weder eine Aufnahme des Lalo-Konzerts noch des Saint-Saëns-Konzerts mit Casals erhalten – zwei erhebliche Lücken in der Casals-Diskographie.
13. Joseph Salmon im Jahre 1931; nach einem Gespräch mit Milly Stanfield am 13. Januar 1992.
14. Campbell, a.a.O., S. 91 f.
15. Elizabeth Cowling, *The Cello,* Batsford, London 1975, S. 136.
16. Diese vier Tagebücher befinden sich im PCSS.
17. Kirk, a.a.O., S. 133.
18. Kahn, a.a.O., S. 81.
19. Ebda., S. 82 f.
20. Corredor, a.a.O., S. 61 f.
21. Rearick, a.a.O., S. 130.
22. Bauer bezeichnete später seine erste amerikanische Tournee als »eine der am wenigsten eindrucksvollen Konzertreisen eines Künstlers in den Vereinigten Staaten, der in Europa einen gewissen Namen hatte«. Zitiert in: Harold C. Schonberg, *Die großen Pianisten. Eine Geschichte des Klaviers und der berühmtesten Interpreten von den Anfängen bis zur Gegenwart,*

Scherz, Berlin, München, Wien 1965, S. 371.
23. Zitiert nach Kirk, a.a.O., S. 308.
24. Ebda., S. 316.
25. Kahn, a.a.O., S. 88.
26. Ebda, S. 86.
27. Kirk, a.a.O., S. 162.
28. Corredor, a.a.O., S. 68.
29. Kahn, a.a.O., S. 95 f.
30. Siehe José Ortíz, »Inauguracion de una pista«, in: *Stadium,* 18. September 1915, S. 211.
31. Siehe »Concurso de Espluga de Francoli«, in: *Stadium,* 14. August 1915, S. 522.
32. Siehe den Beitrag von Dr. Ramon Balius im Juli, einem Mitglied des Ärztlichen Komitees des Königlich-Spanischen Leichtathletikverbandes, »Un esportista dit Pau Casals«, in: *Apunts d'educació física i medicina esportiva,* XX, 1983, S. 205 bis 212, sowie M. B. Stanfield, »Following Through«, in *The Strad,* Juli 1950, S. 98–100.
33. Bauer, *His Book,* W. W. Norton, New York 1958; zitiert nach Schonberg, a.a.O., S. 372.
34. Bauer verweist darauf, daß sie sogar die relativ selten aufgeführte Sonate in a-Moll (op. 36) von Grieg rund hundertmal in ganz Europa gespielt hätten. Siehe Cowling, a.a.O., S. 141.
35. Kirk, a.a.O., S. 171.
36. Elise K. Kirk, *Music at the White House: A History of the American Spirit,* University of Illinois Press, Urbana, Ill., 1986, S. 180.
37. Die Miete blieb offenbar gleich bis zu Casals' Auszug im Juli 1913. Die Quittungen befinden sich mit einer kompletten Sammlungen der Gasrechnungen unter seinen Papieren im PCSS.
38. Andere Sängerstars wie Felix Mayol konnten in den führenden Pariser Konzertsälen bis zu 2000 Francs pro Abend verdienen. Siehe Rearick, a.a.O., S. 70.
39. Casals-Papiere, PCSS.
40. Campbell, a.a.O., S. 317. In den Anfangsjahren seiner Karriere spielte auch Yo Yo Ma ein Instrument von Matteus Gofriller, das zuvor Pierre Fournier gehört hatte.
41. Kahn, a.a.O., S. 94.
42. Corredor, a.a.O., S. 102 sowie Montserrat Albet, »Pau Casals: A Lifetime of Music«, ins Englische übersetzt von Jacqueline Hall, in: *Pau Casals and His Museum,* Fundació Pau Casals, Sant Salvador-El Vendrell, 1986, S. 19.
43. Siehe den ausgezeichneten Begleittext von Jean Loubier zu der vom EMI 1991 neu herausgegebenen CD der Aufnahmen von Cortot/Thibaud/Casals aus den Jahren 1926–1929 (CHS 7 64057 2).
44. Corredor, a.a.O., S. 58.
45. Robert Hartford, *Bayreuth: The Early Years,* Gollancz, London 1981, S. 187 f.
46. Cortot an Casals, 28. April 1913, PCSS.
47. Diese Aufnahmen sind in einer digitalen Aufbereitung der Londoner Originalaufnahmen aus den Jahren 1926 bzw. 1928 auf CD erhältlich. Siehe Compact-Discographie, S. 388 ff.
48. Dieser Reiseplan ist Casals' Konzertreisetagebuch für die Jahre 1899–1913 entnommen; PCSS.

Paris

1. Zitiert in C. Bunting und D. C. Pratt, *Cello Technique: »from one note to the next«,* Cambridge University Press, Cambridge 1987.
2. Über Suggia gibt es eine kurze und nicht ganz verläßliche Biographie auf portugiesisch – Mário Cláudio, *Guilhermina,* Porto 1986 –, der einiges Material in diesem Abschnitt entnommen und anhand anderer Quellen überprüft worden ist.
3. Die kanadische Cellistin Zara Nelsova hat in einem Interview mit der BBC, New York, im Februar 1991 erklärt, was sie Suggia in musikalischer wie in modischer Hinsicht verdanke.
4. Diese Einladung stammte vom Direktor des Gewandhaus-Orchesters Dr. Lampekischer. Cláudio, a.a.O., S. 31.
5. Die Aufführung fand im Curtis Concert Club offenbar am 21. Januar 1905 statt. Siehe Edmund S. J. van der Straeten, *History of the Violoncello, the Viol de Gamba, their Precursors and Collateral Instruments,* William Reeves, London 1914, S. 599.
6. Campbell, a.a.O., S. 118.
7. Im Zusammenhang mit der Aufführung des Cello-Doppelkonzerts, das Emanuel Moór für Casals und Suggia komponiert hat. Corredor, a.a.O., S. 127.
8. Briefwechsel zwischen Casals und H. L. Kirk sowie Joan Alavedra, PCSS. Ein Teil der Honorare für Kirks vom Verlag Doubleday veröffentlichte Biographie kam laut Vertrag Casals zugute. Siehe auch die Besprechung dieser Biographie von Stephen Walsh, in: *The Listener,* 24. April 1975.
9. Casals an Julius Röntgen, 8. Dezember 1913; Röntgen-Archiv, Den Haag, zitiert von Kirk, a.a.O., S. 292.
10. Casals' Papiere wurden offenbar von der französischen Polizei während des Kriegs durchwühlt. Siehe Kahn, a.a.O., S. 131 f.
11. Cláudio, a.a.O., S. 43.
12. Ein Exemplar des Programms befindet sich im Haags Gemeentemuseum, Den Haag.
13. Cláudio, a.a.O., S. 37.
14. Leslie Sheppard, »Ysaÿe and Kreisler – A Great Friendship«, in: *The Strad,* 1059, Juli 1978, S. 221–227.
15. Casals, zitiert nach Kahn, a.a.O., S. 125.
16. Als sein Agent schrieb Kiesgen fast jede Woche zwischen Januar 1913 und Oktober 1937 an Casals. Die förmlichen, direkten und respektvollen Briefe befinden sich im PCSS. 1957 schrieb Kiesgen an Casals und bot ihm an, seine neue Frau Marta zu vertreten. Siehe PCSS, Kasten 8 (a).
17. Siehe S. S. Dale, »Gaspar Cassadó«, in: *The Strad,* Oktober 1977, S. 507–509, nachgedruckt im *Violoncello Society Newsletter,* Februar 1978. Eine kurze Darstellung von Cassadós Karriere bietet Lev Ginsburg, *History of the Violoncello,* Paganiniana Publications, New Jersey 1983, S. 233–240.
18. Siehe Adam Ulam, *Russia's Failed Revolutions: From the Decembrists to the Dissidents,* Weidenfeld and Nicholson, London 1981, S. 200.
19. 5. November nach dem Julianischen Kalender. Alle Daten in die-

sem Abschnitt entsprechen dem westlichen Kalender.

20. A. A. Borisiaks Erinnerungen befinden sich im Besitz von Lev Ginsburg und sind in seiner *History of the Violoncello,* S. 165 f., sowie in Kirk, a.a.O., S. 255 zitiert.
21. Kahn, a.a.O., S. 105, und Corredor, a.a.O., S. 74.
22. Aleksandr Koptjajew, »Konzert von Siloti und Casals«, in: *Sankt Peterburgskije Wedomosti,* 24. November 1905.
23. Kirk, a.a.O., S. 234.
24. Ulam, a.a.O., S. 204.
25. Kahn, a.a.O., S. 104.
26. 1910 beispielsweise spielte Casals in Wien Anfang Januar, fuhr am 7. nach Budapest weiter, am 14. nach Moskau und nach St. Petersburg am 19. Am 21. gab er ein Konzert in Schweden, kehrte am nächsten Tag nach St. Petersburg zurück und trat dann ein Engagement in Warschau am 28. an. Am 2. Februar war er wieder in Frankreich und gab in Nizza ein Konzert. Siehe Casals' Konzertreisetagebuch, PCSS.
27. Das Konzert erhielt beeindruckende Besprechungen, unter anderem auch von Aleksandr Ossowskij: »Auf der Bühne erschien ein kleiner, dünner Mann, der ein Instrument trug, das fast so groß war wie er selbst ... Er tritt behutsam auf, als habe er Angst, daß sich die aufgestauten Gefühle verströmen ... Dann der erste Bogenstrich – und ein nervöser Schauder schwingt in der Tiefe Tausender von Herzen mit. Die Augen des Virtuosen sind geschlossen. Die wirkliche Welt ist für ihn verschwunden ... wie wäre es sonst auch möglich, daß ein mechanisches Instrument mit einer derart tiefen Leidenschaft singen, so bedeutende Geheimnisse enthüllen, so zornig und so sanft sein könnte? [Der Solist] neigte liebevoll sein Haupt über das Instrument, als lauschte er seinem Flüstern ... Dann wiegte er auf einmal stolz sein Haupt – wobei er die ganze Zeit die Augen geschlossen hielt –, als ob er eine Geisterschar befehligte und diese würde in alle Ecken des Konzertsaals huschen, um dem Geheiß ihres Herrschers zu gehorchen.« A. N. Ossowskij in der Moskauer Zeitung *Slowo* vom 22. November 1906, zitiert in Ginsburg, *History,* a.a.O., S. 166 f., und Kirk, a.a.O., S. 227.
28. Kahn, a.a.O., S. 106.
29. Kirk, a.a.O., S. 235.
30. Kahn, a.a.O., S. 106.
31. Das Wiener Debüt wird von Kirk und Albet auf November 1910 datiert. Aus Casals' Konzertreisetagebuch geht hervor, daß er in Wien während der ersten Januarwoche 1910 war und am 7. nach Budapest weiterfuhr. Im November war er in Darmstadt (am 8.), Prag (12.), Bremen (15.), Frankfurt (19.) und Hamburg (28.).
32. Kahn, a.a.O., S. 109.
33. Arthur Rubinstein, a.a.O., S. 451.
34. Siehe Seymour W. Itzkoff, *Emanuel Feuermann – Virtuoso: A Biography,* University of Alabama Press, Alabama 1979, S. 43 f.
35. Marguerite Caponsacchi war 1905 einundzwanzig Jahre alt; 1903 hatte sie das Pariser Konservatorium als beste Cellostudentin des Jahres abgeschlossen.
36. Corredor, a.a.O., S. 123.

37. Kahn, a.a.O., S. 122.
38. Ebda., S. 123.
39. Casals, zitiert in Corredor, a.a.O., S. 124.
40. Die Widmung von Moórs zweitem Konzert für Violoncello und Orchester (op. 64) vom 12. Dezember 1905 ist leider nur in der englischen Ausgabe von Kahns Buch abgedruckt.
41. Max Pirani, *Emanuel Moór,* P. R. Macmillan, London 1959, S. 54 f.
42. Louise Llewellyn, in: *Musical America,* 7. März 1908.
43. Pirani, a.a.O., S. 60. Außer dem Doppelkonzert am 7. Februar brachte Casals auch Moórs Tripelkonzert bei seinem zweiten Konzert in der Salle Gaveau am 28. Februar (bei dem er auch das Dvořák-Konzert mit Suggia als Solistin dirigierte) sowie Moórs Sechste Sinfonie am 16. März zur Aufführung.
44. Pirani, a.a.O., S. 60.
45. Ebda., S. 62.
46. Eine ausführliche Darstellung über die Geschichte von Moórs Erfindung eines Klaviers mit doppelter Klaviatur bietet Pirani, a.a.O., 11. bis 19. Kapitel.
47. Siehe Alfredo Casella, *Music in My Time,* University of Oklahoma, Norman, Oklahoma, 1955, S. 83.
48. Cláudio, a.a.O., S. 41.
49. Ebda., S. 39.
50. Nach Julius Röntgen, *Brieven van Julius Röntgen,* Amsterdam 1934; zitiert nach Kirk, a.a.O., S. 201 f.
51. Siehe Cowling, a.a.O., S. 36.
52. Casals erwarb das Bergonzi-Gofriller-Cello am 15. Mai gegen eine Anzahlung von 10 000 Francs. Die restlichen 8000 Francs bezahlte er in zwei Raten, am 9. Juni und am 28. Oktober. Siehe auch die Quittung von Caressa und Français vom 15. Mai 1908, PCSS.
53. Casals verkaufte das Tononi 1920. Dieses Instrument wurde am 26. April 1991 von Christie's in London für 143 000 Pfund wieder verkauft.
54. Enric Casals, a.a.O., S. 119. Casals gab die Replik an seine begabte Nichte weiter, Enrics Tochter Pilar.
55. Casals an den in Paris ansässigen Händler Vatelot-Hekking, 26. März 1921; PCSS.

Das Verhältnis zu England

1. Eisenberg an Casals, 16. Februar 1932, PCSS.
2. Edward Speyer, *My Life and Friends,* Cobden-Sanderson, London 1937, S. 86.
3. Ebda., S. 197 f.
4. Ebda., S. 198, übernommen von Kirk, a.a.O., S. 263, und falsch zitiert von Kahn, a.a.O., S. 154.
5. Mary Grierson, *Donald Francis Tovey: A Biography Based on Letters,* Oxford University Press, London 1952, S. 96.
6. Andrew Porter, *Music of Three Seasons, 1974–7,* Chatto and Windus, London 1979, S. 70 f.
7. Grierson, a.a.O., S. 98.
8. Siehe die Schilderung von Sophie Weisse durch Toveys Kommilitonen in Balliol Sir Denys Bray in einem Brief vom 31. Dezember 1945 an Hubert J. Foss, der Toveys Biographie schreiben sollte; Tovey Papers, Edinburgh.
9. Die Zusammenhänge zwischen

Bergsons Philosophie und Toveys Musiktheorie werden von William R. Pasfield in seinem unveröffentlichten Manuskript *Music and Philosophy* erörtert – in dem Kapitel »Henri Bergson – Time, Creativity and Spontaneity«.

10. Zitiert nach Kirk, a.a.O., S. 270.
11. Aus Casals' Konzertreisetagebuch von 1910 geht hervor, daß er in Wien Anfang Januar war und am 7. Januar nach Budapest weiterfuhr. Dies sein Reiseplan für das weitere Jahr (die Daten geben jeweils die Ankunft in der betreffenden Stadt an): 14.–15. Januar Moskau, 19. St. Petersburg, 21. Schweden, 22. St. Petersburg, 28. Warschau; 2. Februar Nizza, 12. Brüssel, 16. Amsterdam, 17. Kiel, 23. Amsterdam, 28. St. Gallen; 1. März Freiburg, 7. Brüssel, 8. Paris, 11. Frankfurt, 15. Genf; 5. April Paris und Nizza, 17. Marseille, 21. Dijon, 29. Straßburg; den ganzen Mai in Paris; 2. Juni London, 7.–9. Northlands, 25. Scheveningen; Sommer in Spanien; 20. Oktober London, 21. Northlands, 23. Oxford, 26. Liverpool; 8. November Darmstadt, 12. Prag, 15. Bremen, 19. Frankfurt, 28. Hamburg; 5. Dezember Paris.
12. Sir Henry Wood, *My Life of Music,* S. 321.
13. Grierson, a.a.O., S. 145 f.
14. Corredor, a.a.O., S. 79.
15. Arthur Rubinstein, a.a.O., S. 491.
16. Ebda., S. 484.
17. Muriel Draper, *Music at Midnight,* Harper, New York 1929.
18. Rubinstein, a.a.O., S. 509.
19. Suggia an Weisse, 24. September 1911, Tovey Papers, Edinburgh und Grierson, a.a.O., S. 152.
20. Tovey an Robert Trevelyan (undat.), Anfang Februar 1912, Tovey Papers, Edinburgh.
21. Das Konzert in St. Petersburg am 3. Februar (nach dem Julianischen Kalender am 21. Januar) wurde von Albert Coates dirigiert, die Moskauer Aufführung am 6. Februar (24. Januar) von Siloti. Siehe Lev Ginsburg, *Ysaÿe,* Paganiniana Publications, New Jersey 1980 sowie Casals' Konzertreisetagebuch von 1912, PCSS.
22. Tovey an Weisse (undat.), Februar 1911, Tovey Papers, Edinburgh.
23. Siehe einen (undat.) Brief von Enrique Fernández Arbós (spanischer Geiger, Schüler von Jesús de Monasterio in Madrid sowie von Joachim in Berlin und seit 1894 Professor für Violine und Viola am Londoner Royal College of Music) an Casals, PCSS, und Albet, a.a.O., S. 20.
24. Die Zahlungen stammen aus Aufstellungen, die Casals eigenhändig geschrieben hat, PCSS. Seine Honorare betrugen: 1050 Dollar für zwei Konzerte in Liverpool, je 700 Dollar für zwei in London, 600 Dollar für einen einzigen Auftritt in Belfast, jeweils 525 Dollar in Oxford und in Northlands, Englefield Green.
25. Die monatlichen Einkünfte für die Saison 1910/11, gleichfalls von Casals eigenhändig in San Salvador notiert, betrugen: Oktober (England) 4100 Dollar; November (Deutschland) 5886 Dollar; Dezember (Frankreich) 3100 Dollar; Januar (Österreich und Rußland) 11 107 Dollar; Februar (Frankreich und Holland) 5574 Dollar; März (Deutschland und Schweiz) 6902

Dollar; April (Frankreich) 4330 Dollar; Mai (England und Frankreich) 4900 Dollar – insgesamt also 45 899 Dollar.

26. Interview mit Milly Stanfield vom 15. Dezember 1991.
27. Brief von Horszowski an Colin Spector, 31. Juli 1989.
28. Tovey an Weisse (undat.), September 1912, Tovey Papers, Edinburgh.
29. Tovey an Weisse (undat.), September 1912, Tovey Papers, Edinburgh, zitiert in Grierson, a.a.O., S. 161.
30. Tovey an Weisse (undat.), September 1912, Tovey Papers, Edinburgh.
31. Siehe vier Postkarten von Tovey an Robert Trevelyan, September 1912, Trevelyan Papers, Cambridge.
32. Casals an Weisse, 16. September 1912, Tovey Papers, Edinburgh.
33. Kirk, a.a.O., S. 467.
34. Wie verbittert, verwirrt und besorgt Tovey über sein »Abenteuer in Spanien« war, wie er es nannte, geht aus seinen Briefen an Elizabeth Trevelyan vom 20. Oktober und 6. Dezember 1912 sowie vom 13. Oktober 1913 hervor; Trevelyan Papers, Cambridge.
35. Grierson, a.a.O., S. 161 f.
36. Casals an Trevelyan, 28. November 1912, Trevelyan Papers, Cambridge.
37. Cláudio, a.a.O., S. 45.
38. Milly Stanfield in ihrem Nachruf auf Guilhermina Suggia, in: *The Strad,* September 1950, S. 154.
39. Aus Guilhermina Suggia, »The Violoncello«, in: *Music and Letters,* Band I. Nr. 2, April 1920, S. 104 bis 110. Der Beitrag enthält außerdem vier Fotos: zwei von Suggia, eines von ihrem Montagnana-Instrument und eines von Casals. Siehe auch Suggias Beitrag »Violoncello Playing«, in: *Music and Letters,* Bd. II, Nr. 2, April 1921, S. 130–134, der sich hauptsächlich mit Casals' Aufführungsprinzipien befaßt. Der dritte Artikel, »A Violoncello Lesson: Casals' *Obiter Dicta*«, in: *Music and Letters,* Bd. II., Nr. 4, Oktober 1921, S. 359–363, wird zwar dem Herausgeber von *Music and Letters,* Arthur Henry Fox Strangeways, zugeschrieben, ist aber tatsächlich ein Bericht über Casals' öffentliche Cellokurse in Paris im Sommer 1921, »zur Verfügung gestellt von Madame Suggia«.
40. Siehe Cláudio, a.a.O., S. 71 f., sowie ein Interview mit Amaryllis Fleming vom 24. Januar 1992.
41. Kirk, a.a.O., S. 362. Bei dem Konzert in der Albert Hall saß auch der Verleger Victor Gollancz im Publikum. Siehe Victor Gollancz, *Journey Towards Music: A Memoir,* Gollancz, London 1964, S. 211 f.
42. Nach Charles Reid, *Malcolm Sargent,* Hamish Hamilton, London 1968, S. 112 f.
43. Siehe Briefe von Horszowski an Casals vom 6. Juli, 12. November, 23. Dezember 1912 sowie vom 19. Mai und 29 Juli 1913, PCSS.
44. Casals an Röntgen, 8. Dezember 1913, zitiert in Kirk, a.a.O., S. 292.
45. Interview mit Bernard Greenhouse am 17. April 1992.
46. Casals an Moór, 9. Oktober 1920, in: Pirani, a.a.O., S. 99.
47. Grierson, a.a.O., S. 208–210.
48. Siehe die Inventarliste von Casals' Besitz, die M. J. Mansell Ltd. am

4. November 1914 erstellt haben, PCSS.

49. Casals' Aufnahme von Toveys Cellokonzert in C-Dur (op. 40) aus dem Jahre 1937 erschien 1992 auf CD (Symposium 1115). Siehe Andrew Malone, »Legend lives again in mouldy oldies«, in: *Scotland on Sunday,* 19. April 1992.
50. Corredor, a.a.O., S. 143.
51. Siehe Cortot an Casals, aus dem Grand Hotel in Nancy, 28. April 1913, PCSS.
52. Casals an Granados, 25. Dezember 1913, PCSS.
53. Lev Ginsburg, *History,* a.a.O., Seite 170.

Im amerikanischen Exil

1. Aus einer Besprechung von Casals' Auftritt bei den Boston Symphony Concerts im März 1915, vom Musikkritiker der *Boston Post;* siehe Kirk, a.a.O., S. 306.
2. Ebda., S. 293 f.; Albet, a.a.O., S. 22.
3. Lillian Littlehales, a.a.O., S. 52 f.
4. Kahn, a.a.O., S. 124.
5. Juan Alavedra, *Pau Casals,* Plaza y Janes, Barcelona 1963, S. 271.
6. Casals an Julius Röntgen, 10. Juli 1914, zitiert in Kirk, a.a.O., S. 299.
7. Casals an Röntgen, 19. November 1914, zitiert ebda., S. 301.
8. Kahn, a.a.O., S. 128.
9. Ebda., S. 129.
10. Zitiert in Kirk, a.a.O., S. 305 f.
11. Oliver Read und Walter L. Welch, *From Tin Foil to Stereo: Evolution of the Phonograph,* Howard W. Sams, Indianapolis 1976, S. 216.
12. Siehe Fred Gaisbergs faszinierende Memoiren: *The Music Goes Round* (auch unter dem Titel *Music on Record* erschienen), Macmillan, New York 1942.
13. Aus der Columbia Graphophone Co. wurde 1924 die Columbia Phonograph Co. Inc. Sie wurde von CBS 1938 gekauft, die ihrerseits Ende der achtziger Jahre von Sony gekauft wurde, so daß der Großteil der Columbia-Aufnahmen von Casals nun unter dem Sony Classical-Label erscheint. Die Rechte an einer Reihe historischer Aufnahmen wurden in Sublizenz an verschiedene kleinere Plattenfirmen vergeben.
14. Read und Welch, a.a.O., S. 209.
15. Siehe Casals' Künstlervertrag, Columbia Masterworks Archives, S. 1.
16. Kirk, a.a.O., S. 313.
17. Albet, a.a.O., S. 23.
18. Kahn, a.a.O., S. 130.
19. Zitiert in Kirk, a.a.O., S. 295.
20. Richard Aldrich in der *New York Times* vom Januar 1916, zitiert in Kirk, a.a.O., S. 647.
21. Siehe die Korrespondenz zwischen Susan Metcalfe und Elizabeth Sprague Coolidge, vom April 1917 und 1927, Coolidge Papers, Library of Congress, Washington, D. C.
22. Tovey an Sophie Weisse (undat.), ca. September 1912, Tovey Papers, Edinburgh.
23. Enric Casals, a.a.O., S. 285.
24. Kahn, a.a.O., S. 107.
25. Für die beiden Aufführungen in Madrid am 23. und 26. November 1917 bekam er 4500 Peseten.

Barcelona

1. Casals an Julius Röntgen, zitiert nach Kahn, S. 133.
2. Kahn, a.a.O., S. 131.
3. Corredor, a.a.O., S. 82.
4. Beim Konzert im New Yorker Bohemian Club spielten Casals und Rachmaninow dessen Cellosonate. Siehe S. A. Satina, *Memoirs of S. V. Rachmaninoff,* Bd. I. Moskau 1974, zitiert in Ginsburg, *History,* a.a.O., S. 170.
5. Manuel Vázquez Montalbán, *Barcelonas,* Verso, London 1992, S. 80.
6. Eine faszinierende Darstellung des katalanischen *modernisme* bietet Robert Hughes, a.a.O., S. 459 bis 540.
7. Hughes, a.a.O., S. 478. Die Casa Terrades befand sich an der Diagonal 416–420. Die Familie Casals lebte an der Diagonal 440.
8. Ebda, S. 533/34.
9. Kahn, a.a.O., S. 132.
10. Ebda., S. 133.
11. Enric Casals, a.a.O., S. 78 f.
12. Der Reiseplan steht in einem Brief von Casals an seinen Bruder Enrique, vom 9. Januar 1920, zitiert in Enric Casals, a.a.O., S. 147 f.
13. Corredor, a.a.O., S. 97.
14. Chris Fifield, Richters neuestem Biographen, verdanke ich die Informationen darüber, in welchem Maße die Auswahl der Musik bei den ersten Proben und Konzerten des Orquestra Pau Casals auf den Orchesternoten aus der Sammlung Richters beruhte. Unter den in der ersten Konzertreihe im Herbst 1920 aufgeführten Werken befanden sich Beethovens *Coriolan*-Ouvertüre und die »Eroica«, Mozarts Sinfonie Nr. 40 in g-Moll, die Ouvertüre zu Webers *Freischütz,* Schuberts Sinfonie Nr. 8 in h-Moll (die »Unvollendete«), Strauss' *Ein Heldenleben,* Faurés *Masques et Bergamasques* und Debussys *Rondes de Printemps.*
15. Kahn, a.a.O., S. 139.
16. Ebda., S. 137 f.
17. Kirk, a.a.O., S. 336.
18. *New York Times,* 8. April 1922.
19. *The Times,* 8. Dezember 1925.
20. *Sunday Times,* 8. Dezember 1925.
21. *Sunday Times,* 12. Dezember 1926.
22. Bernard Shore, *The Orchestra Speaks,* Longmans, Green and Co., London 1938, S. 66 f.
23. Carl Flesch, *Memoirs,* Rockliff, London 1957, S. 118.
24. Adrian C. Boult, »Casals as Conductor«, in: *Music and Letters,* 4, 1923, S. 149–152.
25. Die Aufnahme des Brahms-Doppelkonzerts mit Cortot/Thibaud/Casals ist als CD in zwei Sammlungen erhältlich: Pearl GEMM CD 9363 (»Pablo Casals Plays Brahms«) und in EMIs Kassette mit 3 CDs, CHS 7 64057 2 (siehe Compact-Discographie, S. 388 ff.). Im Anschluß an die Aufnahme in Barcelona fuhren Gaisberg und die Leute von HMV nach Paris, um am 27./28. Juni 1929 Beethovens Kreutzer-Sonate mit Cortot und Thibaud aufzunehmen. Das Konzert im Juni in Barcelona bot Cortot, Thibaud und Casals die einzige Gelegenheit im Jahre 1929, miteinander zu spielen.
26. Siehe etwa Jay S. Harrison, »Pablo Casals Talks About Modern Music«, in: *New York Herald Tribune,* 4. Oktober 1953.

27. Siehe Corredor, a.a.O., S. 225.
28. Harrison, a.a.O.
29. Kahn, a.a.O., S. 120.
30. Eine komplette Aufstellung der Gastdirigenten und -solisten, die mit dem Orquestra Pau Casals im Laufe seines sechzehnjährigen Bestehens gearbeitet haben, befindet sich im Buch von Alavedra, a.a.O., S. 294 f.
31. Der amerikanische Pianist Elie Robert Schmitz etwa erbot sich, in Barcelona in der Saison 1930/31 zu spielen. Siehe Schmitz an Casals, 19. Februar und 10. Juni 1930 sowie Casals' Antwort vom 12. April 1930, Pro Musica Society Papers, Yale Music Library.
32. Josep Pla, zitiert nach Hughes, a.a.O., S. 463.
33. Lev Ginsburg, *Ysaÿe,* a.a.O., S. 221–227. Neben Ysaÿe trat bei dieser Beethoven-Zentenarfeier auch Mieczyslaw Horszowski auf – er spielte das G-Dur-Klavierkonzert.
34. Alavedra, a.a.O., S. 301 f.
35. Bernard Gavoty, *Alfred Cortot,* Editions Buchet/Chastel, Paris 1977, S. 103.
36. Gerald Brenan, *The Spanish Labyrinth,* Cambridge University Press, Cambridge 1950, S. 65–76.
37. Kirk, a.a.O., S. 363.
38. Charles Reid, *John Barbirolli,* Taplinger, New York 1971, S. 92 f. 1969 gastierte der fast siebzigjährige Barbirolli als Dirigent beim Casals Festival in San Juan.
39. Dieser Hinweis stammt von Wilfred Stiff, dem ehemaligen Geschäftsführer von Ibbs and Tillett. Siehe dazu auch Casals' Korrespondenz mit der Agentur, Ibbs and Tillett-Archiv.
40. Siehe den Reiseplan, den das Metropolitan Musical Bureau, New York, für Casals erarbeitete, PCSS, Kasten 2 (V).
41. PCSS, Kasten 2 (II).
42. Siehe den Vertrag mit den Pariser Agenten Charles Kiesgen und E. C. Delaet, PCSS.
43. So schilderte sie Willem Valkenier, ein Mitglied des Orquestra Pau Casals; zitiert in Kirk, a.a.O., S. 648 f.
44. Der Verwaltungschef der Concertdirectie Scheveningen an Susan Metcalfe Casals, 1. Oktober 1920, PCSS.
45. *Daily Telegraph, 3. Dezember* 1926. In der Besprechung hieß es: »Die Zeit meint es gut mit dieser großen Künstlerin, deren Stimme so reich und angenehm wie eh und je ist.«
46. Enric Casals, a.a.O., S. 285.
47. Siehe Mitteilung des Metropolitan Musical Bureau, New York. Auf dem Reiseplan standen auch fünf Termine auf Kuba, wobei das Honorar 2000 Dollar pro Konzert betrug.
48. Casals an Bauer, 20. Februar 1921, US-Library of Congress.
49. Alexander Schneider, *Sasha: A Musician's Life,* New York 1988, S. 86.
50. Zitiert in *Report of the Librarian of Congress,* 1925.
51. Siehe die Elizabeth Sprague Coolidge Foundation Collection in der Musikabteilung der Library of Congress. Die Korrespondenz mit Casals enthält auch einen Scheck über 5000 Dollar, datiert auf den 3. Februar 1921, mit dem ein Konzert während der Saison 1921 ge-

sponsert werden sollte. Da Casals seine Konzertreise für 1921 absagte, wurde dieser Zuschuß vermutlich nicht in Anspruch genommen.

52. Casella, a.a.O., S. 162.
53. Coolidge an Metcalfe, 9. Januar 1927, Coolidge Papers, Library of Congress.
54. Die Aufnahmen mit Casals und Mednikoff sind auf CD erhältlich: »Casals: the Victor recordings (1926–28)«, Biddulph LAB 017.
55. Casals an Enrique Casals, 23. Februar 1928, abgedruckt in Enric Casals, a.a.O., S. 148 f.
56. Gaisberg, a.a.O., S. 214. Casals zog zwar eine amerikanische Konzertreise im Winter 1931/32 in Erwägung, aber die Tournee kam nicht zustande. Siehe Casals an Tillett, 28. Dezember 1931, Ibbs and Tillett-Archiv.
57. Casals an Tillett, 13. Januar 1929, Ibbs and Tillett-Archiv.
58. Siehe Casals an Enrique, 22. November 1929 aus Berlin, abgedruckt in Enric Casals, a.a.O., S. 150.
59. Siehe Eisenberg an Casals, 20. März 1933, PCSS.
60. Siehe die Bücher von Kahn oder Corredor (Casals' Darstellung) bzw. Gavoty, *Cortot,* mit ähnlichen Aussagen des Pianisten, sowie Jacques Thibaud, *Un violon parle. Souvenirs recueillis par Jean-Jacques Dorian,* Editions du Blé, Paris 1947.
61. Siehe Cortot an Casals, 15. Juni 1920, PCSS.
62. Die Auftritte des Trios sind auf einer Kassette mit drei CDs erhältlich (EMI 7 64057 2).
63. Siehe die ausgezeichnete Darstellung von Jean Loubier im Begleitheft zur EMI-CD-Kassette mit dem Trio Cortot/Thibaud/Casals.
64. Gollancz, a.a.O., S. 214.
65. Casals an Tillett, 19. August 1933, Ibbs and Tillett-Archiv.
66. Siehe Renée Cortot an Casals, 24. Mai 1947 u. a., Casals Papers, Washington, DC (im folgenden kurz PCW).
67. Gavoty, *Cortot,* a.a.O., S. 159 bis 164.
68. Siehe Irving Kolodin, »The Big World of Don Pablo«, in: *SR,* 31. Dezember 1966, S. 43–47.
69. Casals an Cortot, September 1957, PCW.
70. Gavoty, *Cortot,* a.a.O., S. 192. Dieser letzte gemeinsame Auftritt von Cortot und Casals wurde von der RadioDiffusion Française aufgenommen, aber nie herausgegeben.
71. Saul Bellow, *To Jerusalem and Back,* Alison Press, London 1976, S. 6.
72. Der Wortlaut von Casals' Ausführungen beim Meisterkurs 1921 wurde von einem unbekannten Cellisten festgehalten und von Guilhermina Suggia interpretiert – in ihrem Beitrag »A Violoncello Lesson: Casals' *Obiter Dicta*« für *Music and Letters,* Bd. II, Nr. 4, Oktober 1921.
73. Enrique hatte vier Kinder: Pilar, Enriquetta, Luis und Carlos, Luis hingegen drei: Mariona, Pilar und Pau.
74. Der Zeitplan stammt aus Casals' Konzertreisetagebuch 1930/31, PCSS, Kasten 2 (III). Sein Einkommen aus Gagen für die beiden Monate November und Dezember 1930 betrug 16 300 Dollar.

Katalonien und die spanische Republik

1. Casals in seiner Rundfunkrede anläßlich der Übertragung seines letzten Konzerts in Barcelona am 19. Oktober 1938; zitiert in J. Alvarez del Vayo, »Pablo Casals – Freedom's Artist«, in: *The Nation,* 17. Juni 1950.
2. Kahn, a.a.O., S. 188.
3. Brenan, a.a.O. S. 84.
4. Corredor, a.a.O., S. 106.
5. Kahn, a.a.O., S. 189.
6. Siehe PCSS, Kasten 3 (I).
7. Casals an Tovey, 26. August 1931, Tovey Papers, Edinburgh.
8. Casals an Ibbs and Tillett, 4. September 1931, Ibbs and Tillet-Archiv.
9. Siehe Enric Casals, a.a.O., S. 286.
10. Interview mit Macià Alavedra vom 25. April 1990. In den meisten Darstellungen von Casals' Leben wird Frasquita Capdevila – wenn überhaupt – als seine Haushälterin bezeichnet, eine Einschätzung, die von Casals' Bruder scharf zurückgewiesen wird. Siehe Enric Casals, a.a.O., S. 306 f.
11. Mehr über Eisenbergs Karriere bei Campbell, a.a.O., S. 150 f.; Ginsburg, *History,* a.a.O., S. 258–263; und Ishaq Araz, »Always Back to Bach: A Glimpse into the Career of Maurice Eisenberg, Cellist«, in: *American String Teacher,* Frühjahr 1968.
12. Milly Stanfield hatte an der von Herbert Walenn geleiteten London Violoncello School studiert und war hier 1925 Preisträgerin beim alljährlichen Studentenkonzert. Sara Nelson (Zara Nelsova) gewann diesen Preis 1933. Siehe Campbell, a.a.O., S. 237, und PCSS, Kasten 3 (5).
13. Aus: Maurice Eisenberg, »Casals at Eighty: A Tribute«, in: *Violins and Violinists,* Januar/Februar 1957, S. 4 bis 6.
14. Der Cellist Julian Lloyd Webber hat eine beachtliche Sammlung von Casals-Zitaten bzw. Anekdoten über ihn herausgegeben, unter dem Titel *Song of the Birds: Sayings, Stories and Impressions of Pablo Casals,* Robson Books, London 1985.
15. Diese und andere Geschichten über Casals-Proben sind dem Buch von David Blum, *Casals and the Art of Interpretation* entnommen.
16. Eisenberg an Casals, 15. Januar 1933, PCSS.
17. Interview mit Pablo Eisenberg vom 6. Dezember 1991.
18. Siehe die Korrespondenz zwischen Eisenberg und Casals aus den Jahren 1930 bis 1939, in PCSS. Eisenberg trat mit Yehudi und Hephzibah Menuhin auf, ging mit ihnen auf Tournee und machte mit ihnen Aufnahmen für HMV. Yehudi Menuhin wurde der Pate von Eisenbergs zweitem Kind, seiner Tochter Maruta.
19. Eine Darstellung der letzten Briefe zwischen Casals und Röntgen bietet Kirk, a.a.O., S. 389–391.
20. Siehe Suggia an Sophie Weisse, 11. April 1920, Tovey Papers, Edinburgh und Grierson, a.a.O., S. 202.
21. Siehe Susan Metcalfe Casals an Mrs. Tovey, 21. Oktober 1927, über den Erfolg der Aufführung in Barcelona, Tovey Papers, Edinburgh. In den Jahren von 1924 bis

1926 hatte Tovey sich im Sommer immer in den USA aufgehalten und zuerst an der School of the Arts in Santa Barbara, Kalifornien, und später beim Elizabeth Sprangue Coolidge's Festival in Pittsfield gespielt.

22. Grierson, a.a.O., S. 234.
23. Tovey an Weisse (undat., Frühjahr 1933), Tovey Papers, Edinburgh, zitiert im Begleitheft von Jeremy Upton für die CD-Ausgabe des Konzerts (SYMP 1115, 1992), und Tovey an Grierson (undat.), zitiert in Grierson, a.a.O., S. 276.
24. Siehe Casals an Tovey, 26. August 1931 und 12. Mai 1933, Tovey Papers, Edinburgh.
25. Casals an Tovey, 8. Oktober 1933, ebda.
26. Tovey an Weisse, 25. April 1934, ebda. Bei dem Konzert am 11. April spielte Tovey den Klavierpart beim fünften Brandenburgischen Konzert wie bei seinem eigenen Klavierkonzert.

    Tovey charakterisierte Casals' Dirigierstil als »sehr interessant« und fügte hinzu: »Ich kann darin keine Technik ausmachen; die Schläge scheinen alle genau über der entsprechenden Stelle zu erfolgen, und in synkopierten Passagen betont er ganz offensichtlich die Synkope statt die Schläge.«
27. Casals an Tovey, 12. Juni 1934, ebda.
28. Elgar an Tovey, 10. Februar 1934, ebda.
29. Casals an Tovey, 28. Mai 1934, ebda.
30. *The Times,* 24. November 1934.
31. Christopher Bunting, in einer Einführung zur CD-Aufnahme.
32. *The Scotsman,* 23. November 1934.
33. *Carnet Musical,* 5. April 1935.
34. Die Besprechungen im *Observer* und in der *Sunday Times* erschienen beide am 17. November 1935.
35. Casals an Ibbs und Tillett, 27. Juni und 4. August 1936, Ibbs and Tillett-Archiv.
36. Casals an Tovey, 24. November 1936, Tovey Papers, Edinburgh.
37. Grierson, a.a.O., S. 313.
38. Die Aufnahme, die Tovey selbst mit einem Zuschuß von 300 Pfund oder einer Abnahme von 100 Exemplaren finanzieren sollte, kam nicht wie geplant auf 78er Platten heraus, sondern erschien erst 1992 auf CD bei Symposium Records (SYMP 1115).
39. Kahn, a.a.O., S. 194.
40. Darstellung eines Besuchs bei Sir Donald Tovey, Quelle unbekannt, Ende 1939, PCSS, Kasten 10 (I).
41. Ginsburg, *History,* a.a.O., S. 171.
42. Samuel und Sada Applebaum, »Pablo Casals«, in: *The Way They Played,* Paganiniana Publications, New Jersey 1972, S. 297.
43. Schönberg an Casals, 20. Februar 1933, in: Erwin Stein (Hrsg.), *Arnold Schoenberg Letters,* Faber and Faber, London 1964, S. 171 f.
44. Corredor, a.a.O., S. 222 f.
45. Schönberg an Casals, 22. September 1933, a.a.O., S. 182 f.
46. Corredor, a.a.O., S. 223.
47. Siehe Itzkoff, a.a.O., S. 155–157.
48. In einem Brief von Eva Feuermann an Casals enthalten, 26. Mai 1950, PCW.

    Dieser Absatz taucht mit ähnlichem, aber nicht identischem Wortlaut in einem Beitrag auf, den er am 25. Februar 1940 in *Musical America* unter dem Titel »Feuermann inveighs against mechanical methods« veröffentlicht hatte.

49. Kahn, a.a.O., S. 197.
50. Siehe Casals an Tovey, 27. Dezember 1934, Tovey Papers, Edinburgh.
51. Eisenberg an Casals, 23. April 1936, PCSS.
52. Kahn, a.a.O., S. 199.
53. Kirk, a.a.O., S. 401 f.
54. Corredor, a.a.O., S. 287.
55. Auf diesen Sachverhalt hat Charles Haynes in seinem Begleitheft zu der Pearl-CD »Pablo Casals Plays Brahms« (GEMM CD 9363) hingewiesen. Er bemerkt, daß Casals weder das D-Dur-Konzert von Haydn noch die Sonate in e-Moll von Brahms aufnahm, die Feuermann bereits für die Columbia aufgenommen hatte. Allerdings hat Gaisberg tatsächlich 1937 das Dvořák-Konzert mit Casals aufgenommen, obwohl Feuermann dieses Werk bereits 1930 aufgezeichnet hatte.
56. Gaisberg, a.a.O., S. 212.
57. Kahn, a.a.O., S. 203.
58. Siehe Eisenberg an Casals, 26. November 1936, PCSS.
59. Interview mit Sta. Mercèdes Guarro i Tapis vom 21. September 1991. In Corredors Buch (S. 287) behauptet Casals, er sei erst 1939 zum erstenmal in Prades gewesen.
    Ungereimtheiten in diversen Nachrufen nach seinem Tod 1973 regten *Le Monde* zu einem Beitrag an mit dem Titel »Quand Pablo Casals est-il arrivé à Prades« (9. November 1973), der Einheimische zitiert, die ihn in Prades bereits Ende 1936 gesehen haben wollen.
60. Casals an Ibbs and Tillett, 23. Januar 1937, Ibbs and Tillett-Archiv.
61. Eisenberg an Casals, 2. Februar 1937, PCSS.
62. Siehe Casals an Tovey, 3. März 1938, Tovey Papers, Edinburgh.

Krieg und Exil

1. Casals an Victor Alba, den Autor von *Insomnie Espagnole,* Paris 1946/47, PCSS, Kasten 7 (4).
2. Casals an Germaine Grottendieck, 5. Februar 1939, PCP (Prades).
3. Casals in einer Unterhaltung mit Isaac Stern, CBS-Fernsehfeature »Casals at Eighty-eight«, 1958.
4. Das Kopfgeld wurde am 5. September 1940 ausgesetzt und ist in dem Band *Crimes Against Catalonia* aufgeführt. Ich danke Professor Paul Preston für diesen Hinweis.
5. Juan Alavedra, *Pau Casals,* Aldos, Barcelona 1962 (katalanische Ausgabe), S. 318.
6. Gavoty, *Cortot,* a.a.O., S. 156 f.
7. Siehe Alavedras Darstellung dieser Episode, a.a.O., S. 336, sowie Kahn, a.a.O., S. 182.
8. Nach der Veröffentlichung der französischen Ausgabe von Kahns Buch strengte Cortots Sohn Jean eine Verleumdungsklage gegen Casals an. Casals' Anwalt Abe Fortas schaltete die Pariser Kanzlei Coudert Frères in die Angelegenheit ein, die gerichtlich nicht weiterverfolgt wurde.
9. Fünfzig Jahre später wird das Café noch immer von Pierrette Hostelrich und ihrer Tochter Nanou geführt; inzwischen gehört es zum

Hotel Hostelrich. Das Grand Hotel gegenüber ist völlig heruntergekommen.

10. Interview mit Macià Alavedra vom 25. April 1990.
11. Kirk, a.a.O., S. 416. In dieser Zeit wurde Casals sehr oft von Reine Gianoli begleitet.
12. Kahn, a.a.O., S. 218.
13. Corredor, a.a.O., S. 293.
14. Siehe Casals an Schneider, 12. April 1956, ASLC (Schneider Papers).
15. Kahn, a.a.O., S. 216.
16. *New York Times,* 24. Dezember 1944. Der Brief wurde ohne Absender abgedruckt, könnte aber von Maurice Eisenberg auf Casals' Geheiß eingeschickt worden sein.
17. Casals an Germaine Grottendieck, 3. Mai 1945, PCP.
18. Siehe etwa die Ausführungen von Tom Buchanan in: *The Spanish Civil War and the British Labour Mouvement,* Cambridge University Press, Cambridge 1991.
19. Kahn, a.a.O., S. 228 f.
20. Corredor, a.a.O., S. 301.
21. Gerald Moore, *Bin ich zu laut? Erinnerungen eines Begleiters,* Rainer Wunderlich Verlag Hermann Leins, Tübingen 1963, S. 151.
22. Ebda., S. 151 f.
23. Kahn, a.a.O., S. 231 f.
24. Milly Stanfield, »Looking Back«.
25. *Radio Times,* 15. Januar 1937.
26. Als die Aufnahme von 1945 herauskam, hatte der Kritiker von *The Gramophone,* der Musikwissenschaftler Edward Sackville-West, noch immer seine Probleme damit: »Für viele von uns, die sich noch daran erinnern, wie Casals das Konzert in der Albert Hall gleich nach Kriegsende spielte, gehörte es zu den großartigsten musikalischen Erlebnissen, die wir jemals hatten ... [aber] die Eigenwilligkeiten des großen Cellisten entfernen uns zu weit von den Intentionen des Komponisten. Das lange, sich dahinwindende, pastorale Thema im ersten Satz wird formal einfach aufgelöst durch ein sehr langsames, intensives Rubato. Es fließt überhaupt nicht mehr ... über dem Ganzen hängt ein schwerer Schleier aus Sentimentalität.«
Fünfzig Jahre später war der Vorwurf der Sentimentalität im Hinblick auf Aufführungen des Elgar-Konzerts in den siebziger und achtziger Jahren durch du Pré und andere Interpreten durchaus gerechtfertigt. Demgegenüber wirkt die Interpretation von Casals heute eher ziemlich trocken und flott.
27. Corredor, a.a.O., S. 303.
28. Casals an Grottendieck, 23. April 1946, PCP.
29. So Milly Stanfield in: The Strad, 1. Januar 1947.
30. Jean Weiner in: *Le Soir,* 24. November 1945.
31. Siehe Paul Preston, *Salvador de Madariaga and the Quest for Liberty in Spain,* Clarendon Press, Oxford 1987, S. 22.
32. Jan Morris, *Spain,* Faber and Faber, London 1964 und 1979, S. 47.
33. Ich bin Professor Preston sehr dankbar für die Informationen, auf denen dieser Abschnitt beruht.
34. Nach 1938 hatte Casals mit dem im Exil lebenden Alfonso XIII. korrespondiert, wobei es ihm in erster Linie darum ging, den vom Bürgerkrieg heimgesuchten Kindern zu helfen. Nach Alfonsos Tod im Jah-

re 1941 begegnete Casals seinem achtundzwanzigjährigen Sohn Don Juan in der Schweiz.

1966 lernte Casals in Athen den Sohn des Kronprätendenten, Juan Carlos, kennen, der später von Franco wieder als König von Spanien inthronisiert wurde. Siehe dazu Kirk, a.a.O., S. 437, und Kahn, a.a.O., S. 53.

35. Siehe John Hooper, *The Spaniards: A Portrait of the New Spain,* Viking, London 1986, S. 144–146.
36. Aus dem Porträt von Lael Wertenbaker in: *Life,* 15. Mai 1950.
37. Milly Stanfield, »Looking Back«.
38. Siehe David Dubal, *Conversations with Menuhin: A Celebration on his Seventy-fifth Birthday,* Gollancz, London 1991, S. 65 f.
39. Casals ermächtigte Diran Alexanian, einen Brief von ihm über Cassadó in der *New York Times* vom 6. März 1949 zu veröffentlichen. Siehe auch Stephen Walshs Besprechung von Kirks Buch in: *The Listener,* 24. April 1975.
40. Yehudi Menuhin, *Unvollendete Reise. Lebenserinnerungen,* Piper, München 1976, S. 268.
41. Zitiert in einem Flugblatt der Spanish Refugee Aid, New York 1953.
42. Siehe etwa den Brief von Casals an Roger Nordman, den Generalsekretär der Chaînes du Bonheur, vom 11. Januar 1954 über die Bitte um eine Spende über zwei Millionen Francs für Flüchtlingskinder, PCW, 4 (c).
43. *Adam International Review,* XV, Nr. 174, PCSS 7 (i).
44. Eine Sammlung von Casals' geistlicher Musik, gesungen vom Chor der Escolanía von Montserrat, ist auf CD erhältlich (SCHWANN 313062, 1991).
45. Interview mit Bernard Greenhouse vom 17. April 1992.
46. Interview mit Christopher Bunting vom 10. Oktober 1991.
47. »Releasing the Inner Fire«, ein Porträt über Uzi Wiesel von Margaret Campbell, in: *The Strad,* Juni 1992.
48. Interview mit Bernard Greenhouse in: Nicholas Delbanco, *The Beaux Arts Trio,* Gollancz, London 1985, S. 51.
49. Ebda.
50. Interview mit Pamela Hind O'Malley vom 8. November 1991.
51. Pamela Hind, »Casals as Teacher«, in: *The Royal College of Music Magazine,* Bd. 46, 1950, S. 96–100.
52. Interview mit Amaryllis Fleming vom 24. Januar 1992.
53. Siehe u.a. Blum, a.a.O., 5. Kapitel (»Einsichten für Streicher«); David Cherniavsky, »Casals' Approach to Teaching the Cello«, in: *Etude,* Juni 1952; Pamela Hind O'Malley, »Casals and Intonation«, in: *The Strad,* Oktober 1983; Milly Stanfield, »Lessons by Example«, in: *The Strad,* September 1950, und The *Intermediate Cellist,* London 1973; Guilhermina Suggia, »Violoncello Playing«, in: *Music and Letters,* Bd. II, Nr. 2, April 1921.
54. Daniel Barenboim, *A Life in Music,* Weidenfeld and Nicolson, London 1991.
55. Blum, a.a.O., S. 149.
56. Ebda., S. 128
57. Delbanco, a.a.O., S. 51.
58. Ebda., S. 52.
59. Interview mit Pamela Hind O'Malley vom 8. November 1991.

Auferstehung: Das Bach-Fest

1. Schneider, a.a.O., S. 127.
2. Lillian Littlehales' kurze Biographie über Pablo Casals war zuerst 1929 im New Yorker Verlag W. W. Norton erschienen. 1948 kam eine zweite, überarbeitete Auflage heraus.
3. Walsh in seiner Besprechung von Kirks Biographie in *The Listener*.
4. Schneider an Casals, 16. Juni 1947, PCW.
5. Schneider an Casals, 26. November 1947, PCW.
6. Casals an Schneider, 4. Juni 1948, Alexander Schneider Papers, Library of Congress, Washington, DC (im folgenden kurz ASLC); Casals an Rafael Moragas, 2. April 1948, Biblioteca Nacional de Catalunya, Barcelona, MS 3148.
7. Schneider, a.a.O., S. 110.
8. Casals' Dankesbrief an Schneider, 31. Juli 1948, PCW, Ordner 8d.
9. Ormandy an Misha Schneider, 3. Oktober 1950, PCW, Ordner 8d.
10. Siehe Schneider an Cameron Bird, 10. Januar 1949, PCW.
11. Schneider an Casals, 11. November 1948, PCW.
12. Undatierter (ca. Mai 1950) Entwurf zu einem Artikel von Lael Wertenbaker, PCSS, Kasten 8 (IV). Die Einladung zu dem Konzert in der Library of Congress wurde von Elizabeth Sprague Coolidge persönlich ausgesprochen, am 7. Oktober 1949, PCW, Ordner 8d.
13. Casals an Schneider, 15. Oktober 1948, ASLC.
14. Wertenbakers Interview-Notizen, ebda.
15. Kahn, a.a.O., S. 91.
16. Schneider an Casals, 30. Januar 1950, PCSS.
17. Siehe Josep Truetas Schreiben ans US-Außenministerium, 19. August 1949, und Antwort des Handelsministeriums, 31. August 1949, PCSS.
18. Schneider an Casals, 14. Februar 1950 und 7. September 1950, PCSS.
19. Howard Taubman in der *New York Times,* 29. Juli 1950.
20. Paul Tortelier und David Blum, *Tortelier: A Self-Portrait,* Heinemann, London 1984, S. 103.
21. PCW, Ordner 4e, und zitiert in Kirk, a.a.O., S. 454.
22. Cyrus Durgin, »Frustrating Silence at Great Casals Concert«, in: *Boston Globe,* 3. Juni 1950.
23. Durgin, ebda., und Christina Thoresby, »Bach Festival in Prades«, in der Kolumne »Music in France«, in: *The Strad,* Juli 1950, S. 106.
24. Beim Eröffnungskonzert wurden zwar die Brandenburgischen Konzerte aufgenommen, nicht aber Casals' Darbietung der G-Dur-Suite.
25. Interview mit Milly Stanfield vom 15. Dezember 1991.
26. Istomin, zitiert in Bernard Tapper, »A Cellist in Exile«, in: *New Yorker,* 24. Februar 1962.
27. Schneider an Casals, 7. September 1950, PCSS.
28. Das Verzeichnis der aufgenommenen Werke ist Casals' Künstlervertrag, S. 8–14, entnommen.
29. Howard Taubman in der *New York Times,* 29. Juli 1951.
30. Harris Goldsmith, »Pablo Casals (1876–1973)«, in: *High Fidelity Magazine,* Juli 1974, S. 77 f.
31. Interview mit Hélène Jeanbrau in Prades vom 3. Juni 1991.

32. Die Aufnahme dieser Aufführung ist auf CD erhältlich: Columbia Masterworks Portrait (MPK 46445).
33. Cyrus Durgin, »Streets Where Casals Played Marble-Paved«, in: *Boston Globe,* 4. Juni 1950.
34. Unter den verfügbaren Biographien ragten besonders Lillian Littlehales Studie von 1929 sowie Arthur Contes poetisches Büchlein heraus: *Pablo Casals erzählt aus seinem Leben. Aufgezeichnet von Arthur Conte,* Alfred Scherz, Bern 1952; das Original erschien in der Editions Proa, Perpignan 1950, mit Fotografien von Gjon Mili.
35. Interview mit Alexander Schneider vom 3. Juni 1991.
36. J. Alvarez del Vayo, a.a.O.
37. Wertenbakers Artikel erschien am 15. Mai 1950 in *Life.* Ihre Interviewnotizen befinden sich in PCSS, Kasten 8 (IV).
38. Schneider an Casals, 25. Juli 1950, PCSS.
39. Casals an Schneider, 20. Juli 1950, ASLC. Casals und Schneider korrespondierten miteinander sowohl auf französisch wie auf englisch.
40. Schneider an Casals, 7. September 1950, PCSS.
41. Siehe Casals an Germaine Grottendieck, 10. Oktober 1952, Casals Papers Prades (im folgenden kurz PCP).
42. Schneider führte Istomin bei Casals in einem Brief vom 30. März 1950 ein, PCSS.
43. Diese Darstellung beruht weitgehend auf einem Interview mit Eugene Istomin in New York vom 2. Oktober 1990.
44. Istomin, zitiert in: Paul Moor, »Casals at Prades«, in: *Theatre Arts,* Oktober 1950.
45. Istomin an Casals, 5. Juli 1950, PCSS, Kasten 19.
46. Interview mit Christopher Bunting vom 10. Oktober 1991.
47. *New York Times,* 29. Juli 1951, im Anschluß an das Festival in Perpignan.
48. Istomin, »The Virtuoso and Chamber Music«, in: *Music and Artists,* Februar/März 1968.
49. Suggia an Casals, 10. Mai 1950, PCSS.
50. Die Nachricht von Suggias Tod kam mit einer Postkarte von Madame Maria Adelaide Diego de Freitas Gonzalves, 1. August 1950, PCSS.

Die Prades-Festspiele

1. David Oistrach, »At a Festival at Prades«, in: *Sowjetskaja Musika,* Nr. 11, 1961, S. 135 f., zitiert in Ginsburg, *History,* a.a.O., S. 172.
2. Schneider an Casals, 26. Januar 1951, PCSS. Eine Musikerin, für die man im Orchester keinen Platz mehr fand, war Casals' ehemalige Schülerin Zara Nelsova.
3. Istomin für Casals an Schneider, 21. Oktober 1950, ASLC.
4. Casals an Thea Dispeker, die Chefsekretärin des Casals-Festivals, 17. Dezember 1952, ASLC.
5. Siehe Schneider an Casals, 13. Dezember 1950 und 31. März 1951, PCSS. Hélène Jeanbrau, die Festival-Sekretärin in Prades und eine Freundin von Schneider, schied nach dem Festival von 1951 aus.

6. Casals an Schneider, 22. Dezember 1950, ASLC.
7. Doda Conrad an Thea Dispeker, 29. September 1951, PCW, Ordner 12e.
8. Es war bekannt, daß Casals krank wurde, wenn er auf die Künste fremder Köche angewiesen war. Siehe Conrad an Dispeker, 17. Mai 1951, PCW, Ordner 12e.
9. Aus Gesprächsnotizen von Milly Stanfield vor dem International Cello Centre, London, 15. Dezember 1953, PCW, Ordner 12e.
10. Die katalanische Ausgabe, *Converses amb Casals,* erschien 1967 in einer überarbeiteten Neuauflage bei Editorial Selecta, Barcelona. Die französische Ausgabe, die zuerst 1954 von Albin Michel herausgebracht wurde, wurde, mit neuen Anmerkungen versehen, bei Pluriel/Hachette 1982 neu aufgelegt. 1967 gab J. Ma. Corredor eine gekürzte und illustrierte Ausgabe unter dem Titel *Casals: biografía ilustrada* heraus (bei Ediciones Destino, Barcelona). Die deutsche Ausgabe, *Gespräche mit Casals,* erschien 1954 im Verlag Alfred Scherz in Bern und enthielt einen einleitenden Brief von Thomas Mann an Corredor.
11. Interview mit Pamela Hind O'Malley vom 8. November 1991.
12. Interview mit Christopher Bunting, 10. Oktober 1991.
13. Dietrich Fischer-Dieskau, *Nachklang. Ansichten und Erinnerungen,* Deutsche Verlags-Anstalt, Stuttgart 1987, S. 282.
14. Interview mit Enriquetta Touron in Prades vom 30. April 1990.
15. Siehe Casals' Vertrag mit Columbia Masterworks vom 2. Januar 1951, S. 28. Casals' Honorar stieg von 7,5 Prozent aus 90 Prozent im Jahre 1950 auf 10 Prozent aus 90 Prozent im Jahre 1951.
16. Schneider an Casals, 26. Januar 1951, PCSS.
17. Schneider an Casals, 14. Dezember 1951, PCSS.
18. Schneiders Telegramm an Casals, 17. Januar 1952, und Casals' Antwort, 31. Januar 1952, PCSS.
19. Interview mit Eugene Istomin vom 9. Dezember 1991.
20. Schneider an Casals, 2. Februar 1952, PCSS.
21. Casals an Schneider, 27. März 1952, ASLC.
22. Virgil Thomson, »Casals and the Matterhorn«, in: *New York Herald Tribune,* September 195(?).
23. Siehe Schneider an Casals, 21. Februar 1952, PCSS.
24. Rundschreiben von Madeline Foley vom 10. März und Torteliers Antwort, 23. März 1952, PCSS, Kasten 12 (IV).
25. Foley an Mannes, 23. August 1952, PCSS, Kasten 11.
26. Schneider, a.a.O., S. 136.
27. Casals an Schneider, 26. Oktober 1953, ASLC.
28. Itzkoff, a.a.O., S. 213.
29. Leopold Mannes an Casals, 23. September 1953, PCSS, Kasten 13 (III).
30. Istomin an Casals, 23. Oktober 1953, PCSS.
31. Kingman an Foley, 16. Februar 1952, PCSS, Kasten 12 (IV).
32. Kingman an John Barnes, 8. Dezember 1953, PCSS, Kasten 13 (III).
33. Die auf den 17. Juni 1954 datierte Vereinbarung wurde von Istomin,

Foley, Horszowski und Kingman unterzeichnet und von Casals abgesegnet, PCW.

34. Aus der Korrespondenz zwischen Verne Foley (Madelines Vater) und Casals, Januar/Februar 1956, PCW, Ordner 8a.
35. Fischer-Dieskau, a.a.O., S. 283. Tatsächlich bot man Fischer-Dieskau, neben David Lloyd und Eugene Istomin, die Erstattung der Reisekosten sowie Spesen von 3500 Francs pro Tag an. Alle verzichteten darauf zugunsten des Festivals oder von Casals selbst. Siehe PCSS, Kasten 13 (IV).
36. Istomin an Casals, 14. Februar 1954, PCSS, Kasten 19.
37. Die Vorausbilanz betrug 1 837 083 Francs, und jeder der Künstler erhielt 175 000 Francs. Siehe Festspiel-Finanzbericht von John Barnes, 15. Juni 1954, PCW, Ordner 12e.
38. Casals an Germaine Grottendieck, 27. Februar 1954, PCP. Grottendieck, eine belgische Cellistin, hatte am Lütticher Konservatorium bei Jacques Gaillard, dann bei Diran Alexanian in Paris studiert. Ihr Konzertdebüt gab sie 1926. Während der zwanziger Jahre erhielt sie gelegentlich Unterricht von Casals.
39. Casals an Grottendieck, 12. Oktober 1954, PCP.
40. Casals an Grottendieck, 15. November 1954, PCP.
41. Franchisca Capdevila vermachte Casals in ihrem Testament – datiert vom 10. Oktober 1950, Prades – eine Halskette mit einer Kamee sowie eine Reihe von Gegenständen aus ihrer Wohnung in Barcelona. Haupterbe war ihr Neffe Frederico Vidal Canadell. PCW, Ordner 8a.
42. Casals in seiner Antwort auf Schneiders Kondolenzschreiben, 8. März 1955, ASLC.
43. Istomin an Casals, 27. Januar 1955, PCSS, Kasten 19.
44. Casals an Grottendieck, 1. März 1955, PCP.
45. Das Archiv des Festival Pablo Casals de Prades enthält offensichtlich Aufnahmen von sechzig Konzerten aus den Jahren nach 1953. Eine Auswahl von Aufführungen der Prades-Festspiele, die von 1953 bis 1959 reicht, aber hauptsächlich auf Aufnahmen aus den Jahren 1955 und 1956 zurückgreift, wurde 1982 von Educational Media Associates of America, Inc., herausgegeben. Diese Auswahl wurde 1991 in einer aus zwei Kassetten von insgesamt acht CDs bestehenden Ausgabe von einer Nachfolgeorganisation – Music and Arts Programs of America – neu herausgebracht. Andere Aufführungen von 1955/56 sind in Italien unter den Labels »i protagonisti« und AS Disc erschienen (1989), in Frankreich bei Lyrinx – in einer Serie mit dem Titel »Collection Festival de Prades: Les Années Casals«.

    Vielleicht wegen der ungünstigen Länge sind diese Aufnahmen bisher nicht erhältlich, und die gedruckten Anmerkungen zu den CDs enthalten bedauerliche Fehler und Ungenauigkeiten, was die Namen der Künstler, die Daten der Aufführungen und die Werke betrifft. Siehe Compact-Discographie, S. 388 ff..

46. Fischer-Dieskau, a.a.O., S. 284.
47. Milly Stanfield, in: *The Strad,* 721, 1955.
48. Istomin an Casals, 16. März 1955, PCSS, Kasten 19.
49. Kahn, a.a.O., S. 242.
50. Kirk, a.a.O., S. 483. Doña Angélica Montañez erinnerte sich freundlicherweise an diesen unglaublichen Zufall in unserer Unterhaltung vom 17. April 1992.
51. Schneider, a.a.O., S. 171.
52. Kahn, a.a.O., S. 243. Die französische Presse begann Fotos von Casals und Martita abzudrucken und bezeichnete sie als eine »Adoptivtochter« oder Nichte.
53. Interview mit Christopher Bunting vom 10. Oktober 1991.

Epiphanie: Die Entdeckung von Puerto Rico

1. Aus Casals' Dankesrede anläßlich der Verleihung der Ehrendoktorwürde der Inter-American University, San German, Puerto Rico, am 6. März 1956; aus: »Pablo Casals en Puerto Rico«, einem Fernsehfilm von Jack Delano, 1956.
2. *El Imparcial,* 12. Dezember 1955.
3. *El Mundo,* 10. Dezember 1955.
4. Siehe die Korrespondenz zwischen Rafael Montañez und Casals, 6. Juni 1950, PCW, Ordner 8a.
5. José Garcia Borrás, *Pablo Casals: Pelegrino en America: Tres Semanas con il Maestro,* Tallerers Gráficos Victoria, Bolívar, Mexiko, 1957. Auch das Kulturministerium von Puerto Rico verfaßte einen Bericht über den Besuch, *Pablo Casals en Puerto Rico, 1955–56,* San Juan 1957.
6. Kahn, a.a.O., S. 244.
7. Dieser Überblick über die politische und historische Entwicklung von Puerto Rico basiert hauptsächlich auf: Raymond Carr, *Puerto Rico: A Colonial Experiment,* New York und London 1984, sowie auf *Puerto Rico: Five Hundred Years of Change and Continuity,* veröffentlicht vom Institute for Puerto Rican Affairs, Washington, DC, 1991. Siehe vor allem in letzterer Studie den Beitrag von Maria de los Angeles Castro Arroyo, »A Profile of Puerto Rican History«, S. 2–11.
8. Marcia Rivera, »Puerto Rico: A Mirror with Many Images«, in: *Puerto Rico: Five Hundred Years of Change and Continuity,* S. 65–72.
9. Zitiert in: Laura Kalman, *Abe Fortas: A Biography,* Yale University Press, New Haven und London 1990, S. 170.
10. Ebda., S. 86 f.
11. Ebda., S. 167.
12. Ebda., S. 176.
13. Marimar Benitez, »A Glance at the Art of Puerto Rico«, in: *Puerto Rico: Five Hundred Years,* S. 31.
14. Benitez, a.a.O., S. 30, und Asela Rodriguez de Laguna, »The Puerto Rican Literary Heritage«, a.a.O., S. 51 f.
15. Kalman, a.a.O., S. 176 f.
16. Im März 1969 erhielt Casals die erste Absage auf sein Verkaufsangebot über 42000 Dollar für das Haus an der calle Méndez Vigo. Siehe Angebot vom 21. März 1969, PCW, Ordner 8a.
17. Kirk, a.a.O., S. 485.

18. Casals an Schneider, 24. Februar 1956, ASLC.
19. Schneider, a.a.O., S. 172.
20. Dieses Konzert wurde mitgeschnitten von Philips und auf einer Schallplatte herausgegeben (L77.408L).
21. Schneider an Casals, 17. September 1956, ASLC.
22. Casals an Schneider, 24. Oktober 1956, ASLC.
23. Casals an Istomin, 7. November 1956, PCW.
24. Dieser erste Satz der Schubert-Sinfonie wurde von der Columbia aufgezeichnet und im Dezember 1957 auf einer Schallplatte herausgebracht (ML 5236). Siehe Vertragsauszug mit Columbia Masterworks, Pablo Casals und Festival Casals Inc., datiert vom 12. Februar 1957, S. 29.
25. Kirk, a.a.O., S. 494 f.
26. *New York Times,* 17. April 1957.
27. Schneider, a.a.O., S. 174 f.
28. Marta Montañez an Schneider, 20. Mai 1957, PCW.
29. Kahn, a.a.O., S. 248, und siehe Marta Montañez an Schneider, 12. Juli 1957, PCW.
30. Marta Montañez an Schneider, 22. Februar 1957; siehe auch Inés Muñoz Marín an Schneider, 23. Januar 1957, PCW.
31. Interview mit Marta Casals Istomin, »Song of the Birds: A Portrait of Pablo Casals«, BBC Fernsehen, September 1991.
32. Interview mit Marta Casals Istomin vom 9. Dezember 1991.
33. Interview mit Marta Casals Istomin, BBC Fernsehen, September 1991.
34. Kirk, a.a.O., S. 498.
35. Scheidungsurteil Casals-Metcalfe, Mexiko, 17. Mai 1957, PCW.
36. Interview mit Jack Delano vom 15. April 1992.
37. Kahn, a.a.O., S. 249.
38. New York Herald Tribune, 6. August 1957.
39. Casals an Schneider, 2. August 1957, ASLC, und Schneider an Casals, 5. September 1957, PCW.
40. Casals an Schneider, 17. September 1957, PCW.
41. Aus Dokumenten in PCSS, Kasten 10 (I), siehe auch Stanfield, »Concours Pablo Casals«, in: *The Strad,* Dezember 1957, S. 280–282.
42. Milly Stanfield, »September in Switzerland«, in: *Violins and Violinists,* November/Dezember 1960.
43. Carol Easton, *Jacqueline du Pré: A Biography,* Hodder and Stoughton, London 1989, S. 52.
44. Jacqueline du Pré an Casals, 10. Dezember 1961, PCW. Hinsichtlich du Prés Ansichten über Casals siehe auch Christopher Nupens Fernsehdokumentation »Jacqueline«, gefilmt 1967, überarbeitet 1982.
45. Casals an Schneider, 29. Mai 1959, PCW.
46. Tortelier an Casals, 10. Juli 1960, PCW.
47. H. T. Ma an Casals, 10. November 1961, PCW.
48. Casals an Schneider, 25. September 1959, PCW.
49. Siehe PCSS, Kasten 8 (III).
50. Der junge Platzanweiser hieß Aníbal Ramírez und wurde später Kurator des Museo Pablo Casals in San Juan; Interview vom 15. April 1992.
51. Enric Casals, a.a.O., S. 139.

52. Interview mit Enriquetta Casals Touron vom 30. April 1990.
Das mechanische Glockenspiel ist inzwischen durch ein elektronisches Glockenspiel ersetzt worden, und die Hotelgäste können – in Erinnerung an Pablo Casals – zweimal am Tag eine Aufnahme von »Gesang der Vögel« hören.
53. Manfred Clyne an Casals, 29. Juni 1964, PCW.
54. Zitiert in Kirk, a.a.O., S. 504.
55. Kahn, a.a.O., S. 9
56. Schneider, a.a.O., S. 184 f.; Kahn, a.a.O., S. 9 f.
57. Siehe etwa Schneider an Casals, 9. Januar 1957, PCW.
58. Fournier an Schneider, 24. Oktober 1973, PCW.
59. Schneider, a.a.O., s. 139.
60. Sándor Végh vermutete, die Anregung, nach Bonn zu gehen, sei von Casals' Schweizer Freund U. Bodmer gekommen, einem reichen Musikmäzen und Besitzer der größten Privatsammlung von Beethoven-Manuskripten.
Dies geht aus einem Interview mit Végh vom 6. April 1990 hervor. Horszowski teilte seine Erinnerung James Methuen-Campbell mit.
61. Casals an Schneider, 9. Januar 1956, PCW.
62. Schneider an Casals, 7. März 1956, ASLC.
63. Irving Kolodin, »The Big World of Don Pablo«, in: *SR*, 31. Dezember 1966.
64. Konzertprogramm vom Tag der Vereinten Nationen, 24. Oktober 1958, PCW, Ordner 12 (a); Kahn, a.a.O., S. 253.
65. Casals an Schneider, 7. Oktober 1958, PCW.
66. Vierunddreißig Jahre später, im Herbst 1992, wurde Marta Casals Istomin zur Direktorin der Manhattan School of Music berufen.

Musik und der Kreuzzug für den Frieden

1. Kahn, a.a.O., S. 264.
2. Die Agrupación Catalana hatte sich bereits darum bemüht, Casals für den Friedensnobelpreis von 1957 zu nominieren – der an den Kanadier Lester Pearson ging –, kam aber zu spät. Der Präsident des im peruanischen Lima ansässigen Nominierungskomitees war Josep Camps, sein Sekretär Victor Castells. Siehe Camps an Schweitzer, 21. April 1957, PCSS, Kästen 6 (VII) und 10 (I).
3. Siehe Harvey Sachs, »Pablo Casals«, in: H. S., *Virtuoso,* Thames and Hudson, London 1982, S. 149.
4. Ebda., S. 150.
5. Lael Wertenbaker, Notizen für ihren im Mai 1950 erschienen *Life*-Artikel, PCSS, Kasten 8 (IV).
6. Fernseh-Interview für die BBC, »Song of the Birds«, 1991.
7. Elise Kirk, a.a.O., S. 290 f.
8. C. David Heymann, A *Woman Named Jackie,* Heinemann, London 1989, S. 269. Jacqueline Kennedy Onassis selbst kann sich nicht an einen derartigen Hinweis der Garbo erinnern; Brief an den Autor vom 18. März 1992.
9. Casals an Fortas, 24. September 1961, PCW, Ordner 12 a.
10. Ebda.

11. Vertrauliches Memorandum von Abe Fortas an Pierre Salinger, 5. Oktober 1961, Kennedy Library.
12. Fortas an Casals, 26. Oktober 1961, PCW, Ordner 12 a.
13. Casals an Fortas, 28. Oktober 1961, PCW, Ordner 12 a.
14. Theodore C. Sorensen, *Kennedy,* Hodder and Stoughton, London 1965.
15. Über Kennedys Politik gegenüber Puerto Rico und Lateinamerika siehe Arthur M. Schlesinger, *A Thousand Days: John F. Kennedy in the White House,* André Deutsch, London 1965, S. 656. Über den strategischen Nutzen eines demokratisch-katholischen Votums auf Puerto Rico siehe Theodore H. White, *The Making of the President,* London 1962, S. 350–365 und Anhang A, S. 385 ff.
16. Schlesinger, a.a.O., S. 632. Bei einem späteren Dinner in der »Casals«-Reihe, das zu Ehren von Nobelpreisträgern aus der westlichen Hemisphäre stattfand, gab Kennedy einen seiner klassischen Aussprüche zum besten, als er sagte, er sei Gastgeber »der außergewöhnlichsten Versammlung von Begabung und menschlichem Wissen, die jemals im Weißen Haus zusammengekommen sei – sie wurde möglicherweise nur übertroffen, als Thomas Jefferson allein gespeist hat«.
17. Aus »La Busqueda de la Excellencia«, FLMM, Puerto Rico, 1991.
18. Hugh Sidey, *John F. Kennedy: Portrait of a President,* André Deutsch, London 1963, S. 277.
19. Schneider, a.a.O., S. 182.
20. Laura Kalman, a.a.O., S. 177.
21. Fortas an Marta Casals, 31. Oktober 1961, PCW.
22. *New York Times,* 17. Dezember 1961.
23. Casals an Kennedy, 6. Januar 1962, PCW. Später besuchten Dean Rusk und Adlai Stevenson Spanien, und im Februar 1963 ging das Gerücht um, daß Kennedy selbst mit Franco zusammenkommen wollte.
    Beunruhigt wandte sich Casals an Fortas, der diesem Gerücht nachging und herausfand, daß der Präsident im Augenblick keine derartigen Pläne habe.
    Siehe Marta Casals an Fortas, 6. Februar 1963, und Fortas an Marta Casals, 12. Februar 1963, PCW.
24. Fortas an Casals, 8. September 1962, PCW.
25. Kahn, a.a.O., S. 254.
26. Sämtliche Aufführungen verzeichnet Enric Casals, a.a.O., S. 334 f.
27. *New York Times,* 23. Juni 1962.
28. Eli Carmen, zitiert in Schneider, a.a.O., S. 183.
29. Die von der Columbia erstellte Aufnahme wurde 1974 in Europa von Discophon herausgegeben (S. 4267/8). *El Pessebre* wurde auch 1962 und 1967 aufgezeichnet, und zwar von Dr. Franchesci und (nur 1967) von WIPR. Keine dieser Aufnahmen ist bislang auf CD erschienen.
30. Siehe Casals an Schneider, 18. Februar 1962, PCW.
31. Fortas an Schneider, 19. Februar 1962.
32. Interview mit Wilfred Stiff vom 29. Juli 1992.
33. Boult an Casals, 30. September 1963, PCW.

34. Serkin an Casals, 20. November 1958, PCW.
35. Siehe Tully Potter, »The Man with the Endless Bow«, in: *The Strad,* Juni 1992, S. 548–552.
36. David Blum, *Casals and the Art of Interpretation, University of California* Press, Berkeley 1977. Die deutsche Ausgabe erschien vier Jahre später.
37. John H. Planer, »Sentimentality in the Performance of Absolute Music: Pablo Casals' Performance of Saraband from Johann Sebastian Bach's Suite No. 2 in D Minor for Unaccompanied Cello, S. 1008«, in: *The Musical Quarterly,* Bd. 73, Nr. 2, 1989, S. 212–249.
38. Blum, a.a.O., S. 163.
39. Aus Alexander Schneider, »Casals' Genius«, in: *CBC Time,* 22.–28. April 1951.
40. Die Casals Master Class Series, in »The Library of Master Performers«, ist erhältlich auf acht Videokassetten von Homevideo Exclusive/Kroll Production Inc. (USA) und von Amati Video (England).
41. Marta Casals an Milly Stanfield, 14. April 1967.
42. Milly Stanfield, »Echoes of South-West Europe«, in: *The Strad,* Oktober 1966, S. 213.
43. *Time,* 12. August 1966.
44. Thomas Frost, »›So beautiful ... a simple little flower‹: Pablo Casals remembered by Thomas Frost«, in: *High Fidelity,* Juli 1974, S. 79.
45. Siehe Compact-Discographie, S. 388ff.
46. Siehe Frost an Abe Fortas, 9. März 1966, PCW.
47. Für die Informationen über die Aufzeichnung der Casals Festivals in Puerto Rico danke ich José Alfaro.
48. Siehe Memo von Fortas, 26. Februar 1962. Die Aufnahme wurde anschließend ein zweitesmal und wieder unerlaubterweise von der Firma Bellock in New York herausgebracht, gegen die erneut gerichtliche Schritte unternommen wurden.
49. Kalman, a.a.O., S. 293. Im Oktober 1968 wurde Fortas von Lyndon B. Johnson für den Posten des Obersten Richters nominiert, aber nach Hearings des Judicial Committee sah sich der Präsident gezwungen, seine Nominierung zurückzuziehen. Fortas schied im Mai 1969 aus dem Obersten Bundesgericht aus und kehrte in seine Privatkanzlei zurück.
50. Golda Meir an Casals, 23. Oktober 1958, PCW.
51. Interview mit Eugene Istomin vom 7. Dezember 1991.
52. Schneider an Marta Casals, 30. Juni 1972, PCW.
53. Kirk, a.a.O., S. 546.
54. Barry Farrell, »Serenade to Ninety Years of Greatness«, in: *Life,* 11. November 1966, mit Fotos von Gjon Mili.
55. Interview mit Amaryllis Fleming vom 24. Januar 1992.
56. Siehe José Alfaro in »Letters«, in: *The Gramophone, November* 1976.
57. Schneider, a.a.O., S. 188.
58. Interview mit Rosa Cueto vom 15. April 1992.
59. Harold Schonberg in der *New York Times,* 16. April 1970.
60. Interview mit Sylvia Fuhrman vom 20. April 1992, siehe auch Sylvia Fuhrman, »A Hymn to the UN is

born«, in: *Secretariat News*, Mai 1989, S. 8 f.

61. Henry Raymond in der *New York Times*, 24. Oktober 1971.
62. Casals an Schneider, 2. September 1972, PCW.
63. Blum, a.a.O., S. 65.
64. Marta Casals an H. L. Kirk, 12. September 1973, PCW.
65. Interview mit Marta Casals Istomin vom 1. Oktober 1990.

Epilog

1. *New York Times*, 24. Oktober 1973.
2. Eugene Ormandy an Schneider, 7. November 1973, PCW.
3. Alan Rich, »Don Pablo's Foundation«, in: *New York*, 17. Februar 1975.
4. Die Casals Hall, Ochanomizu Square, Chiyoda, Tokio.
5. *New York Times*, 4. Februar 1975.
6. Hooper, a.a.O., S. 255.
7. Telegramm von Rostropowitsch an Marta Casals Istomin, 1. November 1979, PCW.

Quellennachweise und Bibliographie

Ungedruckte Quellen

Pablo Casals-Archiv, Casa Museu Pau Casals, San Salvador, Spanien [PCSS].

Pablo Casals-Archiv, Privatsammlung, Washington, DC [PCW]. Pablo Casals/Das Casals Festival-Archiv, Prades, Frankreich [PCP].

Secció de Música, Biblioteca Nacional de Catalunya, Barcelona. Elizabeth Sprague Coolidge Foundation Collection, The Library of Congress, Washington, DC.

Ibbs and Tillet-Archiv, London [Ordner über Pablo Casals]. Instituto Español de Musicologia (Institució »Milài Fontanals«, Consell Superior d'Investigacions Cientifiques, Barcelona).

The Library of the Performing Arts, Lincoln Center, New York [Mehrere Ordner über Pablo Casals].

Museo Pablo Casals, San Juan, Puerto Rico.

Pamela Hind O'Malley [Notizbuch über ihre Studien in Prades] Fred und Rose Plaut-Archiv, Yale Music Library, New Haven, Ct. The Royal Archives, Windsor [Tagebücher von Queen Victoria].

Alexander Schneider Papers, The Library of Congress, Washington, DC [ASLC].

Milly Stanfield [»Looking Back«, privat verteiltes Typoskript].

Sir Donald Francis Tovey Papers, The Reid Music Library, University of Edinburgh.

R. C. Trevelyan Papers, The Wren Library, Trinity College, Cambridge.

Gedruckte Quellen

Alavedra, Juan, »Casals and Kennedy«, in: *Bulletin des Instituto de Estudios Norteamericanos,* 13, Barcelona, Frühjahr/Sommer 1967.

Ders., *La Extraordinària Vida de Pablo Casals,* Edicions Proa, Barcelona 1969.

Ders., *Pau Casals,* Plaza y Janes, Barcelona 1963 (spanische Ausgabe; die katalanische Ausgabe erschien bei Aldos, Barcelona 1962).

Ders., *El Poema del Pessebre,* Editorial Selecta, Barcelona[3] 1956.

Albet, Montserrat, »Pau Casals: A Lifetime of Music«, engl. Übersetzung von Jacqueline Hall, in: *Pau Casals and his Museum,* Fundació Pau Casals, Sant Salvador-El Vendrell 1986.

Alexanian, Diran, *Theoretical and Practical Treatise of the Violoncello/Traité théorétique et pratique du violoncelle,* mit einem Vorwort von Pablo Casals, Salabert, Paris 1922 (Englische Parallelübersetzung von Frederick Fairbanks).

Ders., »La technique et l'esthétique de Pablo Casals«, in: *Le Monde Musical,* Juli 1921, S. 230–234.

Alfaro, J. D., »Pablo Casals: Activity in his 90s«, in: *The Gramophone,* 54: 768, November 1976.

Alvin, Juliette, »The logic of Casals' technique«, in: *Musical Times,* 71, 1930, S. 1078f.

Anon., *Five Hundred Years of Change and Continuity in Puerto Rico,* Institute of Puerto Rican Affairs, Washington, DC, 1991.

Anon., Casals Hall, Shufunotomosha Auftakt, 1987 (wurde zur Einweihung des von der Firma Shufunomoto am Ochanomizu Square in Tokio erbauten Konzertsaals herausgebracht, anläßlich des hundertsten Geburtstags des Firmengründers Takeyoshi Ishikawa).

Anon., »Concurso de Espluga de Francoli«, in: *Stadium,* 116, 14. August 1915, S. 522f.

Anon., »Im Exil von Prades«, in: *Die Woche,* Zürich, 20.–26. Juli 1953.

Anon., Marlboro Musikprogramme 1951–1984, Marlboro Music School und Festival, Marlboro, Vermont, undat.

Anon., »Pablo Casals and his violoncello by Matteo Goffriller«, in: *Violins,* 10, Oktober 1949, S. 262.

Anon., *Pablo Casals: L'Homme, L'Artiste,* Genf, Labor et Fides 19, 1956, Paris Librairie Protestante.

Applebaum, Samuel und Sada (Hrsg.), »Pablo Casals«, in: *The Way They Played,* Erstes Buch, Paganiniana Publications Inc., New Jersey 1972.

Arazi, Ishaq, »Always Back to Bach: A Glimpse into the Career of Maurice Eisenberg, Cellist«, in: *American String Teacher,* Frühjahr 1968.

Balius i Juli, Ramon, »Un Esportista dit Pau Casals«, in: *Apunts d'educació física i medicina esportiva,* XX, 1983, S. 205–210. (Übersetzung in *The Olympic Review,* 1983)

Barenboim, Daniel, *A Life in Music,* Weidenfeld and Nicolson, London 1991.

Bauer, Harold, *His Book,* W. W. Norton, New York 1948.

Blum, David, *Pablo Casals und die Kunst der Interpretation.* Mit einem Vorwort von Paul Tortelier, Heinrichshofen's Verlag, Wilhelmshaven 1977.

Ders., *The Art of Quartet Playing,* Gollancz, London 1986.

Boult, Adrian C., »Casals as Conductor«, in: *Music and Letters,* Bd. IV, Nr. 2, April 1923.

Brenan, Gerald, *The Spanish Labyrinth,* Cambridge University Press, Cambridge [2]1950.

Bunting, C., und Pratt, D. C., *Cello Technique: »from one note to the next«,* Cambridge University Press, Cambridge 1987.

Campbell, Margaret, *The Great Cellists,* Gollancz, London 1988.

Carr, Raymond, *Puerto Rico: A Colonial Experiment,* New York University Press und Twentieth Century Fund, New York 1984.

Casals, Enric, *Pau Casals: dades biogràfiques inèdites, cartes intimes i records viscuts,* Editorial Pòrtic, Barcelona 1979.

Casals, Pablo, »The Story of My Youth«, in: *Ovation,* Oktober 1983, Reprint aus *Windsor Magazine,* November 1930, und *The Gramophone,* Dezember 1932.

Casella, Alfredo, *Music in My Time,* übers. und hrsg. von Spencer Norton, University of Oklahoma Press, Norman, Oklahoma, 1955.

Cherniavsky, David, »Casals' Approach to Teaching the Cello«, in: *Etude,* Juni 1952. Unter dem Titel »Casals' Teaching of the Cello« auch in: *Musical Times,* 92, September 1952, sowie auf englisch und italienisch in: *Rivista Musicale Italiana,* April–Juni 1953.

Clapham, John, *Antonin Dvořák: Musician and Craftsman,* Faber and Faber, London 1966.

Cláudio, Mário, *Guilhermina,* Imprensa Nacional/Casa da Moeda, Porto 1986.

Conrad, Peter, »The Conscience of the Artist«, in: *Times Literary Supplement,* 276, 5. März 1976 (Besprechung von H. L. Kirk, *Pablo Casals).*

Conte, Arthur, *Pablo Casals erzählt aus seinem Leben. Aufgezeichnet von Arthur Conte,* Alfred Scherz, Bern 1952. Die Originalausgabe *La Légende de Pablo Casals,* Editions Proa, Perpignan 1950, enthielt sechs Fotografien von Gjon Mili.

Corredor, J. Ma., *Casals: Biographia Illustrada,* Ediciones Destino, Barcelona 1967.

Ders., *Gespräche mit Casals.* Mit einem Vorwort von Thomas Mann, Alfred Scherz Verlag, Bern 1954.

Ders., »La Memorias de Pablo Casals«, notiert von Thomas Dozier, in: *Life en Español,* 4. Mai, 18. Mai und 1. Juni 1959. Cowling, Elizabeth, *The Cello,* Batsford, London 1975.

Dale, S. S., »Gaspar Cassadó«, in: *The Strad,* Oktober 1977, S. 507ff.

De'ak, Stephan, *David Popper,* Paganiniana Publications, New Jersey 1980.

Delbanco, Nicholas, *The Beaux Arts Trio,* Gollancz, London 1985.

Dozier, Thomas, »Las Memorias de Pablo Casals«, in: *Life en Español,* 4. Mai, 18. Mai und 1. Juni 1959.

Dubal, David, *Conversations with Menuhin: A Celebration on his Seventy-fifth Birthday,* Gollancz, London 1991.

Durgin, Cyrus, *Prades and the Casals Concert,* The Boston Globe Publishing Company, Boston 1950.

Eastman, Max, »The Greatness of Pablo Casals«, in: *Etude,* April 1953.

Easton, Carol, *Jacqueline du Pré: A Biography,* Hodder and Stoughton, London 1989.

Eisenberg, Maurice, »Casals and the Bach Suites«, in: *New York Times,* 10. Oktober 1943.

Ders., »Casals at Eighty: A Tribute«, in: *Violins and Violinists,* 18. Januar/Februar 1957, S. 4–6.

Ders., *Cello Playing for Today,* 1957; Lavender Press, New Jersey ^{2}1966.

Eisenberg, Maurice, und Masters, Michael (Hrsg.), *J. S. Bach: Six Suites for Violoncello Solo,* mit einem Vorwort von Pablo Casals, Paganiniana Publications, New Jersey 1975.

Evenson, Norma, *Paris: A Century of Change, 1878–1978,* Yale University Press, New Haven und London 1979.

Farrell, Barry, »Serenade to Ninety Years of Greatness«, in: *Life,* 11. Nov. 1966, mit Fotos von Gjon Mili.

Feuermann, E., »Feuermann inveighs against ›mechanical methods‹«, in: *Musical America,* 25. Februar 1940.

Fischer-Dieskau, Dietrich, *Nachklang. Ansichten und Erinnerungen,* Deutsche Verlags-Anstalt, Stuttgart 1987.

Flaner, Janet, »Letter from Prades«, in: *New Yorker,* 17. Juni 1950.

Flesch, Carl, »A propos de Pablo Casals«, in: *Le Monde Musical,* Nr. 8/9. 1937.

Forsee, Aylesa, Pablo Casals: Cellist for Freedom, Crowell & Co., New York 1965.

Frost, Thomas, »So beautiful ... a simple little flower: Pablo Casals remembered by Thomas Frost«, in: *High Fidelity Magazine*, Juli 1974.

Gaisberg, Fred, *The Music Goes Beyond,* Macmillan, New York 1942.

García Borrás, José, *Pablo Casals, Pelegrino en América: Tres Semanas con il Maestro,* Talleres Graficos Victoria, Bolivar, Mexiko, 1957.

Gavoty, Bernard, *Les Grands Interprètes: Pablo Casals,* Editions René Kister, Genf 1955.

Ders., *Alfred Cortot,* Editions Buchet/Chastel (Collection »Musique«), Paris 1977.

Gianoli, Reine, »Pablo Casals«, in: *Images Musicales,* 5, November 1945.

Ginsburg, Lev, *Pablo Casals,* Moskau 1966.

Ders., *History of the Violoncello,* hrsg. von Herbert R. Axelrod, aus dem Russischen von Tanja Tschistjakowa, Paganiniana Publications, Inc., New Jersey 1983.

Ders., *Ysaÿe,* hrsg. von Herbert R. Axelrod, übersetzt von X. M. Danko, Paganiniana Publications, Inc., New Jersey 1980.

Goldsmith, Harris, »Pablo Casals (1876–1973)«, in: *High Fidelity Magazine,* Juli 1974.

Gollancz, Victor, Journey Towards *Music: A Memoir,* Gollancz, London 1964.

Grierson, Mary, *Donald Francis Tovey: A Biography Based on Letters,* Oxford University Press, London 1952.

Grottendieck, Germaine, Hommage à *Pablo Casals: Connaissance de Roussillon,* Prades 1976 – anläßlich des 100. Geburtstags von Casals erschienen.

Gruppe, Paulo M., »The Six Cello Suites of J. S. Bach«, in: *American String Teacher,* Winter 1972.

Henle, Fritz, *Casals. Eine Bildfolge von Fritz Henle,* Europabuch, Unterägi-Zug 1979.

Heymann, C. David, *A Woman Named Jackie,* Heinemann, London 1989.

Hooper, John, *The Spaniards: A Portrait of the New Spain,* Viking, London 1986.

Hughes, Robert, *Barcelona,* Harper Collins, London 1992.

Istomin, Eugene, »The Virtuoso and Chamber Music«, in: *Music and Artists,* Februar/März 1968.

Itzkoff, Seymour W., *Emanuel Feuermann, Virtuoso: A Biography*, University of Alabama Press, Alabama 1979.

Jackson, Gabriel, *A Concise History of the Spanish Civil War,* Thames and Hudson, London 1974.

Jackson, Judith, »The Master in Exile«, in: *Sunday Times Magazine,* November 1972.

Johnson, Stephen, »The Gramophone Collection: Schubert Quintet in C Major, D956«, in: *The Gramophone,* März 1991, S. 1643f.

Kahn Albert E. (Hrs.), *Pablo Casals. Licht und Schatten auf einem langen Weg. Erinnerungen, aufgezeichnet von Albert E. Kahn,* S. Fischer, Frankfurt am Main 1971.

Kalman, Laura, *Abe Fortas,* Yale University Press, New Haven und London 1990.

Katchen, Julius, »The Miracle of Pablo Casals«, in: *Music and Musicians,* 14, Januar 1961.

Kennedy, Michael, *Barbirolli: Conductor Laureate,* MacGibbon and Kee, London 1971.

Kirk, Elise K., *Music at the White House: A History of the American Spirit,* University of Illinois Press, Urbana 1986.

Kirk, H. L., *Pablo Casals: A Biography,* Doubleday, New York und Hutchinson, London 1974.

Kolodin, Irving, »The Big World of Don Pablo«, in: *SR,* 31. Dezember 1966, S. 43–47 und 59, mit einer Diskographie von Richard Freed.

Littlehales, Lillian, *Pablo Casals,* W. W. Norton, New York 1929; ²1948; Neuauflage, Greenwood, Westport, Ct., 1970.

Lannon, Frances, und Preston, Paul (Hrsg.) *Elites and Power in Twentieth-Century Spain,* Clarendon Press, Oxford 1990.

Llongueras, Juan Ramon, Juan, i María Carratelà, *Pau Casals,* Edicions de la Nova Revista, Barcelona 1927.

Lloyd Webber, Julian, *Song of the Birds: Sayings, Stories and Impressions of Pablo Casals,* Robson Books, London 1985.

Ludwig, Emil, »Pablo Casals«, in: *Galeria de Retratos,* Ediciones Aguilar, Madrid 1960.

MacDonald, Malcolm, *Schoenberg,* Master Musicians Series, Dent and Sons, London 1976.

Menuhin, Yehudi, *Unvollendete Reise. Lebenserinnerungen,* Piper, München 1976.

Mitchell, David, *The Spanish Civil War,* Granada, London 1982.

Montalbán, Manuel Vázques, *Barcelonas,* übers. von Andy Robinson, Verso, London 1992.

Moor, Paul, »Casals at Prades«, in: *Theatre Arts,* Oktober 1950.

Moore, Gerald, *Bin ich zu laut? Erinnerungen eines Begleiters,* Rainer Wunderlich Verlag Hermann Leins, Tübingen 1963.

Morris, Jan, *Spain,* Faber and Faber, London 1964; bearb. Neuaufl. 1979.

Müller-Blattau, Joseph Maria, *Casals,* Rembrandt, Berlin 1964.

O'Malley, Pamela Hind, »Casals and Intonation«, in: *The Strad,* Bd. 94, Nr. 1122, Oktober 1983, S. 378f. (zuerst veröff. in ESTA »News and Views«, April 1981).

Dies., »Casals as Teacher«, in: *The R. C. M. Magazine,* Bd. 46, 1950, S. 99f.

Pirani, Max, *Emanuel Moór,* P. R. Macmillan, London 1959 (mit einem Vorwort von Pablo Casals).

Planer, John H., »Sentimentality in the Performance of Absolute Music: Pablo Casals' Performance of Saraband from Johann Sebastian Bach's Suite No. 2 in D Minor for Unaccompanied Cello, S. 1008«, in: *The Musical Quarterly,* Bd. 73, Nr. 2, 1989, S. 212–248.

Pleeth, William, *Das Cello. Yehudi Menuhins Musikführer,* hrsg. von Nona Pyron, Edition Sven Erik Bergh, Unterägeri (Zug) 1985.

Preston, Paul, *Salvador de Madariaga and the Quest for Liberty in Spain,* Taylorian Special Lecture, 3. November 1986, Clarendon Press, Oxford 1987.

Puerto Rico Department of Education, *Pablo Casals en Puerto Rico, 1955/56*

(Publicationes ser. 3, Nr. 106), San Juan 1957.

Read, Oliver, und Welch, Walter L., *From Tin Foil to Stereo: Evolution of the Phonograph,* Howard W. Sams, Indianapolis 1976.

Rearick, Charles, *Pleasures of the Belle Epoque: Entertainment and Festivity in Turn-of-the-Century France,* Yale University Press, New Haven, London 1985.

Reid, Charles, *John Barbirolli,* Taplinger, New York 1971.

Rich, Alan, »Don Pablo's Foundation«, in: *New York,* 17. Februar 1975.

Rubinstein, Arthur, *Erinnerungen. Die frühen Jahre,* S. Fischer, Frankfurt a. M. 1973.

Ders., *Mein glückliches Leben,* S. Fischer, Frankfurt a. M. 1980.

Sachs, Harvey, »Pablo Casals«, in: *Virtuoso,* hrsg. von H. Sachs, Thames and Hudson, London 1982.

Sainati, Edward, »Pablo Casals Foundation«, in: *The Strad,* Bd. 94, Nr. 1122, Oktober 1983, S. 374–377.

Schang, F. C., »At Eighty Pablo Casals is at Summit of Powers«, in: *Musical America,* 15. Januar 1957.

Schneider, Alexander, *Sasha: A Musician's Life,* Privatdruck, New York 1988.

Ders., »Casals' Genius«, in: *CBL Time,* 22.–28. April 1951, Bd. 3, Nr. 40.

Schonberg, Harold C., *Die großen Pianisten. Eine Geschichte des Klaviers und der berühmtesten Interpreten von den Anfängen bis zur Gegenwart,* Scherz, München, Wien 1965.

Shirakawa, Sam H., *The Devil's Music Master: the Tragic Life and Times of Wilhelm Furtwangler,* Oxford University Press, New York 1992.

Snyder, Robert, »Filming Casals: A Memoir«, aus: *Intermezzo,* Programm für »Homage to Casals Concert«, 24. Dezember 1976.

Speyer, Edward, *My Life and Friends,* Cobden-Sanderson, London 1937.

Stanfield, Milly B., *The Intermediate Cellist,* Oxford University Press, London 1973.

Dies., »Casals at Ninety«, in: *The Strad,* 921, Januar 1967, S. 339.

Dies., »Cello Days in Israel«, in: *Musical Opinion,* Dezember 1961.

Dies., »Concours Pablo Casals«, in: *The Strad,* Dezember 1957, S. 280–282.

Dies., »Echoes of South-West Europe«, in: *The Strad,* 918, Oktober 1966, Seite 213.

Dies., »Lessons by Example«, in: *The Strad,* September 1950, S. 162–164.

Dies., »Guilhermina Suggia: Obituary«, in: *The Strad,* September 1950, Seite 154f.

Dies., »September in Switzerland«, in: *Violins and Violinists,* November/Dezember 1960.

Stein, Erwin (Hrsg.) Arnold Schoenberg, Briefe, Schott, Mainz 1958.

Straeten, Edmund S. J. van der, *History of the Violoncello, the Viol de Gamba, their Precursors and Collateral Instruments,* William Reeves, London 1914.

Stricker, Noemi, *Pèlerins du Monde,* Editions Aubanel, Menton 1957.

Suggia, Guilhermina, »The Violoncello«, in: *Music and Letters,* Bd. I, Nr. 2, April 1920.

Dies., »Violoncello Playing«, in: *Music and Letters,* Bd. II, Nr. 2, April 1921.

Dies., »A Violoncello Lesson: Casals' *Obiter Dicta*«, in: *Music and Letters,* Bd. II, Nr. 4, Oktober 1921.

Tapper, Bernard, »A Cellist in Exile«, in: *New Yorker*, 24. Februar 1962.

Ders., »Casals at 92«, in: *New Yorker,* 19. April 1969.
Ders., *Cellist in Exile: A Portrait of Pablo Casals,* McGraw-Hill, New York 1962.
Thibaud, Jacques, *Un violon parle, souvenirs recueillis par Jean-Jacques Dorian* Editions du Blé, Paris 1947.
Thomas, Hugh, *The Spanish Civil War,* Hamish Hamilton, London 1977.
Thomson, Virgil, »Casals and the Matterhorn«, in: *New York Herald Tribune* (undat.).
Ders., *Virgil Thomson,* Weidenfeld and Nicolson, London 1967.
Thoresby, Christina, »Bach Festival in Prades«, in: *The Strad,* Juli 1950, S. 106.
von Tobel, R., *Pablo Casals,* Erlenbach, Zürich 1941.
Tortelier, Paul, »Saraband«, ein Interview mit Tortelier in: *The Economist,* 25. August 1990, S. 81f.
Tortelier, Paul, und Blum, David, *Paul Tortelier: A Self-Portrait,* Heinemann, London 1984.
Trueta, Joseph, *The Spirit of Catalonia,* Oxford University Press, London 1946.
Ulam, Adam B., *Russia's Failed Revolutions: From the Decembrists to the Dissidents,* Weidenfeld and Nicolson, London 1981.
Valaitis, Vytas, *Casals,* Grossman Photographic Books, New York 1966.
Vayo, J. Alavarez de, »Pablo Casals – Freedom's Artist«, in: *The Nation,* 17. Juni 1950.
Vives de Fabrigas, Elisa, *Pau Casals,* Rafael Dalmau, Barcelona 1966.
Wasielewski, Wilhelm Josef von, *Das Violoncell und seine Geschichte,* Breitkopf & Härtel, Leipzig [2]1911.
Wordsworth, William (Hrsg.) *Jacquline du Pré: Impressions,* Granada, London 1983.
Ysaÿe, Antoine, Ysaÿe, übers. von Frank Clarkson, W. E. Hill and Sons, Great Missenden, Bucks, 1980.

Film, Fernsehen, Radio

Casals Master Class series (»The Library of Master Performers«), Amati Video/Homevideo Exclusives/Kroll Productions Inc. (acht Videokassetten).
»Pablo Casals en Puerto Rico«, Regierung von Puerto Rico (Archive of the Moving Image), 1956, erzählt von Tómas Blancó (Regie Jack Delano).
»Conversation with Pablo Casals«, NBC, 1958 (mit Madeleine Foley; Regie Jacques Barathier).
»Casals at Eighty-Eight«, CBS, 1964 (Casals im Gespräch mit Isaac Stern).
»Casals: A Portrait for Radio«, Kanadischer Rundfunk, 1974 (produziert von Glenn Gould).
»Master of the Cello«, BBC Fernsehen: »Omnibus«, 1974 (Regie Rodney Greenberg).
»Allegro: Jacqueline du Pré and the Elgar Cello Concerto«, Channel 4, London, 1982 (Regie Christopher Nupen).
»La Busqueda de la Excellencia« [»Das Bemühen um das Herausragende«], Fundación Muñoz Marín, FLMM, Puerto Rico 1991.
»Song of the Birds: A Portrait of Pablo Casals«, BBC Fernsehen: »Omnibus«, 1991 (Regie Anna Benson Gyles).

Interviews

Macià Alavedra: 25. April 1990 (Barcelona).

José Alfaro: 9. Oktober 1990, 20. April 1992 (New York).

Christopher Bunting: 10. Oktober 1991 (London).

Rosa S. M. de Cueto Coll: 15. April 1992 (San Juan, Puerto Rico).

Jack Delano: 15. April 1992 (Rio Piedras, Puerto Rico).

Pablo und Helen Eisenberg: 5. Dezember 1991 (Washington, DC).

Amaryllis Fleming: 24. Januar 1992 (London).

Sylvia Fuhrman: 20. April 1992 (New York)

Bernard Greenhouse: 17. April 1992 (New York).

Mercèdes Guarro i Tapis: 25. April 1990 (Barcelona); 24. Mai und 21. September 1991 (San Salvador, Spanien).

Eugene Istomin: 2. Oktober 1990, 7. und 9. Dezember 1991 (Washington, DC); 23. Oktober 1990 (London).

Marta Casals Istomin: 22. Oktober 1987, 21. Dezember 1989, 1. Oktober und 5. Oktober 1990, 5. Dezember und 9. Dezember 1991 (Wa-shington, DC); 24. Mai 1991 (San Salvador, Spanien).

Hélène Jeanbrau: 4. Juni 1991 (Prades).

H. L. Kirk: 12. Mai 1991, 19. April 1992 (New York)

Pamela Hind O'Malley: 8. November 1991 (Cambridge).

Jean-Pierre Marty: 6. März 1991 (London).

Aníbal Ramírez: 14.–16. April 1992 (San Juan, Puerto Rico).

Alexander Schneider: 4. Juni 1991 (Prades), 17. April 1992 (New York).

Milly Stanfield: 15. Dezember 1991 (New Jersey).

Enriquetta Casals Touron: 30. April 1990 (Prades).

Sándor Végh: 6. April 1990 (London).

Compact-Discographie

Die Überschrift ist durchaus doppelsinnig gemeint: Dies ist eine kompakte Diskographie wie eine Diskographie von Compact Discs (CDs). Von 1915 bis zu Casals' Tod im Jahre 1973 sind seine musikalischen Darbietungen auf Tonträger aufgenommen worden. Er hat sogar einmal behauptet, bereits 1904 eine Aufnahme – zusammen mit dem Geiger Eugène Ysaÿe – gemacht zu haben, die man allerdings nicht aufgefunden hat. (Siehe Judith Jackson, »The Master in Exile«, in: *The Sunday Times Magazine,* November 1972). Im Laufe dieser achtundfünfzig Jahre hat er Hunderte von Einzelwerken aufgenommen, zuerst auf akustischen Schallplatten, dann auf Langspielplatten mit 78 bzw. 33 Upm. Nach seinem Tod kam die CD auf den Markt, und seither sind erhebliche Teile seiner Musik digital bearbeitet und auf diesem Tonträger neu herausgebracht worden. Sie stellen insofern eine »kompakte« und sorgfältige Auswahl aus den Archivaufnahmen da, auch wenn man aufgrund des harten Wettbewerbs zwischen den einzelnen Plattenfirmen davon ausgehen muß, daß diese Auswahl rapide zunimmt. Diese Diskographie führt daher so vollständig, wie es zur Zeit der Veröffentlichung dieses Buches möglich war, sämtliche Werke auf, die Casals gespielt, komponiert oder dirigiert hat und die auf CD erhältlich sind.

Ungeachtet der großen Anzahl von Werken, die Casals aufgenommen hat, gibt es doch eine ganze Reihe, die er nicht aufzeichnen ließ. Wie viele Musiker seiner Generation hielt auch Casals das Aufnehmen für eine Ablenkung und Störung, die er zu vermeiden trachtete. Auf jeden Fall hielt er nicht viel von Schallplattenaufnahmen – sie klangen für ihn niemals so wie die ursprüngliche Aufführung. Im Hinblick auf die Qualität einiger seiner akustischen und frühen elektrischen Aufnahmen muß man ihm da durchaus recht geben. Seine Zurückhaltung hat allerdings zur Folge, daß das erhaltene Tonmaterial entscheidende Lücken aufweist. So gibt es beispielsweise keine Aufnahmen von seinen Debütwerken, den Cellokonzerten von Lalo und Saint-Saëns. Casals hat zwar die ersten beiden Sätze des D-Dur-Konzerts von Haydn (op. 101) aufgenommen, nämlich 1945 in London, aber diese Aufnahme wurde wegen seines Nachkriegsboykotts abgebrochen und ist bislang nicht herausgekommen. Und trotz seiner langjährigen Förderung von Emanuel Moór und

Julius Röntgen und ungeachtet der vielen Gelegenheiten, bei denen er ihre Werke gespielt hat, ist nichts davon auf Platten erhalten. Glücklicherweise ist inzwischen Casals' Aufnahme von Toveys Cellokonzert Anfang 1992 zum erstenmal erschienen. Die vollständigste und brauchbarste Diskographie von Casals-Aufnahmen auf Vinylschallplatten hat Teri Noel Towe 1973 erstellt, für das Buch von H. L. Kirk, *Pablo Casals: A Biography* (Hutchinson, London 1974), S. 568–625. Towe hat fast 200 verschiedene Werke aufgeführt und für jedes einzelne sämtliche Bezugsdaten erfaßt. Es gibt außerdem ein unglaublich umfangreiches und verlockendes »verborgenes« Archiv von Casals-Aufführungen, die zwar aufgenommen, aber nie kommerziell vermarktet wurden. Nahezu alles, was Casals nach 1950 gespielt oder dirigiert hat, ist auf Band aufgezeichnet worden, und nach und nach kommt bis dato unveröffentlichtes Material von den Festivals in Prado, Puerto Rico und Marlboro auf den Markt. 1991 gab Sony Classical eine Reihe von Aufnahmen anläßlich des 40. Jahrestags der Gründung des Marlboro Festivals heraus, unter denen sich auch mehrere Aufnahmen mit Casals befanden, die man bislang noch nicht gehört hatte.
Im folgenden sind die Aufnahmen in alphabetischer Reihenfolge nach den jeweiligen Komponisten aufgelistet. Aufführungen, die erstmals auf CD erschienen, nur in diesem Format erhältlich und nicht von Towe aufgeführt worden sind, wurden mit einem Sternchen markiert. Ist die Aufnahme eines Werks auf mehr als einer CD-Ausgabe erhältlich, wird das durch (a), (b), usw. ausgewiesen. Sofern Casals ein Werk mehr als einmal und mit verschiedenen Künstlern aufgenommen hat, wird das durch (I), (II) usw. kenntlich gemacht. Diese Liste beruht auf den Angaben auf den CDs selbst, auf einer Reihe von Karteikarten zu Casals' Künstlerverträgen mit der Columbia Records, auf Teri Noel Towes oben erwähnter Diskographie, auf *Marlboro Music: Programs* 1951–1984 (Marlboro, Vermont, undat.) sowie auf *The Classical Catalogue*, Master Edition No. 2 (London 1992).

KÜRZEL

ABBE	Abbey Recording Co.	PEAR	Pearl (Pavilion)
AS	AS Discs	PHIL	Philips Classics
BIDD	Biddulph	SCHW	Schwann
CBS	CBS (Sony)	SONY	Sony Classical
EMI	EMI Classics	STR	Stradivarius (Italien)
MSCM	Music Memoria	SYMP	Symposium
LYR	Lyric (Frankreich)		

Anonym

El Cant dels Ocells (»Gesang der Vögel«)
Mittelalterliches katalanisches Volkslied; mehrstimmiger Satz von Pablo Casals, Orchesterfassung von Enrique Casals
(I) Pablo Casals (Dir.); Prades Festspiel-Orchester
(a) CBS CD (*Pablo Casals Recital*) MPK 46724 (1991)*; (b) SONY CD 46 724 (Pablo Casals Recital; 1993)
Aufgenommen in Prades 1954.

(II) Elias Arizcuren (Dir.); Cello Octet Conjunto Ibérico Hek CD CG 9323 (1993)*
Aufgenommen in der Raphaelplein-Kirche in Amsterdam 1992.

Sant Marti del Canigou (»St. Martin von Canigou«)
Katalanische Volksmelodie, Orchestersatz von Pablo Casals
Pablo Casals (Dir.); Prades Festspiel-Orchester
(a) CBS CD *(Pablo Casals Recital)* MPK 46724 (1991)*; (b) SONY CD 46 724 *(Pablo Casals Recital;* 1993)
Aufgenommen in Prades 1954.

Johann Sebastian Bach

Brandenburgische Konzerte Nr. 1 in F-Dur (BWV 1046), *Nr. 2 in F-Dur* (BWV 1047) *und Nr. 3 in G-Dur* (BWV 1048)
Pablo Casals (Dir.); Marlboro Festival Orchestra
(a) CBS CD MPK 44835 (1988);
(b) nur Nr. 2: SONY CD 39 442 (1993)*;
(c) nur Nr. 3: SONY CD 45 922 (1993)*
Aufgenommen in Marlboro, Vermont, Juli 1964 (1 und 3); Juli 1965 (2)

Brandenburgische Konzerte Nr. 4 in G-Dur (BWV 1049), *Nr. 5 in D-Dur* (BWV 1050) *und Nr. 6 in B-Dur* (BWV 1051)
Pablo Casals (Dir.); Marlboro Festival Orchestra
CBS CD MPK 44836 (1988)
Aufgenommen in Marlboro, Vermont, Juli 1964

Englische Suite Nr. 6 in d-Moll (BWV 811):
Musette, arrangiert für Cello und Klavier von Pollain
Pablo Casals (Cello); Nikolai Mednikoff (Klavier)
BIDD LAB 017 (*Casals: the Victor Recordings*) (1990)
Aufgenommen in New Jersey, 31. Januar 1928

Sonate Nr. 1 in G-Dur (BWV 1027) *für Viola da Gamba und Cembalo*
(I) Pablo Casals (Cello); Paul Baumgartner (Klavier)
SONY CD MPK 46445 (1990)
Aufgenommen in Prades, Juni 1950

(II) Pablo Casals (Cello); Mieczyslaw Horszowski (Klavier)
Casals Festivals at Prades, Vol. II (Music & Arts Inc.) CD 689 (1991)
Aufgenommen in Prades, 8. Juli 1956

Sonate Nr. 2 in D-Dur (BWV 1028) *und Nr. 3 in g-Moll* (BWV 1029) *für Viola da Gamba und Cembalo*
Pablo Casals (Cello); Paul Baumgartner (Klavier)
SONY CD MPK 46 445 (1990)

Aufgenommen in Prades, Juni 1950
Suiten für Violoncello
Nr. 1 in G-Dur (BWV 1007) (aufgenommen in Paris, 2. Juni 1938);
Nr. 2 in d-Moll (BWV 1008) (aufgenommen in London, 23. November 1936);
Nr. 3 in C-Dur (BWV 1009) (aufgenommen in London, 23. November 1936);
Nr. 4 in Es-Dur (BWV 1010) (aufgenommen in Paris, 13. Juni 1939);
Nr. 5 in c-Moll (BWV 1011) (aufgenommen in Paris, 13. Juni 1939);
Nr. 6 in D-Dur (BWV 1012) (aufgenommen in Paris, 3. Juni 1938)
Pablo Casals (Cello)
(a) EMI CHS 761 027-2 PM6 (1989);
(b) EMI CDH 763 018-2 (Nr. 1: Nur Präludium, in »100 Golden Years of the Gramophone«)

Suiten für Orchester (Ouvertüren)
2. Satz *(Air)* der *Suite in D-Dur* (BWV 1068)
Pablo Casals (Dir.); Marlboro Festival Orchestra
(a) SONY CD 45 922 (1993)*;
(b) SONY CD 39 431 (1993)*

Toccata, Adagio und Fuge in C-Dur: Zweiter Satz, *Adagio,* bearbeitet für Cello und Piano von Pablo Casals nach der Klavierbearbeitung von Aleksandr Siloti
(I) Pablo Casals (Cello); Nikolai Mednikoff (Klavier)
(a) BIDD LAB 017 (Casals: the Victor Recordings) (1990);
(b) MSCM MM 30 428
Aufgenommen in New Jersey, 28. Februar 1927

(II) Pablo Casals (Cello); Eugene Istomin (Klavier)
SONY CD 46 724 (1993)

Ludwig van Beethoven

Ouvertüre zu *Egmont* (op. 84)
Pablo Casals (Dir.); Marlboro Festival Orchestra
SONY CD SMK 46 247 (1991)*
Marlboro Festival 40th Anniversary Series
Aufgenommen in Marlboro, Vermont, 11. Juli 1970

Menuett Nr. 2 in G-Dur, aus *Sechs Menuette für Klavier,* bearbeitet für Cello und Klavier
Pablo Casals (Cello); Otto Schulhof (Klavier)
PEAR GEMM CDS 9461 (1990)
Aufgenommen in London, 7. März 1930

Sinfonie Nr. 1 in C-Dur (op. 21)
Pablo Casals (Dir.); Marlboro Festival Orchestra
SONY CD SMK 45 891 (1991)*
Marlboro Festival 40th Anniversary Series
Aufgenommen in Marlboro, Vermont, 13. Juli 1969

Sinfonie Nr. 2 in D-Dur (op. 36)
Pablo Casals (Dir.); Marlboro Festival Orchestra
SONY CD SMK 46 247 (1991)*
Marlboro Festival 40th Anniversary Series
Aufgenommen in Marlboro, Vermont, 3. August 1969

Sinfonie Nr. 4 in B-Dur (op. 60)
Pablo Casals (Dir.); Marlboro Festival Orchestra
SONY CD SMK 46 246 (1991)*
Marlboro Festival 40th Anniversary Series
Aufgenommen in Marlboro, Vermont, 27. Juli 1969

Sinfonie Nr. 6 in F-Dur (op. 68)
Pablo Casals (Dir.); Marlboro Festival Orchestra
SONY CD SMK 45 891 (1991)*
Aufgenommen in Marlboro, Vermont, 12. Juli 1969

Sinfonie Nr. 7 in A-Dur (op. 92)
Pablo Casals (Dir.); Marlboro Festival Orchestra
(a) SONY CD SMK 45 893 (1991)*;
(b) CBS MYK 37233 (1981*, 1975)
Marlboro Festival 40th Anniversary Series
Aufgenommen in Marlboro, Vermont, 2. August 1969

Sinfonie Nr. 8 in F-Dur (op. 93)
Pablo Casals (Dir.); Marlboro Festival Orchestra
SONY CD SMK 45 893 (1991)*
Marlboro Festival 40th Anniversary Series
Aufgenommen in Marlboro, Vermont, 14. Juli 1963

Sonate in F-Dur für Horn und Klavier (op. 17), bearbeitet für Cello und Klavier durch den Komponisten
Pablo Casals (Cello), Mieczyslaw Horszowski (Klavier)
PHIL 462 105-2 PLC (1989)
Aufgenommen im Beethovenhaus, Bonn, September 1958

Sonate Nr. 1 in F-Dur für Cello und Klavier (op. 5, Nr. 1)
(I) Pablo Casals (Cello); Mieczyslaw Horszowski (Klavier)
PEAR GEMM CDS 9461 (1990)
Aufgenommen in Paris, 19.–20. Juni 1939

(II) Pablo Casals (Cello); Rudolf Serkin (Klavier)
CBS CD MPK 46 725 (1990)
Aufgenommen in Prades, Juni 1953

(III) Pablo Casals (Cello); Wilhelm Kempff (Klavier)
PHIL 420 077-2 PLC (1988)
Aufgenommen in Prades, Juli 1961

Sonate Nr. 2 in g-Moll für Cello und Klavier (op. 5, Nr. 2)
(I) Pablo Casals (Cello); Mieczyslaw Horszowski (Klavier)
PEAR GEMM CDS 9461 (1990)
Aufgenommen in Paris, 20–21. Juni 1939

(II) Pablo Casals (Cello); Rudolf Serkin (Klavier)
CBS CD MPK 46 725 (1990)
Aufgenommen in Perpignan, Sommer 1951

(III) Pablo Casals (Cello); Mieczyslaw Horszowski (Klavier)
PHIL 426 105-2 PLC (1989)
Aufgenommen im Beethovenhaus, Bonn, September 1958

Sonate Nr. 3 in A-Dur für Cello und Klavier (op. 69)
(I) Pablo Casals (Cello); Otto Schulhof (Klavier)
PEAR GEMM CDS 9461 (1990)
Aufgenommen in London, 6./7. März 1930

(II) Pablo Casals (Cello); Rudolf Serkin (Klavier)
SONY CD MPK 45 682 (1990)
Aufgenommen in Prades, Juni 1953

Sonate Nr. 4 in C-Dur für Cello und Klavier (op. 102, Nr. 1)

(I) Pablo Casals (Cello); Mieczyslaw Horszowski (Klavier)
PEAR GEMM CDS 9461 (1990)
Aufgenommen in London, 26./27. November 1936

(II) Pablo Casals (Cello), Rudolf Serkin (Klavier)
SONY CD MPK 45 682 (1990)
Aufgenommen in Prades, Juni 1953

Sonate Nr. 5 in D-Dur für Cello und Klavier (op. 102, Nr. 2)
(I) Pablo Casals (Cello), Mieczyslaw Horszowski (Klavier)
PEAR GEMM CDS 9461 (1990)
Aufgenommen in Paris, 21./22. Juni 1939

(II) Pablo Casals (Cello), Rudolf Serkin (Klavier)
(a) Casals Festivals at Prades, Vol. I (Music & Arts Inc.) CD 688 (1991);
(b) SONY CD MPK 45 682 (1990)
Aufgenommen Juni 1953

(III) Pablo Casals (Cello); Mieczyslaw Horszowski (Klavier)
PHIL 426 105-2 PLC (1989)
Aufgenommen im Beethovenhaus, Bonn, September 1958

Trio Nr. 3 in c-Moll für Klavier, Violine und Violoncello (op. 1, Nr. 3)
Hepzibah Menuhin (Klavier); Yehudi Menuhin (Geige) Pablo Casals (Cello)
Casals Festivals at Prades, Vol. I (Music & Arts Inc.) CD 688 (1991)*
Aufgenommen in Prades,
18. Juli 1959

Trio Nr. 5 in D-Dur für Klavier, Violine und Violoncello (op. 70, Nr. 1, »Geister-Trio«)
(I) Rudolf Serkin (Klavier); Szymon Goldberg (Geige); Pablo Casals (Cello)
Casals Festivals at Prades, Vol. I (Music & Arts Inc.) CD 688 (1991)*
Aufgenommen in Prades, 18. Juni 1954

(II) Karl Engel (Klavier); Sándor Végh (Geige); Pablo Casals (Cello)
PHIL 420 855-2 PLC (1988)*
Aufgenommen in Prades, Juli 1961

Trio Nr. 6 in Es-Dur für Klavier, Violine und Violoncello (op. 70, Nr. 2)
Rudolf Serkin (Klavier); Szymon Goldberg (Geige); Pablo Casals (Cello)
Casals Festivals at Prades, Vol. I (Music & Arts Inc.) CD 688 (1991)*
Aufgenommen in Prades, 18. Juni 1954

Trio Nr. 7 in B-Dur für Klavier, Violine und Violoncello (op. 97, »Erzherzogs-Trio«)
(I) Alfred Cortot (Klavier); Jacques Thibaud (Geige); Pablo Casals (Cello)
(a) EMI CDH 7 61024 2 (1988);
(b) EMI CHS 7 64057 2 (1991)
Aufgenommen in der Kleinen Queen's Hall, London, 18./19. November 1928

(II) Mieczyslaw Horszowski (Klavier); Sándor Végh (Geige); Pablo Casals (Cello)
PHIL 420 855-2 PLC (1988)
Aufgenommen im Beethovenhaus, Bonn, September 1958

Zwölf Variationen in G-Dur über »See, the Conquering Hero Comes!«, aus Händels *Judas Maccabäus,* für Violoncello und Klavier (op. 45)

Pablo Casals (Cello), Rudolf Serkin (Klavier)
CBS CD MPK 46 725 (1991)
Aufgenommen in Perpignan, Sommer 1951

Zwölf Variationen in F-Dur über »Ein Mädchen oder Weibchen« aus Mozarts *Zauberflöte* (op. 66)
Pablo Casals (Cello), Rudolf Serkin (Klavier)
(a) CBS CD (*Pablo Casals Recital*), MPK 46 724 (1991);
(b) SONY CD 46 724 (*Pablo Casals Recital;* 1993)
Aufgenommen in Perpignan, Juni 1951

Zehn Variationen in G-Dur für Klavier, Violine und Violoncello (op. 121a) über »Ich bin der Schneider Kakadu«
Rudolf Serkin (Klavier); Szymon Goldberg (Geige); Pablo Casals (Cello)
Casals Festivals at Prades, Vol. I (Music & Arts Inc.) CD 688 (1991)*
Aufgenommen in Prades, 18. Juni 1954

Sieben Variationen in Es-Dur für Violoncello und Klavier über »Bei Männern, welche Liebe fühlen« aus Mozarts *Zauberflöte*
(I) Pablo Casals (Cello); Alfred Cortot (Klavier)
EMI CHS 764 057-2 (1991)
Aufgenommen in der Großen Queen's Hall, London, 21. Juni 1967

(II) Pablo Casals (Cello); Rudolf Serkin (Klavier)
(a) CBS CD *(Pablo Casals Recital)*, MPK 46 724 (1991)
(b) SONY CD 46724 *(Pablo Casals Recital;* 1993)
Aufgenommen in Perpignan,
Juni 1951

Luigi Boccherini

Konzert in B-Dur für Violoncello und Orchester
(I) Pablo Casals (Cello); Sir Landon Ronald (Dir.); London Symphony Orchestra
PEAR GEMM CD 9349 (1989)
Aufgenommen in London, 29. November 1936

(II) Maurice Gendrom (Cello); Pablo Casals (Dir.); Lamoureux-Orchester, Paris
Ph CD 438 606 – 2 (1993)*
Aufgenommen in Frankreich, September 1960

Sonate Nr. 6 in A-Dur für Violoncello und Klavier: Adagio und Allegro
Pablo Casals (Cello); Blas Net (Klavier)
PEAR GEMM CD 9363 (1989)
Aufgenommen am 16./17. Juni 1929

Johannes Brahms

Konzert in a-Moll für Violine, Violoncello und Orchester (op. 102)
Jacques Thibaud (Geige), Pablo Casals (Cello), Alfred Cortot (Dir.); Orquestra Pau Casals
(a) EMI CHS 764 057-2 (1991);
(b) PEAR GEMM CD 9363 (1989)
Aufgenommen in Barcelona, 10./11. Mai 1929

Sextett für Streicher, Nr. 1 in B-Dur (op. 18)
(I) Isaac Stern, Alexander Schneider (Geige); Milton Katims, Milton Thomas (Bratsche); Pablo Casals, Madeline Foley (Cello) CBS CD MPK 44 851
Aufgenommen in Prades, Juni 1952

(II) Yehudi Menuhin, A. Gerecs (Geige), K. Tuttle, E. Wallfisch (Bratsche); Pablo Casals, Madeline Foley (Cello)
STR 10018 (1989)*
Aufgenommen in Prades, Juli 1955

Sonate für Violoncello und Klavier, Nr. 2 in F-Dur (op. 99)
Pablo Casals (Cello); Mieczyslaw Horszowski (Klavier)
PEAR GEMM CD 9363 (1989)
Aufgenommen in Europa, 28.11.1936

Trio für Klavier, Violine und Violoncello, Nr. 1 in H-Dur (op. 8)
Eugene Istomin (Klavier); Yehudi Menuhin (Geige); Pablo Casals (Cello)
Casals Festivals at Prades, Vol. II (Music & Arts Inc.) CD 689 (1991)*
Aufgenommen in Prades, 13. Juli 1955

Trio für Klavier, Violine und Violoncello, Nr. 2 in C-Dur (op. 87)
(I) Eugene Istomin (Klavier); Yehudi Menuhin (Geige); Pablo Casals (Cello)
(a) Capital Musica, i protagonisti, STR 10018 (1989)*;
(b) *Casals Festivals at Prades,* Vol. II (Music & Arts Inc.) CD 689 (1991)*
Aufgenommen in Prades, 13. Juli 1955

(II) Myra Hess (Klavier); Joseph Szigeti (Geige); Pablo Casals (Cello)
SONY CD 52 535 (1993)*
Trio für Klavier, Violine und Violoncello, Nr. 3 in c-Moll (op. 101)
Eugene Istomin (Klavier); Yehudi Menuhin (Geige); Pablo Casals (Cello)
Casals Festivals at Prades, Vol. I (Music & Arts Inc.) CD 688 (1991)*
Aufgenommen in Prades, 13. Juli 1955

Trio für Klavier, Klarinette und Violoncello in a-Moll (op. 114)
Eugene Istomin (Klavier); Yehudi Menuhin (Geige); Pablo Casals (Cello)
Casals Festivals at Prades, Vol. II (Music & Arts Inc.) CD 689 (1991)*
Aufgenommen in Prades, 13. Juli 1955

Variationen über ein Thema von Haydn (op. 56a)
Pablo Casals (Dir.); Marlboro Festival Orchestra
SONY CD SMK 46 247 (1991)
Marlboro Festival 40th Anniversary Series
Aufgenommen in Marlboro, Vermont, 5. Juli 1969

Max Bruch

Kol Nidrei für Violoncello und Orchester (op. 47)
Pablo Casals (Cello); Sir Landon Ronald (Dir.); London Symphony Orchestra
(a) EMI CDH 763 498-2 (1990), PEAR GEMM CD 9349
Aufgenommen in den Abbey Road Studios, London, 27. November 1936

Bearbeitung für Violoncello und Klavier
Pablo Casals (Cello); Nikolai Mednikoff (Klavier)
BIDD LAB 017 *(Casals, the Victor Recordings)* (1990)*
Aufgenommen in New Jersey, 31. Januar 1928

Pablo Casals

Geistliche Chormusik
(Nigra sum; Tota pulchra es; Cançó a la

Verge; Rosario; O vos omnes; Eucharistica; Recordare Virgo Mater, Oració a la Verge de Montserrat; Salve Regina)
Escolania de Montserrat; Ireneu Segarra (Dir.)
SCHW 313 062 (1991)*
Aufgenommen in der Abtei Montserrat, Katalonien, 19./20. Oktober 1987

(O vos omnes)
Warwick St Mary's Collegiate Church Choir; S. Lole; C. Matthews (Dir.)
ABBE CDCA 592

Adoración des los Reyes Magos aus *El Pessebre*
Elias Arizcuren (Dir.); Cello Octet Conjunto Ibérico
Hek CD CG 9323 (1993)*
Aufgenommen in der Raphaelplein-Kirche in Amsterdam 1992.

Frédéric Chopin

Nocturne in Es-Dur für Klavier (op. 9, Nr. 2), bearbeitet für Cello und Klavier von David Popper
Pablo Casals (Cello); Nikolai Mednikoff (Klavier)
(a) BIDD LAB 017 *(Casals, the Victor Recordings)* (1900);
(b) MSCM MM 30 428
Aufgenommen in New Jersey, 20. Januar 1926

Prélude in Des-Dur für Klavier (op. 28, Nr. 15), bearbeitet für Cello und Klavier von Sieveking
Pablo Casals (Cello), Nikolai Mednikoff (Klavier)
(a) BIDD LAB 017 *(Casals, the Victor Recordings)* (1900);
(b) MSCM MM 30 428
Aufgenommen in New Jersey, 19. Januar 1926

François Couperin

Pièces en concert (Suite), bearbeitet für Cello und Klavier von Paul Bazelaire
Pablo Casals (Cello); Mieczyslaw Horszowski (Klavier)
(a) CBS CD *(Pablo Casals Recital)* MPK 46 724 (1991);
(b) SONY CD 46 724 (*Pablo Casals Recital;* 1993)
Aufgenommen im Weißen Haus, Washington, DC, 13. November 1961

Claude Debussy

Petite Suite für Klavier zu vier Händen: *Menuet,* bearbeitet für Cello und Klavier von Choisnel
Pablo Casals (Cello); Nikolai Mednikoff (Klavier)
BIDD LAB 017 (Casals, the Victor Recordings) (1990)
Aufgenommen in New Jersey, 4. Januar 1926

Anton Dvořák

Konzert für Violoncello und Orchester in h-Moll (op. 104)
Pablo Casals (Cello), George Szell (Dir.); Tschechische Philharmonie Prag
(a) EMI CDH 763 498-2 (1990);
(b) PEAR GEMM CD 9349 (1989);
(c) MSCM MM 30 428

Aufgenommen im Deutschen Haus, Prag, April 1937

Edward Elgar

Konzert für Violoncello und Orchester in e-Moll (op. 85)
Pablo Casals (Cello); Sir Adrian Boult (Dir.); BBC Symphony Orchestra
EMI CDH 763 498-2 (1990)
Aufgenommen in den Abbey Road Studios, London, 14. Oktober 1945

Manuel de Falla

Canciones Populares Españolas, Nr. 5 *Nana,* bearbeitet für Cello und Klavier
Pablo Casals (Cello); Eugene Istomin (Klavier)
(a) CBS CD *(Pablo Casals Recital)* MPK 46 724 (1991);
(b) SONY CD 46 724 (*Pablo Casals Recital;* 1993)
Aufgenommen in Prades, Juni 1953

Gabriel Fauré

Après un rêve, bearbeitet für Cello und Klavier von Pablo Casals
Pablo Casals (Cello); Nikolai Mednikoff (Klavier)
(a) BIDD LAB 017 (Casals, the Victor Recordings) (1990);
(b) MSCM MM 30 428
Aufgenommen in New Jersey, 5. Januar 1926

Benjamin Godard

Jocelyn: Berceuse, *Cachés dans cet asile,* bearbeitet für Cello und Klavier
Pablo Casals (Cello); Nikolai Mednikoff (Klavier)
(a) BIDD LAB 017 *(Casals, the Victor Recordings)* (1990);
(b) MSCM MM 30 428
Aufgenommen in New Jersey, 20. Januar 1926

Enrique Granados

Danzas Españolas: Nr. 5, *Andaluza,* bearbeitet für Cello und Klavier von Pablo Casals
Pablo Casals (Cello); Nikolai Mednikoff (Klavier)
BIDD LAB 017 *(Casals, the Victor Recordings)* (1990)
Aufgenommen in New Jersey, 28. Februar 1928

Goyescas: Intermezzo, bearbeitet für Cello und Klavier von Gaspar Cassadó
Pablo Casals (Cello); Nikolai Mednikoff (Klavier)
(a) BIDD LAB 017 *(Casals, the Victor Recordings)* (1990);
(b) MSCM MM 30 428
Aufgenommen in New Jersey, 28. Februar 1927

Joseph Haydn

Sonate Nr. 1 in C-Dur für Violine und Viola: Tempo di Minuetto (bearbeitet für Cello und Klavier von Alfredo Piatti)
Pablo Casals (Cello), Blas Net (Klavier)

PEAR GEMM CD 9363 (1989)
Aufgenommen am 21. Juni 1929

Sonate Nr. 9 in D-Dur für Klavier: Adagio, bearbeitet für Cello und Klavier
Pablo Casals (Cello); Eugene Istomin (Klavier)
(a) CBS CD (*Pablo Casals Recital*) MPK 46 724 (1991);
(b) SONY CD 46 724 (*Pablo Casals Recital;* 1993)
Aufgenommen in Perpignan, Sommer 1951

Trio Nr. 1 in G-Dur für Klavier, Violine und Violoncello (op. 73, Nr. 2)
Alfred Cortot (Klavier); Jacques Thibaud (Geige); Pablo Casals (Cello)
(a) EMI CHS 764 057-2 (1991); (b) BIDD LAB 028 (1991)
Aufgenommen in der Großen Queen's Hall, London, 20. Juni 1927

Paul Hillemacher

Gavotte tendre für Violoncello und Klavier
Pablo Casals (Cello), Nikolai Mednikoff (Klavier)
BIDD LAB 017 *(Casals, the Victor Recordings)* (1990)
Aufgenommen in New Jersey, 4. Januar 1926

Felix Mendelssohn Bartholdy

Sinfonie Nr. 4 in A-Dur (op. 90, Italienische)
Pablo Casals (Dir.); Marlboro Festival Orchestra
SONY CD SMK 46 251 (1991)
Marlboro Festival 40th Anniversary Series
Aufgenommen in Marlboro, Vermont, 13. Juli 1963; 1965

Trio Nr. 1 in d-Moll für Klavier, Violine und Violoncello (op. 49)
Alfred Cortot (Klavier); Jacques Thibaud (Geige); Pablo Casals (Cello)
(a) EMI CHS 764 057-2 (1991); (b) BIDD LHW 022 (1990)
Aufgenommen in der Großen Queen's Hall, London, 20./21. Juli 1927

Wolfgang Amadeus Mozart

Ch'io mi scordi di te? (Recitativo andantino), Non temer amato bene (Rondo andante), (KV 505), Konzertarie für Mezzosopran und Orchester mit obligatem Klavier
Collegium Musicum de Londres; Pablo Casals (Dir.); Victoria de los Angeles (Sopran)
Les Années Casals, LYR CD 102 (aus dem Archiv der Prades-Festspiele) (undat.)*
Aufgenommen in Prades, 9. Juli 1953 (?)

Idomeneo, Re di Creta, »Zeffiretti lusinghieri« (KV 366, Nr. 19)
Victoria de los Angeles (Sopran); Collegium Musicum (London); Pablo Casals (Dir.)
Casals Festivals at Prades (Music & Arts Inc.), Vol. II, CD 689 (1991)*
Aufgenommen in Prades, 9. Juli 1959

Konzert Nr. 9 in Es-Dur für Klavier und Orchester (KV 271)

Clara Haskil (Klavier); Pablo Casals (Dir.) Prades Festspiel-Orchester
Les Années Casals, LYR CD 102 (Archiv der Prades-Festspiele)*
Aufgenommen in Prades, 19. Juni 1953

Quartett Nr. 2 in Es-Dur für Klavier und Streichtrio (KV 493)
(I) Mieczyslaw Horszowski (Klavier), Yehudi Menuhin (Geige); Ernst Wallfisch (Bratsche); Pablo Casals (Cello)
Casals Festivals at Prades, Vol. I (Music & Arts Inc.) CD 689 (1991)*
Aufgenommen in Prades, 7. Juli 1956

(II) William Kapel (Klavier); Arthur Grumiaux (Geige); Pablo Casals (Cello)
Casals Festivals at Prades, Vol. II (Music & Arts Inc.) CD 689 (1991)*
Aufgenommen in Prades, 1. Juni 1953

Serenade Nr. 11 in Es-Dur (KV 375)
Pablo Casals (Dir.); Marlboro Festival Bläser-Ensemble
SONY CD 47 295 (1992)
Serenade Nr. 12 in c-Moll (KV 388)
Pablo Casals (Dir.); Marlboro Festival Bläser-Ensemble
SONY CD 37 295 (1992)

Serenade Nr. 13 in G-Dur (KV 525) *»Eine kleine Nachtmusik«*
Pablo Casals (Dir.); Marlboro Festival Orchestra
SONY CD 47 295 (1992)
Aufgenommen in Marlboro, Vermont, 16. Juli 1967

Sinfonie Nr. 35 in D-Dur (KV 385) (Haffner)
Pablo Casals (Dir.); Marlboro Festival Orchestra
SONY CD 47 294 (1992)
Aufgenommen in Marlboro, Vermont, 30. Juli 1967

Sinfonie Nr. 40 in g-Moll (KV 550)
Pablo Casals (Dir.); Marlboro Festival Orchestra
SONY CD 47 294 (1992)
Aufgenommen in Marlboro, Vermont, 6. Juli 1968

Sinfonie Nr. 41 in C-Dur (KV 551) (Jupiter)
Pablo Casals (Dir.), Marlboro Festival Orchestra
SONY CD 47 294 (1992)
Aufgenommen in Marlboro, Vermont, 15. Juli 1967

David Popper

Mazurka in g-Moll (op. 11., Nr. 3)
Pablo Casals (Cello), Nikolai Mednikoff (Klavier)
BIDD LAB 017 *(Casals, the Victor Recordings)* (1990)
Aufgenommen in New Jersey, 26. Februar 1928

Danses Espagnoles (op. 54, Nr. 5) (»Vito«)
Pablo Casals (Cello); Nikolai Mednikoff (Klavier)
BIDD LAB 017 *(Casals, the Victor Recordings)* (1990)
Aufgenommen in New Jersey, 31. Januar 1928

Anton Rubinstein

Melodie in F-Dur für Klavier (op. 3, Nr. 1), bearbeitet für Cello und Klavier von David Popper
Pablo Casals (Cello); Nikolai Mednikoff (Klavier)
(a) BIDD LAB 017 *(Casals, the Victor Recordings)* (1990)
(b) MSCM MM 30 428
Aufgenommen in New Jersey, 20. Januar 1926

Camille Saint-Saëns

Le Carnaval des Animaux für Orchester und zwei Klaviere: Nr. 13, »*Le Cygne*«, bearbeitet für Cello und Klavier
Pablo Casals (Cello); Nikolai Mednikoff (Klavier)
(a) BIDD LAB 017 *(Casals, the Victor Recordings)* (1990)
(b) MSCM MM 30 428
Aufgenommen in New Jersey, 5. Januar 1926

Franz Schubert

Moment Musical Nr. 3 in f-Moll (op. 94), bearbeitet für Cello und Klavier von Hugo Becker
Pablo Casals (Cello); Nikolai Mednikoff (Klavier)
(a) BIDD LAB 017 (*Casals, the Victor Recordings)* (1990)
(b) MSCM MM 30 428
Aufgenommen in New Jersey, 4. Januar 1926

Quintett in C-Dur für zwei Violinen, Viola und zwei Violoncelli (op. 163, D 956)
(I) Isaac Stern, Alexander Schneider (Geige); Milton Katims (Bratsche); Pablo Casals und Paul Tortelier (Cello)
CBS CD MPK 44 853
Aufgenommen in Prades, Juni 1952

(II) Sándor Végh, Sándor Zöldy (Geige); George Janzer (Bratsche); Pablo Casals und Paul Szabo (Cello)
PHIL 420 077-2 PLC (1988)
Aufgenommen in Prades, Juli 1961

Sinfonie Nr. 5 in B-Dur (D 485)
Pablo Casals (Dir.); Marlboro Festival Orchestra
SONY CD SMK 46 246 (1991)*
Marlboro Festival 40th Anniversary Series
Aufgenommen in Marlboro, Vermont 1970

Sinfonie Nr. 8 in h-Moll (D 759) (»Unvollendete«)
Pablo Casals (Dir.); Marlboro Festival Orchestra
SONY CD SMK 47 297 (1992)
Aufgenommen in Marlboro, Vermont, 13. Juli 1968

Trio Nr. 1 in B-Dur für Klavier, Violine und Violoncello (op. 99, D 898)
Alfred Cortot (Klavier); Jacques Thibaud (Geige); Pablo Casals (Cello)
(a) EMI CDH 761 024-2 (1988); (b) EMI CHS 764 057-2 (1991)
Aufgenommen in der Kingsway Hall, London, 5./6. Juli 1926

Robert Schumann

Abendlied für Klavier zu vier Händen (op. 85, Nr. 12), bearbeitet für Cello und Klavier
Pablo Casals (Cello); Nikolai Mednikoff (Klavier)
BIDD LAB 017 *(Casals, the Victor Recordings)* (1990)
Aufgenommen in New Jersey, 4. Januar 1926

Adagio und Allegro in As-Dur für Waldhorn und Klavier (op. 70), bearbeitet für Cello und Klavier
Pablo Casals (Cello); Clifford Curzon (Klavier)
Hommage à Pablo Casals, AS 350 (1989)*
Aufgenommen in Prades, 195?

Sinfonie Nr. 2 in C-Dur (op. 61)
Pablo Casals (Dir.); Marlboro Festival Orchestra
SONY CD 47 297 (1992)*
Aufgenommen in Marlboro, Vermont, 18. Juli 1970

Trio Nr. 1 in d-Moll für Klavier, Violine und Violoncello (op. 63)
(I) Alfred Cortot (Klavier); Jacques Thibaud (Geige); Pablo Casals (Cello)
(a) EMI CDS 764 057-2 (1991); (b) BIDD LHW 004 (1991)
Aufgenommen in der Kleinen Queen's Hall, London, 15. und 18. November sowie 3. Dezember 1928

(II) Mieczyslaw Horszowski (Klavier); Alexander Schneider (Geige); Pablo Casals (Cello)
CBS MPK 45 885
Aufgenommen in Prades, Juni 1952

Trio Nr. 2 in F-Dur für Klavier, Violine und Violoncello (op. 80)
Eugene Istomin (Klavier); Yehudi Menuhin (Geige); Pablo Casals (Cello)
(a) *Hommage à Pablo Casals,* AS 350 (1989); (b) *Casals Festivals Prades,* Vol. II (Music & Arts Inc.) CD 689 (1991)*
Aufgenommen in Prades, 4. Juli 1956

Trio Nr. 3 in g-Moll für Klavier, Violine und Violoncello (op. 110)
Rudolf Serkin (Klavier); Sándor Végh (Geige); Pablo Casals (Cello)
(a) *Hommage à Pablo Casals,* AS 350 (1989); (b) *Casals Festivals Prades,* Vol. I (Music & Arts Inc.) CD 688 (1991)*
Aufgenommen in Prades, 11. Juli 1956

Giovanni Sgambati

Serenata Napoletana für Violine und Klavier (op. 24, Nr. 2), bearbeitet für Cello und Klavier von Bouman
Pablo Casals (Cello); Nikolai Mednikoff (Klavier)
BIDD LAB 017 *(Casals, the Victor Recordings)* (1990)*
Aufgenommen in New Jersey, 1. Februar 1928

Donald Francis Tovey

Cello Concerto in C-Dur (op. 40)
Pablo Casals (Cello); Sir Adrian Boult (Dir.); BBC Symphony Orchestra
SYMP 1115 (1992)*
Aufgenommen in der Queen's Hall, London, 17. November 1937

Richard Wagner

Die Meistersinger von Nürnberg, III. Akt: »*Morgendlich leuchtend im rosigen Schein*« (»Preislied«), bearbeitet für Cello und Klavier von August Wilhelmi
Pablo Casals (Cello); Nikolai Mednikoff (Klavier)
(a) BIDD LAB 017 *(Casals, the Victor Recordings)* (1990);
(b) MSCM MM 30 428
Aufgenommen in New Jersey, 19. Januar 1926

Tannhäuser, III. Akt, 2. Szene: »*O du mein holder Abendstern*«, bearbeitet für Cello und Klavier
Pablo Casals (Cello); Nikolai Mednikoff (Klavier)
(a) BIDD LAB 017 *(Casals, the Victor Recordings)* (1990);
(b) MSCM MM 30 428
Aufgenommen in New Jersey, 4. Januar 1926

Verzeichnis der Abbildungen

slaw Horszowski und Alexander Schneider, 1966.

25 Casals mit Marta, November 1972, fotografiert von Fritz Henle.

26 Casals mit Schneider in Israel, September 1973, zwei Monate vor seinem Tod.

27 Ein Denkmal für Casals in seiner Heimatstadt El Vendrell von Josep Viladomat.

Personenregister